Architecture des ordinateurs

Ioan Dancea
Pierre Marchand

I N.

Ce document est :
Endommagé ☐
Écrit ☑ Sur ligné etc
Date : 2/11/2016 In. 18

Architecture des ordinateurs

gaëtan morin
éditeur

Données de catalogage avant publication (Canada)

Dancea, Ioan, 1935-

Architecture des ordinateurs

Comprend un index et des références bibliographiques.

ISBN 2-89105-438-5

1. Ordinateurs – Architecture.   2. Ordinateurs – Architecture – Problèmes et exercices.   3. Ordinateurs – Équipement d'entrée-sortie.   4. Ordinateurs – Circuits.   5. Arithmétique interne des ordinateurs.   6. Ordinateurs – Mémoires.   I. Marchand, Pierre, 1940-   .   II. Titre.

QA76.9.A73D36 1992   004.2'2   C92-096406-0

gaëtan morin éditeur
C.P. 180, BOUCHERVILLE, QUÉBEC, CANADA
J4B 5E6   TÉL. : (514) 449-2369   TÉLÉC. : (514) 449-1096

Dépôt légal 4ᵉ trimestre 1992
Bibliothèque nationale du Québec
Bibliothèque nationale du Canada

© gaëtan morin éditeur ltée, 1992
Tous droits réservés

1 2 3 4 5 6 7 8 9 0   G M E 9 2   1 0 9 8 7 6 5 4 3 2

Révision linguistique : Jocelyne Dorion

REMERCIEMENTS

Nous aimerions remercier tous ceux qui nous ont aidés lors de la rédaction finale du manuscrit et qui ont contribué à l'amélioration du texte. Plus particulièrement, nous remercions MM. Gilles Émond et Mario Beaulieu pour les suggestions faites après lecture du manuscrit, Mme Jocelyne Dorion pour la révision du texte, ainsi que MM. Denis Auger et Bruno Lacelle pour l'exécution des illustrations.

Ioan Dancea

Pierre Marchand

Avertissement

Dans cet ouvrage, le masculin est utilisé comme représentant des deux sexes, sans discrimination à l'égard des hommes et des femmes et dans le seul but d'alléger le texte.

TABLE DES MATIÈRES

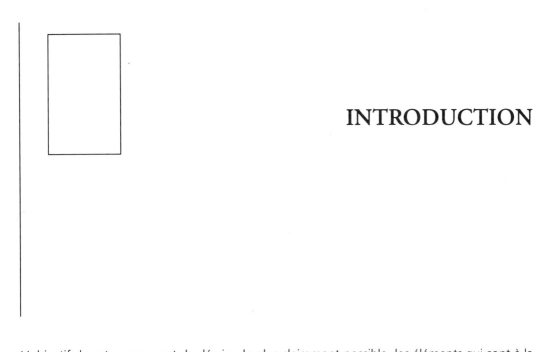

INTRODUCTION

L'objectif de cet ouvrage est de décrire, le plus clairement possible, les éléments qui sont à la base de l'architecture des ordinateurs modernes. Nous présentons les développements théoriques majeurs concernant la conception logique des différents circuits qui composent les blocs fonctionnels d'un ordinateur, mais nous donnons aussi de nombreux exemples pratiques, depuis les circuits élémentaires jusqu'aux ordinateurs réels. En ajoutant dans l'annexe A des travaux pratiques simples, nous avons voulu garder une juste balance entre les connaissances théoriques et pratiques. Notre ouvrage constitue une première rencontre avec l'architecture des ordinateurs. Il s'adresse tout particulièrement aux étudiants qui suivent un cheminement en informatique ou en sciences. Les sujets des différents chapitres ont été choisis avec beaucoup de soin. Ainsi, à côté des sujets classiques, comme la simplification des circuits combinatoires ou les algorithmes des opérations arithmétiques, nous avons introduit des sujets qui illustrent l'évolution actuelle du domaine, comme les circuits programmables, la mémoire virtuelle ou les architectures RISC.

Le chapitre 1 présente l'organisation et le mode de fonctionnement d'un ordinateur monoprocesseur. Il donne aussi un aperçu des sujets qui sont traités dans l'ouvrage.

Le chapitre 2 aborde la représentation de l'information dans les ordinateurs, et particulièrement de l'information de type «donnée». Le système de numération décimale, le système de numération binaire et le système de numération hexadécimale, ainsi que les algorithmes de conversion, sont présentés. Nous y verrons également d'autres formes de représentation par codes de données numériques et alphanumériques.

Le chapitre 3 est une introduction à l'algèbre booléenne. L'accent y est mis sur les éléments théoriques de base, particulièrement sur les méthodes de simplification. Pour faire une liaison directe avec les solutions pratiques, la réalisation des fonctions logiques à l'aide des portes NON-ET est décrite en détail.

Le chapitre 4 présente les caractéristiques générales des circuits logiques qui composent les blocs d'un ordinateur. L'influence des facteurs de limitations, tels que le temps de propagation et la charge admise, y est soulignée.

Le chapitre 5 présente le développement théorique et les solutions pratiques pour un grand nombre de structures combinatoires souvent utilisées pour la réalisation des différents blocs d'un ordinateur. Des circuits tels les décodeurs, les encodeurs, les comparateurs, les multiplexeurs, les additionneurs élémentaires et les convertisseurs de code sont analysés en détail. L'utilisation des circuits programmables qui permettent de créer les structures combinatoires, donc les mémoires ROM et les réseaux LSI, y est aussi examinée.

Le chapitre 6 présente les circuits séquentiels. Nous nous attardons aux différents types de bascules, aux registres, aux compteurs et aux générateurs de séquences. Suit une brève introduction à la théorie générale des circuits séquentiels synchrones accompagnée d'exemples. L'utilisation des circuits programmables qui permettent de créer des structures séquentielles y est aussi abordée.

Le chapitre 7 est consacré au dispositif arithmétique. Nous avons délibérément donné plus d'étendue à ce chapitre, et ce pour au moins deux raisons. Premièrement, parce que les ordinateurs ont été créés pour effectuer le traitement de l'information numérique. Deuxièmement, pour aider ceux qui voudront utiliser plus tard les connaissances acquises, particulièrement pour programmer dans un langage d'assemblage. Un tel langage, dans le cas d'un ordinateur moderne, contient beaucoup d'instructions qui se réfèrent aux différentes formes de représentation de l'information numérique, comme les nombres non signés, les nombres en virgule fixe, les nombres en virgule flottante ou les nombres exprimés en code DCB. Il faut donc comprendre comment l'ordinateur exécute les quatre opérations de base (addition, soustraction, multiplication, division) pour chacune de ces formes de représentation de l'information binaire. Ces sujets sont étudiés dans le chapitre 7 à l'aide d'algorithmes et de structures matérielles.

Le chapitre 8 présente les différents dispositifs de mémoires des ordinateurs modernes. La mémoire y est examinée sur le plan de ses composants physiques tels que les circuits RAM et ROM, de même que sur le plan de son organisation sous forme de pile, de mémoire cache ou de mémoire virtuelle.

Le chapitre 9 traite du dispositif de commande. Des précisions sont données quant au rôle d'un dispositif de commande et à la façon dont ce rôle peut être décrit à l'aide d'un langage de transfert entre registres. Deux structures, soit un dispositif de commande câblée et un dispositif de commande microprogrammée, y sont présentées. Les modes d'adressage et le jeu d'instructions sont aussi des sujets analysés.

Le chapitre 10 traite des entrées-sorties. Nous nous arrêtons d'abord au sous-système d'entrée-sortie, en particulier aux entrées-sorties à base d'interruptions, et au principe général d'une interface d'entrée-sortie. Nous abordons ensuite les transmissions en série, incluant les communications par modem, et, finalement les transmissions en parallèle.

Le chapitre 11 décrit les systèmes les plus courants de stockage de masse – bandes magnétiques, disques souples et disques durs – et les techniques d'enregistrement et de codage. Il traite également de l'organisation de l'information sur les disques et de quelques techniques de gestion de cette organisation.

Le chapitre 12 expose le fonctionnement des périphériques d'entrée-sortie les plus courants : claviers, écrans et terminaux à rayons cathodiques, imprimantes.

Le chapitre 13 présente l'architecture de deux micro-ordinateurs contemporains : un de la famille PS-2 et le Macintosh II. Il décrit également l'architecture des processeurs qui les accompagnent : le 80386 d'Intel et le MC68030 de Motorola.

Le chapitre 14 constitue une introduction à l'architecture des ordinateurs parallèles. Dans un premier temps, des mécanismes de parallélisme fin, introduits à l'aide de supports matériels tels que les processeurs pipelines et les processeurs vectoriels, sont décrits. Dans un deuxième temps, les systèmes multiprocesseurs, et plus particulièrement les architectures qui utilisent le transputer, sont examinés.

L'annexe A propose six travaux pratiques simples qui aideront le lecteur à approfondir les notions théoriques. Les travaux requièrent un appareil didactique (ET 1000) et des circuits intégrés de la famille TTL. L'annexe B présente les jeux d'instructions en langage d'assemblage pour les deux microprocesseurs décrits dans l'ouvrage, soit le 80386 d'Intel et le 68030 de Motorola. Enfin, l'annexe C explique grosso modo comment utiliser un des plus performants logiciels de conception de circuits logiques, plus précisément ABEL-HDL.

Les chapitres 10 à 13 et l'annexe B ont été rédigés par Pierre Marchand, professeur à l'Université Laval. Les autres chapitres et annexes ont été rédigés par Ioan Dancea, professeur à l'Université du Québec à Hull.

1 ORGANISATION D'UN ORDINATEUR MONOPROCESSEUR

On appelle **ordinateur** une **machine électronique** spécialement conçue pour permettre le **traitement de l'information**. Une telle machine accepte à l'entrée des **données (numériques** ou **non numériques)**, effectue leur traitement en fonction d'un **programme** enregistré dans sa **mémoire** et produit des **résultats** sous une forme **intelligible à l'utilisateur**. Les ordinateurs sont différents quant à leur performance et à leur conception architecturale.

On emploie des termes plus spécifiques pour désigner certaines classes d'ordinateurs. Ainsi, on appelle **micro-ordinateur** une machine de petite taille et de faible coût, comportant un nombre réduit de circuits à haute densité d'intégration. Les **mini-ordinateurs** sont des machines de puissance intermédiaire et les **gros ordinateurs** sont des machines complexes et de grande puissance.

Même s'il existe des différences importantes entre les structures physiques ou les performances des ordinateurs, les concepts de base sous-jacents à l'organisation de ceux-ci sont presque les mêmes.

Sans relater l'histoire des ordinateurs, on doit évoquer le nom du scientifique **John von Neumann**, chef d'une équipe de l'Institut des études avancées à Princeton, qui, en 1945, a réalisé l'un des premiers ordinateurs capables de stocker des programmes. C'était la première machine créée d'après les concepts qui sont encore aujourd'hui à la base de l'organisation d'un **ordinateur monoprocesseur**. Ce type d'organisation, dite organisation von Neumann, illustré à la figure 1.1, met en évidence les cinq blocs fonctionnels, soit :

- la mémoire;
- le dispositif arithmétique et logique;
- le dispositif de commande;
- le ou les dispositifs d'entrée;
- le ou les dispositifs de sortie.

La mémoire, le bloc qui caractérise le plus un ordinateur, est assignée à la fonction de mémorisation. À l'intérieur de la mémoire, l'information conservée (programmes et données) a une représentation discrète. Autrement dit, le plus petit élément d'information peut prendre seulement une des deux valeurs possibles. On dit que l'information est codée sous la forme **binaire**, dont l'unité s'appelle **bit** (*binary digit*). L'un des paramètres qui déterminent la performance d'un ordinateur est la capacité de sa mémoire en bits. Parce que le bit porte très peu d'information, on mesure la capacité de la mémoire en **mots**. Un mot est constitué de plusieurs bits (8, 16, 32 ou 64) réunis et représente la plus petite unité d'information que l'on peut transférer ou stocker durant le traitement. Même le mot est une infime quantité d'information. Par conséquent, en pratique, on mesure la capacité de la mémoire par l'unité **Kmot** (1 Kmot = 2^{10} mots) ou par l'unité **Mmot** (1 Mmot = 2^{20} mots).

Pour des raisons économiques, la mémoire d'un ordinateur est organisée en deux niveaux : la **mémoire principale (interne)** et la **mémoire secondaire (externe)**.

La mémoire principale est directement liée au processeur. Les programmes en exécution et les données qui leur sont associées doivent toujours y résider. Pour maintenir les performances de l'ordinateur, la mémoire principale fonctionne à une grande vitesse. Durant ce fonctionnement, il importe de permettre l'accès à n'importe quel mot. Pour ce faire, il faut associer un identificateur, qu'on appelle **adresse**, à chaque emplacement physique de la mémoire qui garde un mot. Par conséquent, durant le traitement d'un mot, il faut spécifier

Figure 1.1   Ordinateur monoprocesseur (organisation von Neumann)

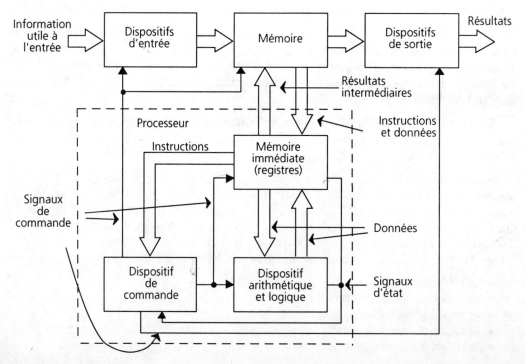

son adresse avant de lancer le processus de lecture ou d'écriture. La mémoire principale est généralement coûteuse. De plus, elle est volatile, autrement dit elle perd l'information qu'elle contient si l'alimentation électrique est coupée. C'est pourquoi les ordinateurs sont pourvus d'un deuxième niveau de mémoire, la mémoire secondaire. Cette mémoire garde l'information de façon permanente et offre une grande capacité de mémorisation, à un prix beaucoup moins élevé par bit. L'**unité de disque** et l'**unité de bande magnétique**, organisées sous forme d'**éléments périphériques**, sont les deux types de mémoires secondaires les plus utilisés.

Le **processeur** est le bloc fonctionnel majeur de l'ordinateur. Il peut être subdivisé en plusieurs sous-blocs :

- le dispositif arithmétique et logique;
- le dispositif de commande;
- la mémoire immédiate.

Le dispositif arithmétique et logique effectue les opérations élémentaires sur les **données**. Le dispositif de commande extrait et interprète les **instructions**, distribuant par la suite les **signaux de commande**. La **mémoire immédiate** garde, pendant chaque étape du traitement, mais pour une très courte période de temps, quelques informations indispensables. Elle est constituée d'un groupe de **registres de mémorisation**, ayant chacun une fonction bien déterminée par rapport au traitement (compteur d'adresses, pointeur de pile, etc.)

L'information utile est introduite en mémoire à l'aide des **dispositifs d'entrée** et les résultats sont transmis par les **dispositifs de sortie**. L'ensemble de ces dispositifs forme une deuxième partie de l'**équipement périphérique**. Quelques exemples de ces périphériques sont le **clavier**, le **lecteur de cartes perforées** (dispositifs d'entrée), l'**imprimante**, l'**écran** (dispositifs de sortie).

Les dispositifs d'entrée et de sortie sont liés à l'ordinateur à l'aide des **interfaces**. Outre la fonction de communication, une interface remplit deux tâches : elle effectue la **conversion** et sert de **mémoire tampon**.

La conversion est nécessitée par l'existence de diverses formes de représentation de l'information binaire sur différents supports. Ainsi, la même unité d'information sera codée différemment sur un support magnétique (par exemple, une disquette) et dans la mémoire principale. Par conséquent, la fonction de conversion a pour but de rendre compatibles deux systèmes physiques dans lesquels l'information binaire est codée différemment. La fonction de mémoire tampon est requise étant donné la différence de vitesse de travail entre le processeur et un équipement périphérique. Autrement dit, la fonction de mémoire tampon aide à la synchronisation des dispositifs liés dans un système ordinateur.

La totalité des composants physiques d'un ordinateur, y compris les éléments périphériques, forment le **matériel**.

Pour résoudre un problème à l'aide d'un ordinateur, on doit utiliser un **algorithme** exprimé sous la forme d'un **programme**. Un programme est composé d'une succession d'**instructions** admises dans le langage utilisé. Une instruction spécifie la ou les actions élémentaires qui doivent être exécutées dans un court laps de temps, par exemple une opération arithmétique ou une décision suivie d'un saut. Les instructions sont extraites, analysées, interprétées et exécutées l'une après l'autre selon leur ordre dans le programme. L'exécution d'un programme se fait sur les données qui représentent des valeurs numériques ou non numériques soumises au traitement. Les programmes et les données sont introduits dans la mémoire principale à l'aide d'un périphérique d'entrée. Tout programme, quel que soit le langage dans lequel il a été écrit (langage d'assemblage ou langage de haut niveau comme basic, fortran, pascal, etc.), se trouve dans la mémoire sous une forme binaire. Habituellement, les langages dans lesquels les programmes sont écrits, appelés **langages sources**, ne sont pas exécutables, car leurs instructions ne peuvent être interprétées directement par le processeur. Un ordinateur exécute seulement un programme écrit dans son propre langage, dit **langage machine**, dans lequel les instructions sont codées en fonction de son architecture. Par conséquent, il faut traduire en langage machine les programmes qui se trouvent déjà en mémoire sous la forme d'un langage source. La traduction est accomplie par des programmes spéciaux, tels le **compilateur** ou l'**assembleur**, qui font partie du **logiciel de base**. De façon plus générale, le logiciel de base est l'ensemble des programmes qui permettent l'exploitation de l'ordinateur et qui facilitent l'utilisation des programmes d'application. Le logiciel de base contient des programmes assez complexes, particulièrement le **système d'exploitation**, les **traducteurs** (compilateurs, assembleurs), les **gestionnaires de bases de données**, etc., conçus par le constructeur de l'ordinateur lui-même ou par des entreprises spécialisées en logiciel. Soulignons enfin que les progrès dans le développement du logiciel de base constituent le principal facteur de la popularité d'un ordinateur.

SYSTÈMES DE NUMÉRATION ET CODES

2.1 L'INFORMATION DANS LES ORDINATEURS

Nous avons vu que la mémoire d'un ordinateur garde sous la forme binaire deux types d'information durant le traitement : les programmes et les données.

Un programme est une succession d'instructions admises dans le langage utilisé. Dans la zone mémoire où sont conservés les programmes, qu'on appelle **zone de code**, les instructions en langage machine (toujours obtenues par l'intermédiaire d'un logiciel de type traducteur) sont introduites une après l'autre selon leur ordre d'apparition dans le programme. La situation la plus simple est celle dans laquelle une instruction en langage machine est de **longueur fixe**, habituellement de la taille d'un mot (par exemple, 32 bits dans certaines architectures). Actuellement, un grand nombre d'ordinateurs ont des instructions en langage machine de **longueur variable** (par exemple, un à six octets dans un ordinateur IBM-PC). Quelle que soit la structure de l'ensemble des instructions, l'information contenue dans une instruction en langage machine est toujours une information binaire divisée en un ou plusieurs champs. Nous allons reporter la présentation des formats binaires de l'information qui constitue les instructions au chapitre 9, où seront alors examinés les dispositifs de commande.

Les données sont conservées dans une autre zone de la mémoire, qu'on appelle **zone des données**. Elles représentent essentiellement deux types d'information destinée au traitement :

- des valeurs de nombres, et on parle alors de **données numériques**;
- des successions de caractères, et on parle alors de **données alphanumériques**.

Semblables aux instructions, les données constituent une information binaire. L'objectif de ce chapitre est de montrer différentes formes de représentation binaire pour les données numériques et les données alphanumériques. Nous insisterons sur les données numériques, en sachant que la tâche principale d'un ordinateur est le traitement de l'information numérique et que celle-ci peut être représentée sous plusieurs formes. Nous allons donc aborder la représentation de l'information numérique par le **système de numération binaire** et par le **code DCB** (décimal codé binaire). Parce que, dans la vie quotidienne, nous utilisons le système de numération décimale, tandis que les ordinateurs utilisent le système de numération binaire, nous développerons les algorithmes de conversion décimale-binaire et binaire-décimale. Finalement, nous montrerons comment, à l'aide des **codes détecteurs d'erreurs** et des **codes correcteurs d'erreurs**, il est possible de déceler et même de corriger les erreurs qui se sont glissées durant le traitement ou durant la transmission de l'information binaire.

2.2   SYSTÈME DE NUMÉRATION DÉCIMALE

Les **systèmes de numération** utilisent tous certains symboles pour exprimer les nombres. Un nombre entier positif est une entité abstraite qui est associée à une collection d'objets. Si on veut exprimer l'absence des objets concernés, on emploie le nombre **zéro** (symbole **0**). Si on veut exprimer l'existence d'un seul objet, on emploie le nombre **un** (symbole **1**), et ainsi de suite. Chaque système de numération est défini selon une **base**. Si n est la base, chacun des nombres entiers de **0** à $n-1$ est représenté à l'aide d'un seul symbole qu'on appelle **chiffre**, tandis que les nombres entiers égaux ou supérieurs à n sont exprimés par plusieurs chiffres.

Le système de numération décimale, dont la **base** est **dix**, est bien connu dans la vie quotidienne. Pour écrire un nombre décimal, on utilise les chiffres : 0, 1, 2, 3, 4, 5, 6, 7, 8, 9. La base du système est exprimée par l'association des chiffres 1 et 0, précisément **10** (dix). Un nombre entier qui traduit une valeur entre 0 et 9 nécessite un seul chiffre. Un nombre entier plus grand que 9 est exprimé par plusieurs chiffres, où la contribution de chacun à la valeur du nombre est obtenue en le multipliant par la base dix élevée à une puissance dépendant de sa position. On dit que le système décimal est un **système de numération par position**. Par exemple, le nombre 1992 est considéré comme le résultat des opérations :

$$1992 = (1 * 10^3) + (9 * 10^2) + (9 * 10^1) + (2 * 10^0).$$

Pour simplifier la représentation d'un nombre de plusieurs chiffres, nous sommes habitués à écrire seulement les chiffres, en supposant implicitement la multiplication par les puissances de la base dix.

Les nombres qui possèdent une partie fractionnaire ont, pour les chiffres placés à droite de la virgule de séparation, des pondérations fractionnaires de la base dix : 10^{-1}, 10^{-2}, 10^{-3}, etc. Par exemple, le nombre 43,52 est considéré comme le résultat des opérations :

$$43,52 = (4 * 10^1) + (3 * 10^0) + (5 * 10^{-1}) + (2 * 10^{-2}).$$

Rappelons que le décalage de la virgule d'une position vers la droite correspond à la multiplication du nombre par 10 et que le décalage de la virgule d'une position vers la gauche correspond à la division du nombre par 10.

2.3   SYSTÈME DE NUMÉRATION BINAIRE

Le système de numération binaire exprime les nombres à l'aide de deux chiffres : **0** et **1**. Par conséquent, l'écriture d'un nombre dans le système binaire nécessitera plus de chiffres que son écriture dans n'importe quel autre système de numération, puisque les puissances de la base deux ne croissent que lentement. Si on compare les nombres écrits sous forme décimale avec les nombres écrits sous forme binaire, on peut constater que le système binaire requiert environ 3,3 fois plus de chiffres pour exprimer la même valeur numérique. Considérons, par exemple, le nombre 89 qui a besoin de 2 chiffres dans son expression décimale. Puisque $2^6 < 89 < 2^7$, son expression binaire nécessite 7 chiffres, plus précisément :

$$89_{10} = 1011001_2,$$

nombre qui est le résultat des opérations :

$$1011001_2 = (1 * 2^6) + (0 * 2^5) + (1 * 2^4) + (1 * 2^3) + (0 * 2^2) + (0 * 2^1) + (1 * 2^0),$$

respectivement :

$$1011001_2 = 64_{10} + 0_{10} + 16_{10} + 8_{10} + 0_{10} + 0_{10} + 1_{10} = 89_{10}.$$

Comme pour les nombres décimaux fractionnaires, les chiffres d'un nombre binaire qui sont situés à droite de la virgule de séparation ont des pondérations fractionnaires binaires, respectivement : 2^{-1}, 2^{-2}, 2^{-3}, etc. Par exemple, le nombre fractionnaire 0,625 nécessite pour son expression binaire 3 chiffres binaires, plus précisément :

$$0,625_{10} = 0,101_2,$$

nombre qui est le résultat des opérations :

$$0,101_2 = (1 * 2^{-1}) + (0 * 2^{-2}) + (1 * 2^{-3}),$$

respectivement :

$$0,101_2 = 0,5_{10} + 0_{10} + 0,125_{10} = 0,625_{10}.$$

Dans le but de familiariser le lecteur avec le système de numération binaire, nous présentons dans la table de la figure 2.1 les équivalences binaires et hexadécimales (*voir la section 2.7*) pour les premiers 16 nombres décimaux entiers.

Figure 2.1   Table d'équivalence binaire-décimale-hexadécimale

Binaire				Décimale		Hexa
2^3	2^2	2^1	2^0	10^1	10^0	16^0
			0		0	0
			1		1	1
		1	0		2	2
		1	1		3	3
	1	0	0		4	4
	1	0	1		5	5
	1	1	0		6	6
	1	1	1		7	7
1	0	0	0		8	8
1	0	0	1		9	9
1	0	1	0	1	0	A
1	0	1	1	1	1	B
1	1	0	0	1	2	C
1	1	0	1	1	3	D
1	1	1	0	1	4	E
1	1	1	1	1	5	F

2.4   CONVERSION DÉCIMALE-BINAIRE

La **conversion** d'un système de numération dans un autre ou le **changement de base** (à ne pas confondre avec la conversion de la représentation binaire) est l'opération consistant à passer d'un système de numération de base B1 à un autre système de numération de base B2. Pour définir les algorithmes de conversion, nous aurons recours au système de numération décimale et au système de numération binaire. Le choix tient compte du fait que le système de numération décimale est employé dans la vie quotidienne et que le système binaire est utilisé par les ordinateurs. Les algorithmes de conversion dépendent du système de numération dans lequel on effectue les opérations arithmétiques durant le processus de conversion. Pour faciliter la compréhension, nous présentons les algorithmes de conversion qui effectuent les opérations dans le système de numération décimale.

La conversion décimale-binaire des **nombres entiers** s'effectue par une succession de divisions. Considérons le nombre décimal entier N, dont l'expression sous la forme de puissances de la base deux serait :

$$N = a_{n-1} * 2^{n-1} + a_{n-2} * 2^{n-2} + \ldots + a_2 * 2^2 + a_1 * 2^1 + a_0 * 2^0 , \qquad (2.1)$$

ou bien

$$N = \underbrace{(a_{n-1} * 2^{n-2} + a_{n-2} * 2^{n-3} + \ldots + a_2 * 2^1 + a_1)}_{N_1 \text{(quotient)}} * 2 + \underbrace{a_0}_{\text{(reste)}} . \qquad (2.2)$$

La dernière égalité nous dit que a_0, donc le chiffre le moins significatif de la représentation binaire du nombre décimal N, est le reste obtenu par suite de la division du nombre N par 2.

De la même façon, considérons le quotient N_1, obtenu lors de la première division. Nous pouvons écrire :

$$N_1 = \underbrace{(a_{n-1} * 2^{n-3} + a_{n-2} * 2^{n-4} + \ldots + a_2) * 2}_{N_2 \,(\text{quotient})} + \underbrace{a_1}_{(\text{reste})}, \qquad (2.3)$$

où a_1, donc le prochain chiffre dans la représentation binaire, est donné par le reste de la division du quotient N_1 par 2.

En poursuivant les opérations de division, on suit effectivement l'algorithme de conversion décimale-binaire des nombres entiers que l'on peut énoncer ainsi :

1. Le nombre décimal entier N est divisé par 2, ce qui donne le quotient N_1 et le reste a_0.
2. Si N_1 est plus grand que zéro, il est divisé de nouveau par 2, ce qui donne le quotient N_2 et le reste a_1.
3. L'opération de division mentionnée au point 2 continue jusqu'au moment où le quotient N_n devient égal à zéro.
4. Les restes obtenus successivement sont les chiffres de la représentation binaire du nombre N, ayant a_0 comme le bit le moins significatif, a_1 comme le bit suivant, et ainsi de suite.

Exemple 2.1

Soit la conversion décimale-binaire du nombre entier 53. Nous obtenons sa représentation binaire par une succession de divisions, plus précisément :

$53 \div 2 = 26$ reste 1	$a_0 = 1$
$26 \div 2 = 13$ reste 0	$a_1 = 0$
$13 \div 2 = 6$ reste 1	$a_2 = 1$
$6 \div 2 = 3$ reste 0	$a_3 = 0$
$3 \div 2 = 1$ reste 1	$a_4 = 1$
$1 \div 2 = 0$ reste 1	$a_5 = 1,$

donc :

$$53_{10} = 110101_2 .$$

En utilisant le même algorithme, nous présentons un schéma qui permet d'effectuer la succession de divisions sans qu'il soit nécessaire d'écrire explicitement chaque opération :

Quotient n ← Quotient $(n-1)$ ... ← Quotient 2 ← Quotient 1 ← Nombre

Reste n ... Reste 3 Reste 2 Reste 1

Pour le même exemple, nous obtenons :

0	1	3	6	13	26	53
	1	1	0	1	0	1.

La conversion décimale-binaire des **nombres fractionnaires** s'effectue par une succession de multiplications. Considérons le nombre décimal fractionnaire M, dont l'expression sous la forme de puissances de la base deux serait :

$$M = a_{-1} * 2^{-1} + a_{-2} * 2^{-2} + a_{-3} * 2^{-3} + \ldots + a_{-m+1} * 2^{-m+1} + a_{-m} * 2^{-m} . \quad (2.4)$$

En multipliant chacun des termes de cette égalité par 2, nous obtenons :

$$2 * M = a_{-1} + \underbrace{(a_{-2} * 2^{-1} + a_{-3} * 2^{-2} + \ldots + a_{-m+1} * 2^{-m+2} + a_{-m} * 2^{-m+1})}_{M_1} , \quad (2.5)$$

où a_{-1}, c'est-à-dire le bit le plus significatif de l'expression binaire, correspond à la partie entière du résultat de cette multiplication.

À la suite, en multipliant par 2 la partie fractionnaire, nous obtenons :

$$2 * M_1 = a_{-2} + \underbrace{(a_{-3} * 2^{-1} + \ldots + a_{-m+1} * 2^{-m+3} + a_{-m} * 2^{-m+2})}_{M_2} , \quad (2.6)$$

où a_{-2} représente le bit suivant de l'expression binaire.

En continuant les opérations de multiplication, on suit effectivement l'algorithme de conversion décimale-binaire des nombres fractionnaires que l'on peut énoncer ainsi :

1. Le nombre décimal fractionnaire M est multiplié par 2 pour obtenir l'entier a_{-1} et la partie fractionnaire M_1.
2. Si la partie fractionnaire M_1 est différente de zéro, on la multiplie par 2 pour obtenir l'entier a_{-2} et la partie fractionnaire M_2.
3. L'opération de multiplication mentionnée au point 2 est répétée jusqu'à ce que la partie fractionnaire M_n devienne zéro, ou bien on se limite à un nombre déterminé de chiffres binaires en fonction de la précision désirée.

Exemple 2.2

Soit la conversion décimale-binaire du nombre fractionnaire 0,406 25. La représentation binaire est obtenue par la succession de multiplications :

$$0,406\ 25 * 2 = 0,812\ 50 \qquad a_{-1} = 0$$
$$0,812\ 5\ \ * 2 = 1,625\ 0 \qquad a_{-2} = 1$$
$$0,625\ \ \ \ * 2 = 1,250 \qquad a_{-3} = 1$$
$$0,250\ \ \ \ * 2 = 0,50 \qquad a_{-4} = 0$$
$$0,5\ \ \ \ \ \ \ * 2 = 1,0 \qquad a_{-5} = 1,$$

donc :

$$0,406\ 25_{10} = 0,01101_2 .$$

Exemple 2.3

Soit la conversion décimale-binaire du nombre fractionnaire 0,7. La représentation binaire est obtenue par la succession de multiplications :

$$0,7 * 2 = 1,4 \qquad a_{-1} = 1$$
$$0,4 * 2 = 0,8 \qquad a_{-2} = 0$$
$$0,8 * 2 = 1,6 \qquad a_{-3} = 1$$
$$0,6 * 2 = 1,2 \qquad a_{-4} = 1$$
$$0,2 * 2 = 0,4 \qquad a_{-5} = 0$$
$$0,4 * 2 = 0,8 \qquad a_{-6} = 0,$$

. . .

donc :
$$0,7_{10} = 0,101100_2 \ldots$$

Pour ce dernier exemple, l'opération de conversion peut continuer à l'infini; il faut donc s'arrêter en fonction de la précision voulue. Autrement dit, un nombre décimal fractionnaire ayant un nombre fini de chiffres peut avoir un nombre infini de chiffres dans la représentation binaire, ce qui signifie que le résultat de la conversion décimale-binaire d'un nombre fractionnaire n'est pas toujours exacte.

Dans le but de faciliter la conversion décimale-binaire des nombres fractionnaires, nous présentons un schéma qui évite l'écriture explicite de chaque opération :

Nombre → Double de la partie → Double de la partie   . . .
           fractionnaire   fractionnaire

0,   Partie entière   Partie entière   . . .

Pour l'exemple 2.2, nous obtenons :

0,406 25 0,812 5 1,625 1,25 0,5 1,0
0,   0   1   1   0   1 .

Lorsqu'on désire effectuer la conversion décimale-binaire d'un nombre qui possède une partie entière et une partie fractionnaire, il faut appliquer à chacune des deux parties l'algorithme correspondant.

2.5   CONVERSION BINAIRE-DÉCIMALE

La conversion binaire-décimale des **nombres entiers** s'effectue par une succession de multiplications. Considérons le nombre binaire entier P dont l'expression sous la forme de puissances de la base deux serait :

$$P = b_{n-1} * 2^{n-1} + b_{n-2} * 2^{n-2} + b_{n-3} * 2^{n-3} + b_{n-4} * 2^{n-4} + \ldots + b_1 * 2^1 + b_0 * 2^0 . \quad (2.7)$$

En effectuant une succession de groupements, nous obtenons :

$$P = (\{[(\underbrace{b_{n-1} * 2 + b_{n-2}}_{P_1}) * 2 + b_{n-3}] * 2 + b_{n-4}\} * 2 + \ldots + b_1) * 2 + b_0 . \qquad (2.8)$$

P_2

Cette dernière expression nous permet de calculer, par une succession d'opérations, la valeur décimale du nombre P, donc d'énoncer l'algorithme de la conversion binaire-décimale des nombres entiers de la façon suivante :

1. La valeur intermédiaire P_1 est obtenue par la multiplication du bit le plus significatif par 2 et par l'ajout du bit suivant.
2. La valeur intermédiaire P_2 est obtenue par la multiplication de la valeur intermédiaire P_1 par 2 et par l'ajout du bit de sa droite.
3. Ce processus continue jusqu'à ce que l'addition du bit le moins significatif ait été effectuée.
4. Le dernier résultat représente l'équivalent décimal du nombre binaire donné.

Exemple 2.4

Soit la conversion binaire-décimale du nombre entier 11100101. Son équivalent décimal est obtenu par la succession des opérations :

$1 * 2 + 1 = 3$	$P_1 = 3$
$3 * 2 + 1 = 7$	$P_2 = 7$
$7 * 2 + 0 = 14$	$P_3 = 14$
$14 * 2 + 0 = 28$	$P_4 = 28$
$28 * 2 + 1 = 57$	$P_5 = 57$
$57 * 2 + 0 = 114$	$P_6 = 114$
$114 * 2 + 1 = 229$	$P_7 = 229,$

donc :

$$11100101_2 = 229_{10} .$$

La conversion binaire-décimale des **nombres fractionnaires** s'effectue par une succession de divisions. Considérons le nombre binaire fractionnaire Q dont l'expression sous la forme de puissances de la base deux serait :

$$Q = b_{-1} * 2^{-1} + b_{-2} * 2^{-2} + \ldots + b_{-m+2} * 2^{-m+2} + b_{-m+1} * 2^{-m+1} + b_{-m} * 2^{-m} , \quad (2.9)$$

Q_1

ou bien

$$Q = 2^{-1} * (b_{-1} + 2^{-1} * \{b_{-2} + \ldots + 2^{-1} * [\underbrace{b_{-m+2} + 2^{-1} * (b_{-m+1} + 2^{-1} * b_{-m})}_{Q_2}]\}). \quad (2.10)$$

Cette dernière expression nous permet de calculer, par une succession d'opérations, la valeur décimale du nombre Q, donc d'énoncer l'algorithme de la conversion binaire-décimale des nombres fractionnaires :

1. La valeur intermédiaire Q_1 est obtenue par la division du bit le moins significatif de l'expression binaire par 2 et par l'ajout du bit situé à sa gauche.
2. La valeur intermédiaire Q_2 est obtenue par la division de la valeur intermédiaire Q_1 par 2 et par l'ajout du bit situé à sa gauche.
3. Ce processus continue jusqu'à ce que l'addition du bit 0, qui représente la partie entière du nombre binaire, ait été effectuée.
4. Le dernier résultat représente l'équivalent décimal du nombre binaire donné.

Exemple 2.5

Soit la conversion binaire-décimale du nombre fractionnaire 0,1100101. Pour obtenir son équivalent décimal, il faut effectuer la succession des opérations :

1	+ 2 + 0 = 0,5	$Q_1 = 0,5$
0,5	+ 2 + 1 = 1,25	$Q_2 = 1,25$
1,25	+ 2 + 0 = 0,625	$Q_3 = 0,625$
0,625	+ 2 + 0 = 0,312 5	$Q_4 = 0,312 5$
0,312 5	+ 2 + 1 = 1,156 25	$Q_5 = 1,156 25$
1,156 25	+ 2 + 1 = 1,578 125	$Q_6 = 1,578 125$
1,578 125	+ 2 + 0 = 0,789 062 5	$Q_7 = 0,789 062 5$

donc :
$$0,1100101_2 = 0,789 062 5_{10}.$$

Pour effectuer la conversion binaire-décimale d'un nombre qui possède une partie entière et une partie fractionnaire, il faut appliquer à chacune des deux parties l'algorithme correspondant.

2.6 OPÉRATIONS ARITHMÉTIQUES BINAIRES

Les opérations arithmétiques élémentaires sur les nombres binaires d'un seul bit sont assez simples et obéissent aux tables qui sont présentées aux figures 2.2 (addition), 2.3 (soustraction) et 2.4 (multiplication). Pour ce qui est de la division binaire, semblable à la division décimale, elle s'effectue par une succession de comparaisons, de soustractions et de multiplications.

Figure 2.2   Table d'addition binaire

0 + 0 = 0
0 + 1 = 1
1 + 0 = 1
1 + 1 = 10

Figure 2.3   Table de soustraction binaire

$$
\begin{array}{l}
0 - 0 = 0 \\
1 - 0 = 1 \\
1 - 1 = 0 \\
10 - 1 = 1
\end{array}
$$

Figure 2.4   Table de multiplication binaire

$$
\begin{array}{l}
0 * 0 = 0 \\
0 * 1 = 0 \\
1 * 0 = 0 \\
1 * 1 = 1
\end{array}
$$

Exemple 2.6

Soit l'addition en binaire des nombres 19 et 23 :

$$19_{10} = 10011_2 \qquad \qquad \begin{array}{r} 10011 \\ + \ 10111 \\ \hline 101010 \end{array}$$

$$23_{10} = 10111_2$$

Vérification :

$$101010_2 = 42_{10} \text{, le résultat est correct puisque :}$$

$$19_{10} + 23_{10} = 42_{10} \text{ .}$$

Exemple 2.7

Soit la soustraction en binaire du nombre 17 à partir du nombre 26 :

$$17_{10} = 10001_2 \qquad \qquad \begin{array}{r} 11010 \\ - \ 10001 \\ \hline 1001 \end{array}$$

$$26_{10} = 11010_2$$

Vérification :

$$1001_2 = 9_{10} \text{, le résultat est correct puisque :}$$

$$26_{10} - 17_{10} = 9_{10} \text{ .}$$

Exemple 2.8

Soit la multiplication en binaire du multiplicande 3,25 par le multiplicateur 1,125 :

$$3{,}25_{10} = 11{,}01_2$$

$$1{,}125_{10} = 1{,}001_2$$

$$
\begin{array}{r}
* \ 11{,}01 \\
1{,}001 \\
\hline
1101 \\
0000 \\
0000 \\
1101 \\
\hline
11{,}10101
\end{array}
$$

Vérification :

$$11{,}10101_2 = 3{,}656\ 25_{10} \text{, le résultat est correct puisque :}$$

$$3{,}25_{10} * 1{,}125_{10} = 3{,}656\ 25_{10} \text{ .}$$

Exemple 2.9

Soit la division en binaire du dividende 173 par le diviseur 5 :

$$173_{10} = 10101101_2$$
$$5_{10} = 101_2$$

```
10101101 |101
101       100010
0000110
   101
   0011
```

Vérification :

$$100010_2 = 34_{10}$$
$$11_2 = 3_{10}$$

le résultat est correct puisque :

$$173_{10} \div 5_{10} = 34_{10} \text{ et le reste est } 3_{10}.$$

Nous verrons plus loin que les opérations arithmétiques élémentaires qui sont effectuées à l'intérieur d'un ordinateur se fondent sur le système de numération binaire, mais utilisent des algorithmes différents de ceux connus dans l'arithmétique classique.

2.7   SYSTÈME DE NUMÉRATION HEXADÉCIMALE

N'importe quel ordinateur traite l'information en considérant sa représentation binaire. Or, dans cette forme de représentation, le dialogue entre l'utilisateur et la machine peut facilement être déformé par les erreurs humaines insérées durant la communication. En vue de permettre un meilleur dialogue, des systèmes de numération plus compacts ont été recherchés. De tels systèmes doivent utiliser moins de symboles pour représenter une unité d'information et faciliter la conversion dans le système de numération binaire.

Le **système de numération hexadécimale** représente le meilleur choix pour les ordinateurs qui utilisent des mots dont le nombre de bits est divisible par 4. C'est le cas de presque tous les ordinateurs actuellement sur le marché (mots de 8, 16, 32 et 64 bits).

Le système de numération hexadécimale requiert 16 symboles pour exprimer les chiffres. Par convention, les dix premiers symboles sont empruntés au système de numération décimale et les six derniers sont les lettres A à F de l'alphabet latin. La table de la figure 2.1, présentée précédemment, fournit l'équivalent de chaque chiffre hexadécimal dans le système de numération binaire et dans le système de numération décimale.

Parce que le nombre 16 est une puissance du nombre 2, les conversions binaire-hexadécimale et hexadécimale-binaire sont très faciles. Pour effectuer la conversion binaire-hexadécimale, l'information binaire, par exemple 0110001101011100 (mot de 16 bits), est remplacée pour chaque groupe de 4 bits par un chiffre hexadécimal, dans notre exemple 635C. Inversement, dans la conversion hexadécimale-binaire, chaque chiffre hexadécimal est remplacé par un groupe de 4 bits, soit, pour le nombre D731, par 1101011100110001.

Comme dans les autres systèmes de numération par position, chaque chiffre d'un nombre hexadécimal possède une pondération donnée par la base 16 élevée à une puissance correspondant à sa position. Par conséquent, le chiffre le moins significatif possède la pondération 16^0, le chiffre suivant, la pondération 16^1, et ainsi de suite. Pour faire les conversions décimale-hexadécimale et hexadécimale-décimale, en effectuant les opérations arithmétiques dans le système décimal, on peut utiliser les mêmes algorithmes qui ont été présentés pour les conversions décimale-binaire et binaire-décimale, évidemment en exécutant les multiplications ou les divisions par 16.

Exemple 2.10

Soit la conversion hexadécimale-décimale du nombre entier F2B. Nous obtenons son équivalent décimal par la succession des opérations :

$$15(F) * 16 + 2 = 242 \qquad\qquad P_1 = 242$$
$$242 * 16 + 11(B) = 3883 \qquad\qquad P_2 = 3883,$$

donc :
$$F2B_{16} = 3883_{10}.$$

En pratique, pour faire la conversion hexadécimale-décimale ou la conversion décimale-hexadécimale des nombres entiers, tâche qui peut exiger, par exemple, le traitement de l'information dans un langage d'assemblage, on utilise soit la table de la figure 2.5, soit une calculatrice spécialisée. La table est utilisée de la façon suivante :

- pour la conversion hexadécimale-décimale, on cherche la valeur décimale de chaque chiffre hexadécimal et on effectue une addition;
- pour la conversion décimale-hexadécimale, on examine d'abord la table pour trouver le chiffre hexadécimal le plus significatif (la valeur inférieure la plus proche du nombre décimal) et on soustrait son équivalent du nombre décimal; dans une deuxième étape, on prend le reste et on examine la table pour trouver le chiffre hexadécimal suivant, et ainsi de suite jusqu'à l'obtention du dernier chiffre hexadécimal.

Exemple 2.11

Soit la conversion hexadécimale-décimale du nombre entier $2BC8_{16}$:

$$8_{16} * 16^0 = 8_{10}$$
$$C_{16} * 16^1 = 192_{10}$$
$$B_{16} * 16^2 = 2816_{10}$$
$$2_{16} * 16^3 = 8192_{10},$$

d'où, après l'addition, nous obtenons :

$$2BC8_{16} = 11\,208_{10}.$$

Figure 2.5 Table des conversions hexadécimale-décimale et décimale-hexadécimale

	$\ast 16^7$	$\ast 16^6$	$\ast 16^5$	$\ast 16^4$	$\ast 16^3$	$\ast 16^2$	$\ast 16^1$	$\ast 16^0$
1	268 435 456	16 777 216	1 048 576	65 536	4 096	256	16	1
2	536 870 912	33 554 432	2 097 152	131 072	8 192	512	32	2
3	805 305 368	50 331 648	3 145 728	196 608	12 288	768	48	3
4	1 073 741 824	67 108 864	4 194 304	262 144	16 384	1 024	64	4
5	1 342 177 280	83 886 080	5 242 880	327 680	20 480	1 280	80	5
6	1 610 612 736	100 663 296	6 291 456	393 216	24 576	1 536	96	6
7	1 879 048 192	117 440 512	7 340 032	458 752	28 672	1 792	112	7
8	2 147 483 648	134 217 728	8 388 608	524 288	32 768	2 048	128	8
9	2 415 919 104	150 994 944	9 437 184	589 824	36 864	2 304	144	9
A	2 684 354 560	167 772 160	10 485 760	655 360	40 960	2 560	160	10
B	2 952 790 016	184 549 376	11 534 336	720 896	45 056	2 816	176	11
C	3 221 225 472	201 326 592	12 582 912	786 432	49 152	3 072	192	12
D	3 489 660 928	218 103 808	13 631 488	851 968	53 248	3 328	208	13
E	3 758 096 384	234 881 024	14 680 064	917 504	57 344	3 584	224	14
F	4 026 531 840	251 658 240	15 728 640	983 040	61 440	3 840	240	15

Exemple 2.12

Soit la conversion décimale-hexadécimale du nombre entier $12\ 632_{10}$:

$$12\ 632_{10} = 3_{16} \ast 16^3 + 344_{10} = 3000_{16}\ (12\ 288_{10}) + 344_{10}$$
$$344_{10} = 1_{16} \ast 16^2 + 88_{10} = 100_{16}\ (256_{10}) + 88_{10}$$
$$88_{10} = 5_{16} \ast 16^1 + 8_{10} = 50_{16}\ (80_{10}) + 8_{10}$$
$$8_{10} = 8_{16} \ast 16^0 + 0_{10} = 8_{16}\ (8_{10}) + 0_{10},$$

donc :

$$12\ 632_{10} = 3158_{16}\ .$$

Dans ce dernier exemple, le chiffre hexadécimal le plus significatif est 3_{16} parce que $3\ast16^3$, donc $12\ 288_{10}$, est la valeur numérique inférieure la plus proche du nombre décimal initial ($12\ 632_{10}$) qu'on trouve dans la table. De même, le chiffre hexadécimal suivant est 1_{16} parce que $1\ast16^2$, donc 256_{10}, est la valeur numérique inférieure la plus proche du reste (344_{10}).

Souvent, pour trouver une information importante, par exemple une adresse, il est nécessaire de calculer en hexadécimal. La table d'addition hexadécimale (figure 2.6) et la table de multiplication hexadécimale (figure 2.7) peuvent aider à effectuer un tel calcul.

Exemple 2.13

Soit l'addition des nombres hexadécimaux $3CE4_{16}$ et $26FD_{16}$ qui représentent deux adresses. En utilisant la table de la figure 2.6, on effectue l'addition, position par position :

$$+ \begin{array}{r} 3CE4 \\ 26FD \\ \hline 63E1 \end{array}$$

donc :

$$3CE4_{16} + 26FD_{16} = 63E1_{16}.$$

Figure 2.6   Table d'addition hexadécimale

	0	1	2	3	4	5	6	7	8	9	A	B	C	D	E	F
0	0	1	2	3	4	5	6	7	8	9	A	B	C	D	E	F
1	1	2	3	4	5	6	7	8	9	A	B	C	D	E	F	10
2	2	3	4	5	6	7	8	9	A	B	C	D	E	F	10	11
3	3	4	5	6	7	8	9	A	B	C	D	E	F	10	11	12
4	4	5	6	7	8	9	A	B	C	D	E	F	10	11	12	13
5	5	6	7	8	9	A	B	C	D	E	F	10	11	12	13	14
6	6	7	8	9	A	B	C	D	E	F	10	11	12	13	14	15
7	7	8	9	A	B	C	D	E	F	10	11	12	13	14	15	16
8	8	9	A	B	C	D	E	F	10	11	12	13	14	15	16	17
9	9	A	B	C	D	E	F	10	11	12	13	14	15	16	17	18
A	A	B	C	D	E	F	10	11	12	13	14	15	16	17	18	19
B	B	C	D	E	F	10	11	12	13	14	15	16	17	18	19	1A
C	C	D	E	F	10	11	12	13	14	15	16	17	18	19	1A	1B
D	D	E	F	10	11	12	13	14	15	16	17	18	19	1A	1B	1C
E	E	F	10	11	12	13	14	15	16	17	18	19	1A	1B	1C	1D
F	F	10	11	12	13	14	15	16	17	18	19	1A	1B	1C	1D	1E

Figure 2.7 Table de multiplication hexadécimale

	0	1	2	3	4	5	6	7	8	9	A	B	C	D	E	F
0	0	0	0	0	0	0	0	0	0	0	0	0	0	0	0	0
1	0	1	2	3	4	5	6	7	8	9	A	B	C	D	E	F
2	0	2	4	6	8	A	C	E	10	12	14	16	18	1A	1C	1E
3	0	3	6	9	C	F	12	15	18	1B	1E	21	24	27	2A	2D
4	0	4	8	C	10	14	18	1C	20	24	28	2C	30	34	38	3C
5	0	5	A	F	14	19	1E	23	28	2D	32	37	3C	41	46	4B
6	0	6	C	12	18	1E	24	2A	30	36	3C	42	48	4E	54	5A
7	0	7	E	15	1C	23	2A	31	38	3F	46	4D	54	5B	62	69
8	0	8	10	18	20	28	30	38	40	48	50	58	60	68	70	78
9	0	9	12	1B	24	2D	36	3F	48	51	5A	63	6C	75	7E	87
A	0	A	14	1E	28	32	3C	46	50	5A	64	6E	78	82	8C	96
B	0	B	16	21	2C	37	42	4D	58	63	6E	79	84	8F	9A	A5
C	0	C	18	24	30	3C	48	54	60	6C	78	84	90	9C	A8	B4
D	0	D	1A	27	34	41	4E	5B	68	75	82	8F	9C	A9	B6	C3
E	0	E	1C	2A	38	46	54	62	70	7E	8C	9A	A8	B6	C4	D2
F	0	F	1E	2D	3C	48	5A	69	78	87	96	A5	B4	C3	D2	E1

2.8 CODE DCB

Dans beaucoup d'applications pratiques, spécialement quand il y a un échange intensif de données numériques entre l'ordinateur et un équipement périphérique, on préfère effectuer le traitement sur les nombres décimaux plutôt que sur les nombres binaires. On évite ainsi les étapes de la conversion décimale-binaire (conversion qui n'est pas toujours exacte) à l'entrée et de la conversion binaire-décimale à la sortie.

Il faut alors trouver des moyens pour représenter directement les nombres décimaux par le codage individuel de leurs chiffres, en reconnaissant qu'à l'intérieur de l'ordinateur l'unité d'information est toujours le bit. Pour coder individuellement les chiffres d'un nombre décimal, on doit choisir une combinaison unique pour chacun de chiffres. Autrement dit, on doit définir un **code binaire-décimal**. En pratique, plusieurs codes binaires-décimaux ont été proposés.

On sait que le système de numération décimale contient dix chiffres différents pour exprimer les nombres. Avec 3 bits, on peut obtenir 8 combinaisons distinctes, insuffisantes pour tous les chiffres décimaux, tandis qu'avec 4 bits on peut obtenir 16 combinaisons distinctes. Par conséquent, un code qui exprime distinctement tous les chiffres du système de numération décimale requiert au moins quatre bits. Si on considère un tel code, on peut attribuer toute combinaison de quatre bits à n'importe quel chiffre décimal, mais, parmi celles qui sont possibles, il doit toujours y avoir six combinaisons qui ne sont pas utilisées.

Le code de quatre bits le plus utilisé pour représenter les chiffres du système de numération décimale est le **code DCB** (**d**écimal **c**odé **b**inaire) présenté à la table de la figure 2.8. Chaque combinaison de quatre bits exprime la valeur du chiffre décimal, en considérant le système de la numération binaire. Les combinaisons qui ne sont pas utilisées, ou les **combinaisons redondantes**, sont les suivantes : 1010, 1011, 1100, 1101, 1110, 1111. Ce code fait partie du groupe des **codes pondérés**, puisque chaque bit qui suit l'expression d'un chiffre décimal a un poids déterminé par sa position. Par exemple, la valeur du chiffre décimal 5, exprimé en code DCB par 0101, est déterminée par les opérations :

$$0 * 2^3 + 1 * 2^2 + 0 * 2^1 + 1 * 2^0 = 4 + 1 = 5 .$$

Figure 2.8
Code DCB

Déc.	Code DCB			
10^0	2^3	2^2	2^1	2^0
0	0	0	0	0
1	0	0	0	1
2	0	0	1	0
3	0	0	1	1
4	0	1	0	0
5	0	1	0	1
6	0	1	1	0
7	0	1	1	1
8	1	0	0	0
9	1	0	0	1

En résumé, dans le code DCB, un nombre décimal est exprimé chiffre par chiffre, en utilisant pour chaque chiffre décimal le code correspondant.

Exemple 2.14

Soit le nombre décimal 3625 et son expression en code DCB :

$$3625_{10} = 0011011000100101_{DCB} .$$

Il faut retenir que cette information binaire est différente de la représentation binaire du nombre décimal 3625 qu'on obtient en utilisant l'algorithme connu de conversion décimale-binaire de nombres entiers, soit :

$$3625_{10} = 111000101001_2 .$$

2.9   CODES DÉTECTEURS ET CODES CORRECTEURS D'ERREURS

La fiabilité du fonctionnement d'un système numérique doit être très élevée. Cette condition de fiabilité ne peut toujours être respectée, particulièrement durant l'échange de l'information entre différents dispositifs physiques du système. Le bruit électrique, la variation de la tension d'alimentation sont, parmi d'autres, des causes qui peuvent introduire des erreurs dans l'information binaire. Donc, il est logique de prévoir un mécanisme de codage de l'information qui, durant l'échange, augmente la probabilité de fonctionnement sans défaillance. Par exemple, supposons qu'on souhaite concevoir le système de telle sorte que moins d'une erreur se produise pour un million de bits transmis entre une source et une destination. On utilisera un **code détecteur d'erreurs** qui décèle toute erreur pouvant se glisser dans un bloc d'information. Souvent, il faut aller plus loin et utiliser un **code correcteur d'erreurs** qui permet de restaurer automatiquement à la réception une information erronée.

Un mode de codage dans lequel toutes les combinaisons sont utilisées pour représenter l'information utile ne laisse pas la possibilité de distinguer une combinaison correcte d'une combinaison erronée. Par contre, en ajoutant des bits supplémentaires réservés à la détection des erreurs, il est possible de créer des codes détecteurs d'erreurs.

Une des techniques utilisées pour concevoir un code détecteur d'erreurs est l'ajout d'un **bit de contrôle de parité** ou d'un **bit de contrôle d'imparité**. Pour le contrôle de parité, le bit à ajouter est choisi de telle façon que le total des 1 dans l'ensemble de l'information (y compris le bit de parité) soit un nombre pair. Le contrôle d'imparité est fait d'après le même principe, mais le total des 1 doit être un nombre impair. Pratiquement, le contrôle d'imparité est préféré, puisqu'une succession de chiffres 0 dans l'information totale, ce qui constitue une situation commune d'erreur, est signalée.

Comme exemple, supposons que l'information à transmettre soit numérique et qu'on utilise le code DCB pour exprimer les chiffres. Pendant le processus de transmission, on ajoute un bit d'imparité, conformément à la table de la figure 2. 9. En analysant cette table, on peut constater que deux combinaisons du code diffèrent par la valeur des bits en au moins deux positions. On dit qu'il s'agit d'un **code** ayant la **distance deux**. Il faut préciser que cette technique d'addition du bit de parité ou du bit d'imparité pour créer un code détecteur d'erreurs peut s'appliquer à n'importe quelle structure d'information (octet, mot, bloc).

Le changement simultané de deux bits ne peut pas être détecté par un code où un seul bit a été ajouté. Pour accroître la protection, on utilise souvent un autre mode de codage. Comme exemple, considérons le **code** dit **2 parmi 5** (figure 2.10) où chaque chiffre de 0 à 9 est codé à l'aide de deux bits 1 et de trois bits 0. Il y a donc, parmi les 32 combinaisons possibles, 10 combinaisons qui expriment correctement un chiffre décimal et 22 qui permet-tent de détecter une situation d'erreur. Évidemment, le code 2 parmi 5 n'est pas unique.

En augmentant le nombre des bits de contrôle de parité (imparité), on peut créer des codes capables d'identifier la position du bit erroné et permettre ainsi la correction de cette erreur. L'utilisation d'un tel code est recommandée lorsqu'il n'y a pas de possibilité de re-transmission de l'information binaire une fois qu'une erreur a été détectée. Considérons comme exemple le code présenté à la table de la figure 2.11. C'est un **code Hamming**, capable de procéder à la correction d'une seule erreur dans un message utile qui contient

Figure 2.9   Code DCB détecteur d'erreurs par l'ajout du bit d'imparité

Déc.	Code DCB				Bit imp.
10^0	2^3	2^2	2^1	2^0	
0	0	0	0	0	1
1	0	0	0	1	0
2	0	0	1	0	0
3	0	0	1	1	1
4	0	1	0	0	0
5	0	1	0	1	1
6	0	1	1	0	1
7	0	1	1	1	0
8	1	0	0	0	0
9	1	0	0	1	1

Figure 2.10   Code détecteur d'erreurs 2 parmi 5

Décimal	Code 2 parmi 5
0	11000
1	00011
2	00101
3	00110
4	01001
5	01010
6	01100
7	10001
8	10010
9	10100

quatre bits. Chaque combinaison du code contient sept bits, où **quatre** représente l'information utile (B_3, B_5, B_6 et B_7) et **trois** représente les bits de contrôle de parité (C_1, C_2 et C_4). En regardant cette table, on peut constater que deux combinaisons du code diffèrent par la valeur des bits en au moins trois positions. Donc, un code correcteur d'une seule erreur doit avoir une dis**tance minimum de trois**. Le mode d'action des bits de contrôle durant le processus de codage (chaque bit de contrôle est choisi pour vérifier la parité avec trois autres bits d'information utile) est présenté à la figure 2.12. Considérons, par exemple, le code du chiffre hexadécimal 6; donc, $B_3 = 0$, $B_5 = 1$, $B_6 = 1$ et $B_7 = 0$. C_1 doit avoir la valeur 1 pour former un nombre pair de 1 avec B_3, B_5 et B_7, C_2 doit avoir la valeur 1 pour former un nombre pair de 1 avec B_3, B_6 et B_7, et, finalement, C_4 doit avoir la valeur 0 pour former un nombre pair de 1 avec B_5, B_6 et B_7.

Figure 2.11 Code Hamming correcteur d'un bit dans un message utile de quatre bits

Hexa	C_1	C_2	B_3	C_4	B_5	B_6	B_7
0	0	0	0	0	0	0	0
1	1	1	0	1	0	0	1
2	0	1	0	1	0	1	0
3	1	0	0	0	0	1	1
4	1	0	0	1	1	0	0
5	0	1	0	0	1	0	1
6	1	1	0	0	1	1	0
7	0	0	0	1	1	1	1
8	1	1	1	0	0	0	0
9	0	0	1	1	0	0	1
A	1	0	1	1	0	1	0
B	0	1	1	0	0	1	1
C	0	1	1	1	1	0	0
D	1	0	1	0	1	0	1
E	0	0	1	0	1	1	0
F	1	1	1	1	1	1	1

Figure 2.12 Action des bits de contrôle de parité dans le code Hamming de la figure 2.11

C_1	C_2	B_3	C_4	B_5	B_6	B_7
X		X		X		X
	X	X			X	X
			X	X	X	X

À la réception, les mêmes bits de parité servent à vérifier le message. Si les parités se vérifient, le message reçu est correct. Par contre, si au moins une parité ne se vérifie pas, le système de réception localise et corrige automatiquement l'erreur. Il faut préciser qu'une telle erreur peut se produire soit dans un bit d'information utile, soit dans un bit de contrôle de parité.

Exemple 2.15

Considérons qu'une combinaison qui correspond au chiffre hexadécimal 5, chiffre qui a été codé en code Hamming, est reçue mais que, durant la transmission, une erreur s'est produite au bit d'information B_6. La vérification de parité et la correction du bit erroné sont illustrées à la figure 2.13. Pour déterminer la position qui doit être corrigée, il faut faire l'addition des indices de bits de contrôle qui ne vérifient pas la parité. Dans notre cas, les bits C_2 et C_4 ne vérifient pas la parité, donc il faut corriger la position B_6.

Figure 2.13   Vérification et correction d'une erreur dans le code Hamming

C_1	C_2	B_3	C_4	B_5	B_6	B_7	Opération
0	1	0	0	1	0	1	Transmission
0	1	0	0	1	1	1	Réception
0		0		1		1	Parité correcte
	1	0			1	1	Erreur de parité
			0	1	1	1	Erreur de parité
0	1	0	0	1	0	1	Correction B_6

2.10   CODES ALPHANUMÉRIQUES

De nombreuses applications sur ordinateurs font le traitement d'information non numérique. Les applications de traitement de texte en sont des exemples. Il faut donc définir des codes permettant de représenter des caractères à l'aide d'une suite de bits. Un tel code s'appelle un **code binaire de caractères** ou **code alphanumérique**. Un code binaire qui utilise, pour chaque caractère, *n* bits est dit un **code à *n* moments**.

Le code alphanumérique le plus connu, utilisé surtout par les micro-ordinateurs, est le **code à sept bits**, appelé aussi le **code ASCII** (*American Standard Code Information Interchange*), code qui est présenté à table de la figure 2.14. Pour mettre un caractère en code, on juxtapose la combinaison des bits de la colonne à celle de la ligne où est situé le caractère concerné. Par exemple, le code du caractère **D** est **1000100** et celui du caractère **%** est **0100101**. Quand on représente un tel caractère en hexadécimal, on ajoute le bit 0 à l'extrémité gauche de l'ensemble de sept bits obtenu. Ainsi, le code du caractère **D** devient 44_{16} et le code du caractère **%** devient 25_{16}. Il est à noter que les caractères majuscules et les caractères minuscules ont des codes différents. Les chiffres décimaux sont exprimés par le groupe de trois bits 011 suivi de l'expression correspondante en code DCB. Il est aussi à noter que le code contient une série de **caractères de commande**, tels que le **retour de chariot (CR)**, le **retour arrière (BS)**, etc., très utiles durant le processus d'édition de texte et dans le processus de communication. Les significations des caractères de commande sont :

NUL	nul	
SOH	début d'en-tête	
STX	début de texte	
ETX	fin de texte	
EOT	fin de bande	
ENQ	demande	
ACK	accusé de réception	
BEL	sonnerie	
BS	retour arrière	
HT	tabulation horizontale	
LF	saut de ligne	
VT	tabulation verticale	
FF	saut de page	
CR	retour de chariot	
SO	hors-code	
SI	en-code	
DLE	échappement transmission	

DC1	contrôle dispositif 1
DC2	contrôle dispositif 2
DC3	contrôle dispositif 3
DC4	contrôle dispositif 4
NAK	accusé de réception négatif
SYN	synchronisation
ETB	fin de bloc de transmission
CAN	annulation
EM	fin de support
SUB	substitution
ESC	échappement
FS	séparateur de fichier
GS	séparateur de groupe
RS	séparateur d'article
US	séparateur de sous-article
SP	espace
DEL	suppression

Le **code EBCDIC** (*Extended Binary Coded Decimal Interchange Code*) est un **code à huit bits**, utilisé par la plupart des ordinateurs de moyenne ou de grande capacité.

Figure 2.14 Code ASCII

	000	001	010	011	100	101	110	111
0000	NUL	DLE	SP	0	@	P	\	p
0001	SOH	DC1	!	1	A	Q	a	q
0010	STX	DC2	"	2	B	R	b	r
0011	ETX	DC3	#	3	C	S	c	s
0100	EOT	DC4	$	4	D	T	d	t
0101	ENQ	NAK	%	5	E	U	e	u
0110	ACK	SYN	&	6	F	V	f	v
0111	BEL	ETB		7	G	W	g	w
1000	BS	CAN	(	8	H	X	h	x
1001	HT	EM	)	9	I	Y	i	y
1010	LF	SUB	*	:	J	Z	j	z
1011	VT	ESC	+	;	K	[	k	{
1100	FF	FS	,	<	L	\	l	'
1101	CR	GS	-	=	M	]	m	}
1110	SO	RS		>	N	^	n	~
1111	SI	US	/	?	O		_	o	DEL

2.11   PROBLÈMES

1. Convertissez chacun des nombres décimaux suivants en son équivalent binaire :
   a) 47; b) 64; c) 100; d) 255; e) 512; f) 4096.

2. Convertissez chacun des nombres décimaux suivants en son équivalent binaire :
   a) 6,25; b) 12,125; c) 6 $\frac{1}{8}$; d) 0,42; e) 60,5; f) 2048,0625.

3. Convertissez chacun des nombres binaires suivants en son équivalent décimal :
   a) 00110101; b) 10101010; c) 11110000; d) 10000001; e) 00110011;
   f) 10010110.

4. Convertissez chacun des nombres binaires suivants en son équivalent décimal :
   a) 1011,0011; b) 1001,1011; c) 0,00111001; d) 0,00000001; e) 101111,01;
   f) 11,000011.

5. Convertissez les entiers hexadécimaux suivants en entiers décimaux :
   a) 6E; b) 5B; c) AACC; d) 682C; e) D276; f) ABCD.

6. Convertissez les entiers décimaux suivants en entiers hexadécimaux :
   a) 67; b) 127; c) 2560; d) 3548; e) 12 386; f) 65 000.

7. Convertissez chacun des nombres hexadécimaux suivants en son équivalent binaire :
   a) 37; b) A5; c) 682C; d) F5F5; e) 163B; f) 753E.

8. Convertissez chacun des nombres binaires suivants en son équivalent hexadécimal :
   a) 10101010; b) 11110000; c) 10010110; d) 10110101; e) 1001001100110001;
   f) 1010111100001100.

9. Convertissez les entiers décimaux suivants en DCB :
   a) 68; b) 1256; c) 6532; d) 17,86; e) 10 992; f) 62 538.

10. Effectuez les additions suivantes en binaire et vérifiez les résultats :
    a) $17_{10} + 31_{10}$; b) $58_{10} + 14_{10}$; c) $39_{10} + 24_{10}$; d) $96_{10} + 125_{10}$.

11. Effectuez les soustractions suivantes en binaire et vérifiez les résultats :
    a) $36_{10} - 17_{10}$; b) $39_{10} - 24_{10}$; c) $58_{10} - 14_{10}$; d) $125_{10} - 96_{10}$.

12. Effectuez les multiplications et les divisions suivantes en binaire et vérifiez les résultats :
    a) $16_{10} * 4_{10}$; b) $31_{10} * 12_{10}$; c) $32_{10} + 4_{10}$; d) $158_{10} + 18_{10}$.

13. Effectuez les additions suivantes en hexadécimal et vérifiez les résultats :
    a) $543_{10} + 675_{10}$; b) $2435_{10} + 876_{10}$; c) $654_{10} + 256_{10}$.

14. Effectuez les soustractions suivantes en hexadécimal et vérifiez les résultats :
    a) $986_{10} - 543_{10}$; b) $8796_{10} - 359_{10}$; c) $1024_{10} - 128_{10}$.

15. Effectuez les multiplications suivantes en hexadécimal et vérifiez les résultats :
    a) $256_{10} * 24_{10}$; b) $328_{10} * 100_{10}$; c) $88_{10} * 45_{10}$.

16. Donnez successivement la valeur du bit de parité P, produit par le générateur de parité illustré à la figure 2.15, en considérant les huit groupes (a, b, c, d, e, f, g, h) des signaux appliqués aux entrées.

Figure 2.15 Générateur de parité du problème 16

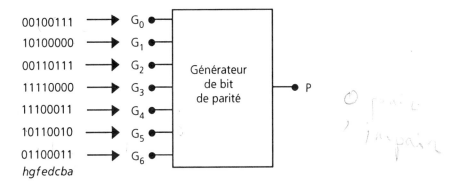

17. Refaites le problème précédent en considérant cette fois un générateur de bit d'imparité au lieu d'un générateur de bit de parité.

18. Considérez que le chiffre hexadécimal A, codé en code Hamming, est reçu avec une erreur au bit d'information B_5. Montrez la vérification et la correction du bit erroné.

19. Considérez que le chiffre hexadécimal 3, codé en code Hamming, est reçu avec une erreur au bit de parité C_2. Montrez la vérification et la correction du bit erroné.

20. Donnez, en code alphanumérique ASCII hexadécimal (huit bits), la liste des caractères du message "BONJOUR".

3
INTRODUCTION
À L'ALGÈBRE BOOLÉENNE

3.1 VARIABLES, OPÉRATEURS, FONCTIONS

L'algèbre de Boole, ou l'**algèbre booléenne**, est une méthode mathématique déductive créée par le mathématicien anglais George Boole dans son ouvrage *The Laws of Thought* (1844).

Le présent chapitre constitue seulement une introduction à l'algèbre booléenne et ne présente que le minimum des éléments nécessaires à l'étude des relations logiques et, implicitement, à l'élaboration des circuits logiques.

L'algèbre booléenne se caractérise par :
- un ensemble à deux éléments, notés par 0 et 1;
- un ensemble d'opérateurs élémentaires { ET, OU, NON }.

Par conséquent, les variables de l'algèbre booléenne, qu'on appelle **variables logiques**, ne peuvent avoir qu'une des deux valeurs **0** ou **1**. Les variables logiques peuvent être réunies à l'aide des **opérateurs élémentaires** pour former des **expressions logiques**. Durant l'évaluation d'une expression logique, l'opération NON a la plus grande priorité, suivie par l'opération ET et, finalement, par l'opération OU. Si une expression logique contient des parenthèses, les opérations d'une parenthèse intérieure doivent être effectuées (dans leur ordre de priorité) avant celles d'une parenthèse extérieure. En attribuant la valeur d'une expression logique à une autre variable, on obtient une **fonction logique** ou **fonction booléenne**. Il est possible d'exprimer n'importe quelle fonction logique en utilisant seulement les opérateurs élémentaires. Une fonction logique, définie à l'aide d'un seul opérateur élémentaire, s'appelle une **fonction de base** ou une **fonction fondamentale**.

D'une manière générale, on définit une fonction logique par une **table de vérité**. Celle-ci exprime les valeurs de la fonction logique dans toutes les combinaisons possibles des variables. Les fonctions logiques peuvent être réalisées sur le plan matériel à l'aide des **circuits**

électroniques. Au stade de développement actuel de la technologie, les circuits logiques sont conçus sous forme de **circuits intégrés.** La question qui préoccupe l'informaticien est de savoir comment une fonction logique peut être implantée à l'aide des circuits intégrés disponibles. Cette implantation se fait au moyen de schémas simples, sans détails électroniques, schémas dans lesquels les circuits qui expriment les fonctions logiques sont représentés par des symboles graphiques spéciaux.

3.2   FONCTIONS LOGIQUES DE BASE

La **fonction NON**, ou **fonction négation**, est définie pour une seule variable à l'aide de la table de vérité de la figure 3.1*a* et est exprimée par la relation :

$$L(A) = \overline{A}.$$ (3.1)

Figure 3.1
Fonction négation

A	$L = \overline{A}$
0	1
1	0

a)

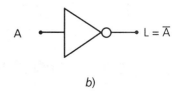

b)

La première ligne de cette table nous dit que si la variable A vaut 0, la fonction NON A, écrite $\overline{A}$ (l'opérateur de négation est la barre), vaut 1. De même, la deuxième ligne nous dit que si A vaut 1, la fonction NON A vaut 0. Le symbole graphique qui caractérise la fonction logique NON (la **porte NON**) est représenté à la figure 3.1*b*.

La **fonction ET**, appelée aussi **produit logique** ou **intersection**, est définie pour deux variables à l'aide de la table de vérité de la figure 3.2*a* et elle s'exprime par la relation :

$$L(A, B) = A \cdot B.$$ (3.2)

Figure 3.2
Fonction ET
de deux variables

A	B	$L = A \cdot B$
0	0	0
0	1	0
1	0	0
1	1	1

a)

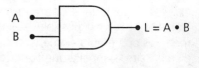

b)

En observant cette table, on peut constater que la fonction logique ET vaut 1 si A vaut 1 **et** si, simultanément, B vaut 1. L'opérateur logique ET est noté couramment par un gros point (•) entre les variables. Le symbole graphique qui caractérise la fonction logique ET de deux variables (la **porte ET** de deux variables) est représenté à la figure 3.2*b*.

La **fonction OU**, appelée aussi **somme logique** ou **réunion**, est définie pour deux variables à l'aide de la table de vérité de la figure 3.3*a* et s'exprime par la relation :

$$L(A, B) = A + B .$$ (3.3)

On peut constater que la fonction logique OU vaut 1 si A vaut 1 **ou** si B vaut 1 **ou** si A et B valent 1. L'opérateur logique OU est noté couramment par le signe plus (+) entre les variables. Le symbole graphique qui caractérise la fonction logique OU de deux variables (la **porte OU** de deux variables) est représenté à la figure 3.3*b*.

Figure 3.3
Fonction OU de
deux variables

A	B	L = A + B
0	0	0
0	1	1
1	0	1
1	1	1

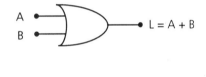

a)   b)

Les fonctions logiques ET et OU peuvent facilement être définies pour plus de deux variables. Ainsi, la fonction ET de trois variables, définie par la table de vérité de la figure 3.4*a* vaut 1 si, simultanément, A, B et C valent 1. Pareillement, la fonction OU de trois variables, définie par la table de vérité de la figure 3.5*a*, vaut 1 si A vaut 1, quelle que soit la valeur de B et C, ou si B vaut 1, quelle que soit la valeur de A et C, ou bien si C vaut 1, quelle que soit la valeur de A et B. On peut facilement étendre les définitions à plus de trois variables.

Figure 3.4
Fonction ET de trois
variables

A	B	C	L = A • B • C
0	0	0	0
0	0	1	0
0	1	0	0
0	1	1	0
1	0	0	0
1	0	1	0
1	1	0	0
1	1	1	1

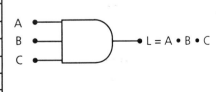

a)   b)

Figure 3.5   Fonction OU de trois variables

A	B	C	L = A + B + C
0	0	0	0
0	0	1	1
0	1	0	1
0	1	1	1
1	0	0	1
1	0	1	1
1	1	0	1
1	1	1	1

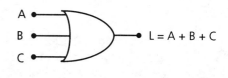

a)   *b)*

3.3   LOIS DE L'ALGÈBRE BOOLÉENNE

À partir des tables de vérité des fonctions fondamentales, on peut déduire des relations importantes qui constituent les **lois de l'algèbre booléenne**. Ces lois peuvent être partagées en **postulats** et en **théorèmes**. Nous rappelons qu'un postulat est un principe indémontrable qui paraît légitime, donc incontestable. Par contre, un théorème est une proposition démontrable qui résulte d'autres propositions déjà posées.

Les postulats découlent directement de la définition de l'algèbre booléenne.

• Postulat 1 : variable logique

$$A = 0 \text{ si } A \neq 1 \text{ et } A = 1 \text{ si } A \neq 0 .$$

(3.4)

• Postulat 2 : opérateur de négation

$$\text{si } A = 0, \text{ alors } \overline{A} = 1 \text{ et si } A = 1, \text{ alors } \overline{A} = 0 .$$

(3.5)

• Postulat 3 : opérateur ET

$$0 \bullet 0 = 0 \bullet 1 = 1 \bullet 0 = 0 \text{ et } 1 \bullet 1 = 1 .$$

(3.6)

• Postulat 4 : opérateur OU

$$0 + 0 = 0 \text{ et } 0 + 1 = 1 + 0 = 1 + 1 = 1 .$$

(3.7)

Les principaux théorèmes de l'algèbre booléenne sont réunis dans la figure 3.6. La plupart de ces théorèmes se présentent sous deux formes (principe de la dualité) : une où l'opérateur ET est déterminant (appelée ici forme *a*) et une où l'opérateur OU est déterminant (appelée ici forme *b*).

Les théorèmes sont démontrables par le recours aux postulats ou à d'autres théorèmes déjà vérifiés.

Figure 3.6   Principaux théorèmes de l'algèbre booléenne

	Forme *a* avec l'opérateur ET	Forme *b* avec l'opérateur OU
Théorèmes de l'élément d'identité	$A \cdot 1 = A$	$A + 0 = A$
Théorèmes de commutativité	$A \cdot B = B \cdot A$	$A + B = B + A$
Théorèmes de distributivité	$A \cdot (B + C) = A \cdot B + A \cdot C$	$A + (B \cdot C) = (A + B) \cdot (A + C)$
Théorèmes de complémentation	$A \cdot \overline{A} = 0$	$A + \overline{A} = 1$
Théorèmes d'idempotence	$A \cdot A = A$	$A + A = A$
Théorèmes de constantes	$A \cdot 0 = 0$	$A + 1 = 1$
Théorème de la double négation	$\overline{\overline{A}} = A$	
Théorèmes d'associativité	$A \cdot (B \cdot C) = (A \cdot B) \cdot C$	$A + (B + C) = (A + B) + C$
Théorèmes d'absorption	$A \cdot (A + B) = A$	$A + A \cdot B = A$
Théorèmes de De Morgan	$\overline{A \cdot B} = \overline{A} + \overline{B}$	$\overline{A + B} = \overline{A} \cdot \overline{B}$

Exemple 3.1

Nous allons démontrer un seul théorème, soit $A + A = A$ (idempotence *b*) :

$$A + A = (A + A) \cdot 1 \qquad \text{théorème de l'élément d'identité (a)}$$
$$= (A + A) \cdot (A + \overline{A}) \qquad \text{théorème de complémentation (b)}$$
$$= A + A \cdot \overline{A} \qquad \text{théorème de distributivité (b)}$$
$$= A + 0 \qquad \text{théorème de complémentation (a)}$$
$$= A \qquad \text{théorème de l'élément d'identité (b)} \qquad (3.8)$$

Ce procédé de vérification s'appelle **démonstration algébrique**.

On peut également démontrer les théorèmes en utilisant les tables de vérité; on parle alors de **démonstration tabulaire**.

Exemple 3.2

Nous présentons à la figure 3.7 un exemple de démonstration tabulaire, soit les théorèmes de De Morgan. L'identité des colonnes 5 et 8 et des colonnes 6 et 7 démontre les théorèmes de De Morgan.

Figure 3.7   Démonstration tabulaire des théorèmes de De Morgan

1	2	3	4	5	6	7	8
A	B	$\overline{A}$	$\overline{B}$	$\overline{A} \cdot \overline{B}$	$\overline{A} + \overline{B}$	$\overline{A \cdot B}$	$\overline{A + B}$
0	0	1	1	1	1	1	1
0	1	1	0	0	1	1	0
1	0	0	1	0	1	1	0
1	1	0	0	0	0	0	0

Dans une démonstration tabulaire, on établit la preuve par l'identité des colonnes en considérant toutes les combinaisons possibles entre les valeurs que peuvent prendre les variables. On dit alors que la preuve est le résultat d'un **raisonnement par induction**.

Les fonctions logiques ET, OU et NON ont reçu des noms parce qu'elles caractérisent l'algèbre booléenne. Elles sont définies par des tables de vérité particulières et leurs expressions utilisent un seul opérateur logique. Ces fonctions ne couvrent pas toutes les situations qu'on retrouve en pratique. Par conséquent, il est possible de définir d'autres fonctions logiques, sans nom particulier, à l'aide des tables de vérité qui donnent leurs valeurs à toutes les combinaisons de variables. Pour écrire l'expression logique d'une fonction quelconque, on utilise les opérateurs ET, OU et NON, qui suffisent à exprimer toute fonction logique, aussi complexe soit-elle.

À partir de la table de vérité d'une fonction logique, on peut écrire deux formes de cette fonction, dénommées **formes canoniques**.

Exemple 3.3

Pour montrer les deux formes canoniques qu'on peut obtenir à partir de la table de vérité, nous allons considérer une fonction logique quelconque de trois variables, définie par la table de vérité de la figure 3.8.

Figure 3.8
Table de vérité d'une fonction logique quelconque de trois variables

$\overline{A}\cdot\overline{B}\cdot\overline{c} + \overline{A}\cdot B\cdot\overline{c} + A\cdot\overline{B}\cdot\overline{c}$
$+ A\cdot B\cdot C + B\cdot B\cdot\overline{C}$

A	B	C	L
0	0	0	1
0	0	1	0
0	1	0	1
0	1	1	0
1	0	0	1
1	0	1	1
1	1	0	1
1	1	1	0

Pour chacune des huit combinaisons de trois variables (000, 001, ... , 111), on peut définir un **terme produit**, qu'on appelle terme P_i ou **minterme**, égal au ET des variables qui composent cette combinaison (A ou $\overline{A}$, B ou $\overline{B}$ et C ou $\overline{C}$). Par exemple, pour la combinaison A = 0, B = 1 et C = 1, le terme P_3 s'exprime par $P_3 = \overline{A} \cdot B \cdot C$, où l'indice 3 représente la valeur décimale de la combinaison binaire des trois variables.

La fonction logique L prend la valeur 1 chaque fois qu'un des termes P_i prend, lui aussi, la valeur 1. Par conséquent, on pourra exprimer une fonction logique quelconque L en effectuant la somme logique de tous les termes P_i pour lesquels L = 1 :

$$L = \overline{A} \cdot \overline{B} \cdot \overline{C} + \overline{A} \cdot B \cdot \overline{C} + A \cdot \overline{B} \cdot \overline{C} + A \cdot \overline{B} \cdot C + A \cdot B \cdot \overline{C}. \qquad (3.9)$$

Cette forme d'écriture d'une fonction logique, qui réunit par des OU tous les termes P_i pour lesquels la fonction vaut 1, est nommée la **forme canonique P**.

Il est souhaitable de disposer d'un symbolisme plus succinct pour représenter une fonction logique sous la forme canonique P. Par conséquent, on exprime souvent la forme canonique P en utilisant la liste de termes P_i pour lesquels la fonction vaut 1, qu'on appelle **forme canonique P décimale**. Dans l'exemple, la forme canonique P décimale est donnée par :

$$L = P_0 + P_2 + P_4 + P_5 + P_6. \qquad (3.10)$$

En se référant à la table de vérité, on peut définir un **terme somme**, qu'on appelle **terme S_i**, égal au OU de l'inverse des variables qui composent chacune des combinaisons.

Exemple 3.3 (suite)

$S_3 = A + \overline{B} + \overline{C}$ correspond à la combinaison $A = 0$, $B = 1$ et $C = 1$ considérée auparavant. La fonction logique peut être exprimée en effectuant le ET de tous les termes S_i pour lesquels la fonction vaut 0. Pour la fonction logique exprimée par la table de vérité de la figure 3.8 nous obtenons :

$$L = (A + B + \overline{C}) \bullet (A + \overline{B} + \overline{C}) \bullet (\overline{A} + \overline{B} + \overline{C}). \tag{3.11}$$

Cette forme d'écriture d'une fonction logique s'appelle la **forme canonique S.** Comme pour la première forme canonique, on peut exprimer une fonction logique sous la **forme canonique S décimale**, en considérant la liste de termes S_i pour lesquels la fonction vaut 0.

Les deux formes canoniques sont équivalentes, puisqu'elles expriment la même fonction logique. Pour prouver cette affirmation, nous allons reconsidérer sa table de vérité. Si, pour une ligne, la fonction L vaut 0, le terme P_i correspondant vaut lui aussi 0. Par conséquent, la fonction vaut 0 pour la somme des termes P_i qui valent 0. Autrement dit, une autre façon d'écrire la forme canonique P décimale de la fonction logique définie par la table de vérité de la figure 3.8 est :

$$\overline{L} = P_1 + P_3 + P_7, \tag{3.12}$$

d'où, en remplaçant chaque terme produit, nous obtenons :

$$\overline{L} = \overline{A} \bullet \overline{B} \bullet C + \overline{A} \bullet B \bullet C + A \bullet B \bullet C. \tag{3.13}$$

En considérant le complément de cette dernière expression, nous pouvons effectuer la succession suivante d'opérations logiques :

$$\overline{\overline{L}} = L = \overline{\overline{A} \bullet \overline{B} \bullet C + \overline{A} \bullet B \bullet C + A \bullet B \bullet C} \tag{3.14}$$

$$= \overline{(\overline{A} \bullet \overline{B} \bullet C)} \bullet \overline{(\overline{A} \bullet B \bullet C)} \bullet \overline{(A \bullet B \bullet C)}$$

$$= (\overline{\overline{A}} + \overline{\overline{B}} + \overline{C}) \bullet (\overline{\overline{A}} + \overline{B} + \overline{C}) \bullet (\overline{A} + \overline{B} + \overline{C})$$

$$= (A + B + \overline{C}) \bullet (A + \overline{B} + \overline{C}) \bullet (\overline{A} + \overline{B} + \overline{C}),$$

ce qui vérifie l'équivalence des formes canoniques.

3.4   SIMPLIFICATION DES FONCTIONS LOGIQUES

3.4.1   Manipulation algébrique

Les deux formes canoniques d'une fonction logique sont équivalentes, mais habituellement aucune d'elles n'en constitue l'expression la plus simple. En pratique, on souhaite simplifier une fonction logique définie par sa table de vérité. Par la **simplification**, on cherche à obtenir une écriture plus succincte, qui contienne moins de variables et moins de termes produits (ou sommes), donc qui conduise à une réalisation matérielle plus simple. Les méthodes de simplification utilisent les lois de l'algèbre booléenne.

La **manipulation algébrique** constitue une méthode de simplification. Pour comprendre ce procédé, revenons à la fonction logique de l'exemple 3.3, en considérant sa forme canonique P donnée par l'équation (3.9) qui conduit au schéma de la figure 3.9 (on appelle souvent **logigramme** la traduction d'une fonction booléenne en portes logiques). La réalisation matérielle nécessite trois portes NON, cinq portes ET de trois entrées chacune et une porte OU de cinq entrées.

Figure 3.9 Schéma du circuit logique donné par l'équation (3.9) : forme canonique P

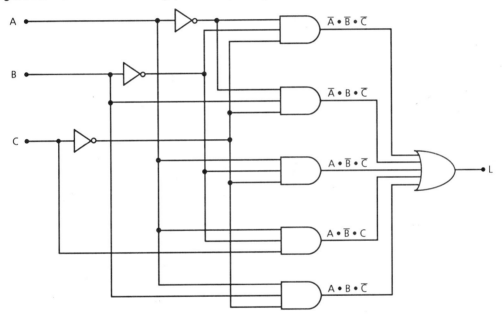

Conformément au théorème de distributivité (*a*) de la figure 3.6, nous pouvons grouper les termes produits de l'équation (3.9) qui contiennent deux variables identiques. Conformément au théorème d'idempotence (*b*), le processus de groupement nous permet d'utiliser un terme produit plusieurs fois. Par conséquent :

$$L = \overline{A} \bullet \overline{C} \bullet (\overline{B} + B) + \overline{B} \bullet \overline{C} \bullet (\overline{A} + A) + A \bullet \overline{B} \bullet (\overline{C} + C) + A \bullet \overline{C} \bullet (\overline{B} + B) . \quad (3.15)$$

En considérant le théorème de complémentation (*b*) et le théorème de l'élément d'identité (*a*), nous pouvons éliminer les parenthèses de la relation (3.15), ce qui conduit à la relation :

$$L = \overline{A} \bullet \overline{C} + \overline{B} \bullet \overline{C} + A \bullet \overline{B} + A \bullet \overline{C} , \quad (3.16)$$

d'où, après un autre groupement, nous obtenons :

$$L = \overline{C} \bullet (\overline{A} + A) + \overline{B} \bullet \overline{C} + A \bullet \overline{B} . \quad (3.17)$$

Finalement, par l'élimination de la dernière parenthèse et à l'aide du théorème d'absorption (*b*), nous arrivons à l'expression simplifiée de la fonction logique :

$$L = \overline{C} + A \bullet \overline{B},\tag{3.18}$$

qui conduit au schéma de la figure 3.10. La réalisation matérielle nécessite deux portes NON, une porte ET de deux entrées et une porte OU de deux entrées.

La comparaison entre les deux réalisations matérielles d'une même fonction logique nous révèle le grand avantage de la simplification.

Figure 3.10

Forme simplifiée du schéma du circuit logique donné par l'équation (3.18)

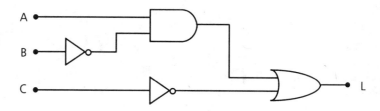

La simplification par manipulation algébrique s'appuie sur la possibilité de mettre en évidence les bons groupements de termes produits. Mais si la fonction a plus de trois variables, la simplification par manipulation algébrique devient très difficile et est rarement utilisée en pratique.

3.4.2   Diagrammes de Karnaugh

Parce que la simplification par manipulation algébrique est difficile, l'informaticien préfère des méthodes graphiques de simplification et, depuis peu, des méthodes implantées par des programmes. La méthode graphique de simplification la plus connue est celle du **diagramme de Karnaugh**, facile à utiliser pour la simplification des fonctions booléennes ayant jusqu'à six variables. Le diagramme de Karnaugh d'une fonction logique est une transformation graphique de la table de vérité qui permet la visualisation de tous les mintermes. Si une fonction logique dépend de *n* variables, elle peut avoir 2^n mintermes. Chacun de ces 2^n mintermes est représenté par une case dans le diagramme de Karnaugh. Les cases sont placées d'une façon telle que les mintermes qui ne diffèrent que par l'état d'une seule variable, appelés **mintermes adjacents**, ont une frontière commune sur une ligne ou sur une colonne, ou bien se trouvent aux extrémités d'une ligne ou d'une colonne (fonctions ayant jusqu'à quatre variables). Les figures 3.11 à 3.13 représentent les diagrammes de Karnaugh pour deux, trois et quatre variables, et ce dans la forme canonique P et dans la forme canonique P décimale. Pour obtenir l'expression d'un minterme dans la forme canonique P, on doit effectuer l'opération ET entre les variables indiquées en abscisse et les variables indiquées en ordonnée. Par exemple, dans le diagramme de quatre variables, l'expression du minterme $\overline{A} \bullet B \bullet \overline{C} \bullet D$ est le résultat de l'opération ET entre $\overline{A} \bullet B$ et $\overline{C} \bullet D$. Il importe de retenir que la forme canonique P décimale est plus générale puisqu'une fois l'ordre des variables établi, le diagramme reste le même peu importent les noms donnés aux variables.

Figure 3.11

Diagramme de Karnaugh d'une fonction de deux variables

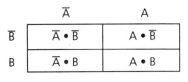

	$\overline{A}$	A
$\overline{B}$	$\overline{A} \cdot \overline{B}$	$A \cdot \overline{B}$
B	$\overline{A} \cdot B$	$A \cdot B$

P_0	P_2
P_1	P_3

Figure 3.12

Diagramme de Karnaugh d'une fonction de trois variables

	$\overline{A} \cdot \overline{B}$	$\overline{A} \cdot B$	$A \cdot B$	$A \cdot \overline{B}$
$\overline{C}$	$\overline{A} \cdot \overline{B} \cdot \overline{C}$	$\overline{A} \cdot B \cdot \overline{C}$	$A \cdot B \cdot \overline{C}$	$A \cdot \overline{B} \cdot \overline{C}$
C	$\overline{A} \cdot \overline{B} \cdot C$	$\overline{A} \cdot B \cdot C$	$A \cdot B \cdot C$	$A \cdot \overline{B} \cdot C$

P_0	P_2	P_6	P_4
P_1	P_3	P_7	P_5

Figure 3.13

Diagramme de Karnaugh d'une fonction de quatre variables

	$\overline{A} \cdot \overline{B}$	$\overline{A} \cdot B$	$A \cdot B$	$A \cdot \overline{B}$
$\overline{C} \cdot \overline{D}$	$\overline{A} \cdot \overline{B} \cdot \overline{C} \cdot \overline{D}$	$\overline{A} \cdot B \cdot \overline{C} \cdot \overline{D}$	$A \cdot B \cdot \overline{C} \cdot \overline{D}$	$A \cdot \overline{B} \cdot \overline{C} \cdot \overline{D}$
$\overline{C} \cdot D$	$\overline{A} \cdot \overline{B} \cdot \overline{C} \cdot D$	$\overline{A} \cdot B \cdot \overline{C} \cdot D$	$A \cdot B \cdot \overline{C} \cdot D$	$A \cdot \overline{B} \cdot \overline{C} \cdot D$
$C \cdot D$	$\overline{A} \cdot \overline{B} \cdot C \cdot D$	$\overline{A} \cdot B \cdot C \cdot D$	$A \cdot B \cdot C \cdot D$	$A \cdot \overline{B} \cdot C \cdot D$
$C \cdot \overline{D}$	$\overline{A} \cdot \overline{B} \cdot C \cdot \overline{D}$	$\overline{A} \cdot B \cdot C \cdot \overline{D}$	$A \cdot B \cdot C \cdot \overline{D}$	$A \cdot \overline{B} \cdot C \cdot \overline{D}$

P_0	P_4	P_{12}	P_8
P_1	P_5	P_{13}	P_9
P_3	P_7	P_{15}	P_{11}
P_2	P_6	P_{14}	P_{10}

Pour passer de la table de vérité au diagramme de Karnaugh, on doit inscrire des 1 dans les cases correspondant aux mintermes pour lesquels la fonction vaut 1 et des 0 partout ailleurs. Souvent, pour faciliter la représentation, les zéros sont implicites et ne sont donc pas indiqués dans le diagramme. Avec ces précisions, nous pouvons déterminer la succession des étapes de la simplification d'une fonction logique par la méthode du diagramme de Karnaugh :

1. À partir de la table de vérité de la fonction logique, un diagramme de Karnaugh est conçu.

2. Les groupements de cases adjacentes contenant la valeur 1 sont recherchés. Un groupement est toujours constitué de 2^m cases adjacentes. Plus précisement, m = 0 correspond à un minterme, m = 1 définit un groupement de deux cases adjacentes, m = 2 définit un groupement de quatre cases adjacentes, et ainsi de suite. La même case peut faire partie de plusieurs groupements, puisque A + A = A.

3. Par le groupement de deux cases adjacentes, un terme produit et une variable sont éliminés (rappelons que A • B + A • $\overline{B}$ = A). Par le groupement de quatre cases adjacentes, trois termes produits et deux variables sont éliminés, et ainsi de suite.

4. Tout groupement totalement inclus dans un autre groupement plus grand est éliminé. L'expression logique finale est la réunion des groupements restante. On dit que c'est une somme d'**implicants premiers**.

Exemple 3.4

Pour un premier exemple de simplification, reconsidérons la fonction logique définie dans l'exemple 3.3 par la table de vérité de la figure 3.8 et par l'équation (3.9). Donc :

$$L = \overline{A} • \overline{B} • \overline{C} + \overline{A} • B • \overline{C} + A • \overline{B} • \overline{C} + A • \overline{B} • C + A • B • \overline{C},$$

ce qui nous permet de concevoir le diagramme de Karnaugh de la figure 3.14.

Figure 3.14
Diagramme de Karnaugh de la fonction logique définie par la table de vérité de la figure 3.8

En cherchant les plus grands groupements , nous en trouvons un de deux cases et un de quatre cases (deux implicants premiers), ce qui conduit directement à l'expression simplifiée de la fonction logique :

$$L = \overline{C} + A • \overline{B},$$

relation que nous avons déjà obtenue par la méthode de manipulation algébrique.

Trouver les groupements des implicants premiers afin de simplifier la fonction logique n'est pas toujours facile; en outre, la solution n'est pas toujours unique. Deux exemples peuvent prouver cette affirmation.

Exemple 3.5

On cherche à simplifier la fonction logique de quatre variables :

$$L(A, B, C, D) = P_3 + P_7 + P_8 + P_9 + P_{11} . \tag{3.19}$$

La méthode de simplification à l'aide de diagrammes de Karnaugh conduit à deux solutions possibles (figures 3.15 et 3.16). Par conséquent, cette fonction possède deux formes simplifiées, exprimées par les équations :

$$L(A, B, C, D) = A \cdot \overline{B} \cdot \overline{C} + A \cdot \overline{B} \cdot D + \overline{A} \cdot C \cdot D ; \tag{3.20}$$

$$L(A, B, C, D) = A \cdot \overline{B} \cdot \overline{C} + \overline{B} \cdot C \cdot D + \overline{A} \cdot C \cdot D . \tag{3.21}$$

Figure 3.15

Simplification de la fonction logique (3.19) à l'aide d'un diagramme de Karnaugh, variante I

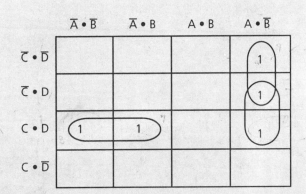

Les implicants premiers $A \cdot \overline{B} \cdot \overline{C}$ et $\overline{A} \cdot C \cdot D$ se trouvent dans les deux solutions. On les appelle **implicants premiers essentiels**. Un **implicant premier non essentiel**, ou **implicant premier à choix**, désigne tout implicant premier qui n'est pas essentiel, mais qui est inclus dans une solution. Dans notre exemple, $A \cdot \overline{B} \cdot D$ est un implicant premier non essentiel pour la première solution, et $\overline{B} \cdot C \cdot D$ est un implicant premier non essentiel pour la deuxième solution.

Figure 3.16

Simplification de la fonction logique (3.19) à l'aide d'un diagramme de Karnaugh, variante II

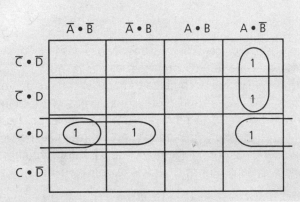

Exemple 3.6

On cherche à simplifier la fonction logique de quatre variables :

$$L(A, B, C, D) = P_1 + P_5 + P_6 + P_7 + P_{11} + P_{12} + P_{13} + P_{15}. \quad (3.22)$$

En parcourant la succession des étapes de simplification d'une fonction logique par la méthode du diagramme de Karnaugh (figure 3.17), nous obtenons la forme simplifiée suivante :

$$L(A, B, C, D) = B \cdot D + A \cdot B \cdot \overline{C} + \overline{A} \cdot \overline{C} \cdot D + \overline{A} \cdot B \cdot C + A \cdot C \cdot D. \quad (3.23)$$

On peut constater que chaque case de l'implicant premier B • D est aussi contenue dans un autre implicant premier. Par conséquent, l'implicant premier B • D (même s'il constitue le plus grand groupement) peut être éliminé de la forme simplifiée. Celle-ci devient donc :

$$L(A, B, C, D) = A \cdot B \cdot \overline{C} + \overline{A} \cdot \overline{C} \cdot D + \overline{A} \cdot B \cdot C + A \cdot C \cdot D. \quad (3.24)$$

Figure 3.17

Simplification de la fonction logique (3.22) à l'aide d'un diagramme de Karnaugh

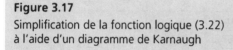
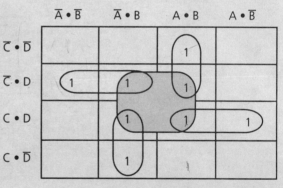

Jusqu'à présent, nous avons analysé des fonctions logiques qui prenaient la valeur 1 ou 0 pour chacune des 2^n combinaisons des n variables. Dans les applications pratiques, il peut arriver que certaines combinaisons, qui expriment des mintermes, soient physiquement impossibles. Pour ces combinaisons, on dit que la fonction n'est pas définie. Une fonction qui contient de telles combinaisons s'appelle une **fonction logique incomplètement définie**. Une combinaison non définie est représentée par le symbole **X** dans le diagramme de Karnaugh, ce qui signifie que cette case du diagramme peut prendre soit la valeur 0, soit la valeur 1, sans que soit modifié le comportement du circuit matériel qui réalise la fonction logique.

Exemple 3.7

Soit la simplification d'une fonction booléenne de quatre variables A, B, C et D, définie par la table de vérité de la figure 3.18. Cette fonction doit mettre en évidence l'existence d'un chiffre pair en code DCB (zéro n'est pas considéré comme un chiffre pair). Par conséquent, la fonction doit avoir la valeur logique 1 si les variables aux entrées expriment un des chiffres décimaux 2, 4, 6 ou 8 en code DCB. On sait que parmi les 16 combinaisons possibles de 4 variables, le code DCB n'en utilise que 10. Les combinaisons non définies sont marquées par le symbole X dans la table de vérité. La transposition de la table de vérité dans le diagramme de Karnaugh est représentée à la figure 3.19, qui nous permet de déduire la forme simplifiée de la fonction logique incomplètement définie :

$$L = A \bullet \overline{D} + B \bullet \overline{D} + C \bullet \overline{D}. \qquad (3.25)$$

Figure 3.18
Table de vérité d'une fonction logique incomplètement définie

A	B	C	D	L
0	0	0	0	0
0	0	0	1	0
0	0	1	0	1
0	0	1	1	0
0	1	0	0	1
0	1	0	1	0
0	1	1	0	1
0	1	1	1	0
1	0	0	0	1
1	0	0	1	0
1	0	1	0	X
1	0	1	1	X
1	1	0	0	X
1	1	0	1	X
1	1	1	0	X
1	1	1	1	X

Il faut noter que les cases X qui font partie d'un groupement sont considérées avec leur valeur logique 1 et que celles qui n'appartiennent à aucun groupement sont considérées avec leur valeur logique 0.

Exemple 3.7 (suite)

Figure 3.19

Simplification de la fonction logique définie par la table de vérité de la figure 3.18

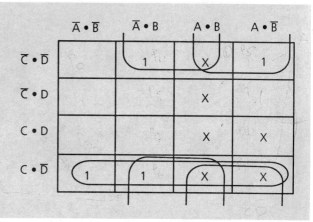

Souvent, les circuits combinatoires présentent des sorties multiples. Dans un tel circuit, n'importe quelle sortie est exprimée par une fonction logique qui dépend du même groupe de variables d'entrée. La plus simple technique de synthèse d'un circuit combinatoire ayant des sorties multiples consiste à effectuer séparément la simplification de chaque sortie et à chercher les implicants premiers qui sont communs, en les utilisant une seule fois à la réalisation pratique des structures qui concernent ces sorties. Une technique qui recherche les **implicants premiers multisorties** a été théoriquement mise au point. Pour trouver les implicants premiers multisorties, on utilise des diagrammes de Karnaugh où on calcule successivement les implicants premiers communs des produits logiques de ces fonctions de sortie, en les considérant deux à deux, trois à trois, et ainsi de suite jusqu'au produit logique qui contient l'ensemble des fonctions de sortie. Dans une deuxième étape, une table des implicants premiers multisorties est conçue, table qui permet de choisir un sous-ensemble qui couvre chacune des fonctions de sortie. Cependant, cette méthode, même pour des fonctions de trois ou de quatre variables, est assez fastidieuse. Les diagrammes de Karnaugh, où la simplification de chaque sortie est effectuée séparément, permettent souvent de trouver visuellement des implicants premiers communs et d'effectuer ainsi une **simplification approchée**.

3.4.3   Méthode Quine-McCluskey

La **méthode Quine-McCluskey** est un autre moyen graphique, facilement programmable, de simplification de fonctions logiques. Pour exposer cette méthode, nous allons présenter de nouvelles notations.

Deux termes produits d'une même fonction logique sont dits adjacents s'ils sont exprimés par le même nombre de variables et si, en plus, toutes les variables sont identiques à l'exception d'une (vraie dans l'un et inversée dans l'autre). Par exemple, dans une fonction logique de quatre variables (A, B, C, D) il peut y avoir, entre autres :

- $\overline{A} \cdot \overline{B} \cdot C \cdot \overline{D}$ et $\overline{A} \cdot \overline{B} \cdot C \cdot D$ comme une paire de termes produits adjacents (ils sont aussi des mintermes adjacents);
- $A \cdot C$ et $A \cdot \overline{C}$ comme une autre paire de termes produits adjacents.

N'importe quel terme produit d'une fonction booléenne de n variables peut être représenté à l'aide d'une notation dite **notation ternaire**, comportant trois symboles sur les n positions :

- 1 pour la valeur vraie de la variable;
- 0 pour le complément de la variable;
- – (tiret) pour l'absence de la variable.

Cette notation ternaire permet d'exprimer les termes produits mentionnés auparavant sous la forme :

- 0010 pour $\overline{A} \cdot \overline{B} \cdot C \cdot \overline{D}$;
- 0011 pour $\overline{A} \cdot \overline{B} \cdot C \cdot D$;
- 1- -1 pour $A \cdot C$;
- 1- -0 pour $A \cdot \overline{C}$.

L'application de la méthode Quine-McCluskey se fait en deux étapes. Comme pour la méthode du diagramme de Karnaugh, nous présenterons la méthode Quine-McCluskey en considérant seulement l'expression de la fonction logique sous la forme canonique P.

Dans une première étape, on recherche systématiquement tous les termes produits résultant de la somme logique de deux termes produits adjacents, en utilisant la notation ternaire. Pour notre exemple, puisque la somme logique de $\overline{A} \cdot \overline{B} \cdot C \cdot \overline{D}$ avec $\overline{A} \cdot \overline{B} \cdot C \cdot D$ donne comme résultat $\overline{A} \cdot \overline{B} \cdot C$, on peut écrire en notation ternaire : 0010 + 0011 = 001–. La recherche se poursuit, de proche en proche, jusqu'au moment où on trouve des termes produits qui ne sont adjacents à aucun autre, donc des implicants premiers. Dans une deuxième étape, on cherche un nombre minimum d'implicants premiers qui peuvent couvrir la fonction.

Exemple 3.8

Reconsidérons la fonction logique définie par la table de vérité de la figure 3.8 qu'on veut simplifier par la méthode Quine-McCluskey. Nous rappelons sa forme canonique P décimale, exprimée par la relation (3.10), donc :

$$L = P_0 + P_2 + P_4 + P_5 + P_6 .$$

En utilisant une première table (figure 3.20), on partage les mintermes en classes, où chaque classe contient les mintermes comportant le même nombre de 1. Ensuite, on recherche tous les termes produits adjacents. D'après la classification effectuée, deux termes produits adjacents se trouvent dans deux classes voisines. Par conséquent, on compare chaque terme produit de la classe i avec chaque terme produit de la classe $(i+1)$ et, s'ils sont adjacents, on les introduit dans une autre table (figure 3.21) en utilisant la notation ternaire. La recherche continue jusqu'à l'obtention d'une table contenant une seule classe dont les termes produits sont des implicants premiers et ne peuvent être adjacents à aucun autre. Dans cet exemple, on obtient une troisième et dernière table (figure 3.22), conçue en comparant seulement les termes produits adjacents dont le tiret se trouvait dans la même position.

Exemple 3.8 (suite)

Figure 3.20
Table qui partage les mintermes en classes

	A	B	C
P_0	0	0	0
P_2	0	1	0
P_4	1	0	0
P_5	1	0	1
P_6	1	1	0

Figure 3.21
Première recherche de termes produits adjacents

	A	B	C
P_0, P_2	0	–	0
P_0, P_4	–	0	0
P_2, P_6	–	1	0
P_4, P_5	1	0	–
P_4, P_6	1	–	0

Figure 3.22
Deuxième recherche de termes produits adjacents

	A	B	C
P_0, P_2, P_4, P_6	–	–	0
P_0, P_4, P_2, P_6	–	–	0

Dans une deuxième étape, on recherche la couverture de la fonction logique par les implicants premiers. La dernière table contient le même implicant premier (évidemment, l'un est superflu) P_0, P_2, P_4, P_6 exprimé par $\overline{C}$. On observe que cet implicant premier ne couvre pas tous les mintermes de la fonction et qu'il manque le terme P_5. Donc, il faut chercher cet implicant premier dans la table précédente. On trouve le terme P_4, P_5, soit $A \bullet \overline{B}$. Si on admet ces deux implicants premiers, tous les mintermes de la fonction sont couverts, ce qu'on peut vérifier par la table de la figure 3.23. La construction de cette table de couverture constitue l'essentiel de la deuxième étape de la méthode. Dans le présent problème, une seule couverture est possible, ce qui conduit à la forme simplifiée exprimée par :

$$L = \overline{C} + A \bullet \overline{B} ,$$

résultat que nous avons déjà obtenu par les autres moyens de simplification.

Exemple 3.8 (suite)

Figure 3.23
Étape de la couverture de la fonction logique dans la méthode de simplification Quine-McCluskey

		$A \cdot \overline{B}$	$\overline{C}$
P_0			X
P_2			X
P_4		X	X
P_5		X	
P_6			X

Dans le cas d'une fonction logique incomplètement définie, on attribue initialement aux mintermes non définis la valeur logique 1 et on procède aux opérations de la première étape décrite ci-dessus. Durant la deuxième étape (étape de la couverture), on sélectionne les implicants premiers sans tenir compte de ceux qui contiennent seulement des mintermes non définis.

Exemple 3.9

Reconsidérons la fonction logique de l'exemple 3.7 qui met en évidence l'existence d'un chiffre pair en code DCB. La succession des étapes est illustrée par les figures 3.24 à 3.27, où les mintermes non définis sont mis en évidence à l'aide d'un astérisque. La dernière table permet de trouver la seule couverture possible qui conduit à la forme simplifiée exprimée par :

$$L = A \cdot \overline{D} + B \cdot \overline{D} + C \cdot \overline{D},$$

résultat que nous avons également obtenu par la méthode des diagrammes de Karnaugh.

Figure 3.24
Table qui partage les mintermes en classes

	A	B	C	D
P_2	0	0	1	0
P_4	0	1	0	0
P_8	1	0	0	0
P_6	0	1	1	0
P_{10}^*	1	0	1	0
P_{12}^*	1	1	0	0
P_{11}^*	1	0	1	1
P_{13}^*	1	1	0	1
P_{14}^*	1	1	1	0
P_{15}^*	1	1	1	1

Exemple 3.9 (suite)

Figure 3.25
Première recherche de termes produits adjacents

	A	B	C	D
P_2, P_6	0	–	1	0
P_2, P_{10}^*	–	0	1	0
P_4, P_6	0	1	–	0
P_4, P_{12}^*	–	1	0	0
P_8, P_{10}^*	1	0	–	0
P_8, P_{12}^*	1	–	0	0
P_6, P_{14}^*	–	1	1	0
P_{10}^*, P_{11}^*	1	0	1	–
P_{10}^*, P_{14}^*	1	–	1	0
P_{12}^*, P_{13}^*	1	1	0	–
P_{12}^*, P_{14}^*	1	1	–	0
P_{11}^*, P_{15}^*	1	–	1	1
P_{13}^*, P_{15}^*	1	1	–	1
P_{14}^*, P_{15}^*	1	1	1	–

Figure 3.26
Deuxième recherche de termes produits adjacents

	A	B	C	D
$P_2, P_6, P_{10}^*, P_{14}^*$	–	–	1	0
$P_2, P_{10}^*, P_6, P_{14}^*$	–	–	1	0
$P_4, P_6, P_{12}^*, P_{14}^*$	–	1	–	0
$P_4, P_{12}^*, P_6, P_{14}^*$	–	1	–	0
$P_8^*, P_{10}^*, P_{12}^*, P_{14}^*$	1	–	–	0
$P_8, P_{12}^*, P_{10}^*, P_{14}^*$	1	–	–	0
$P_{10}^*, P_{11}^*, P_{14}^*, P_{15}^*$	–	1	1	–
$P_{10}^*, P_{14}^*, P_{11}^*, P_{15}^*$	1	–	1	–
$P_{12}^*, P_{13}^*, P_{14}^*, P_{15}^*$	1	1	–	–
$P_{12}^*, P_{14}^*, P_{13}^*, P_{15}^*$	1	1	–	–

Exemple 3.9 (suite)

Figure 3.27

Étape de la couverture de la fonction logique dans la méthode de simplification Quine-McCluskey

		$C \cdot \overline{D}$	$B \cdot \overline{D}$	$A \cdot \overline{D}$
P_2	$\overline{A} \cdot \overline{B} \cdot C \cdot \overline{D}$	X		
P_4	$\overline{A} \cdot B \cdot \overline{C} \cdot \overline{D}$		X	
P_6	$\overline{A} \cdot B \cdot C \cdot \overline{D}$	X	X	
P_8	$A \cdot \overline{B} \cdot \overline{C} \cdot \overline{D}$			X

La méthode Quine-McCluskey permet d'élaborer un algorithme, donc un programme, qui effectue rapidement la simplification des fonctions logiques ayant un nombre relativement réduit de variables. Lorsque le nombre de variables croît de façon linéaire, le temps de calcul croît de façon exponentielle. Rappelons que, dans la première étape de la méthode Quine-McCluskey, on recherche les termes produits résultant de la somme logique de deux termes produits adjacents, termes qui, au début, sont des mintermes adjacents. Rappelons aussi qu'une fonction de n variables peut avoir jusqu'à 2^n mintermes. Par exemple, en considérant qu'approximativement la moitié des combinaisons sont actives (valeur logique 1), il peut y avoir pour une fonction de 20 variables plus d'un demi-million de mintermes. De même, le nombre d'implicants premiers qu'on doit déterminer pour l'exécution du programme croît de façon exponentielle selon le nombre de variables. Il a été démontré que, pour une fonction de n variables, le nombre possible des implicants premiers est proportionnel à 3^n. Finalement, la deuxième étape de la méthode Quine-McCluskey, celle de la recherche de la couverture de la fonction logique par des implicants premiers, nécessite un temps de calcul qui augmente aussi de façon exponentielle selon la dimension du problème. Par conséquent, même si on pouvait trouver un algorithme plus efficace que celui de la méthode Quine-McCluskey, donc un algorithme qui pourrait effectuer la simplification exacte, il serait en pratique impossible de l'utiliser pour résoudre des problèmes comportant un nombre élevé de variables.

Pour dépasser ces limites, les scientifiques ont mis au point au cours des dernières années des **algorithmes de simplification heuristiques,** donc des algorithmes qui ne permettent pas d'atteindre la simplification exacte, mais qui permettent de trouver des solutions satisfaisantes qui peuvent être considérées comme proches de la solution exacte. L'exécution d'un programme écrit selon un tel algorithme est beaucoup plus rapide que celle d'un programme élaboré selon un algorithme de simplification exacte. La présentation de ces algorithmes est néanmoins assez complexe et cette tâche dépasse le cadre de notre ouvrage. Il faut tout de même mentionner les deux logiciels les plus performants qui utilisent des algorithmes heuristique : **Presto** et **Expresso-II**.

3.5   AUTRES FONCTIONS LOGIQUES COURAMMENT UTILISÉES

Les trois opérateurs de base ET, OU et NON suffiraient à exprimer toute fonction logique. En pratique, quatre autres opérateurs logiques, nommés OU EXCLUSIF, ÉQUIVALENCE, NON-ET et NON-OU, sont couramment utilisés. L'utilisation exclusive d'un de ces opérateurs conduit à la définition d'une fonction logique ayant le même nom. Une telle fonction n'est pas une fonction logique fondamentale, puisqu'elle peut être exprimée par les opérateurs ET, OU et NON.

La figure 3.28 représente la table de vérité et le symbole de la fonction logique **OU EXCLUSIF** de deux variables. Elle prend la valeur logique 1 si une seule des deux variables vaut 1. À partir de cette table de vérité, on peut écrire les deux formes canoniques :

$$A \oplus B = \overline{A} \bullet B + A \bullet \overline{B} \tag{3.26}$$

et

$$A \oplus B = (A + B) \bullet (\overline{A} + \overline{B}), \tag{3.27}$$

qui conduisent à deux réalisations pratiques à l'aide des portes ET, OU et NON (figure 3.29).

Figure 3.28 Fonction OU EXCLUSIF de deux variables

A	B	L = A ⊕ B
0	0	0
0	1	1
1	0	1
1	1	0

a)

b)

Figure 3.29 Deux réalisations de la fonction OU EXCLUSIF

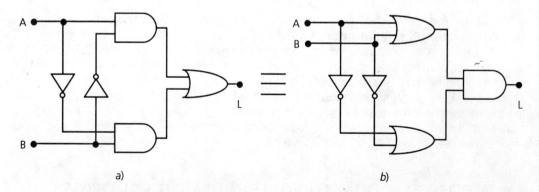

a)   *b)*

La fonction logique **ÉQUIVALENCE** de deux variables a sa table de vérité et son symbole (le petit cercle dessiné à la sortie de la porte logique indique la négation) qui sont représentés à la figure 3.30. Elle prend la valeur logique 1 si les deux variables ont la même valeur. À partir de cette table de vérité, on peut écrire les deux formes canoniques :

$$A \circledcirc B = \overline{A} \cdot \overline{B} + A \cdot B \qquad (3.28)$$

et

$$A \circledcirc B = (A + \overline{B}) \cdot (\overline{A} + B), \qquad (3.29)$$

qui conduisent à deux réalisations pratiques à l'aide des portes ET, OU et NON, semblables à celles présentées pour la fonction OU EXCLUSIF. En analysant la définition des fonctions OU EXCLUSIF et ÉQUIVALENCE de deux variables, on peut constater que l'une est l'inverse de l'autre :

$$A \oplus B = \overline{A \circledcirc B} \qquad (3.30)$$

ou

$$A \circledcirc B = \overline{A \oplus B} \qquad (3.31)$$

Figure 3.30   Fonction ÉQUIVALENCE de deux variables

A	B	$L = A \circledcirc B$
0	0	1
0	1	0
1	0	0
1	1	1

a)   b)

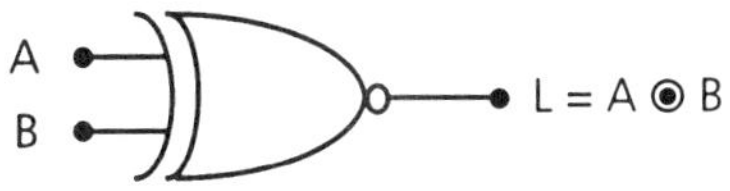

Il est possible de démontrer que ces relations restent valables seulement pour un nombre pair de variables. Plus précisément, pour un nombre impair de variables, la fonction OU EXCLUSIF est identique à la fonction ÉQUIVALENCE. Par exemple, si A, B et C sont trois variables logiques, il existe l'égalité :

$$A \oplus B \oplus C = A \circledcirc B \circledcirc C. \qquad (3.32)$$

La table de vérité et le symbole de la fonction logique **NON-ET** de deux variables sont représentés à la figure 3.31. C'est la fonction ET inversée :

$$L = \overline{A} \cdot \overline{B} + \overline{A} \cdot B + A \cdot \overline{B} = \overline{A} \cdot (\overline{B} + B) + \overline{B} \cdot (\overline{A} + A)$$

$$= \overline{A} + \overline{B} = \overline{A \cdot B}, \qquad (3.33)$$

qu'on peut déduire directement de la table de vérité.

Figure 3.31
Fonction NON-ET
de deux variables

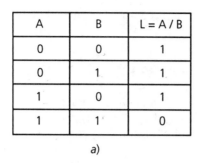

A	B	L = A / B
0	0	1
0	1	1
1	0	1
1	1	0

a)

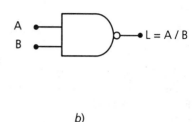

b)

La fonction logique **NON-OU** de deux variables a sa table de vérité et son symbole représentés à la figure 3.32. C'est la fonction OU inversée :

$$L = \overline{A} \bullet \overline{B} = \overline{A + B} \ , \tag{3.34}$$

qu'on peut déduire directement de la table de vérité.

Figure 3.32
Fonction NON-OU
de deux variables

A	B	L = A ↓ B
0	0	1
0	1	0
1	0	0
1	1	0

a)

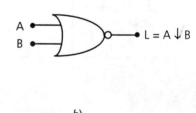

b)

Même si les opérateurs NON-ET et NON-OU ne sont pas des opérateurs élémentaires, ils présentent certains avantages :

- l'utilisation d'un seul opérateur (NON-ET ou NON-OU), donc un seul type de porte logique, permet de réaliser sur le plan matériel n'importe quelle fonction logique, d'où l'appellation **opérateurs complets** (la figure 3.33 montre la réalisation des fonctions NON, ET avec deux entrées et OU avec deux entrées à l'aide des portes NON-ET de deux entrées);

- l'implantation électronique de ces opérateurs est plus économique, compte tenu du nombre de transistors nécessaires par porte logique.

Figure 3.33 Réalisation des fonctions logiques de base à l'aide des portes NON-ET

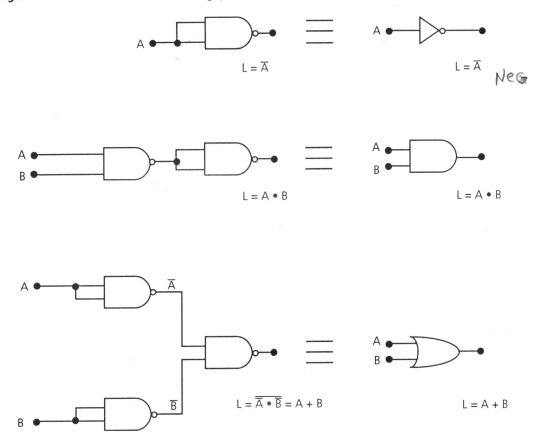

3.6 RÉALISATION DES FONCTIONS LOGIQUES À L'AIDE DE PORTES NON-ET

Nous avons souligné que l'utilisation d'un seul opérateur complet pour la réalisation d'un schéma logique (logigramme) permet d'obtenir un rendement technique et économique supérieur, comparativement à l'utilisation des opérateurs élémentaires ET, OU et NON. Par conséquent, la réalisation de schémas pratiques uniquement à l'aide des portes NON-ET ou uniquement à l'aide des portes NON-OU est d'un intérêt évident. Nous étudierons ici seulement les techniques et les transformations nécessaires à l'élaboration des logigrammes comportant des portes NON-ET.

Dans un premier temps, nous présentons le **problème de la synthèse**, donc le problème qui consiste à déterminer le schéma d'un circuit logique à l'aide des portes NON-ET à partir d'une fonction logique donnée. Pour faire la synthèse, on utilise une technique graphique, basée sur l'équivalence des logigrammes, dans laquelle on répète l'application des théorèmes de De Morgan. Notons que, conformément au théorème de De Morgan (forme avec l'opérateur ET) exprimé par :

$$\overline{A \cdot B} = \overline{A} + \overline{B},$$

les symboles graphiques de la figure 3.34 représentent la même porte NON-ET de deux entrées.

Figure 3.34   Deux symboles pour la porte NON-ET de deux entrées

Dans le cas général, pour tracer le logigramme d'une fonction logique en utilisant exclusivement des portes NON-ET, il faut procéder selon les étapes suivantes :

1. À partir de l'équation qui exprime la fonction logique, on trace le schéma classique à l'aide des portes ET, OU et NON.

2. À partir du schéma créé au point 1, on réalise un deuxième schéma dans lequel on remplace chaque porte ET, chaque porte OU et chaque porte NON par son équivalent conçu à l'aide des portes NON-ET.

3. On conçoit un troisième schéma, dans lequel on élimine toutes les paires d'inverseurs en série sur la même connexion (rappelons que $A = \overline{\overline{A}}$). Dans ce dernier schéma, on élimine également les inverseurs liés directement aux entrées et on effectue le complément d'une telle variable, en supposant que chaque variable et son complément sont accessibles.

Exemple 3.10

Soit la fonction logique :

$$L = A \cdot (B + C \cdot D) + B \cdot \overline{C}, \qquad (3.35)$$

qu'on veut exprimer par un logigramme comportant des portes NON-ET. L'application de la technique décrite ci-dessus est illustrée à l'aide des figures 3.35 à 3.37. En comparant le logigramme comportant des portes ET et des portes OU (figure 3.35) avec le logigramme comportant des portes NON-ET (figure 3.37), on constate qu'ils présentent le même nombre de portes.

Exemple 3.10 (suite)

Figure 3.35   Logigramme à l'aide des portes ET et des portes OU

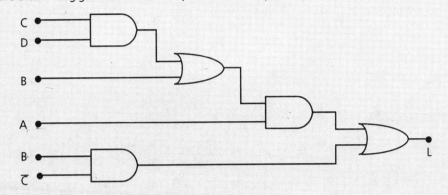

Figure 3.36   Remplacement des portes ET et des portes OU par les portes NON-ET

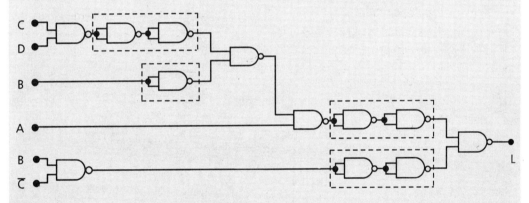

Figure 3.37   Logigramme à l'aide des portes NON-ET

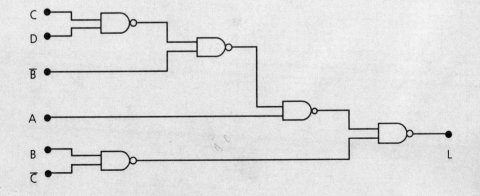

Lorsque la fonction est exprimée sous la forme d'une somme de produits logiques, la transformation graphique est plus simple. En introduisant, dans le schéma qui utilise des portes ET et des portes OU, deux inverseurs sur chaque connexion qui effectue la liaison entre la sortie d'une porte ET et l'entrée de la porte finale OU, on obtient directement le schéma cherché.

Exemple 3.11

Soit la fonction logique :

$$L = A \bullet B + C \bullet D + E, \qquad (3.36)$$

qu'on veut exprimer par un logigramme comportant des portes NON-ET. La transformation du schéma qui utilise des portes ET et des portes OU en un schéma qui utilise des portes NON-ET est représentée par les figures 3.38 à 3.40.

Figure 3.38 Logigramme à l'aide des portes ET et des portes OU

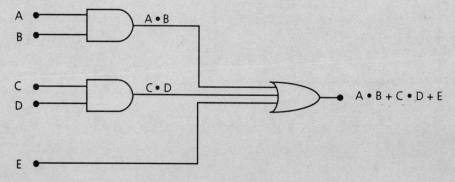

Figure 3.39 Introduction des inverseurs

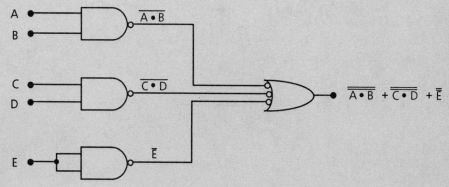

Exemple 3.11 (suite)

Figure 3.40 Logigramme à l'aide des portes NON-ET

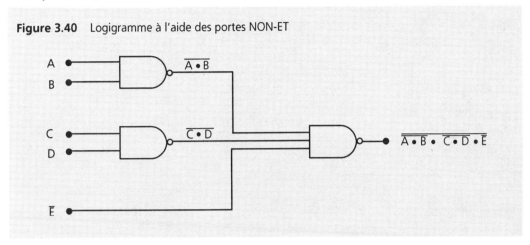

Par conséquent, on peut obtenir directement un logigramme comportant des portes NON-ET à partir d'une fonction exprimée sous la forme d'une somme de produits, en utilisant une porte NON-ET pour chaque terme produit et une porte NON-ET finale qui remplace l'opération de sommation logique. Si un terme produit contient une seule variable, l'entrée correspondante est liée directement à la porte finale NON-ET, mais avec le complément de la variable.

Présentons, dans un deuxième temps, le **problème de l'analyse**, donc le problème de la détermination de l'expression de la fonction logique à partir d'un schéma donné comportant des portes NON-ET. Deux démarches sont possibles : la méthode analytique et la méthode de la table de vérité.

Dans la **méthode analytique**, on procède selon les étapes suivantes :

1. On marque, en utilisant des variables, les sorties des portes NON-ET du premier niveau logique. En fonction des besoins, on se sert des théorèmes de De Morgan pour obtenir les équations logiques à chaque sortie.

2. On marque par d'autres variables les sorties des portes NON-ET du deuxième niveau logique. On établit les équations des sorties, en utilisant, si nécessaire, les résultats obtenus au point 1.

3. On répète les opérations décrites au point 2 pour tous les niveaux logiques jusqu'au niveau logique qui représente la porte NON-ET finale.

Exemple 3.12

Reconsidérons (figure 3.41) le schéma de la figure 3.37 qui représente la solution de l'exemple 3.10. Cette fois, le problème consiste à déterminer l'expression de la fonction logique à partir du schéma donné. Pour faire l'analyse, on marque à l'aide des variables les sorties des portes NON-ET.

Exemple 3.12 (suite)

Figure 3.41   Logigramme à l'aide des portes NON-ET pour lequel on veut déterminer
l'expression de la fonction logique

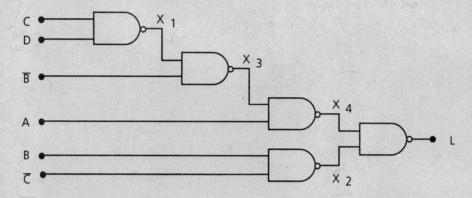

En utilisant la méthode analytique présentée ci-dessus, on obtient successivement :

* pour le premier niveau logique :

$$X_1 = \overline{C \bullet D} = \overline{C} + \overline{D} \qquad (3.37)$$

$$X_2 = \overline{B \bullet \overline{C}} \qquad (3.38)$$

* pour le deuxième niveau logique :

$$X_3 = \overline{\overline{B} \bullet X_1} = \overline{\overline{B} \bullet (\overline{C} + \overline{D})} = \overline{\overline{B} \bullet \overline{C} + \overline{B} \bullet \overline{D}}$$

$$= (\overline{\overline{B} \bullet \overline{C}}) \bullet (\overline{\overline{B} \bullet \overline{D}}) = (B + C) \bullet (B + D) = B + C \bullet D \qquad (3.39)$$

* pour le troisième niveau logique :

$$X_4 = \overline{A \bullet X_3} = \overline{A \bullet (B + C \bullet D)} \qquad (3.40)$$

* pour le quatrième et dernier niveau logique :

$$L = \overline{X_2 \bullet X_4} = \overline{\overline{B \bullet \overline{C}} \bullet \overline{A (B + C \bullet D)}} = B \bullet \overline{C} + A \bullet (B + C \bullet D) \qquad (3.41)$$

La dernière équation représente l'expression de la fonction logique qui, évidemment, est identique à la relation (3.35).

Dans la **méthode de la table de vérité**, on procède selon les étapes suivantes :

1. On marque toutes les sorties des portes NON-ET par des variables.

2. En connaissant le nombre de variables aux entrées du circuit, on construit une table de vérité contenant toutes les combinaisons possibles entre ces variables. La table doit avoir une colonne de sortie pour chacune des portes NON-ET.

3. On remplit successivement les colonnes des sorties, en commençant par le premier niveau logique et en continuant jusqu'au niveau logique qui représente la porte NON-ET finale.

4. On extrait la forme canonique P de la fonction logique directement de la table de vérité et on utilise une méthode de simplification (par exemple, un diagramme de Karnaugh) pour obtenir la forme finale.

Exemple 3.13

Reconsidérons le schéma de la figure 3.41 pour lequel on veut déterminer l'expression de la fonction logique à l'aide de la méthode de la table de vérité (figure 3.42).

Figure 3.42   Méthode de la table de vérité pour déterminer l'expression de la fonction logique présentée par le schéma de la figure 3.41

A	B	C	D	X_1	X_2	X_3	X_4	L
0	0	0	0	1	1	0	1	0
0	0	0	1	1	1	0	1	0
0	0	1	0	1	1	0	1	0
0	0	1	1	0	1	1	1	0
0	1	0	0	1	0	1	1	1
0	1	0	1	1	0	1	1	1
0	1	1	0	1	1	1	1	0
0	1	1	1	0	1	1	1	0
1	0	0	0	1	1	0	1	0
1	0	0	1	1	1	0	1	0
1	0	1	0	1	1	0	1	0
1	0	1	1	0	1	1	0	1
1	1	0	0	1	0	1	0	1
1	1	0	1	1	0	1	0	1
1	1	1	0	1	1	1	0	1
1	1	1	1	0	1	1	0	1

Exemple 3.13 (suite)

À partir de la table de vérité, conçue d'après la méthode présentée ci-dessus, on peut facilement écrire la forme canonique P de la fonction logique :

$$L = \overline{A} \bullet B \bullet \overline{C} \bullet \overline{D} + \overline{A} \bullet B \bullet \overline{C} \bullet D + A \bullet \overline{B} \bullet C \bullet D + A \bullet B \bullet \overline{C} \bullet \overline{D} + A \bullet B \bullet \overline{C} \bullet D$$

$$+ A \bullet B \bullet C \bullet \overline{D} + A \bullet B \bullet C \bullet D \quad (3.42)$$

d'où, par la méthode de simplification à l'aide d'un diagramme de Karnaugh (figure 3.43), on obtient la forme simplifiée de la fonction logique :

$$L = A \bullet B + B \bullet \overline{C} + A \bullet C \bullet D = B \bullet \overline{C} + A \bullet (B + C \bullet D) . \quad (3.43)$$

Figure 3.43

Simplification de la fonction logique (3.42) à l'aide d'un diagramme de Karnaugh

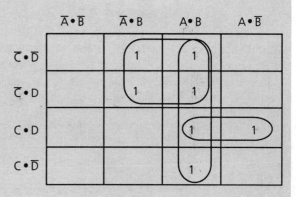

3.7 PROBLÈMES

1. Déterminez la succession d'impulsions à la sortie L du circuit de la figure 3.44, en supposant que les signaux de la même position sont soumis à la fonction ET.

Figure 3.44
Circuit ET
du problème 1

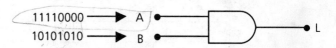

2. Déterminez la succession d'impulsions à la sortie L du circuit de la figure 3.45, en supposant que les signaux de la même position sont soumis à la fonction OU.

Figure 3.45
Circuit OU
du problème 2

3. Tracez les logigrammes de la fonction ÉQUIVALENCE en utilisant :
   a) des portes NON, ET et OU;
   b) des portes NON-ET.

4. Effectuez la démonstration algébrique des théorèmes de complémentation :

$$A \bullet \overline{A} = 0 \text{ et } A + \overline{A} = 1.$$

5. Effectuez la démonstration tabulaire des théorèmes d'absorbtion :

$$A \bullet (A + B) = A \text{ et } A + A \bullet B = A.$$

6. Pour chacune des fonctions logiques L, M et N, définies par la table de vérité de la figure 3.46, déterminez la forme canonique P et la forme canonique S.

Figure 3.46
Table de vérité du problème 6

A	B	C	L	M	N
0	0	0	0	0	1
0	0	1	0	1	1
0	1	0	1	1	1
0	1	1	1	1	0
1	0	0	1	0	0
1	0	1	0	1	0
1	1	0	1	1	1
1	1	1	1	0	1

7. Démontrez l'équivalence entre les deux formes canoniques de la fonction L définie dans le problème 6.

8. Soit la fonction logique de trois variables :

$$L(X, Y, Z) = \overline{X} \bullet Y \bullet \overline{Z} + \overline{X} \bullet Y \bullet Z + X \bullet Y \bullet \overline{Z} + X \bullet Y \bullet Z. \qquad (3.44)$$

Exprimez cette fonction par une table de vérité. Effectuez sa simplification à l'aide :
a) de manipulations algébriques;
b) d'un diagramme de Karnaugh.

9. Soit la fonction logique de quatre variables :

$$L(W, X, Y, Z) = \overline{W} \bullet \overline{X} \bullet \overline{Y} \bullet Z + \overline{W} \bullet \overline{X} \bullet Y \bullet Z + W \bullet X \bullet \overline{Y} \bullet \overline{Z} + W \bullet X \bullet Y \bullet \overline{Z} + W \bullet X \bullet Y \bullet Z. \qquad (3.45)$$

Exprimez cette fonction par une table de vérité et effectuez sa simplification à l'aide d'un diagramme de Karnaugh. Représentez le circuit simplifié en utilisant des portes NON-ET.

10. Soit la fonction logique de trois variables exprimée par la forme canonique P décimale :

$$L(X, Y, Z) = P_2 + P_3 + P_6 + P_7 . \qquad (3.46)$$

Représentez cette fonction par une table de vérité et effectuez sa simplification à l'aide d'un diagramme de Karnaugh. Tracez le logigramme du circuit simplifié à l'aide des portes NON, ET et OU.

11. Soit la fonction logique de quatre variables exprimée par la forme canonique P décimale :

$$L(A, B, C, D) = P_7 + P_{13} + P_{14} + P_{15} . \qquad (3.47)$$

Effectuez sa simplification par :
a) la méthode du diagramme de Karnaugh;
b) la méthode Quine-McCluskey.

12. Soit la fonction logique de quatre variables exprimée par la forme canonique P décimale :

$$L(W, X, Y, Z) = P_2 + P_3 + P_{12} + P_{13} + P_{14} + P_{15} . \qquad (3.48)$$

Effectuez sa simplification par :
a) la méthode du diagramme de Karnaugh;
b) la méthode Quine-McCluskey.

13. Soit la fonction logique :

$$L = A \bullet B + C \bullet D + E + F \bullet (\overline{G} + H) . \qquad (3.49)$$

Tracez les logigrammes en utilisant :
a) des portes NON, ET et OU;
b) des portes NON-ET.

14. Effectuez la simplification d'une fonction logique qui met en évidence l'existence d'un chiffre impair en code DCB.

15. Exprimez par une table de vérité le circuit qui détermine le carré d'un nombre entier de trois bits (le circuit doit avoir six sorties). Effectuez la simplification de chacune des sorties à l'aide des diagrammes de Karnaugh et représentez le circuit simplifié en utilisant des portes NON, ET et OU.

16. Soit le circuit présenté à la figure 3.47. Dessinez un circuit équivalent à l'aide des portes NON-ET.

Figure 3.47   Circuit du problème 16

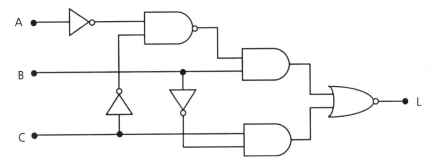

17.   Soit la table de vérité de la figure 3.48 qui exprime le comportement d'un circuit effectuant le complément à 2 (*pour plus de détails, voir le chapitre 7*) d'un nombre binaire de quatre bits. À l'aide des diagrammes de Karnaugh, déterminez les équations simplifiées et tracez le logigramme du circuit en utilisant des portes NON, ET et OU.

Figure 3.48   Table de vérité du problème 17

D	C	B	A	X	Y	Z	W
0	0	0	0	0	0	0	0
0	0	0	1	1	1	1	1
0	0	1	0	1	1	1	0
0	0	1	1	1	1	0	1
0	1	0	0	1	1	0	0
0	1	0	1	1	0	1	1
0	1	1	0	1	0	1	0
0	1	1	1	1	0	0	1
1	0	0	0	1	0	0	0
1	0	0	1	0	1	1	1
1	0	1	0	0	1	1	0
1	0	1	1	0	1	0	1
1	1	0	0	0	1	0	0
1	1	0	1	0	0	1	1
1	1	1	0	0	0	1	0
1	1	1	1	0	0	0	1

4 CARACTÉRISTIQUES DES CIRCUITS LOGIQUES

4.1 ÉTABLIR LA LOGIQUE

L'ordinateur utilise l'information binaire, forme imposée par la nature électronique des circuits qui composent ses blocs fonctionnels. Dans ce genre de circuits, les points significatifs, ceux où l'information est saisie, se comportent comme des interrupteurs. Un tel point significatif, à l'entrée ou à la sortie, se trouve soit à la tension haute (par exemple, 5 volts), soit à la tension basse (par exemple, 0 volt), tel qu'il est représenté à la figure 4.1 pour le cas général d'un circuit sans mémoire.

Figure 4.1   Circuit d'un ordinateur

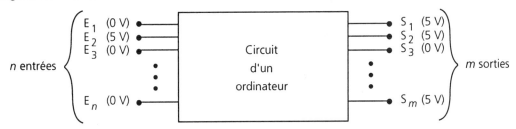

En connaissant le rôle fonctionnel du circuit que l'on veut réaliser, on peut définir la fonction de chaque sortie en utilisant des **tables de tensions**, dont l'élaboration est semblable à celle des tables de vérité de l'algèbre booléenne. Par conséquent, les relations et les méthodes de l'algèbre booléenne peuvent être utilisées pour faire l'analyse et la synthèse des circuits d'un ordinateur, si on introduit une convention par laquelle les deux valeurs numériques de la tension sont remplacées par les deux valeurs logiques. Il existe deux choix possibles pour faire cette substitution.

Si on établit une correspondance entre la tension haute et la valeur logique 1, et entre la tension basse et la valeur logique 0, on dit alors que l'on travaille en **logique positive**. Inversement, si on établit une correspondance entre la tension basse et la valeur logique 1, et entre la tension haute et la valeur logique 0, on dit alors que l'on travaille en **logique négative**.

Pour comprendre l'importance du choix de la logique, nous allons étudier la table des tensions de la figure 4.2a et les tables de vérité (figure 4.2b en logique positive et figure 4.2c en logique négative), en considérant le circuit représenté à la figure 4.2d où les deux valeurs de la tension sont 5 volts et 0 volt. Dans le schéma, nous avons marqué le comportement du circuit pour une seule combinaison aux entrées : A = 0 V et B = 5 V.

Figure 4.2   Table de tensions, tables de vérité dans les deux logiques et circuit logique

A	B	L
0 V	0 V	0 V
0 V	5 V	5 V
5 V	0 V	5 V
5 V	5 V	0 V

a)

A	B	L
0	0	0
0	1	1
1	0	1
1	1	0

b)

A	B	L
1	1	1
1	0	0
0	1	0
0	0	1

c)

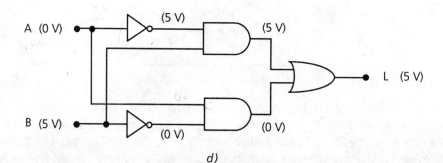

d)

Nous pouvons remarquer, et cela est très important, que le même circuit matériel conduit à deux fonctions logiques distinctes, selon la logique choisie. Plus précisément, le circuit représente la fonction OU EXCLUSIF en logique positive et la fonction ÉQUIVALENCE en logique négative.

Dorénavant, dans cet ouvrage, nous adopterons la logique positive, c'est-à-dire que les équivalences suivantes seront sous-entendues : 5 volts pour la valeur logique 1 et 0 volt pour la valeur logique 0.

4.2   CIRCUITS COMBINATOIRES ET CIRCUITS SÉQUENTIELS

Suivant leur structure fonctionnelle, les circuits logiques qui composent les blocs d'un ordinateur peuvent être partagés en deux grandes catégories : **combinatoires** et **séquentiels**. Un circuit est dit combinatoire si les sorties ne dépendent que des valeurs assignées aux variables d'entrée au moment considéré. Autrement dit, dans un circuit combinatoire, le comportement des sorties peut toujours être exprimé par des fonctions logiques. Un circuit est dit séquentiel si le comportement des sorties dépend des valeurs assignées aux variables d'entrée et selon son histoire. Les circuits séquentiels contiennent une mémoire à côté d'une partie combinatoire. Cette mémoire a pour rôle de conserver l'histoire du circuit, histoire qui peut influencer les sorties pour une nouvelle combinaison de valeurs assignées aux entrées. L'information qui se trouve en mémoire à un moment donné définit l'**état** du circuit séquentiel. L'**état suivant** et le comportement des sorties sont déterminés par l'**état actuel** et la combinaison des valeurs données aux entrées. Par conséquent, un circuit séquentiel (figure 4.3) se caractérise par une séquence de signaux aux sorties et une séquence d'états pour chaque séquence de signaux appliquée aux entrées.

Figure 4.3   Structure d'un circuit séquentiel

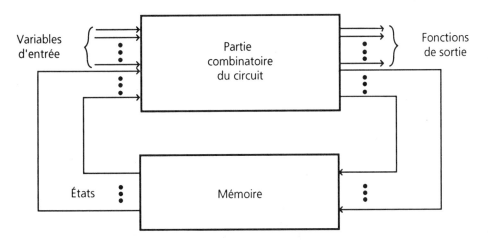

En ce qui concerne le passage d'un état à l'autre, les circuits séquentiels sont classés comme **asynchrones** ou **synchrones**. Durant le fonctionnement d'un circuit séquentiel asynchrone, le comportement des sorties dépend de l'ordre dans lequel les signaux sont assignés aux entrées. Pour un fonctionnement correct, il faut appliquer les signaux aux entrées dans une succession bien déterminée et ces applications doivent être séparées par des intervalles de temps suffisants pour éviter le hasard.

Les sorties d'un circuit séquentiel synchrone sont synchronisées avec les impulsions d'un **générateur d'horloge**, impulsions qui sont distribuées à tous les composants du système. L'impulsion d'horloge est donc un signal d'entrée qui ne porte pas d'information utile, mais qui est obligatoire pour chaque circuit séquentiel synchrone afin d'assurer son bon fonctionnement. Par conséquent, les sorties, ainsi que les états, changent à des instants bien établis, même si les signaux aux entrées arrivent avec de légers décalages dans le temps. Habituellement, les changements sont effectués soit au front antérieur, soit au front postérieur de l'impulsion d'horloge (figure 4.4). Les changements synchrones des états rendent plus fiable le fonctionnement des circuits séquentiels synchrones. Aussi, la théorie visant à établir la succession des états d'un circuit séquentiel synchrone est plus facile. C'est pourquoi les circuits séquentiels synchrones sont utilisés pour la réalisation de la plus grande partie des blocs fonctionnels d'un ordinateur.

Figure 4.4   Synchronisation d'un circuit séquentiel par le générateur d'horloge

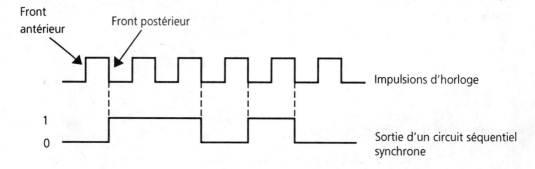

En analysant les structures logiques des blocs d'un ordinateur, on peut constater qu'un certain nombre de structures reviennent souvent. Ces structures sont réalisées soit à l'aide de circuits combinatoires, soit à l'aide de circuits séquentiels. Nous étudierons les plus importants parmi ces circuits dans les chapitres suivants.

4.3 CIRCUITS INTÉGRÉS

Pour concevoir les blocs d'un ordinateur, on doit implanter des structures logiques. Les fabricants mettent à notre disposition les composants physiques des différentes structures logiques sous la forme de **circuits intégrés**. Physiquement, dans un circuit intégré, les transistors et les autres éléments d'un schéma électronique sont intégrés sur une mince plaquette de silicium. La pièce de silicium est montée dans un boîtier de plastique ou de céramique auquel des broches de connexion sont ajoutées. Chaque broche représente soit une entrée, soit une sortie du circuit. Il existe aussi des broches pour l'alimentation, habituellement + 5 V(V_{cc}) et 0 V(GND). Les boîtiers les plus courants ont 14, 16, 24 ou 40 broches.

Selon la densité d'intégration, on distingue les catégories suivantes de circuits intégrés :

- SSI (*Small Scale Integration*) comptant de 1 à 10 portes élémentaires;
- MSI (*Medium Scale Integration*) comptant de 10 à 100 portes élémentaires;
- LSI (*Large Scale Integration*) comptant de 100 à 50 000 portes élémentaires;
- VLSI (*Very Large Scale Integration*) comptant plus de 50 000 portes élémentaires.

Figure 4.5   Circuits intégrés SSI de type portes

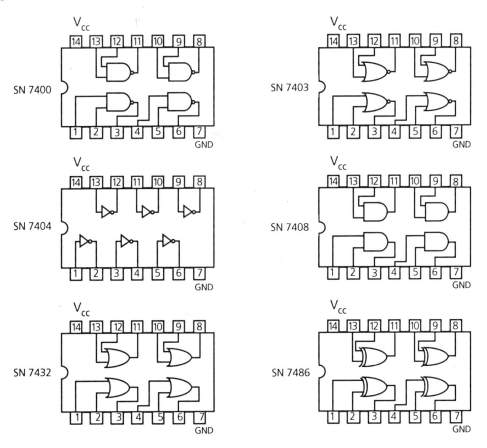

Un circuit SSI typique contient de une à six portes élémentaires. La figure 4.5 présente quelques-uns des boîtiers de circuits intégrés SSI de type portes les plus connus. D'abord, produits exclusivement par Texas Instruments dans la technologie TTL (*Transistor Transistor*

Logic), ils sont maintenant fabriqués par de nombreux autres manufacturiers. La figure 4.5 illustre les circuits SSI suivants :

- SN 7400   quatre portes NON-ET (*NAND*) ayant deux entrées chacune;
- SN 7403   quatre portes NON-OU (*NOR*) ayant deux entrées chacune;
- SN 7404   six portes NON (*INVERTER*);
- SN 7408   quatre portes ET (*AND*) ayant deux entrées chacune;
- SN 7432   quatre portes OU (*OR*) ayant deux entrées chacune;
- SN 7486   quatre portes OU EXCLUSIF (*XOR*) ayant deux entrées chacune.

Il existe, bien sûr, beaucoup d'autres circuits SSI intégrés de type portes. La seule famille TTL comprend plusieurs séries, chacune étant caractérisée par divers paramètres, telles la vitesse et la consommation. Ainsi :

- la série 74(X)XX, dite normale, a un délai de 13 ns par porte et nécessite 10 mW par entrée;
- la série 74L(X)XX, dite de faible consommation, a un délai de 33 ns par porte et nécessite 1 mW par entrée;
- la série 74S(X)XX, dite rapide, a un délai de 3 ns par porte et nécessite 19 mW par entrée;
- la série 74LS(X)XX, dite de faible consommation et rapide, a un délai de 9,5 ns par porte et nécessite 2 mW par entrée.

Exemple 4.1

Supposons qu'on veuille réaliser en pratique la fonction logique définie par la relation (3.35) de l'exemple 3.10 :

$$L = A \bullet (B + C \bullet D) + B \bullet \overline{C}.$$

Si on dispose de chaque variable et de son inverse, une des meilleures solutions consiste à utiliser un seul type de circuit intégré SSI, par exemple des portes NON-ET du circuit SN 7400, et à effectuer l'implantation pratique selon le logigramme de la figure 3.37. Des connexions externes doivent être ajoutées, comme le montre la figure 4.6.

Exemple 4.1 (suite)

Figure 4.6   Implantation pratique de la relation (3.35) à l'aide des portes SSI SN 7400

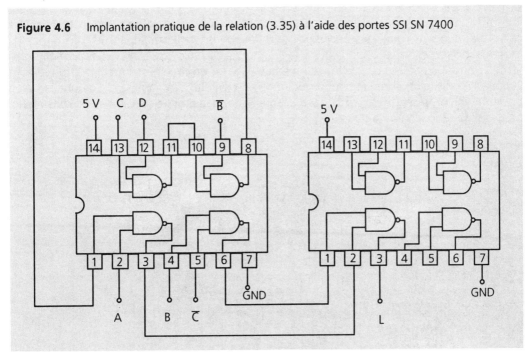

Lorsqu'une structure logique dépasse quelques dizaines de portes, le nombre des circuits SSI nécessaires, ainsi que le nombre des connexions externes, devient assez important, ce qui peut augmenter le prix et diminuer la fiabilité de la structure. Par conséquent, au fur et à mesure que la complexité d'un circuit grandit, les constructeurs introduisent des connexions entre les portes à l'intérieur du boîtier, créant des circuits MSI et LSI.

Quand le nombre de fonctions élémentaires qui doivent être intégrées dans un même boîtier est très grand (circuits LSI et VLSI), d'autres technologies sont utilisées, en particulier la technologie MOS. Une telle technologie se caractérise par une plus grande densité des composants par unité de surface du silicium. Quelques exemples de circuits réalisés en technologie MOS sont : les mémoires de grande capacité, les microprocesseurs, les circuits d'interface.

4.4   PROBLÈMES SPÉCIFIQUES DE LA RÉALISATION PRATIQUE

Lors de l'utilisation des circuits intégrés (particulièrement SSI), il faut considérer deux **facteurs de limitations**, plus précisément le délai du circuit et la charge admise à la sortie d'une porte.

Nous avons vu que le passage du signal à travers une porte nécessite un temps de propagation. Si, à l'aide des portes SSI, on réalise un circuit complexe, les signaux peuvent passer des entrées jusqu'aux sorties par plusieurs niveaux de portes. Les portes qui ne peuvent recevoir leurs signaux que de l'extérieur forment le premier niveau logique. Les portes qui sont connectées par au moins une entrée à la sortie d'un circuit de premier niveau logique forment le deuxième niveau logique, et ainsi de suite. Par conséquent, le **délai d'un circuit combinatoire** complexe, conçu à l'aide des portes SSI, est déterminé par la multiplication du temps de propagation sur un niveau logique et par le nombre de niveaux. Après un temps au moins égal au délai introduit par le circuit, le fonctionnement logique du circuit est correct. Parfois, durant la période transitoire, le circuit peut produire de faux signaux aux sorties. On dit que le circuit présente un **comportement au hasard** lorsque, durant le régime transitoire, on constate un mauvais fonctionnement logique.

Exemple 4.2

Soit le circuit combinatoire de la figure 4.7 ayant une sortie exprimée par la fonction logique :

$$L = A \bullet \overline{B} + B \bullet C . \qquad (4.1)$$

Figure 4.7
Circuit combinatoire

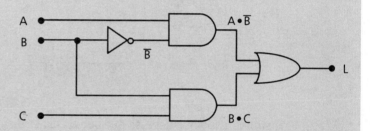

Supposons que l'état initial du circuit se caractérise par A = 1, B = 1, C = 1, ce qui donne à la sortie L = 1. Supposons maintenant que le signal à l'entrée B change de 1 à 0. Conformément à la fonction logique (4.1), la sortie du circuit ne doit pas changer, fait qu'on peut constater après le temps introduit par le délai du circuit, donc après le temps de trois niveaux logiques. Durant le régime transitoire, régime illustré par le diagramme temporel de la figure 4.8, on obtient, pour une très courte période, une impulsion L = 0 à la sortie. Autrement dit, le circuit a un comportement au hasard. Dans le diagramme, chaque intervalle de temps, correspondant au délai d'un niveau logique, est composé du temps transitoire de passage du signal de 1 à 0 ou de 0 à 1 et du temps de stabilisation. Notons que la ligne de sortie L représente la somme logique des lignes A • $\overline{B}$ et B • C, en considérant en plus le décalage d'un niveau logique introduit par la porte OU finale. On constate que les temps différents de propagation des signaux à travers le circuit constituent la cause de cette impulsion transitoire à la sortie L.

Exemple 4.2 (suite)

Figure 4.8
Comportement transitoire
du circuit de la figure 4.7

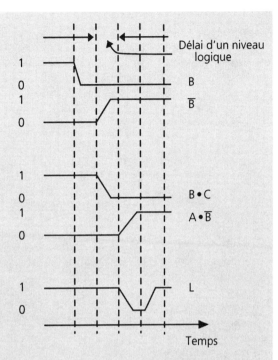

Pour éliminer les impulsions transitoires non désirées, il faut modifier la structure du circuit combinatoire. Malheureusement, la méthode qui permet de créer des circuits sans impulsions transitoires non désirées ne peut être appliquée que si on accepte aux entrées le changement d'un seul signal à la fois. Avec cette restriction, le circuit de la figure 4.7 peut être modifié par l'ajout de l'implicant premier A • C (figure 4.9) à la somme logique, ce qui ne modifie pas le comportement logique du circuit. Par conséquent, la nouvelle forme de la fonction de sortie s'exprime par :

$$L = A \bullet \overline{B} + B \bullet C + A \bullet C, \tag{4.2}$$

relation qui conduit au circuit combinatoire de la figure 4.10.

Figure 4.9
Implicants premiers
de la fonction logique (4.2)

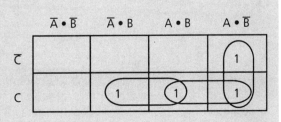

Exemple 4.2 (suite)

Figure 4.10

Circuit combinatoire de
la figure 4.7 modifié

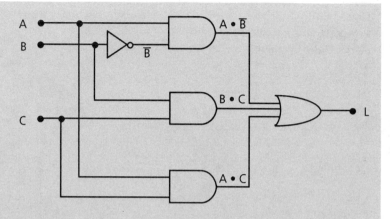

Cette fois, pour le même état initial, donc A = 1, B = 1, C = 1 et en supposant le même changement de B (1 à 0), l'impulsion transitoire à la sortie L est disparue comme le montre le diagramme temporel de la figure 4.11.

Figure 4.11

Comportement
transitoire du circuit
de la figure 4.10

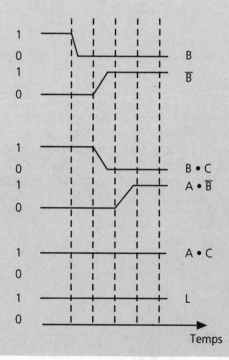

Dans le cas général, la méthode permettant de réaliser un circuit combinatoire sans hasard transitoire, où on accepte aux entrées un seul changement à la fois, consiste à tenir compte de tous les implicants premiers dans l'écriture de la fonction logique, comme le montre la figure 4.9 pour l'exemple analysé.

Lors de la réalisation d'une structure logique complexe qui doit utiliser des circuits intégrés, il faut aussi tenir compte du **facteur de charge,** puisque chaque sortie d'un circuit réel ne peut fournir qu'un courant maximum, mesuré en **unités de charge.** Une unité de charge exprime le courant absorbé par une des entrées d'une porte de référence (la porte NON-ET dans le système TTL) connectée à la sortie d'une autre porte durant le fonctionnement du circuit. Normalement, la sortie d'une porte peut alimenter plusieurs charges. Par exemple, la porte TTL NON-ET peut fournir à la sortie 20 charges. On dit qu'une entrée d'une porte TTL NON-ET a une **entrance** de 1 et que la sortie d'une porte TTL NON-ET a une **sortance** de 20. Évidemment, on peut connecter plusieurs entrées de différents circuits à une même sortie. En outre, certaines entrées absorbent plusieurs unités de charge. Mais le fonctionnement du circuit peut être perturbé si le nombre d'unités de charge qui doivent être fournies par une sortie dépasse la valeur de la sortance. Pour éviter un mauvais fonctionnement, il faut respecter la **règle des charges** à la connexion de plusieurs portes.

Nous avons mentionné brièvement les facteurs limitant la réalisation pratique des structures logiques à l'aide des circuits intégrés, tels que le hasard dynamique causé par des délais différents durant la propagation des signaux et la règle des charges. Ces problèmes doivent toujours être pris en considération lors de l'implantation d'un schéma.

4.5 ÉTAPES DE LA RÉALISATION PRATIQUE

Pour réaliser une structure combinatoire avec des circuits intégrés, il faut procéder selon la démarche suivante :

1. Établir les tables de vérité pour toutes les fonctions de sortie.
2. Utiliser une méthode de simplification, par exemple la méthode des diagrammes de Karnaugh ou la méthode Quine-McCluskey.
3. Écrire les équations logiques simplifiées; les équations simplifiées s'expriment initialement à l'aide des opérateurs NON, ET et OU, mais l'utilisation d'un opérateur complet (NON-ET ou NON-OU) offre de meilleures solutions pratiques, d'où l'importance de modifier (malgré le calcul algébrique souvent fastidieux) la forme initiale.
4. Élaborer la structure logique d'après les équations modifiées (opérateurs NON-ET ou opérateurs NON-OU).
5. Faire l'implantation pratique, en utilisant des circuits intégrés.

Un grand nombre de structures combinatoires souvent utilisées dans les blocs d'un ordinateur, comme les décodeurs, encodeurs, comparateurs, multiplexeurs, additionneurs, sont déjà produites par les fabricants sous forme de circuits intégrés MSI.

En règle générale, la réalisation d'un circuit séquentiel nécessite un développement théorique plus complexe. Heureusement, dans les blocs d'un ordinateur, on utilise plutôt des structures séquentielles simples, comme les registres et les compteurs, circuits dont la théorie est moins élaborée et pour lesquels les fabricants produisent aussi des circuits intégrés MSI.

Dans les deux chapitres suivants, nous étudierons les circuits combinatoires et les circuits séquentiels les plus utilisés pour la réalisation des blocs d'un ordinateur; leur fonctionnement logique sera décrit et des exemples pratiques de circuits MSI seront présentés.

4.6 PROBLÈMES

1. Soit la table des tensions de la figure 4.12. Pour les deux logiques (positive et négative), réalisez les tables de vérité correspondantes et exprimez les fonctions booléennes qui en résultent.

Figure 4.12
Table de tensions du problème 1

A	B	L
0 V	0 V	0 V
0 V	5 V	5 V
5 V	0 V	5 V
5 V	5 V	0 V

2. Soit le circuit logique présenté à la figure 4.13. En supposant que la situation initiale du circuit se caractérise par A = 1, B = 1, C = 1, D = 1 et que le signal à l'entrée B change de 1 à 0, montrez l'existence des impulsions parasites durant le régime transitoire. Modifiez le circuit et dessinez un nouveau schéma qui élimine le hasard.

Figure 4.13 Circuit logique du problème 2

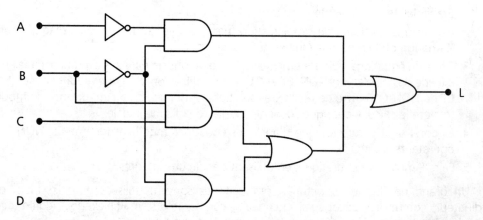

3. Si un circuit combinatoire est entièrement réalisé à l'aide de portes ET et de portes OU, est-il possible de rencontrer des impulsions parasites durant le régime transitoire? Donnez les explications nécessaires.

5

CIRCUITS COMBINATOIRES

5.1 CONSIDÉRATIONS GÉNÉRALES

Comme nous l'avons vu au chapitre 3, le fonctionnement d'un circuit combinatoire est décrit par une table de vérité. Le circuit peut contenir une seule sortie ou présenter des sorties multiples. Les étapes de la réalisation pratique d'un circuit ayant une seule sortie, particulièrement si des circuits SSI de type NON-ET ou NON-OU sont utilisés, ont été exposées dans la section 4.5.

Le présent chapitre décrit le développement théorique d'un grand nombre de structures combinatoires souvent utilisées pour réaliser les différents blocs d'un ordinateur et donne des solutions pratiques, sous la forme de composants MSI. Des circuits comme les décodeurs, encodeurs, comparateurs, multiplexeurs, démultiplexeurs, additionneurs élémentaires, soustracteurs élémentaires et convertisseurs de code sont analysés en détail. Également, nous mettons en évidence les multiples utilisations possibles d'un circuit combinatoire, par exemple la création d'un générateur universel de fonctions combinatoires à l'aide d'un multiplexeur.

Lors de l'analyse de certains circuits, nous proposons d'autres outils, plus faciles à comprendre ou à utiliser, en fonction de chaque cas particulier. Ainsi, nous montrons, entre autres choses, qu'un seul diagramme de Karnaugh suffit à exprimer le comportement d'un décodeur DCB en décimal, même si ce circuit contient dix sorties, ou bien qu'une table de fonctionnement, qui est plus simple qu'une table de vérité, peut décrire le comportement d'un multiplexeur. De même, nous insistons sur le fait que le procédé de simplification n'est pas toujours jugé adéquat, comme dans le cas d'un additionneur élémentaire où le temps nécessaire pour générer la retenue est l'élément le plus important en pratique. Dans la dernière partie du chapitre, nous présentons l'utilisation des circuits programmables qui permettent de créer des structures combinatoires, soit les mémoires ROM et les deux familles de réseaux LSI.

5.2 DÉCODEURS

Un **décodeur** est un circuit combinatoire ayant n entrées et $m \leq 2^n$ sorties. Son rôle consiste à produire un signal actif sur une seule sortie pour chacune des combinaisons de signaux assignées aux entrées.

Le plus simple des décodeurs effectue le décodage de toutes les combinaisons possibles de deux chiffres binaires. C'est le **décodeur 2 à 4**; il est défini par la table de vérité de la figure 5.1a. À partir de cette table, nous pouvons déduire les équations suivantes :

$$D_0 = \overline{B} \bullet \overline{A},$$

$$D_1 = \overline{B} \bullet A,$$

$$D_2 = B \bullet \overline{A},$$

$$D_3 = B \bullet A, \qquad\qquad (5.1)$$

qui conduisent au circuit représenté à la figure 5.1b.

Figure 5.1
Décodeur 2 à 4

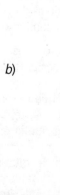

a)

B	A	D_0	D_1	D_2	D_3
0	0	1	0	0	0
0	1	0	1	0	0
1	0	0	0	1	0
1	1	0	0	0	1

b)

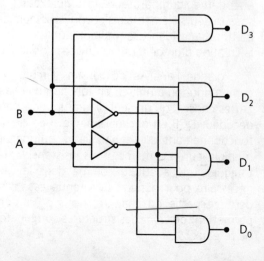

Puisque chaque combinaison d'entrée active une seule sortie, on dit que les **sorties** sont **mutuellement exclusives**.

Un exemple de circuit MSI, fonctionnant d'après les mêmes principes que ceux du décodeur précédent, est le SN 74154 (figure 5.2, décodeur 4 à 16). Sa structure est réalisée à l'aide de portes NON-ET, ce qui donne la valeur logique 0 pour une sortie active. En outre, le circuit contient deux **entrées de validation**, notées G1 et G2, qui autorisent, par leur valeur logique 0, le fonctionnement du circuit.

Figure 5.2 Circuit SN 74154, décodeur 4 à 16

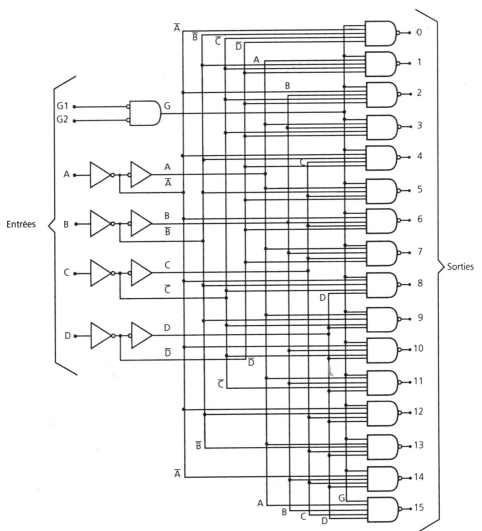

Dans certaines applications, il existe seulement $m < 2^n$ combinaisons applicables aux entrées d'un décodeur. Par conséquent, $m < 2^n$ sorties expriment des signaux utilisables. Pour illustrer une telle situation, nous allons présenter le **décodeur DCB en décimal**. Dans le code DCB, chaque chiffre décimal, donc au total dix combinaisons, est exprimé par quatre bits. D'autre part, avec 4 bits, il existe 16 combinaisons distinctes, c'est-à-dire que le décodeur DCB en décimal peut tenir compte des **combinaisons redondantes** pour simplifier les équations du circuit. Puisque les sorties d'un décodeur sont mutuellement exclusives, un seul diagramme de Karnaugh, qui remplace les dix diagrammes individuels, suffit à effectuer toutes les simplifications nécessaires. Nous avons marqué (figure 5.3) par D_0 à D_9 les combinaisons qui donnent les sorties actives et par X les combinaisons redondantes. Par exemple, D_5, qui s'exprime en DCB par 0101, est placé à la case $\overline{D} \bullet C \bullet \overline{B} \bullet A$. En utilisant ce diagramme, on peut écrire les équations des sorties sous la forme simplifiée. Ainsi, la case D_4 peut être associée à une case adjacente marquée par X; on obtient :

$$D_4 = C \bullet \overline{B} \bullet \overline{A} . \qquad (5.2)$$

De même, la case D_9 peut être associée à trois cases adjacentes marquées par X pour donner :

$$D_9 = A \bullet D . \qquad (5.3)$$

Figure 5.3 Diagramme de Karnaugh pour le décodeur DCB en décimal

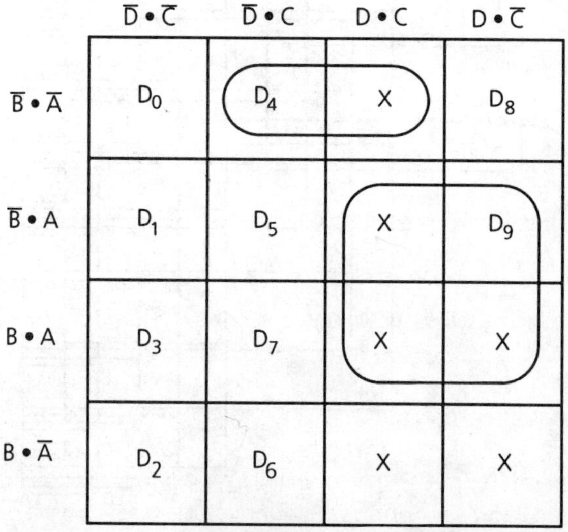

Figure 5.4   Décodeur DCB en décimal (après simplification)

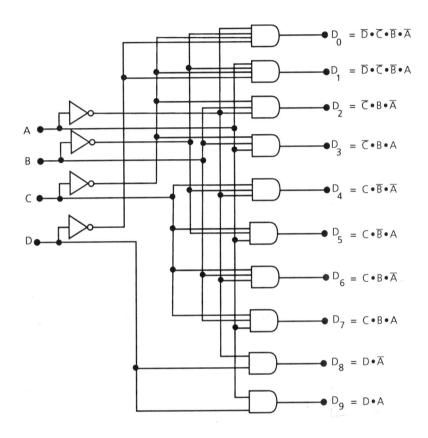

$$D_0 = \overline{D} \cdot \overline{C} \cdot \overline{B} \cdot \overline{A}$$

$$D_1 = \overline{D} \cdot \overline{C} \cdot \overline{B} \cdot A$$

$$D_2 = \overline{C} \cdot B \cdot \overline{A}$$

$$D_3 = \overline{C} \cdot B \cdot A$$

$$D_4 = C \cdot \overline{B} \cdot \overline{A}$$

$$D_5 = C \cdot \overline{B} \cdot A$$

$$D_6 = C \cdot B \cdot \overline{A}$$

$$D_7 = C \cdot B \cdot A$$

$$D_8 = D \cdot \overline{A}$$

$$D_9 = D \cdot A$$

Une fois la simplification effectuée, on obtient le circuit de la figure 5.4. Or celui-ci ne représente pas la meilleure solution pratique. Si, par hasard, en raison d'une défaillance du circuit qui précède le décodeur, une combinaison redondante est assignée aux entrées, il peut se produire des signaux actifs sur plusieurs sorties, ce qui ne correspond plus au fonctionnement correct d'un décodeur. Par exemple, quand $A = 1$, $B = 1$, $C = 1$ et $D = 1$, les sorties D_7 et D_9 sont activées. Pour éliminer cet inconvénient, il faut concevoir le circuit de manière à empêcher une combinaison redondante d'activer les sorties. Cette solution a été retenue pour le décodeur MSI SN 7442 (figure 5.5) où, pour chaque sortie active, la combinaison correspondante de n variables est considérée aux entrées. À cause de l'utilisation des portes NON-ET, le signal logique 0 caractérise la sortie active. L'analyse du décodeur nous permet de remarquer que le procédé de simplification n'est pas toujours adéquat en pratique. Souvent, il faut examiner le fonctionnement (correct ou erroné) du système qui englobe le circuit et ainsi juger si les combinaisons redondantes auront une influence sur le fonctionnement du système.

Figure 5.5   Circuit SN 7442, décodeur DCB en décimal

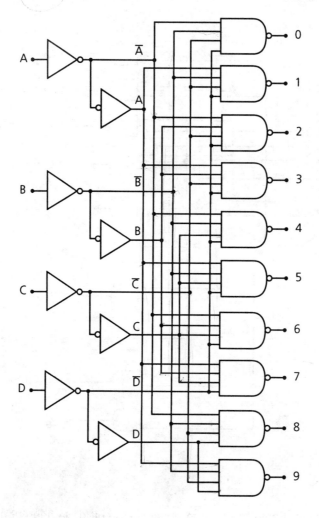

5.3 ENCODEURS

Un **encodeur** est un circuit combinatoire qui effectue l'opération inverse d'un décodeur, c'est-à-dire qu'il code le signal actif assigné à l'une des $m \leq 2^n$ entrées en une combinaison de n signaux à la sortie.

Considérons un circuit **encodeur 8 à 3**. Son rôle est de coder un signal actif, à l'une des huit entrées mutuellement exclusives, dans une combinaison de trois bits à la sortie. Cette fonction est exprimée par la table de vérité de la figure 5.6.

Figure 5.6 Table de vérité de l'encodeur 8 à 3

D_1	D_2	D_3	D_4	D_5	D_6	D_7	A_2	A_1	A_0
0	0	0	0	0	0	0	0	0	0
1	0	0	0	0	0	0	0	0	1
0	1	0	0	0	0	0	0	1	0
0	0	1	0	0	0	0	0	1	1
0	0	0	1	0	0	0	1	0	0
0	0	0	0	1	0	0	1	0	1
0	0	0	0	0	1	0	1	1	0
0	0	0	0	0	0	1	1	1	1

En considérant cette table, nous pouvons déduire les équations de sortie suivantes :

$$A_0 = D_1 + D_3 + D_5 + D_7 \, ,$$
$$A_1 = D_2 + D_3 + D_6 + D_7 \, ,$$
$$A_2 = D_4 + D_5 + D_6 + D_7 \, , \tag{5.4}$$

qui peuvent être utilisées pour réaliser l'encodeur de la figure 5.7. Si, par hasard, il arrive des signaux actifs sur plus d'une entrée, le circuit ne fonctionne plus correctement. Par exemple, considérons des signaux actifs sur les entrées D_1 et D_6, ce qui génère aux sorties la combinaison erronée $A_0 = 1$, $A_1 = 1$ et $A_2 = 1$ (cette combinaison correspond au codage de l'entrée D_7). Pour éviter une telle situation, il faut remplacer le système d'équations (5.4) par le système d'équations (5.5) qui correspond à celui d'un encodeur à priorité. Dans les équations (5.5), l'exclusivité prioritaire du signal sur une seule entrée a été renforcée. Ainsi, si plusieurs entrées sont actives, seule la plus prioritaire (celle qui a le plus grand indice) est prise en considération.

$$A_0 = D_1 \bullet \overline{D}_2 \bullet \overline{D}_3 \bullet \overline{D}_4 \bullet \overline{D}_5 \bullet \overline{D}_6 \bullet \overline{D}_7 + D_3 \bullet \overline{D}_4 \bullet \overline{D}_5 \bullet \overline{D}_6 \bullet \overline{D}_7 + D_5 \bullet \overline{D}_6 \bullet \overline{D}_7 + D_7 \, ,$$
$$A_1 = D_2 \bullet \overline{D}_3 \bullet \overline{D}_4 \bullet \overline{D}_5 \bullet \overline{D}_6 \bullet \overline{D}_7 + D_3 \bullet \overline{D}_4 \bullet \overline{D}_5 \bullet \overline{D}_6 \bullet \overline{D}_7 + D_6 \bullet \overline{D}_7 + D_7 \, ,$$
$$A_2 = D_4 \bullet \overline{D}_5 \bullet \overline{D}_6 \bullet \overline{D}_7 + D_5 \bullet \overline{D}_6 \bullet \overline{D}_7 + D_6 \bullet \overline{D}_7 + D_7 \, . \tag{5.5}$$

Après la simplification (difficile puisqu'il s'agit de sept variables), on obtient le système d'équations suivant :

$$A_0 = D_1 \bullet \overline{D}_2 \bullet \overline{D}_4 \bullet \overline{D}_6 + D_3 \bullet \overline{D}_4 \bullet \overline{D}_6 + D_5 \bullet \overline{D}_6 + D_7 \, ,$$
$$A_1 = D_2 \bullet \overline{D}_4 \bullet \overline{D}_5 + D_3 \bullet \overline{D}_4 \bullet \overline{D}_5 + D_6 + D_7 \, ,$$
$$A_2 = D_4 + D_5 + D_6 + D_7 \, , \tag{5.6}$$

qui conduit à la structure d'un **encodeur à priorité 8 à 3**. Les équations de sortie modifiées mettent en évidence le fait que le circuit ne code que le signal donné à l'entrée prioritaire. Si des signaux actifs sont assignés aux entrées D_1 et D_6, le circuit génère aux sorties l'information $A_2 = 1$, $A_1 = 1$ et $A_0 = 0$, code qui correspond à l'entrée prioritaire D_6.

Figure 5.7

Encodeur 8 à 3

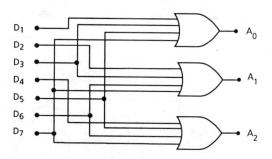

Figure 5.8   Circuit SN 74148, encodeur à priorité 8 à 3

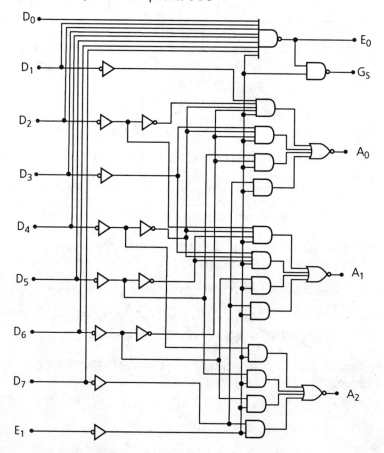

Le SN 74148 (figure 5.8) est un exemple de circuit MSI remplissant la fonction d'un encodeur à priorité 8 à 3. Du fait des portes qui ont été choisies à l'implantation, les signaux d'entrée et les signaux de sortie sont actifs avec la valeur logique 0. L'entrée de validation E_1 autorise le fonctionnement du circuit.

5.4 COMPARATEURS

Le circuit combinatoire qui effectue la comparaison de deux informations binaires s'appelle **comparateur**. Considérons deux nombres binaires, A et B, assignés aux entrées d'un comparateur. Les sorties du circuit reflètent l'une des trois situations possibles : A > B, A = B ou A < B.

Lorsque l'on compare deux nombres binaires de 2 bits chacun, le comparateur doit avoir 4 entrées, donc 16 lignes dans la table de vérité. Si les nombres à comparer ont 3 bits chacun, il faut prévoir 6 entrées au comparateur et donc 64 lignes dans la table de vérité. On peut déduire que, généralement, un comparateur qui fait la comparaison de deux nombres de n bits requiert $2*n$ entrées et 2^{2n} lignes dans la table de vérité. Par conséquent, si on augmente le nombre de bits qui doivent être comparés, la synthèse selon la méthode des diagrammes de Karnaugh devient difficile. Cependant, pour quelques circuits combinatoires, plus particulièrement les comparateurs qui présentent une symétrie pour ce qui est des comportements des variables d'entrée, on peut écrire directement les fonctions logiques de sortie, sans faire appel à la table de vérité.

Exemple 5.1

Considérons la synthèse d'un comparateur de deux nombres binaires A et B de quatre bits où respectivement A_3, A_2, A_1, A_0 et B_3, B_2, B_1, B_0 sont les bits individuels. Si $A_3 = B_3$ et $A_2 = B_2$ et $A_1 = B_1$ et $A_0 = B_0$, les deux nombres sont identiques, et l'équation logique de la sortie d'égalité est donnée par :

$$E = (A_3 \odot B_3) \bullet (A_2 \odot B_2) \bullet (A_1 \odot B_1) \bullet (A_0 \odot B_0) \ . \tag{5.7}$$

Pour déterminer si A est plus grand que B, il faut inspecter les nombres, bit par bit. Supposons qu'on commence cette inspection à partir de la position la plus significative, soit A_3 et B_3. Si les deux bits ont la même valeur, on inspecte la position immédiatement inférieure, et ainsi de suite jusqu'à ce qu'une différence soit trouvée ou que l'on constate que les nombres sont égaux. S'il y a différence et que le bit correspondant du nombre A a la valeur 1 et le bit correspondant du nombre B a la valeur 0, on obtient A > B; dans le cas contraire, on obtient A < B. Par conséquent, on peut écrire directement les équations logiques pour les sorties N (A > B) et M (A < B) :

$$N = A_3 \bullet \overline{B_3} + A_2 \bullet \overline{B_2} \bullet (A_3 \odot B_3) + A_1 \bullet \overline{B_1} \bullet (A_3 \odot B_3) \bullet (A_2 \odot B_2)$$

$$+ A_0 \bullet \overline{B_0} \bullet (A_3 \odot B_3) \bullet (A_2 \odot B_2) \bullet (A_1 \odot B_1) \ , \tag{5.8}$$

$$M = \overline{A_3} \bullet B_3 + \overline{A_2} \bullet B_2 \bullet (A_3 \odot B_3) + \overline{A_1} \bullet B_1 \bullet (A_3 \odot B_3) \bullet (A_2 \odot B_2)$$

$$+ \overline{A_0} \bullet B_0 \bullet (A_3 \odot B_3) \bullet (A_2 \odot B_2) \bullet (A_1 \odot B_1) \ . \tag{5.9}$$

C'est à l'aide de cette technique que le comparateur MSI de deux nombres binaires de quatre bits SN 74L85, illustré à la figure 5.9, a été réalisé. Pour pouvoir connecter en cascade plusieurs comparateurs SN 74L85 afin de comparer deux nombres de plus de quatre bits, le circuit possède trois entrées (A > B, A < B, A = B) permettant l'enchaînement des circuits.

Figure 5.9 Circuit SN 74L85, comparateur de quatre bits

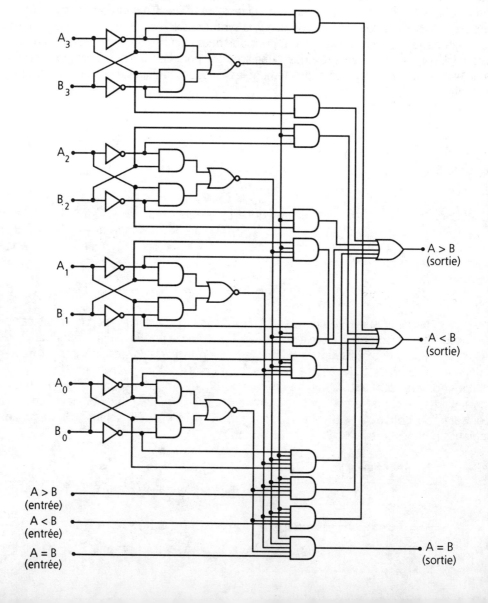

5.5 MULTIPLEXEURS

Le **multiplexeur** (MX) est un circuit combinatoire sélecteur qui possède 2^n entrées d'information, n entrées de commande et une seule sortie. Son rôle consiste à sélecter, à l'aide de signaux de commande, une des entrées et à la lier à la sortie.

Un multiplexeur de type 4 à 1 est représenté à la figure 5.10a. Parce que les entrées sont mutuellement exclusives, nous pouvons décrire le fonctionnement du circuit à l'aide d'une **table de fonctionnement** (figure 5.10b), laquelle est formée d'une façon plus simple qu'une table de vérité. Cette table de fonctionnement nous permet d'écrire l'équation de sortie, équation qui spécifie successivement (somme de produits) l'entrée d'information sélectée, en fonction des signaux assignés aux entrées de commande :

$$L = \overline{C}_1 \bullet \overline{C}_0 \bullet E_0 + \overline{C}_1 \bullet C_0 \bullet E_1 + C_1 \bullet \overline{C}_0 \bullet E_2 + C_1 \bullet C_0 \bullet E_3 . \qquad (5.10)$$

Figure 5.10   Multiplexeur 4 à 1

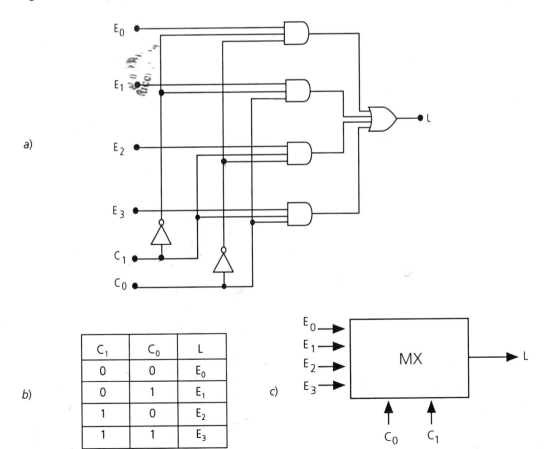

C_1	C_0	L
0	0	E_0
0	1	E_1
1	0	E_2
1	1	E_3

La figure 5.10c présente le symbole graphique d'un multiplexeur 4 à 1.

La figure 5.11 présente le schéma du circuit MSI SN 74153, contenant deux multiplexeurs de type 4 à 1, semblables à celui présenté à la figure 5.10 pour ce qui est du fonctionnement. Les entrées d'information sont indépendantes, mais les entrées de commande sont communes. Chaque multiplexeur devient actif grâce au signal logique 0 attribué à son entrée de validation G1 ou G2.

Figure 5.11 Circuit SN 74153, deux multiplexeurs 4 à 1

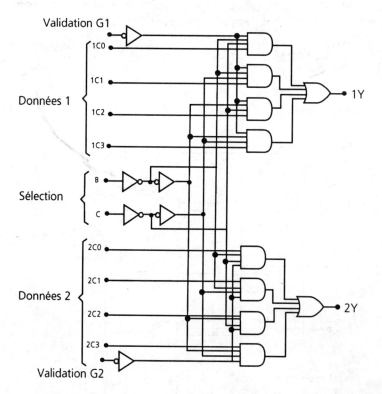

L'utilisation d'un multiplexeur comme générateur universel d'une fonction combinatoire constitue une application intéressante. Ainsi, un multiplexeur qui possède n entrées de commande peut servir à la réalisation de n'importe quelle fonction combinatoire de $(n+1)$ variables.

Exemple 5.2

Considérons la fonction logique de trois variables suivante :

$$L = \overline{A} \bullet \overline{B} + A \bullet \overline{B} \bullet \overline{C} + A \bullet B \bullet C, \qquad (5.11)$$

écrite sous la forme d'une somme de produits. Les variables A et B se retrouvent dans tous les termes produits; nous les assignerons donc aux entrées de commande (figure 5.12a). En même temps, nous assignerons la variable C, ou son complément, aux entrées d'information chaque fois qu'elle est présente dans un terme produit. Plus clairement :

- puisque le terme $\overline{A} \bullet \overline{B}$ ne dépend pas de la variable C, on connecte 1 à l'entrée d'information correspondante;
- puisque la combinaison $\overline{A} \bullet B$ n'existe dans aucun terme produit, on connecte 0 à l'entrée d'information correspondante;
- puisque la combinaison $A \bullet \overline{B}$ existe si $\overline{C} = 1$, on connecte $\overline{C}$ à l'entrée d'information correspondante;
- puisque la combinaison $A \bullet B$ existe si $C = 1$, on connecte C à l'entrée d'information correspondante.

Le choix des variables qui doivent être assignées aux entrées de commande n'est pas unique. Par exemple, nous pouvons choisir, pour la même fonction analysée, A et C comme variables de commande. La seule contrainte imposée aux variables de commande choisies est qu'elles se trouvent dans tous les termes produits. Pour obtenir l'expression appropriée, il faut effectuer l'opération logique ET entre $A \bullet B$ et $(C + \overline{C})$, sachant que cette opération ne change pas la valeur du terme produit, donc celle de la fonction logique. À la suite de cette opération, nous obtenons :

$$L = \overline{A} \bullet \overline{B} \bullet \overline{C} + \overline{A} \bullet \overline{B} \bullet C + A \bullet \overline{B} \bullet \overline{C} + A \bullet B \bullet C, \qquad (5.12)$$

solution qui est présentée à la figure 5.12b.

Figure 5.12 Deux solutions d'une fonction combinatoire réalisée à l'aide de multiplexeurs

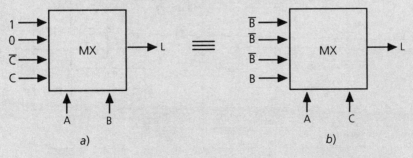

Exemple 5.2 (suite)

À partir des relations qui expriment la fonction logique concernée, on peut montrer d'une façon différente comment un multiplexeur 4 à 1 réalise le circuit. Plus précisément, une technique simple de transformation de la table de vérité en une table de fonctionnement (la figure 5.13 pour la première solution et la figure 5.14 pour la seconde) nous donne directement les connexions nécessaires aux entrées du multiplexeur. Notez que pour chaque combinaison qu'on assigne aux entrées de commande, la colonne L de la table de fonctionnement prend une des quatre valeurs : 0, 1, X, $\overline{X}$, où X représente la variable aux entrées d'information.

Figure 5.13   Transformation de la table de vérité en table de fonctionnement, solution I

A	B	C	L
0	0	0	1
0	0	1	1
0	1	0	0
0	1	1	0
1	0	0	1
1	0	1	0
1	1	0	0
1	1	1	1

A	B	L
0	0	1
0	1	0
1	0	$\overline{C}$
1	1	C

Figure 5.14   Transformation de la table de vérité en table de fonctionnement, solution II

A	C	B	L
0	0	0	1
0	0	1	0
0	1	0	1
0	1	1	0
1	0	0	1
1	0	1	0
1	1	0	0
1	1	1	1

A	C	L
0	0	$\overline{B}$
0	1	$\overline{B}$
1	0	$\overline{B}$
1	1	B

Un deuxième exemple de multiplexeur MSI, présenté à la figure 5.15, est le SN 74150 (multiplexeur 16 à 1). À cause de la porte NON-OU finale, au lieu d'une porte OU, la sortie L exprime le complément de l'entrée sélectée. L'entrée de validation a pour rôle d'autoriser le fonctionnement, c'est-à-dire qu'elle permet au circuit de fonctionner lorsqu'elle est mise à la valeur logique 0.

Figure 5.15   Circuit SN 74150, multiplexeur 16 à 1

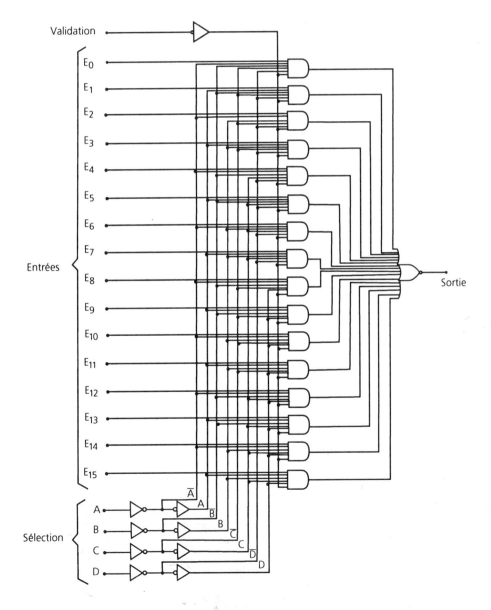

La **conversion parallèle-série** d'une information binaire est une autre application intéressante d'un multiplexeur. Rappelons que l'accès parallèle à l'information binaire signifie que
tous les bits de cette information sont accessibles en même temps; l'accès série signifie que
chaque bit n'est accessible que pendant un moment précis d'une succession d'intervalles de
temps.

Exemple 5.3

Soit la conversion parallèle-série d'une information de 16 bits. Pour cette tâche, on peut
utiliser le multiplexeur SN 74150, en connectant aux entrées E_0 à E_{15} l'information source
(l'information parallèle). Sans changer cette information, on doit successivement assigner
aux entrées de commande la séquence 0000, 0001, ... , 1111, ce qui nous donne à la sortie
L la représentation sérielle de l'information source.

5.6 DÉMULTIPLEXEURS

Le **démultiplexeur** est un circuit combinatoire qui effectue l'opération inverse d'un multiplexeur.
Il distribue le bit reçu à son entrée unique vers l'une des multiples sorties possibles. La sortie
active est sélectée à l'aide de signaux de commande. La figure 5.16a présente la table de
fonctionnement du démultiplexeur 1 à 4 d'où on peut déduire les équations :

$$Y_0 = \overline{C}_1 \bullet \overline{C}_0 \bullet E \, ,$$
$$Y_1 = \overline{C}_1 \bullet C_0 \bullet E \, ,$$
$$Y_2 = C_1 \bullet \overline{C}_0 \bullet E \, ,$$
$$Y_3 = C_1 \bullet C_0 \bullet E \, , \tag{5.13}$$

qui conduisent au circuit de la figure 5.16b.

Si l'entrée d'information est maintenue en permanence à la valeur logique 1, le
démultiplexeur devient un décodeur. Donc, le circuit MSI SN 74154, présenté auparavant à la
figure 5.2, constitue un exemple de décodeur-démultiplexeur. Comme nous l'avons mentionné, si les deux entrées de validation, G1 et G2, sont maintenues à la valeur logique 0, le
circuit réalise la fonction d'un décodeur. D'autre part, la fonction de démultiplexeur s'accomplit
si on donne l'information source à l'une des deux entrées de validation, G1 ou G2, en
maintenant la seconde entrée de validation à la valeur logique 0.

Figure 5.16 Démultiplexeur 1 à 4

C_1	C_0	Y_0	Y_1	Y_2	Y_3
0	0	E	0	0	0
0	1	0	E	0	0
1	0	0	0	E	0
1	1	0	0	0	E

a)

b)

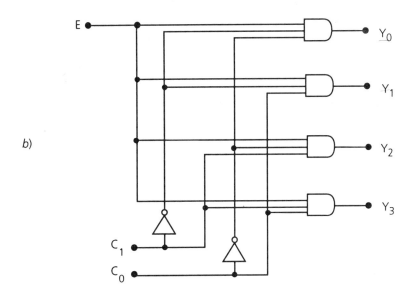

5.7 CIRCUITS ÉLÉMENTAIRES D'ADDITION ET DE SOUSTRACTION BINAIRES

Pendant le traitement de l'information, l'une des principales tâches d'un ordinateur consiste à exécuter des opérations arithmétiques sur les données. Ces opérations arithmétiques sont effectuées par l'**unité arithmétique**. Nous allons voir que, pour ce qui est de leur réalisation matérielle, il est possible de remplacer les structures effectuant les quatre opérations de base (addition, soustraction, multiplication et division) par une seule structure, précisément celle qui fait l'addition ou celle qui fait la soustraction. Par conséquent, l'unité arithmétique doit contenir soit un circuit qui accomplit l'addition, qu'on appelle **additionneur**, soit un circuit qui accomplit la soustraction, qu'on appelle **soustracteur**. De plus, il est facile de montrer que faire l'addition ou la soustraction consiste à exécuter la même opération élémentaire sur chaque groupe de chiffres d'un rang binaire. Par conséquent, l'additionneur ou le soustracteur peut être conçu par la réunion de plusieurs circuits combinatoires simples qui effectuent l'opération d'addition ou l'opération de soustraction sur deux chiffres binaires de même rang tout en tenant compte d'un troisième chiffre qui est la retenue du rang précédent.

Le circuit le plus simple servant à l'addition de deux chiffres d'un rang binaire est le **demi-additionneur** (DAd). Il fonctionne suivant la table de vérité présentée à la figure 5.17, laquelle respecte les règles d'addition de deux chiffres binaires (figure 2.2). Ici A_i et B_i représentent les chiffres binaires de même rang qui sont additionnés, S_i le chiffre somme du rang considéré et T_i la retenue vers le rang suivant. En analysant cette table, on peut directement écrire les équations :

$$S_i = \overline{A_i} \cdot B_i + A_i \cdot \overline{B_i} = A_i \oplus B_i,$$
$$T_i = A_i \cdot B_i,$$
(5.14)

qui conduisent au circuit du demi-additionneur de la figure 5.18. La figure 5.19 présente le symbole d'un demi-additionneur.

Figure 5.17
Table de vérité d'un demi-additionneur

A_i	B_i	S_i	T_i
0	0	0	0
0	1	1	0
1	0	1	0
1	1	0	1

Figure 5.18
Demi-additionneur

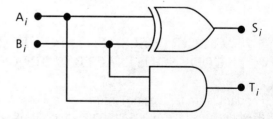

Figure 5.19
Symbole graphique d'un demi-additionneur

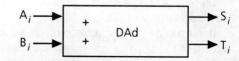

Rappelons que dans l'opération d'addition d'un rang binaire quelconque, il faut considérer la retenue qui se transmet du rang immédiatement inférieur. Le circuit combinatoire qui effectue l'opération d'addition de ces trois chiffres binaires, c'est-à-dire le chiffre A_i du nombre A, le chiffre B_i du nombre B et la retenue T_{i-1} produite par le rang précédent, est appelé **additionneur élémentaire** (Ad). Sa table de vérité est représentée à la figure 5.20 et son symbole graphique à la figure 5.21.

Figure 5.20
Table de vérité d'un additionneur élémentaire

A_i	B_i	T_{i-1}	S_i	T_i
0	0	0	0	0
0	1	0	1	0
1	0	0	1	0
1	1	0	0	1
0	0	1	1	0
0	1	1	0	1
1	0	1	0	1
1	1	1	1	1

Figure 5.21
Symbole graphique d'un additionneur élémentaire

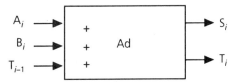

Les équations logiques d'un additionneur élémentaire sous la forme canonique P, équations qui résultent directement de sa table de vérité, sont :

$$S_i = A_i \bullet \overline{B_i} \bullet \overline{T}_{i-1} + \overline{A}_i \bullet B_i \bullet \overline{T}_{i-1} + \overline{A}_i \bullet \overline{B}_i \bullet T_{i-1} + A_i \bullet B_i \bullet T_{i-1} \; ;$$
$$T_i = \overline{A}_i \bullet B_i \bullet T_{i-1} + A_i \bullet \overline{B}_i \bullet T_{i-1} + A_i \bullet B_i \bullet \overline{T}_{i-1} + A_i \bullet B_i \bullet T_{i-1} \; . \qquad (5.15)$$

À partir du système d'équations (5.15), on peut déterminer des formes plus simples. Ainsi, en associant les deux premiers et les deux derniers termes de la première équation, on obtient, pour le chiffre somme S_i :

$$S_i = (A_i \oplus B_i) \bullet \overline{T}_{i-1} + \overline{(A_i \oplus B_i)} \bullet T_{i-1} , \qquad (5.16)$$

ou

$$S_i = A_i \oplus B_i \oplus T_{i-1} . \qquad (5.17)$$

En effectuant un groupement semblable pour le chiffre retenue T_i (deuxième équation), on arrive au résultat :

$$T_i = (A_i \oplus B_i) \bullet T_{i-1} + A_i \bullet B_i \ . \qquad (5.18)$$

La figure 5.22 présente une première variante d'additionneur élémentaire qui utilise les équations (5.17) et (5.18).

Figure 5.22 Additionneur élémentaire, variante I

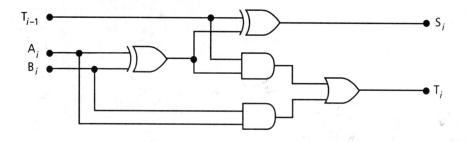

D'autre part si, dans l'expression de T_i de la deuxième équation (5.15), on combine successivement les trois premiers termes produits avec le dernier et qu'on effectue les simplifications nécessaires, on obtient :

$$T_i = A_i \bullet B_i + B_i \bullet T_{i-1} + A_i \bullet T_{i-1} \ . \qquad (5.19)$$

De même, en considérant la première équation (5.15), on peut montrer que l'égalité :

$$A_i \bullet \overline{B_i} \bullet \overline{T_{i-1}} + \overline{A_i} \bullet B_i \bullet \overline{T_{i-1}} + \overline{A_i} \bullet \overline{B_i} \bullet T_{i-1} = (A_i + B_i + T_{i-1}) \bullet \overline{T_i} \qquad (5.20)$$

est satisfaite. Donc, on peut obtenir, pour l'équation de la somme S_i, l'expression suivante:

$$S_i = A_i \bullet B_i \bullet T_{i-1} + (A_i + B_i + T_{i-1}) \bullet \overline{T_i} \ . \qquad (5.21)$$

Une deuxième variante de l'additionneur élémentaire, basée sur les équations (5.19) et (5.21), est présentée à la figure 5.23. Ce circuit offre l'avantage d'avoir une vitesse d'exécution plus élevée parce que la génération de la retenue T_i nécessite le passage de deux niveaux logiques seulement, comparativement aux quatre niveaux du circuit présenté antérieurement. Il faut se rappeler qu'une porte OU EXCLUSIF est un circuit combinatoire composé de deux niveaux logiques.

Figure 5.23   Additionneur élémentaire, variante II

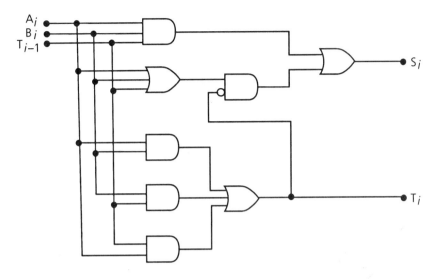

C'est donc en raison de sa vitesse que ce dernier circuit a été utilisé pour la réalisation d'additionneurs MSI dans la technologie TTL, tel l'additionneur de deux bits SN 7482 (figure 5.24).

Figure 5.24
Circuit SN 7482, additionneur
de deux bits

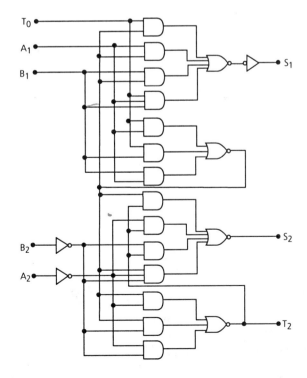

Le circuit qui effectue la soustraction de deux chiffres binaires est dénommé **demi-soustracteur** (DSc). Il fonctionne selon la table de vérité de la figure 5.25. Ici, A_i représente le premier bit de l'opération, B_i le deuxième chiffre binaire (celui qui est soustrait), D_i le chiffre différence et I_i la retenue vers le rang supérieur. En analysant cette table, on peut directement écrire les équations :

$$D_i = \overline{A}_i \bullet B_i + A_i \bullet \overline{B}_i = A_i \oplus B_i \, ,$$

$$I_i = \overline{A}_i \bullet B_i \, , \tag{5.22}$$

qui conduisent au circuit représenté à la figure 5.26. La figure 5.27 présente le symbole graphique d'un demi-soustracteur.

Figure 5.25

Table de vérité d'un demi-soustracteur

A_i	B_i	D_i	I_i
0	0	0	0
0	1	1	1
1	0	1	0
1	1	0	0

Figure 5.26

Demi-soustracteur

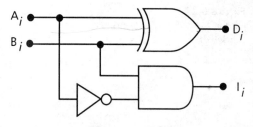

Figure 5.27

Symbole d'un demi-soustracteur

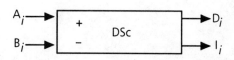

Un **soustracteur élémentaire** (Sc) est un circuit qui effectue l'opération de soustraction entre deux chiffres binaires de même rang en tenant compte de la retenue qui est générée dans le rang antérieur. Un tel circuit possède trois connexions d'entrée, soit A_i et B_i pour les chiffres des opérandes et I_{i-1} qui exprime la retenue du rang précédent, et deux connexions de sortie, soit D_i pour le chiffre différence et I_i pour la retenue vers le rang supérieur. La table de vérité qui décrit le fonctionnement d'un soustracteur élémentaire est représentée à la figure 5.28, et son symbole graphique, à la figure 5.29.

Figure 5.28
Table de vérité d'un soustracteur élémentaire

A_i	B_i	I_{i-1}	D_i	I_i
0	0	0	0	0
0	1	0	1	1
1	0	0	1	0
1	1	0	0	0
0	0	1	1	1
0	1	1	0	1
1	0	1	0	0
1	1	1	1	1

Figure 5.29
Symbole graphique d'un soustracteur élémentaire

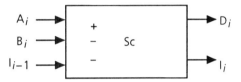

Les équations logiques sous la forme canonique P qui résultent directement de cette table sont :

$$D_i = \overline{A_i} \bullet \overline{B_i} \bullet I_{i-1} + \overline{A_i} \bullet B_i \bullet \overline{I_{i-1}} + A_i \bullet \overline{B_i} \bullet \overline{I_{i-1}} + A_i \bullet B_i \bullet I_{i-1} ,$$
$$I_i = \overline{A} \bullet \overline{B_i} \bullet I_{i-1} + \overline{A_i} \bullet B_i \bullet \overline{I_{i-1}} + \overline{A_i} \bullet B_i \bullet I_{i-1} + A_i \bullet B_i \bullet I_{i-1} . \tag{5.23}$$

En effectuant des simplifications comparables à celles qui ont été faites pour l'additionneur élémentaire, on peut obtenir pour D_i et I_i les deux systèmes d'équations suivants :

$$D_i = A_i \oplus B_i \oplus I_{i-1} ,$$
$$I_i = (\overline{A_i \oplus B_i}) \bullet I_{i-1} + \overline{A_i} \bullet B_i , \tag{5.24}$$

ou encore :

$$I_i = \overline{A_i} \bullet B_i + \overline{A_i} \bullet I_{i-1} + B_i \bullet I_{i-1} ,$$
$$D_i = A_i \bullet \overline{B_i} \bullet \overline{I_{i-1}} + (A_i + \overline{B_i} + \overline{I_{i-1}}) \bullet I_i , \tag{5.25}$$

qui conduisent aux circuits des figures 5.30 et 5.31.

Figure 5.30   Soustracteur élémentaire, variante I

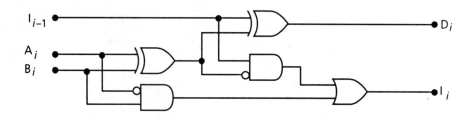

Figure 5.31   Soustracteur élémentaire, variante II

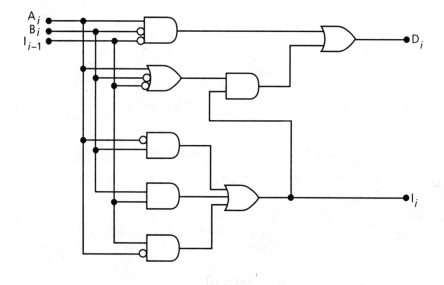

Un **additionneur-soustracteur élémentaire** (Ad/Sc) est un circuit qui effectue, en fonction de signaux de commande supplémentaires, soit la somme, soit la différence de deux chiffres binaires de même rang, en tenant compte de la retenue. Une réalisation possible d'un additionneur-soustracteur élémentaire est illustrée à la figure 5.32. Dans ce circuit, Y_{i-1} représente la retenue du rang inférieur, avec X_i le chiffre somme ou différence du rang considéré et avec Y_i la retenue vers le rang supérieur. Un tel circuit est obtenu par l'association du circuit de la figure 5.22 et de celui de la figure 5.30 auxquels deux connexions de commande ont été ajoutées, plus précisément ADD pour l'addition et SCT pour la soustraction.

Figure 5.32 Additionneur-soustracteur élémentaire

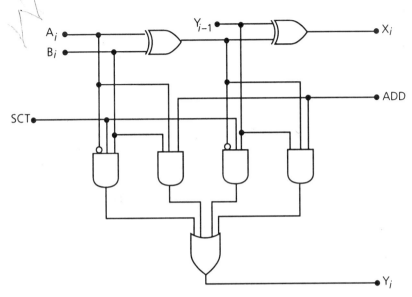

La sortie Y_i dépend des valeurs données aux signaux de commande :

• si ADD = 1 et SCT = 0 (addition) alors :

$$Y_i = A_i \bullet B_i + Y_{i-1} \bullet (A_i \oplus B_i) \, , \tag{5.26}$$

c'est-à-dire que $Y_i = T_i$ si $Y_{i-1} = T_{i-1}$;

• si ADD = 0 et SCT = 1 (soustraction) alors :

$$Y_i = \overline{A_i} \bullet B_i + Y_{i-1} \bullet (\overline{A_i \oplus B_i}) \, , \tag{5.27}$$

c'est-à-dire que $Y_i = I_i$ si $Y_{i-1} = I_{i-1}$.

Dans les deux situations, la somme ou la différence est donnée par l'équation :

$$X_i = A_i \oplus B_i \oplus Y_{i-1} \, . \tag{5.28}$$

Le symbole graphique d'un additionneur-soustracteur élémentaire est représenté à la figure 5.33.

Figure 5.33
Symbole graphique d'un
additionneur-soustracteur élémentaire

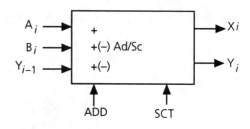

Nous verrons plus loin qu'une unité arithmétique contient soit des additionneurs élémentaires, soit des soustracteurs élémentaires, mais presque toujours des additionneurs élémentaires.

5.8 CONVERTISSEURS DE CODE

Un **convertisseur de code** est un circuit qui accomplit la conversion de l'information d'une forme de représentation binaire dans une autre forme de représentation binaire. Par conséquent, un convertisseur de code facilite le fonctionnement de l'ensemble de deux circuits numériques qui utilisent des modes différents de représentation de l'information binaire. Nous ne considérerons ici qu'un seul exemple.

Le **convertisseur de code DCB en sept segments** (figure 5.34) est un circuit combinatoire contrôlant un afficheur électronique. Cet afficheur est constitué de segments lumineux (diodes électroluminescentes ou LED) qui peuvent être allumés ou éteints. Différents appareils sont munis d'un tel afficheur qui permet de visualiser les nombres décimaux.

Le circuit comporte quatre entrées, notées par D, C, B et A, auxquelles on assigne le code DCB d'un chiffre décimal, et sept sorties, désignées par *a, b, c, d, e, f* et *g*, chacune étant associée à un des segments lumineux. Pour les dix combinaisons valides (0000 à 1001), l'affichage s'effectue selon la figure 5.35, d'où on peut déduire le comportement logique du circuit à l'aide de la table de vérité de la figure 5.36. À partir de cette table et à l'aide des diagrammes de Karnaugh (figure 5.37), diagrammes où sont aussi pris en considération les états redondants, on obtient les équations simplifiées :

$$a = D + C \bullet A + \overline{C} \bullet \overline{A} + B \bullet A \, ,$$

$$b = \overline{C} + B \bullet A + \overline{B} \bullet \overline{A} \, ,$$

$$c = C + \overline{B} + A \, ,$$

$$d = \overline{C} \bullet B + \overline{C} \bullet \overline{A} + B \bullet \overline{A} + C \bullet \overline{B} \bullet A \, ,$$

$$e = \overline{C} \bullet \overline{A} + B \bullet \overline{A} \, ,$$

$$f = D + C \bullet \overline{B} + C \bullet \overline{A} + \overline{B} \bullet \overline{A} \, ,$$

$$g = D + C \bullet \overline{B} + \overline{C} \bullet B + C \bullet \overline{A} \, . \tag{5.29}$$

Figure 5.34 Convertisseur de code DCB en sept segments

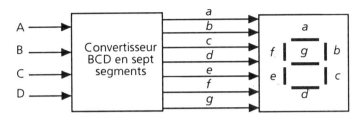

Figure 5.35 Affichage typique des chiffres décimaux

Les équations (5.29) conduisent au circuit combinatoire ayant des sorties multiples réalisé à l'aide des portes OU et ET de la figure 5.38. Dans cette dernière figure, certains implicants premiers sont communs à plusieurs sorties (par exemple, $B \cdot \overline{A}$ est utilisé par d et par e). Il faut préciser que, pour les sorties a et g, il existe une deuxième forme simplifiée qui modifie légèrement le schéma du circuit.

Figure 5.36 Table de vérité d'un convertisseur de code DCB en sept segments

DÉC.	ENTRÉES				SORTIES						
	D	C	B	A	a	b	c	d	e	f	g
0	0	0	0	0	1	1	1	1	1	1	0
1	0	0	0	1	0	1	1	0	0	0	0
2	0	0	1	0	1	1	0	1	1	0	1
3	0	0	1	1	1	1	1	1	0	0	1
4	0	1	0	0	0	1	1	0	0	1	1
5	0	1	0	1	1	0	1	1	0	1	1
6	0	1	1	0	0	0	1	1	1	1	1
7	0	1	1	1	1	1	1	0	0	0	0
8	1	0	0	0	1	1	1	1	1	1	1
9	1	0	0	1	1	1	1	0	0	1	1

Figure 5.37 Diagrammes de Karnaugh d'un convertisseur de code DCB en sept segments

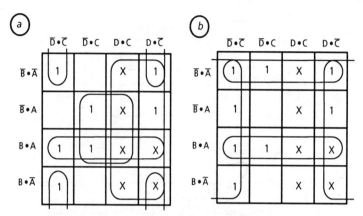

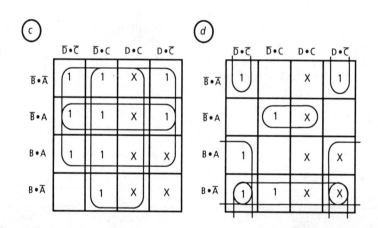

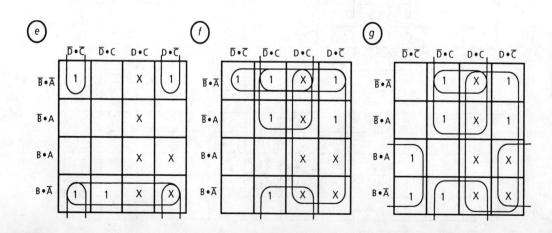

Figure 5.38   Schéma d'un convertisseur de code DCB en sept segments

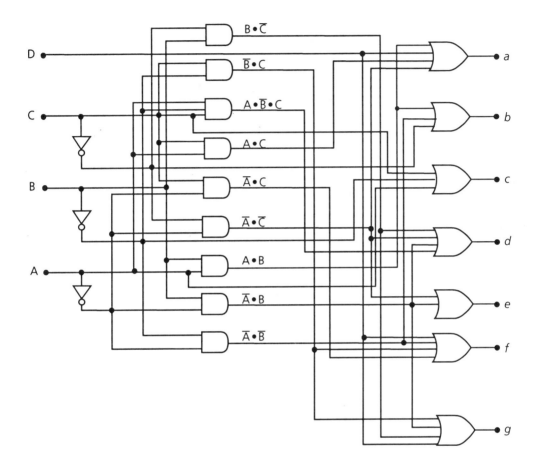

Les circuits MSI de type convertisseurs de code DCB en sept segments ont une structure plus complexe puisque les constructeurs ont ajouté des entrées de commande supplémentaires.   Prenons comme exemple le schéma du circuit SN 7447 (figure 5.39) qui effectue l'affichage selon la figure 5.40.   Ce schéma comporte trois entrées de commande.   L'entrée LAMP TEST allume tous les segments pour permettre de voir s'ils fonctionnent.   Le rôle principal des entrées BI/RBO et RBI est d'éteindre tous les segments, en fonction des conditions imposées.   Le test des deux dernières entrées est activé par la valeur logique 0, comme l'indiquent les petits cercles de négation.

Figure 5.39 Circuit SN 7447

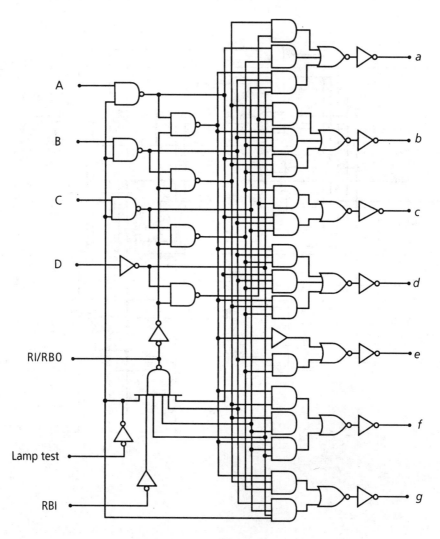

Figure 5.40 Affichage effectué par le circuit SN 7447

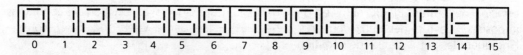

5.9 CIRCUITS COMBINATOIRES À L'AIDE DE MÉMOIRES ROM

Un **circuit de mémoire permanente** ou **ROM** (*Read-Only Memory*) peut être utilisé pour matérialiser un groupe de fonctions logiques combinatoires qui sont définies pour les mêmes variables. Sans entrer dans les détails du fonctionnement d'une mémoire, sujet qui sera abordé au chapitre 8, soulignons simplement qu'une mémoire ROM est constituée de la réunion de plusieurs registres sous la forme d'une matrice où chaque **registre mémoire** peut stocker en permanence une information d'une longueur fixe (par exemple, huit bits). Un registre mémoire est repéré à l'aide d'une information qu'on appelle **adresse** (figure 5.41).

Supposons qu'une mémoire contienne 2^n registres. Pour permettre de choisir un seul registre à la fois, un décodeur n à 2^n est interposé entre l'information de type adresse et la matrice mémoire. Dans une mémoire ROM, l'information est inscrite une seule fois pour toujours par un processus de programmation. Conséquemment, dans une mémoire ROM, seule la lecture est possible.

Figure 5.41
Structure d'une mémoire ROM

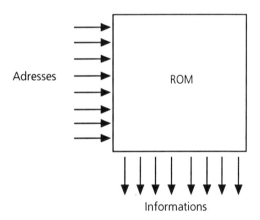

Rappelons la synthèse classique d'un groupe de fonctions combinatoires : les fonctions sont définies par une table de vérité dans laquelle une colonne séparée pour chaque sortie est introduite, puis une méthode de simplification est appliquée. À partir de la forme simplifiée, l'implantation physique est effectuée à l'aide de portes SSI, par exemple de type NON-ET. Pour faire la synthèse d'un groupe de fonctions logiques combinatoires à l'aide d'une mémoire ROM, il faut aussi définir ces fonctions par une table de vérité. Les variables d'entrée de cette table représentent les adresses de la mémoire ROM, alors que les mots stockés expriment les sorties. Autrement dit, chaque combinaison des variables assignées aux entrées pointe sur un registre mémoire unique qui garde les fonctions de sortie. Ainsi, à l'aide d'un circuit de mémoire ROM, on peut facilement, sans effectuer aucune simplification, implanter un groupe de fonctions combinatoires définies pour les mêmes variables. Habituellement, des portes sont utilisées pour matérialiser les fonctions qui nécessitent un nombre réduit d'entrées, et on préfère les mémoires ROM pour matérialiser les structures plus complexes.

Exemple 5.4

Considérons la table de vérité d'un circuit combinatoire qui effectue le complément à 2 d'un nombre binaire de quatre bits, table qui a été présentée antérieurement à la figure 3.48. Une solution matérielle possible, évidemment pas la meilleure du point de vue de la simplification, est donnée à la figure 5.42. Cette solution nous permet d'effectuer l'implantation de la table de vérité, sans aucune simplification, en utilisant un décodeur et une porte OU pour chaque sortie. Par exemple, si on donne aux entrées l'information : A = 0, B = 1, C = 1 et D = 1 (7 en décimal), les portes OU associées aux sorties X et W prennent la valeur logique 1, tandis que les portes OU associées aux sorties Y et Z prennent la valeur logique 0. Exactement la même solution convient à l'implantation du circuit par une mémoire ROM. Dans notre exemple (figure 5.43), la capacité de la mémoire est de 16 mots de 4 bits chacun. On peut voir que la matrice des registres joue le rôle des circuits OU de la solution précédente. Le mot ayant l'adresse 7 (0111) contient l'information permanente 1001. Par conséquent, si on donne aux entrées (adresses) l'information : A = 0, B = 1, C = 1 et D = 1, les sorties deviennent : X = 1, Y = 0, Z = 0 et W = 1.

Figure 5.42   Circuit effectuant le complément à 2 d'un nombre binaire de quatre bits à l'aide d'un décodeur et de portes OU

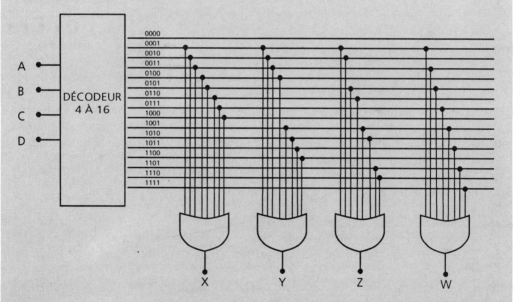

Exemple 5.4 (suite)

Figure 5.43 Circuit effectuant le complément à 2 d'un nombre binaire de quatre bits à l'aide d'une mémoire ROM

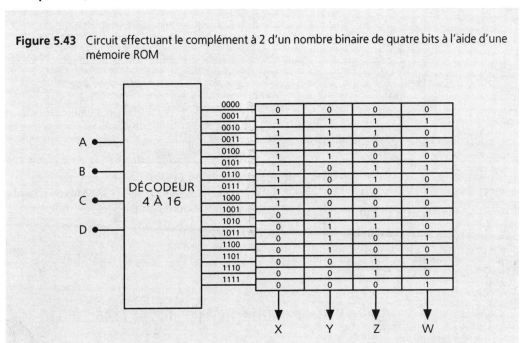

	X	Y	Z	W
0000	0	0	0	0
0001	1	1	1	1
0010	1	1	1	0
0011	1	1	0	1
0100	1	1	0	0
0101	1	0	1	1
0110	1	0	1	0
0111	1	0	0	1
1000	1	0	0	0
1001	0	1	1	1
1010	0	1	1	0
1011	0	1	0	1
1100	0	1	0	0
1101	0	0	1	1
1110	0	0	1	0
1111	0	0	0	1

Le circuit SN 74184 représente un convertisseur de code de type DCB-binaire dans la gamme 0 à 39, réalisé à l'aide d'une mémoire ROM. L'information qui y a été stockée est présentée à la figure 5.44, alors que les connexions entrées-sorties sont montrées à la figure 5.45. Le bit le moins significatif de la décade 0 est identique au bit le moins significatif de la représentation binaire. Par conséquent, ce bit ne doit pas être converti et le circuit SN 74184 contient seulement cinq entrées, parmi lesquelles trois expriment les chiffres de la décade 0 et deux expriment les chiffres de la décade 1. L'information à stocker consiste à soustraire, de l'expression décimale (entrées), le produit de la valeur de la première décade et du chiffre 3. Pour mieux comprendre cette conversion, nous considérerons deux situations.

Premièrement, regardons la ligne 8-9 où le nombre en DCB a la forme 001000 ou la forme 001001. Rappelons que le dernier bit, ici souligné, ne passe pas par le circuit. Puisque le nombre en DCB contient un seul chiffre décimal, son expression est identique à son expression binaire, donc le mot stocké est identique à l'adresse.

Deuxièmement, regardons la ligne 10-11 où le nombre exprimé en DCB est de la forme 010000 ou de la forme 010001. Leurs expressions en binaire sont respectivement 001010 et 001011. Pour obtenir correctement les nombres exprimés en binaire, il faudrait soustraire 6 de l'information qui représente l'adresse, mais puisque le bit le moins significatif ne traverse pas le circuit, il faut soustraire seulement 3.

Figure 5.44   Table de conversion DCB-binaire du circuit SN 74184

Valeur décimale	Entrées BCD (adresses)	Sorties binaires	Observations
	EDCBA	VWXYZ	
0 - 1	00000	00000	La première décade est moins que 10, les sorties expriment la même valeur que les entrées.
2 - 3	00001	00001	
4 - 5	00010	00010	
6 - 7	00011	00011	
8 - 9	00100	00100	
10 - 11	01000	00101	La première décade est 1, on soustrait 1 ∗ 3 = 3.
12 - 13	01001	00110	
14 - 15	01010	00111	
16 - 17	01011	01000	
18 - 19	01100	01001	
20 - 21	10000	01010	La première décade est 2, on soustrait 2 ∗ 3 = 6.
22 - 23	10001	01011	
24 - 25	10010	01100	
26 - 27	10011	01101	
28 - 29	10100	01110	
30 - 31	11000	01111	La première décade est 3, on soustrait 3 ∗ 3 = 9.
32 - 33	11001	10000	
34 - 35	11010	10001	
36 - 37	11011	10010	
38 - 39	11100	10010	

Figure 5.45

Connexions entrées-sorties d'un circuit SN 74184

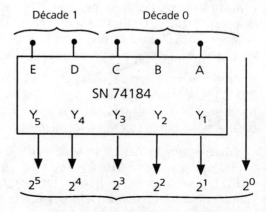

Sorties binaires

Le circuit SN 74185 représente un convertisseur de code de type binaire-DCB, pour six bits, réalisé à l'aide d'une mémoire ROM. L'information qui a été stockée dans la mémoire ROM durant le processus de programmation est présentée à la figure 5.46, tandis que les connexions entrées-sorties sont montrées à la figure 5.47. Le bit le moins significatif de l'expression binaire, comme nous l'avons déjà vu pour la conversion DCB-binaire, est identique au bit le moins significatif de la décade 0. Par conséquent, dans la conversion de six chiffres binaires, il n'y a que les cinq plus significatifs qui passeront le circuit. L'information à stocker dans chaque mot constitue le résultat de l'addition entre l'adresse (entrée) et le produit de la dizaine par 3. Pour mieux comprendre l'algorithme de conversion, nous considérerons deux situations.

Premièrement, regardons la ligne de l'entrée 8-9 où le nombre binaire est de la forme 001000 ou de la forme 001001. Puisque le nombre binaire a une valeur de moins que 10, les sorties sont identiques aux entrées.

Deuxièmement, regardons la ligne de l'entrée 10-11 où le nombre binaire est de la forme 001010 ou de la forme 001011. Pour obtenir l'expression du même nombre en DCB, il faudrait additionner 6 à l'information qui représente l'adresse, mais puisque le bit le moins significatif ne traverse pas le circuit, il faut additionner seulement 3.

Il est possible, en utilisant des schémas adéquats, de combiner les circuits SN 74184 ou les circuits SN 74185 pour obtenir respectivement un convertisseur DCB-binaire ou un convertisseur binaire-DCB, d'un plus grand nombre de bits.

Figure 5.46 Table de conversion binaire-DCB du circuit SN 74185

Valeur décimale	Entrées binaires (adresses)	Sorties DCB	Observations
	EDCBA	UVWXYZ	
0 - 1	00000	000000	Le nombre binaire est moins que 10, les sorties expriment la même valeur que les entrées.
2 - 3	00001	000001	
4 - 5	00010	000010	
6 - 7	00011	000011	
8 - 9	00100	000100	
10 - 11	00101	001000	Le nombre binaire est compris entre 10 et 19, on additionne $1 * 3 = 3$.
12 - 13	00110	001001	
14 - 15	00111	001010	
16 - 17	01000	001011	
18 - 19	01001	001100	
20 - 21	01010	010000	Le nombre binaire est compris entre 20 et 29, on additionne $2 * 3 = 6$.
22 - 23	01011	010001	
24 - 25	01100	010010	
26 - 27	01101	010011	
28 - 29	01110	010100	

Figure 5.46 Table de conversion binaire-DCB du circuit SN 74185 (suite)

Valeur décimale	Entrées binaires (adresses)	Sorties DCB	Observations
	EDCBA	UVWXYZ	
30 - 31	01111	011000	
32 - 33	10000	011001	Le nombre binaire est compris entre 30 et 39, on additionne 3 * 3 = 9.
34 - 35	10001	011010	
36 - 37	10010	011011	
38 - 39	10011	011100	
40 - 41	10100	100000	
42 - 43	10101	100001	Le nombre binaire est compris entre 40 et 49, on additionne 4 * 3 = 12.
44 - 45	10110	100010	
46 - 47	10111	100011	
48 - 49	11000	100100	
50 - 51	11001	100000	
52 - 53	11010	100001	Le nombre binaire est compris entre 50 et 59, on additionne 5 * 3 = 15.
54 - 55	11011	100010	
56 - 57	11100	100011	
58 - 59	11101	100100	
60 - 61	11110	110000	Le nombre binaire est compris entre 60 et 63, on additionne 6 * 3 = 18.
62 - 63	11111	110001	

Figure 5.47
Connexions entrées-sorties
d'un circuit SN 74185

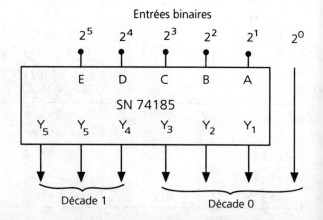

5.10 RÉSEAUX LOGIQUES PROGRAMMABLES (COMBINATOIRES)

Les **réseaux logiques programmables** sont des circuits LSI semblables aux mémoires ROM, en ce sens qu'ils peuvent être programmés par l'utilisateur. Il existe deux grandes familles de réseaux logiques programmables : PLA (*Programmable Logic Arrays*) et PAL (*Programmable Array Logic*). Nous verrons les principes de fonctionnement et de programmation des circuits PLA et des circuits PAL utilisés pour l'implantation des réseaux combinatoires.

Un circuit PLA, dont le schéma général est donné à la figure 5.48, est constitué de la réunion de portes ET, OU et NON liées ensemble pour réaliser la structure logique combinatoire imposée sous la forme ET-OU, ou sous la forme NON-ET-OU. Deux connexions partent de chaque entrée vers toutes les portes ET. La première connexion spécifie la valeur vraie de la variable et la deuxième, sa valeur inversée. Un autre niveau de connexions fait les liaisons entre chaque sortie d'une porte ET et toutes les entrées des portes OU. Enfin, les sorties des portes OU, qui représentent également les sorties du circuit, sont doublées. Plus précisément, il y a un

Figure 5.48 Schéma général d'un circuit PLA combinatoire

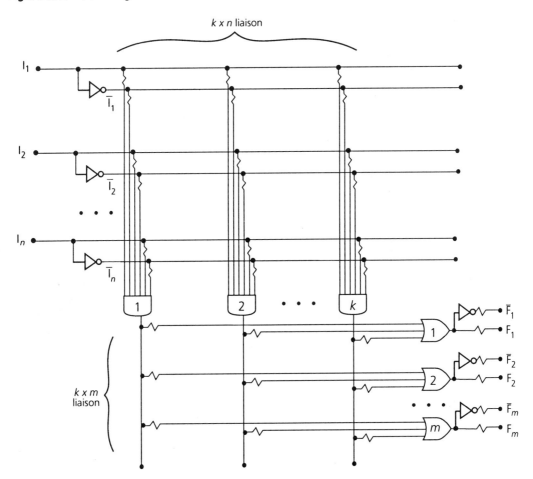

troisième niveau de connexions qui permet soit la liaison directe entre la sortie d'une porte OU et la première sortie physique du circuit, soit la liaison entre la sortie d'une porte OU qui a été préalablement inversée et la deuxième sortie physique du circuit. Les trois niveaux de connexions sont créés à l'aide de microfusibles. Durant la programmation, certains des microfusibles sont détruits, tandis que les autres restent intacts. Ainsi, on peut réaliser les fonctions combinatoires imposées.

Il faut mentionner que beaucoup de circuits PLA ne possèdent pas les trois niveaux de liaisons par microfusibles; toutefois, il doit toujours y avoir des microfusibles entre les entrées physiques et les portes ET. Une telle famille simplifiée de circuits PLA, qui a un seul niveau de microfusibles et qui est très populaire parmi les utilisateurs, est représentée par les circuits PAL. Dans les circuits PAL, les sorties des portes ET sont liées durant le processus de fabrication directement aux portes finales OU, sans l'utilisation de microfusibles. Ainsi, les portes ET ne peuvent pas être partagées, autrement dit chaque porte OU doit avoir ses propres portes ET. Par conséquent, la recherche des implicants premiers multisorties n'a aucun sens.

Considérons, en guise d'exemple, le circuit PAL 14H4, produit par Monolithic Memories, qui a une structure logique de type ET-OU et qui possède un seul niveau de liaisons par microfusibles. Plus précisément, le circuit PAL 14H4 contient :

- 14 entrées suivies d'inverseurs pour permettre deux connexions vers chaque porte ET;
- un réseau de microfusibles intercalés entre les entrées physiques du circuit et les entrées des portes ET;
- 16 portes ET de 28 entrées chacune, connectées aux variables directes et inversées;
- 4 portes OU connectées aux sorties des portes ET;
- 4 sorties physiques qui sont les sorties vraies du circuit OU.

Avant la programmation, tous les microfusibles d'une porte ET sont intacts, et la sortie d'une porte ET est exprimée par le produit logique $I_1 \bullet \bar{I}_1 \bullet I_2 \bullet \bar{I}_2 \bullet ... \bullet I_{14} \bullet \bar{I}_{14}$ qui a la valeur 0.

Exemple 5.5

Soit une fonction de quatre variables qu'on veut implanter par le circuit PAL 14H4. Pour matérialiser un produit logique quelconque de quatre variables de cette fonction, par exemple $I_1 \bullet \bar{I}_2 \bullet I_3 \bullet I_4$, il faut éliminer les microfusibles $\bar{I}_1, I_2, \bar{I}_3$ et $\bar{I}_4$. D'autre part, si, pour la même fonction, le produit logique est de la forme $I_3 \bullet \bar{I}_4$, où les variables I_1 et I_2 n'interviennent pas, il faut éliminer à côté de $\bar{I}_3$ et I_4 les deux microfusibles de chaque variable qui ne participent pas au produit, respectivement $I_1, \bar{I}_1, I_2$ et $\bar{I}_2$. À la suite de ces précisions, nous présentons à la figure 5.49 le schéma du circuit PAL 14H4 qui matérialise un convertisseur de code binaire-DCB de quatre bits, dont les équations logiques sont données par :

$$W = A + B \bullet C + B \bullet D ,$$

$$X = A \bullet D + B \bullet \bar{C} \bullet \bar{D} ,$$

$$Y = C \bullet D + A \bullet \bar{D} + \bar{B} \bullet C ,$$

$$Z = A \bullet \bar{D} + \bar{A} \bullet \bar{B} \bullet D + B \bullet C \bullet \bar{D} . \qquad (5.30)$$

Exemple 5.5 (suite)

Figure 5.49 Circuit PAL 14H4 programmé comme un convertisseur de code binaire-DCB de quatre bits

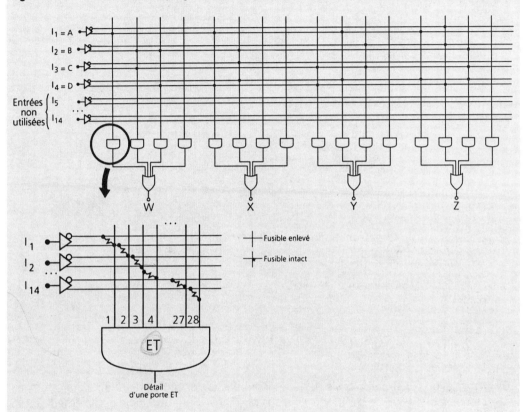

La synthèse d'un réseau combinatoire à l'aide d'un circuit PAL (et plus généralement à l'aide d'un circuit PLA) passe par la succession des étapes mentionnées, c'est-à-dire l'écriture d'une table de vérité suivie d'une méthode de simplification. Les circuits PLA et PAL sont utilisés surtout pour la matérialisation de structures combinatoires complexes tandis que, pour les structures simples, les circuits intégrés SSI ou MSI sont préférés.

Les circuits PLA et PAL sont supérieurs aux mémoires ROM. Nous avons vu qu'il est possible d'utiliser les mémoires ROM pour matérialiser les réseaux logiques d'un nombre quelconque d'entrées ou de sorties. Mais il importe de se rappeler que chaque combinaison aux entrées, information qui constitue une adresse, doit être affectée d'un registre mémoire. Par exemple, un groupe de fonctions définies pour six variables a $2^6 = 64$ combinaisons entre les variables d'entrée, donc nécessite 64 registres mémoires. En pratique, il existe des situations pour lesquelles certaines combinaisons sont physiquement impossibles (combinaisons redondantes). Dans de telles situations, il faut réserver un registre mémoire pour chaque combinaison, même si cette combinaison n'est pas possible. Dès lors, une partie importante de la mémoire, bien que présente, n'est pour ainsi dire pas utilisée.

5.11 PROBLÈMES

1. Établissez la table de vérité d'un décodeur 3 à 8 et présentez le circuit à l'aide des portes ET, OU et NON.

2. Établissez la table de vérité d'un codeur prioritaire 4 à 2 et concevez ce dernier en utilisant des portes ET, OU et NON.

3. En utilisant un multiplexeur 4 à 1, réalisez les fonctions logiques de trois variables (A, B, C) suivantes :

$$V = \overline{A} \bullet B + B \bullet C, \qquad (5.31)$$

$$W = \overline{A} \bullet \overline{B} + A \bullet B \bullet C, \qquad (5.32)$$

$$T = A \bullet \overline{B} \bullet C + A \bullet B \bullet \overline{C} + A \bullet B \bullet C. \qquad (5.33)$$

4. Établissez la table de fonctionnement d'un multiplexeur 8 à 1, où A, B et C sont les entrées de commande. Dessinez le circuit à l'aide des portes NON-ET.

5. En utilisant le multiplexeur du problème 4, réalisez la fonction logique de quatre variables :

$$F(A, B, C, D) = P_1 + P_3 + P_4 + P_7 + P_9 + P_{10} + P_{12} + P_{14}. \qquad (5.34)$$

6. Après avoir constitué sa table de vérité, concevez un circuit combinatoire qui effectue le complément à 9 d'un chiffre décimal en code DCB. Pour obtenir le complément à 9, on considère la combinaison de quatre bits qui, ajoutée au code DCB, donne la valeur 9. Par exemple, le code DCB du chiffre 4 est 0100 et son code complément à 9 est 0101.

7. Établissez la table de vérité d'un additionneur combinatoire de deux bits. Le circuit doit avoir quatre entrées, dont les deux bits du premier opérande et les deux bits du deuxième opérande. Il doit avoir trois sorties, deux bits qui expriment la somme et le bit de la retenue. Réalisez le circuit à l'aide des portes ET, OU et NON.

8. Modifiez l'additionneur-soustracteur élémentaire de la figure 5.32 en remplaçant les deux signaux ADD et SCT par un seul signal de commande. Écrivez les équations du circuit et présentez son logigramme à l'aide des portes ET, OU et NON.

9. Après avoir constitué sa table de vérité, concevez un convertisseur de code qui accomplit la conversion du code DCB en code excès 3. Comme le code DCB, le code excès 3 exprime chaque chiffre décimal par un groupe de quatre bits. Pour obtenir le code excès 3 d'un chiffre décimal, on ajoute 3 au code DCB correspondant. Par exemple, le code DCB du chiffre décimal 4 est 0100 et le code excès 3 est 0111.

10. Établissez la table de vérité d'un convertisseur de code hexadécimal en sept segments qui effectue l'affichage selon la figure 5.50 et concevez son circuit.

Figure 5.50 Affichage effectué par le circuit du problème 10

11. Réalisez un convertisseur de code DCB en code excès 3 à l'aide :

   a) d'une mémoire ROM;

   b) d'un circuit PAL 14H4.

12. Réalisez un convertisseur de code hexadécimal en sept segments à l'aide :

   a) d'une mémoire ROM;

   b) d'un circuit PAL 14H4.

CIRCUITS SÉQUENTIELS

6.1 CONSIDÉRATIONS GÉNÉRALES

Les circuits séquentiels sont classés, suivant le passage d'un état à l'autre, en deux catégories : **asynchrones** et **synchrones**. Le développement théorique concernant chacune de ces deux catégories est beaucoup plus complexe que celui des circuits combinatoires. Comme nous l'avons déjà mentionné, les changements synchrones d'états rendent plus fiable le fonctionnement des circuits séquentiels synchrones, ce qui justifie l'utilisation de cette catégorie de circuits pour la réalisation de la plus grande partie des circuits séquentiels qui se trouvent dans les différents blocs d'un ordinateur.

Ce chapitre expose le développement théorique des circuits séquentiels synchrones les plus utilisés, plus précisement les registres, les compteurs et les générateurs de séquences, et donne quelques-unes de leurs solutions pratiques, sous la forme de composants MSI. De tels circuits requièrent un développement théorique moins complexe. Mais avant de décrire les circuits séquentiels synchrones, nous présentons en détail l'élément de mémoire, car il est le composant de base de tout autre circuit séquentiel. La deuxième partie du chapitre est une introduction à la théorie générale des circuits séquentiels synchrones et fournit des exemples d'analyse et de synthèse. Finalement, les circuits LSI programmables, qui permettent de créer des structures séquentielles, sont présentés.

6.2 ÉLÉMENT DE MÉMOIRE

L'**élément de mémoire** est un circuit séquentiel qui possède deux états. Pour cette raison, on peut l'utiliser pour stocker, pendant un temps indéfini, l'information d'un bit, en associant à l'un des états le chiffre binaire 0 et à l'autre le chiffre binaire 1. L'état du circuit peut être modifié lorsqu'on assigne des signaux de commutation aux entrées. On peut donc changer en tout temps l'information d'un bit gardé par le circuit. L'élément de mémoire présente à l'extérieur deux sorties ayant des fonctions bien précises. La **sortie vraie** indique quel est le chiffre binaire stocké. La **sortie de négation** donne l'inverse du chiffre binaire stocké. Habituellement, chaque élément de mémoire, qui constitue un composant d'un circuit séquentiel, est marqué à l'aide d'une lettre majuscule, par exemple Q. Cette lettre désigne la sortie vraie du circuit. La sortie de négation est marquée par la même lettre, mais celle-ci est barrée, dans notre exemple $\overline{Q}$.

Rappelons que les opérateurs logiques NON-ET et NON-OU sont considérés comme des opérateurs complets, puisqu'ils peuvent être utilisés pour la réalisation de n'importe quel circuit combinatoire. On peut élargir cette universalité aux circuits séquentiels, en se servant de ces opérateurs pour réaliser des éléments de mémoire.

Le plus simple des éléments de mémoire est conçu à l'aide de deux portes NON-OU (figure 6.1a). Les liaisons de rétroaction sont nécessaires pour constituer un circuit à deux états stables. Les entrées sont désignées par S (*Set*) et R (*Reset*), d'où le nom d'**élément de mémoire RS**. Le symbole graphique d'un élément de mémoire RS est présenté à la figure 6.1*b*.

Figure 6.1   Élément de mémoire RS conçu à l'aide de portes NON-OU

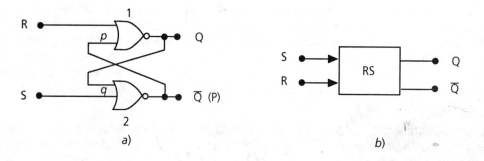

a)   b)

Si on assigne à l'entrée S un signal actif (S = 1) et qu'en même temps, l'entrée R reste inactive (R = 0), l'élément de mémoire passe et reste à l'état 1, c'est-à-dire que Q = 1 et $\overline{Q} = 0$, quel que soit son état antérieur. D'autre part, si on assigne un signal actif à l'entrée R (R = 1) et qu'en même temps l'entrée S reste inactive (S = 0), l'élément de mémoire passe et reste à l'état 0, c'est-à-dire que Q = 0 et $\overline{Q} = 1$, quel que soit son état antérieur. Le circuit est de type asynchrone, puisque la commutation à un nouvel état est faite immédiatement après l'application d'un signal actif aux entrées.

En étudiant plus attentivement le schéma, on peut constater que, pour une certaine combinaison fournie aux entrées, le circuit ne remplit pas la condition qui caractérise un élément de mémoire. Plus précisément, il existe une situation dans laquelle la sortie $\overline{Q}$ n'exprime pas l'inverse logique de la sortie Q. Pour faciliter l'étude du circuit, nous avons désigné par P (entre parenthèses) la deuxième sortie. Nous avons aussi désigné par p l'entrée de la porte 1 qui est liée à la sortie P et par q l'entrée de la porte 2 qui est liée à la sortie Q. En utilisant ces notations, on peut écrire les équations du circuit :

$$Q = \overline{R+p} = \overline{R} \bullet \overline{p},$$

$$P = \overline{S+q} = \overline{S} \bullet \overline{q}. \tag{6.1}$$

Dans ces dernières équations, q et p caractérisent l'**état actuel** du circuit, et Q et P caractérisent l'**état suivant** du circuit, respectivement l'état qui se produit après l'application des signaux aux entrées. Les équations montrent que le circuit analysé est séquentiel, puisque son état suivant (P, Q), qui exprime également ses sorties, est déterminé par les signaux d'entrées (R, S) et l'état actuel du circuit (p, q).

Pour analyser le comportement du circuit, il faut déterminer ses **états stables.** On dit qu'un circuit est dans un état stable s'il peut rester dans le même état pour un temps indéfini, ce qui s'exprime par les conditions suivantes :

$$Q = q \text{ et } P = p . \tag{6.2}$$

Figure 6.2
Diagramme de Karnaugh pour l'étude de l'élément
de mémoire RS conçu à l'aide des portes NON-OU

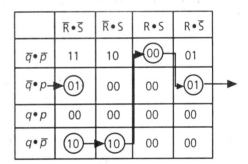

Nous allons déterminer les états stables à l'aide d'une forme spéciale du diagramme de Karnaugh (figure 6.2) qui exprime les fonctions logiques (6.1). Dans chaque case, la valeur de la fonction Q est inscrite dans la partie gauche et la valeur de la fonction P est inscrite dans la partie droite. Examinons, par exemple, la case qui se trouve à l'intersection de la colonne $\overline{R} \bullet \overline{S}$ et de la ligne $\overline{q} \bullet p$. La fonction $Q = \overline{R} \bullet \overline{p}$ devient $Q = \overline{0} \bullet \overline{1} = 1 \bullet 0 = 0$ et la fonction $P = \overline{S} \bullet \overline{q}$ devient $P = \overline{0} \bullet \overline{0} = 1 \bullet 1 = 1$. Donc, à l'intersection de la colonne $\overline{R} \bullet \overline{S}$ et de la ligne $\overline{q} \bullet p$, on doit introduire l'information 01. Les états stables, qui correspondent aux conditions (6.2), ont été encerclés.

Supposons que l'état initial soit un état stable, donné par QP = 10, état qui correspond aux valeurs d'entrées R = 0 et S = 0. Cet état se trouve en bas, dans la colonne de gauche du diagramme. En modifiant l'entrée S de 0 à 1, nous passons dans la deuxième colonne du diagramme; donc, pour la combinaison R = 0 et S = 1 aux entrées, nous rencontrons l'état stable qp = QP = 10. Par la suite, en modifiant le signal d'entrée R de la valeur 0 à la valeur 1, c'est-à-dire en attribuant la combinaison R = 1 et S = 1 aux entrées, nous trouvons l'état instable QP = 00. Puisqu'un état instable ne peut exister que pendant un très court laps de temps, *q* doit changer de 1 à 0, ce qui impose un déplacement vertical dans le diagramme, jusqu'à l'état stable *qp* = QP = 00. Il est à noter que, durant ce régime transitoire, les signaux de sorties restent inchangés. En continuant de modifier successivement les entrées, nous arrivons, par une procédure similaire, à l'état stable *qp* = PQ = 01, et ensuite, à l'état stable *qp* = QP = 01. Les étapes parcourues sont illustrées sur le diagramme par des flèches. L'analyse du diagramme et le mode de passage d'un état à un autre conduisent aux conclusions suivantes :

1. Pour la combinaison R = 0 et S = 0 aux entrées, il existe deux états stables. Si nous faisons le changement de R = 1 et S = 0 à R = 0 et S = 0, nous trouverons l'état stable QP = 01. Par contre, si nous faisons le changement de R = 0 et S = 1 à R = 0 et S = 0, nous trouverons l'état stable QP = 10. Cette particularité exprime l'essence de la fonction de mémoire élémentaire du circuit, c'est-à-dire que si on passe d'une situation dans laquelle le signal actif est transmis à une seule entrée à une situation dans laquelle des signaux inactifs sont transmis aux deux entrées, le circuit mémorise l'état imposé par la dernière situation active.

2. Pour la combinaison R = 1 et S = 1 aux entrées, le circuit se trouve dans l'état stable QP=00, ce qui met en évidence que P ≠ $\overline{Q}$. Autrement dit, on doit interdire l'application de cette combinaison aux entrées si on veut considérer le circuit comme un élément de mémoire binaire.

La transposition du diagramme de Karnaugh dans une table de vérité permet d'obtenir la figure 6. 3. Cette table de vérité contient cinq lignes qui correspondent aux cinq états stables du circuit. Pour comprendre comment cette table a été conçue, il faut se rappeler le fonctionnement d'une porte NON-OU de deux entrées, porte qui prend la valeur logique 0 à sa sortie si le signal logique 1 a été assigné à une des entrées. Par conséquent, quand on assigne le signal logique 1 aux deux entrées de l'élément de mémoire, les sorties des portes NON-OU, donc les deux sorties de l'élément de mémoire, prennent la valeur logique 0. Enfin, quand on assigne aux deux entrées de l'élément de mémoire le signal logique 0, on obtient le signal logique 1 sur la sortie de la porte qui a eu précédemment à l'entrée le signal logique 0 (noté entre parenthèses dans la table de vérité).

Figure 6.3

Table de vérité de l'élément de mémoire RS
conçu à l'aide des portes NON-OU

S	R	Q	$\overline{Q}$
1	0	1	0
0	0 (0)	1	0
0	1	0	1
0 (0)	0	0	1
1	1	0	0

Une étude similaire peut être effectuée sur un élément de mémoire RS réalisé à l'aide de portes NON-ET (table de vérité à la figure 6.4, circuit à la figure 6.5). Pour ce circuit, le signal actif aux entrées doit avoir la valeur logique 0. Rappelons que la sortie d'une porte NON-ET prend la valeur logique 1 chaque fois qu'on assigne à au moins une de ses entrées le signal logique 0.

Figure 6.4
Table de vérité de l'élément de mémoire RS
conçu à l'aide de portes NON-ET

S	R	Q	$\overline{Q}$
1	0	0	1
1	1 (0)	0	1
0	1	1	0
1 (0)	1	1	0
0	0	1	1

Figure 6.5
Élément de mémoire RS
conçu à l'aide de portes NON-ET

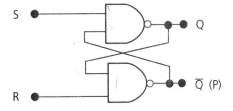

6.3 BASCULES BISTABLES

6.3.1 Bascule bistable RS

L'élément de mémoire qui vient d'être décrit constitue un circuit séquentiel asynchrone parce que les sorties changent dès que les signaux sont donnés aux entrées. Si nous y ajoutons des portes ET supplémentaires (figure 6.6), le circuit qui en résulte répondra aux signaux assignés aux entrées R et S selon la valeur de l'impulsion d'horloge. Autrement dit, nous aurons obtenu une **bascule bistable RS** ou, plus simplement, une **bascule RS**.

Toutes les bascules bistables sont des circuits séquentiels élémentaires dont l'analyse temporelle est facilitée si l'on choisit une représentation discrète du paramètre temps. Une bascule bistable présente deux types de signaux aux entrées : une ou plusieurs **entrées d'information** qui déterminent l'état suivant du circuit et une entrée spéciale, l'**impulsion d'horloge**, qui détermine l'instant du passage à l'état suivant. Par conséquent, l'impulsion d'horloge constitue une variable logique particulière, agissant comme un **signal de synchronisation**, qui permet à une bascule bistable de quitter son état stable pour un autre état stable à un moment bien déterminé. Autrement dit, une bascule bistable est un **circuit**

séquentiel élémentaire synchrone. Elle possède une structure logique plus complexe qu'un élément de mémoire asynchrone. Mais cette plus grande complexité permet de faire une analyse plus fiable d'un circuit séquentiel synchrone qui contient des bascules bistables.

Figure 6.6

Bascule bistable RS

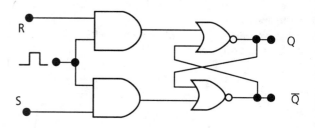

En regardant le circuit de la figure 6.6, nous pouvons constater que, lorsque l'impulsion d'horloge est maintenue à la valeur logique 0, les sorties des portes ET se trouvent, elles aussi, à la valeur logique 0. Les signaux aux entrées d'information R et S pourront activer le circuit de base (l'élément de mémoire) au moment où l'impulsion d'horloge atteindra la valeur logique 1. Le fonctionnement de la bascule bistable RS est décrit à l'aide d'une table de vérité spéciale, nommée **table de vérité temporelle** (figure 6.7). La conception de cette table est semblable à celle de la table de vérité d'un circuit combinatoire. Puisqu'il s'agit d'un circuit séquentiel, les variables de sortie dépendent à la fois des signaux assignés aux entrées et de l'état actuel du circuit. **Q(t) exprime l'état actuel** du circuit, c'est-à-dire l'état avant l'arrivée de l'impulsion d'horloge active. Par conséquent, **Q(t) représente une entrée** dans la table. **Q(t + 1) exprime l'état suivant** du circuit. Donc, **Q(t + 1) constitue une sortie** dans la table. Le rôle de l'impulsion d'horloge est de synchroniser les passages d'un état à l'autre durant le fonctionnement du circuit. Par cette synchronisation, une frontière est fixée entre l'état actuel et l'état suivant.

Figure 6.7

Table de vérité temporelle d'une bascule bistable RS

S	R	$Q(t)$	$Q(t+1)$	$\overline{Q(t+1)}$
0	0	0	0	1
0	1	0	0	1
1	0	0	1	0
1	1	0	INDÉFINI	
0	0	1	1	0
0	1	1	0	1
1	0	1	1	0
1	1	1	INDÉFINI	

Dans la table de vérité temporelle, nous trouvons deux lignes pour lesquelles les sorties sont indéfinies. C'est que la combinaison R = 1 et S = 1 aux entrées d'information provoque la transition momentanée des sorties Q et $\overline{Q}$ à la valeur logique 0; après la disparition de l'impulsion d'horloge active, la bascule passe au hasard à un état ou à l'autre : l'état suivant est donc indéfini. Ainsi, pour un fonctionnement normal du circuit, il faut éviter de donner aux entrées d'information la combinaison R = 1 et S = 1.

À partir de la table de vérité temporelle, nous pouvons établir les diagrammes de Karnaugh (figure 6.8) qui nous permettent, en utilisant la méthode de simplification, d'obtenir les équations qui caractérisent la bascule bistable RS :

$$Q(t + 1) = S + \overline{R} \bullet Q(t) ,$$

$$\overline{Q(t + 1)} = R + \overline{S} \bullet \overline{Q(t)} ,$$

$$S \bullet R = 0 .$$

(6.3)

Figure 6.8 Diagrammes de Karnaugh d'une bascule bistable RS

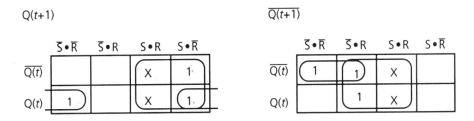

Les équations (6.3) expriment l'état suivant du circuit, état qui dépend de l'état actuel et des signaux assignés aux entrées. La condition S • R = 0 confirme le fait qu'il est interdit d'assigner simultanément le signal actif 1 aux entrées R et S. Cette condition permet d'introduire les X dans les diagrammes.

6.3.2 Bascule bistable D

La **bascule bistable D** a une seule entrée d'information qui est contrôlée par l'impulsion d'horloge. À partir d'une bascule RS, on peut obtenir une bascule D si on établit aux entrées d'information les équivalences suivantes : D = S et $\overline{D}$ = R (figure 6.9). Ainsi, il devient impossible d'assigner simultanément S = 1 et R = 1 aux entrées de l'élément de mémoire.

Figure 6.9
Bascule D synchrone

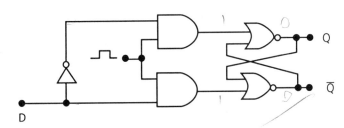

La table de vérité temporelle d'une bascule D est présentée à la figure 6.10. Elle nous permet de déduire les équations qui caractérisent le circuit :

$$Q(t+1) = D \, ,$$

$$\overline{Q(t+1)} = \overline{D} \, . \tag{6.4}$$

Figure 6.10

Table de vérité temporelle d'une bascule bistable D

D	Q(t)	Q(t+1)	$\overline{Q(t+1)}$
0	0	0	1
0	1	0	1
1	0	1	0
1	1	1	0

La bascule D est aussi connue comme le **circuit de retard d'une unité,** puisqu'on trouve à sa sortie vraie le signal donné à l'entrée d'information, avec un retard d'une impulsion d'horloge.

6.3.3 Bascule bistable JK

Un autre moyen d'éliminer l'inconvénient que présente une bascule RS qui, rappelons-le, peut passer au hasard dans un des états quand les signaux R=1 et S=1 sont donnés aux entrées d'information, consiste à introduire des liaisons de rétroaction supplémentaires. On obtient ainsi la **bascule bistable JK.** Toutefois, les solutions pratiques, à l'aide de portes logiques, sont beaucoup plus complexes que celles que nous avons présentées pour les bascules RS ou D. Nous donnerons plus loin, après l'étude de la commutation, un schéma pratique d'une bascule JK.

Le fonctionnement logique d'une bascule JK, qui possède deux entrées d'information, soit J et K, ressemble à celui d'une bascule RS. Plus précisément, l'entrée J correspond à l'entrée S et l'entrée K correspond à l'entrée R. De même, les lignes de la table de vérité temporelle (figure 6.11), sauf celles qui ont les signaux logiques 1 sur les entrées J et K, sont pareilles. Voici la description du fonctionnement d'une bascule JK :

- pour J = 1 et K = 0, la bascule JK passe à l'état 1, donc $Q(t+1) = 1$;

- pour J = 0 et K = 1, la bascule JK passe à l'état 0, donc $Q(t+1) = 0$;

- pour J = 0 et K = 0, la bascule JK conserve son état, donc $Q(t+1) = Q(t)$;

- pour J = 1 et K = 1, la bascule JK change d'état, donc $Q(t+1) = \overline{Q(t)}$.

Figure 6.11
Table de vérité temporelle
d'une bascule bistable JK

J	K	Q(t)	Q(t+1)	$\overline{Q(t+1)}$
0	0	0	0	1
0	1	0	0	1
1	0	0	1	0
1	1	0	1	0
0	0	1	1	0
0	1	1	0	1
1	0	1	1	0
1	1	1	0	1

En appliquant le procédé de simplification (ce que nous recommandons de faire comme exercice), on peut déduire les équations qui caractérisent la bascule JK synchrone :

$$Q(t+1) = J \bullet \overline{Q(t)} + \overline{K} \bullet Q(t) ,$$

$$\overline{Q(t+1)} = \overline{J} \bullet \overline{Q(t)} + K \bullet Q(t) . \tag{6.5}$$

6.3.4 Bascule bistable T

La **bascule bistable T**, qui comporte une seule entrée, constitue une variante de la bascule bistable JK. Sa table de vérité temporelle est présentée à la figure 6.12. Cette bascule passe à l'état complémentaire si, au moment de l'arrivée de l'impulsion d'horloge, l'entrée T se trouve à la valeur logique 1.

Figure 6.12
Table de vérité temporelle
d'une bascule bistable T

T	Q(t)	Q(t+1)	$\overline{Q(t+1)}$
0	0	0	1
1	0	1	0
0	1	1	0
1	1	0	1

Les équations qui caractérisent la bascule bistable T peuvent être déduites directement de la table de vérité temporelle :

$$Q(t+1) = T \bullet \overline{Q(t)} + \overline{T} \bullet Q(t) = T \oplus Q(t) ,$$

$$\overline{Q(t+1)} = T \bullet Q(t) + \overline{T} \bullet \overline{Q(t)} = T \odot Q(t) . \tag{6.6}$$

6.3.5 Problèmes de commutation des bascules bistables

Nous avons vu que la commutation d'une bascule bistable est contrôlée par un signal d'horloge de type impulsion. Considérons une seule impulsion sous sa forme idéalisée (figure 6.13). Initialement, l'impulsion se trouve à la valeur logique 0, passe par la suite pour une courte période à la valeur logique 1, puis revient à la valeur logique 0. Les éléments qui composent la **moitié active de l'impulsion** (logique positive) sont le **front antérieur**, le **front postérieur** et sa **durée active**.

Figure 6.13
Impulsion d'horloge

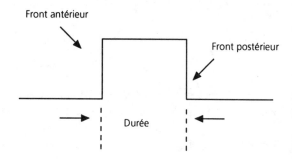

Le premier problème concernant la commutation consiste à déterminer la relation entre l'impulsion d'horloge et les signaux aux entrées d'information. Il existe deux techniques pour faire commuter les bascules synchrones. Les bascules analysées dans les paragraphes précédents sont des **bascules** de type **verrou**, étant donné que chacune bloque la dernière information qui se trouve à ses entrées juste avant que l'impulsion d'horloge effectue la transition de 1 à 0. Si, par exemple, on considère la bascule D, présentée à la figure 6.9, on peut constater que, lorsque l'impulsion d'horloge (moitié active) prend la valeur logique 1, la sortie Q suit toutes les modifications de l'entrée d'information D. Pour obtenir une seule transition par impulsion d'horloge, ce qui est fréquemment demandé en pratique, on doit faire en sorte que le signal à l'entrée d'information D demeure constant pendant toute la durée active de l'impulsion. Cette condition est assez difficile à remplir. D'autre part, certaines applications exigent la commutation de la bascule à un instant bien défini. On voit donc qu'en pratique la bascule verrou n'est pas toujours adéquate.

Pour surmonter ces difficultés, des **bascules** qui **commutent sur le front** (antérieur ou postérieur) ont été créées. Une telle bascule est réalisée par la connexion physique de deux ou plusieurs bascules de type verrou. Le circuit obtenu forme, au point de vue logique, une seule bascule.

Examinons à nouveau l'impulsion d'horloge idéalisée (figure 6.13); nous pouvons voir que les fronts semblent se produire instantanément. En réalité, le passage de l'impulsion de la valeur 0 à la valeur 1, ou vice versa, requiert un délai de quelques nanosecondes, délai comparable au temps nécessaire pour traverser un niveau logique dans un circuit combinatoire. Puisque la durée de la transition est très courte, nous allons accepter la simplification qui suppose que les fronts sont produits instantanément; par conséquent, les valeurs des signaux aux entrées peuvent être considérées comme constantes durant cette transition.

Pour distinguer les bascules de type verrou de celles qui commutent sur le front, des symboles graphiques différents sont utilisés. La figure 6.14 illustre trois solutions d'une bascule JK : *a*) verrou; *b*) commutant sur le front; *c*) commutant sur le front et possédant, en plus, deux entrées asynchrones de type RS. Dans la dernière solution, les entrées J et K sont synchrones, leurs actions étant synchronisées par l'un des fronts de l'impulsion d'horloge, tandis que les entrées R et S sont asynchrones et actionnent immédiatement les sorties Q et $\overline{Q}$.

Figure 6.14 Symboles de différents types de bascules

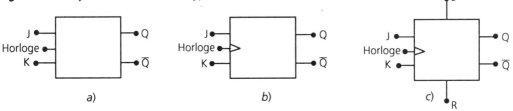

La deuxième technique de commutation, la commutation sur le front, pose le problème du choix du front actif. Sans entrer dans les détails du fonctionnement électronique, mentionnons que la plupart des bascules synchrones, réalisées en circuits intégrés, commutent sur le front postérieur de l'impulsion d'horloge. Le principe le plus connu d'après lequel on fait la commutation d'une bascule sur le front postérieur est celui de **maître-esclave**. Physiquement, un tel circuit est créé à l'aide de deux bascules de type verrou enchaînées, et par l'ajout de rétroactions supplémentaires. La première bascule, appelée maître, lit l'information qui se trouve aux entrées d'information, immédiatement après le front antérieur de l'impulsion d'horloge. Par la suite, l'information, qui a été stockée par le maître, est transférée à la deuxième bascule, nommée esclave, par l'intermédiaire du front postérieur de l'impulsion d'horloge. Au point de vue externe, le circuit constitue une seule bascule qui commute sur le front postérieur. Il faut mentionner que le principe maître-esclave s'applique à n'importe quel type de bascule logique.

Un exemple de bascule JK maître-esclave, réalisée entièrement avec des portes NON-ET, est présenté à la figure 6.15. Les portes 1, 2, 3 et 4 forment la bascule maître, et les portes 5,

Figure 6.15 Bascule JK maître-esclave réalisée à l'aide de portes NON-ET

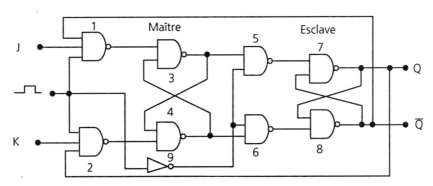

6, 7 et 8 forment la bascule esclave. Quand l'impulsion d'horloge se trouve à la valeur logique 0, les sorties des portes 1 et 2 se trouvent à la valeur logique 1. Autrement dit, durant l'inactivité de l'impulsion d'horloge, les entrées d'information sont coupées du maître (rappelons qu'il s'agit d'une solution NON-ET). Après la transition de 0 à 1 de l'impulsion d'horloge, les portes 1 et 2 sont débloquées. Ainsi, les signaux des entrées J et K arrivent au maître qui effectue la lecture de cette information. En même temps, à cause de l'inverseur 9, les portes 5 et 6 sont bloquées, et la bascule esclave est ainsi isolée de la bascule maître. Finalement, quand l'impulsion d'horloge fait la transition de 1 à 0, la bascule maître se trouve à nouveau bloquée et la bascule esclave débloquée. Conséquemment, l'information contenue dans la bascule maître est transférée dans la bascule esclave. Sur le plan externe, on constate que les sorties Q et $\overline{Q}$ changent leurs valeurs une seule fois pour chaque front postérieur.

6.3.6 Tables d'excitation des bascules bistables

Habituellement, quand on fait la synthèse d'un circuit séquentiel, on doit imposer aux bascules les transitions nécessaires pour que le circuit puisse passer d'un état à l'autre. Par conséquent, on doit savoir quelles sont les valeurs à assigner aux entrées d'information pour chaque transition imposée. On peut déterminer ces valeurs à l'aide des **tables d'excitation** qui expriment, mais d'une autre manière, la même information que celle qui est contenue dans les tables de vérité temporelles. Une table d'excitation comprend deux colonnes qui indiquent les états actuel et suivant, soit $Q(t)$ et $Q(t+1)$ et, en plus, une colonne pour chaque entrée d'information. Entre les deux états, quatre transitions sont possibles. Pour chaque transition, un signal ou une combinaison de deux signaux doit être assigné aux entrées d'information (suivant le type logique de la bascule).

La table d'excitation d'une bascule RS est présentée à la figure 6.16. La première ligne donne les conditions imposées aux entrées d'information pour la transition $Q(t)=0$ à $Q(t+1)=0$. Si on examine la table de vérité temporelle d'une telle bascule, on peut constater que les conditions S=0 et R=0 ne modifient pas l'état de la bascule à l'arrivée de l'impulsion de commutation. En même temps, les conditions S=0 et R=1 conduisent à l'état suivant $Q(t+1)=0$, pour n'importe quel état actuel. Donc, durant la transition imposée, R peut avoir soit la valeur logique 0, soit la valeur logique 1, ce qui permet d'inscrire un X à l'intersection de la colonne R et de la première ligne. La table de vérité temporelle indique également que, pour la transition $Q(t)=0$ à $Q(t+1)=1$, la seule possibilité est d'assigner aux entrées d'information les signaux S=1 et R=0. De même, pour la transition $Q(t)=1$ à $Q(t+1)=0$, la seule possibilité est d'assigner aux

Figure 6.16
Table d'excitation d'une bascule RS

$Q(t)$	$Q(t+1)$	S	R
0	0	0	X
0	1	1	0
1	0	0	1
1	1	X	0

entrées d'information les signaux S=0 et R=1. Enfin, la dernière ligne de la table indique les signaux nécessaires aux entrées d'information pour la transition Q(t)=1 à Q(t+1)=1. Cette transition peut être expliquée de la même façon que celle de la première ligne de la table.

La figure 6.17 montre la table d'excitation d'une bascule JK. À l'instar de la bascule RS, si l'état actuel et l'état suivant ont la valeur logique 0, l'entrée J est maintenue à la valeur logique 0, alors que l'entrée K peut prendre soit la valeur logique 0, soit la valeur logique 1. De même, si l'état actuel et l'état suivant ont la valeur logique 1, l'entrée K est maintenue à la valeur logique 0, alors que l'entrée J peut avoir soit la valeur logique 0, soit la valeur logique 1. La transition Q(t)=0 à Q(t+1)=1 requiert la valeur logique 1 sur l'entrée J. D'autre part, K peut avoir soit la valeur logique 0, soit la valeur logique 1. Quand K=0, la bascule passe à l'état 1 pour n'importe quel état actuel. Quand K=1, la bascule passe à l'état complémentaire, c'est-à-dire aussi 1. Par conséquent, à l'intersection de la deuxième ligne et de la colonne K, il faut introduire un X. Le X à l'intersection de la troisième ligne et de la colonne J peut être expliqué de la même façon.

Figure 6.17
Table d'excitation d'une bascule JK

Q(t)	Q(t+1)	J	K
0	0	0	X
0	1	1	X
1	0	X	1
1	1	X	0

L'avantage de l'utilisation d'une bascule JK dans la synthèse d'un circuit séquentiel est mis en évidence par sa table d'excitation. La présence d'un grand nombre de X parmi les signaux qu'on doit assigner aux entrées d'information entraîne l'apparition de combinaisons redondantes pour la partie combinatoire du circuit et conduit donc à des solutions plus économiques, une fois appliquée une méthode de simplification.

La table d'excitation d'une bascule D est donnée à la figure 6.18. Nous pouvons observer que, dans tous les cas, Q(t+1)=D; donc, l'état suivant est indépendant de l'état actuel de la bascule.

Figure 6.18
Table d'excitation d'une bascule D

Q(t)	Q(t+1)	D
0	0	0
0	1	1
1	0	0
1	1	1

La table d'excitation d'une bascule T est présentée à la figure 6.19. Comme nous l'avons observé lors de l'étude de la table de vérité temporelle, nous remarquons que, pour T=0, il y a toujours $Q(t+1)=Q(t)$, c'est-à-dire que la bascule ne change pas d'état. D'autre part, pour T=1, la bascule passe à l'état complémentaire, donc $\overline{Q(t+1)}=Q(t)$.

Figure 6.19
Table d'excitation d'une bascule T

$Q(t)$	$Q(t+1)$	T
0	0	0
0	1	1
1	0	1
1	1	0

6.3.7 Bascules intégrées

Le principal circuit intégré TTL qui remplit la fonction d'une bascule bistable JK est le SN 7472 (figure 6.20). C'est une bascule de type maître-esclave, où le maître est réalisé à l'aide des portes 5, 6, 7, 8, 9 et 10 (solution ET-OU-NON) et l'esclave est réalisé à l'aide des portes 1, 2, 3 et 4 (solution NON-ET). Les portes 3 et 4 permettent à l'esclave de lire l'état du maître, et les

Figure 6.20 Circuit TTL SN 7472, bascule maître-esclave

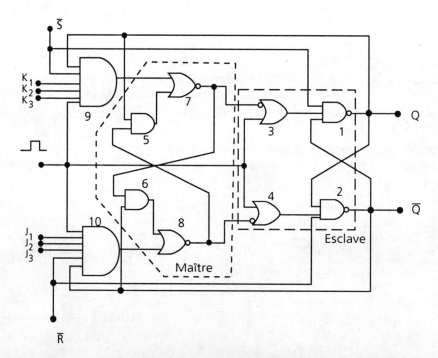

portes 9 et 10 permettent au maître de passer à l'état imposé par les entrées J et K. Le circuit comprend, à l'extérieur, trois connexions indépendantes pour J et trois connexions indépendantes pour K. En effet, une fonction ET est interposée entre les deux groupes d'entrées, c'est-à-dire $J = J_1 \cdot J_2 \cdot J_3$ et $K = K_1 \cdot K_2 \cdot K_3$. On peut étudier les actions aux entrées $\overline{R}$ et $\overline{S}$ en examinant le schéma du circuit. Un signal logique 0 à l'entrée $\overline{S}$ oblige la sortie correspondante du maître, donc la sortie de la porte 7, à prendre la valeur logique 1. En traversant la porte 1, le même signal force la sortie de l'esclave, qui est aussi la sortie de la bascule, à prendre la valeur logique 1. Par conséquent, la valeur logique 0 assignée à $\overline{S}$ change immédiatement en 1 l'état du maître et l'état de l'esclave, quel que soit l'état antérieur de la bascule. Donc, l'entrée $\overline{S}$ est asynchrone. On peut comprendre d'une façon semblable l'action du signal logique 0 à l'entrée $\overline{R}$.

Le système intégré TTL contient aussi d'autres bascules, parmi lesquelles les plus importantes sont :

- le SN 7476, qui comporte deux bascules indépendantes JK de type maître-esclave, ayant chacune une seule entrée J et une seule entrée K;
- le SN 7474, qui comporte deux bascules indépendantes D de type maître-esclave;
- le SN 7475, qui comporte deux paires de deux bascules D de type verrou dont l'impulsion de commutation est commune pour chaque paire.

6.4 REGISTRES

Le circuit séquentiel affecté au stockage temporaire d'une information de plusieurs bits est nommé **registre**. Un registre est constitué d'une collection de bascules, toutes du même type, actionnées par la même impulsion d'horloge. Le nombre de bascules détermine la capacité du registre. D'autre part, la structure logique de la bascule caractérise le comportement du registre lors de la commutation, c'est-à-dire la façon de traiter l'information qui se trouve aux entrées. Quelques registres sont conçus pour permettre le décalage de l'information vers la droite ou vers la gauche.

L'un des plus simples registres, présenté à la figure 6.21, se compose de bascules D de type verrou. L'impulsion d'horloge est simultanément transmise à toutes les bascules. Lors de la transition de 0 à 1 de cette impulsion, l'information qui se trouve aux entrées X_3, X_2, X_1 et X_0 est transférée aux sorties Q_3, Q_2, Q_1 et Q_0. Par la suite, les sorties suivent les changements aux entrées d'information, et ce aussi longtemps que l'impulsion d'horloge reste à la valeur logique 1. Souvent, en pratique, on veut une seule commutation par impulsion d'horloge. Pour obliger le circuit à respecter cette condition, il faut maintenir constants les signaux aux entrées d'information pendant toute la durée active de l'impulsion d'horloge. Quand l'impulsion d'horloge effectue la transition de 1 à 0, la dernière information assignée aux entrées est retenue dans le registre. Ultérieurement, aucun changement aux entrées n'influencera le contenu du registre.

Un registre de type verrou est utilisé pour stocker l'information pour un court laps de temps. L'information est ensuite acheminée vers une autre destination. Autrement dit, un tel registre joue le rôle de tampon entre une source et une destination. Soulignons qu'il n'est pas recommandé d'utiliser un registre verrou lors de la réalisation de circuits séquentiels synchrones complexes, étant donné la difficulté d'établir la succession des états et la condition d'invariabilité imposée aux entrées d'information pour toute la durée active de l'impulsion d'horloge.

Figure 6.21   Registre réalisé à l'aide de bascules D de type verrou

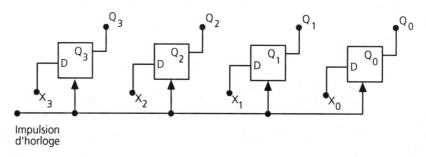

Impulsion
d'horloge

Pour qu'il soit plus facile de déterminer la succession des états, nous utiliserons, lors de l'étude des circuits séquentiels, uniquement des bascules qui commutent sur un des fronts, plus particulièrement des bascules de type maître-esclave.

On dit qu'on charge un registre lorsqu'on y transfère l'information. Si toutes les bascules d'un registre sont chargées pendant la même impulsion d'horloge, le chargement est fait en parallèle.

Exemple 6.1

Nous présentons à la figure 6.22 le transfert d'information d'un registre A à un registre B, tous deux réalisés à l'aide de bascules JK de type maître-esclave.

Figure 6.22   Chargement parallèle d'un registre

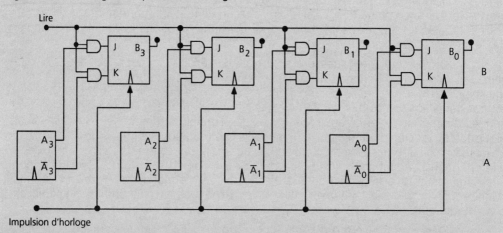

Si la condition **Lire** est vraie et que l'impulsion d'horloge active arrive, l'information stockée par le registre A est copiée dans le registre B. Cette information est saisie aux sorties du registre B, après le front postérieur de l'impulsion d'horloge. Le chargement du registre B ne modifie pas l'information contenue dans le registre A.

Un **registre à décalage** est un registre qui permet de décaler l'information qui y est stockée soit vers la droite, soit vers la gauche.

Exemple 6.2

Nous présentons à la figure 6.23 un registre à décalage de droite à gauche, réalisé à l'aide de bascules JK de type maître-esclave. Après le front postérieur de chaque impulsion d'horloge, le contenu de la bascule Q_i est transféré dans la bascule Q_{i+1}. La même impulsion d'horloge permet aussi d'introduire un bit de l'extérieur dans la bascule Q_0 et d'éliminer le bit gardé dans la bascule de l'extrémité gauche.

Figure 6.23   Registre à décalage réalisé à l'aide de bascules JK de type maître-esclave

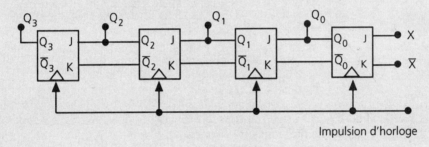

D'une façon semblable, on peut concevoir un registre à décalage de gauche à droite, ou encore, en utilisant une partie combinatoire supplémentaire contrôlée par des signaux de commande, un registre offrant des possibilités de décalage vers la droite et vers la gauche.

Le SN 7495 (figure 6.24) est un premier exemple de registre MSI de quatre bits pouvant faire le chargement en parallèle ou le décalage à droite. Le circuit est réalisé à l'aide de bascules RS de type maître-esclave. L'opération imposée (chargement parallèle ou décalage à droite) dépend de la valeur du signal de commande assigné à l'entrée M. Si M=0 (mode 1), le circuit effectue le décalage d'une position à droite à chaque impulsion d'horloge qui arrive au terminal Horloge 1. D'autre part, si M=1 (mode 2), le circuit effectue le chargement en parallèle à l'aide d'une impulsion transmise au terminal Horloge 2. Enfin, si on établit une liaison entre la sortie d'une bascule et l'entrée de la bascule précédente, en utilisant en même temps le terminal D comme entrée série du circuit, le mode 2 de fonctionnement permet un décalage à gauche.

Figure 6.24 Circuit SN 7495, registre de quatre bits

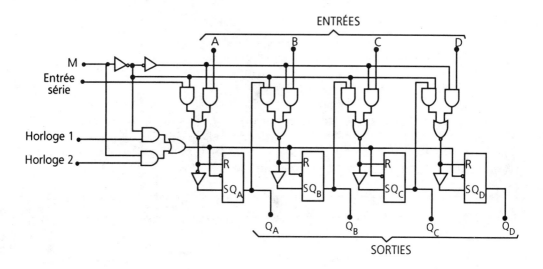

Le SN 74194 (figure 6.25) est un autre registre MSI de quatre bits, réalisé à l'aide de bascules RS synchrones qui commutent sur le front antérieur (leur structure est plus complexe et elles ne sont pas de type maître-esclave). Ce circuit permet de charger l'information en parallèle ou de faire le décalage (à droite ou à gauche). Le SN 74194 comporte une seule entrée pour l'impulsion d'horloge, mais possède deux entrées de commande : S1 et S0. Les signaux de commande déterminent l'action du circuit, conformément à la table de fonctionnement de la figure 6.26. Si on doit exécuter une opération de décalage, on introduit l'information de l'extérieur par un des terminaux, SR ou SL, suivant le sens du décalage. Le signal RAZ est utilisé pour effacer le registre.

La conversion série-parallèle et parallèle-série de l'information constitue une application fréquente d'un registre qui accomplit le chargement en parallèle et le décalage. Un tel registre permet d'introduire et d'extraire l'information soit en série, soit en parallèle, d'où quatre modes de fonctionnement : entrée série et sortie série, entrée parallèle et sortie parallèle, entrée série et sortie parallèle et, finalement, entrée parallèle et sortie série. Les deux derniers modes sont utilisés respectivement pour la conversion série-parallèle et pour la conversion parallèle-série de l'information.

Le SN 74198 est un registre MSI de huit bits ayant une structure semblable à celle du circuit SN 74194.

Les registres peuvent être conçus pour effectuer certaines opérations (arithmétiques ou logiques) sur les données, opérations pouvant nécessiter ou non l'introduction d'une partie combinatoire attachée au registre. Nous allons donner quelques exemples.

Figure 6.25   Circuit SN 74194, registre de quatre bits

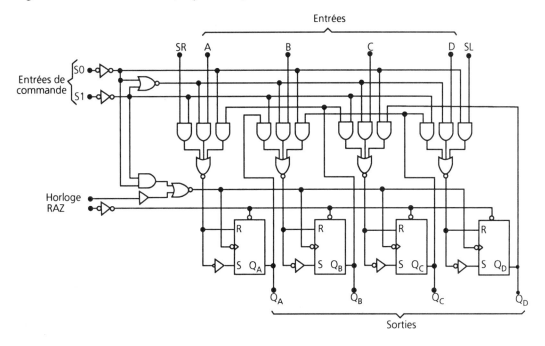

Figure 6.26   Table de fonctionnement du circuit SN 74194

S1	S0	Action entreprise
0	0	Inhibition du signal d'horloge
0	1	Décalage à droite
1	0	Décalage à gauche
1	1	Chargement en parallèle

Exemple 6.3

Pour effectuer certaines opérations arithmétiques sur des nombres signés (*voir le chapitre 7*), on doit décaler à droite un opérande de telle manière que le bit signe, placé à l'extrémité gauche, reste le même. La figure 6.27 illustre la structure d'un registre qui accomplit cette tâche, pour lequel nous pouvons considérer que l'information initiale a été introduite d'une façon quelconque.

Exemple 6.3 (suite)

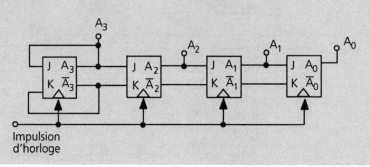

Figure 6.27   Registre à décalage à droite qui garde le signe

Exemple 6.4

Quand le contenu d'un registre à décalage est transféré à l'extérieur, l'information source se perd. Si on veut empêcher cette perte d'information, il faut remplacer le registre à décalage par un **registre avec recirculation** (figure 6.28).   La transformation d'un registre à décalage en un registre avec recirculation s'effectue par des liaisons entre la dernière et la première bascule du registre. Lorsqu'un tel registre contient *n* bascules, l'information se retrouve sous sa forme initiale, après *n* impulsions d'horloge.

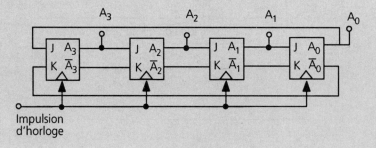

Figure 6.28   Registre avec recirculation

    Les registres qui forment une partie du processeur (mémoire immédiate) doivent communi-niquer entre eux. Par conséquent, il faudra insérer des connexions afin de lier la sortie d'une bascule d'un registre quelconque aux entrées des bascules qui occupent une même position dans les autres registres. Or plus le nombre des registres est grand, plus il faut augmenter le nombre des liaisons nécessaires, et plus l'implantation physique est difficile. Pour éviter cet inconvénient, on peut limiter les transferts à un seul à la fois, limite acceptée pour presque tous les ordinateurs. Les liaisons nécessaires à chaque registre sont alors réduites à *n*, *n* exprimant le nombre de bascules qui composent un registre. On appelle **bus** ce groupe de lignes utilisées à la liaison des registres dans le but de créer une voie de communication.

Exemple 6.5

L'utilisation d'un bus est présentée à la figure 6.29. Le schéma permet le transfert de l'information entre les registres A, B, C et D. Chaque registre est conçu par la réunion de n bascules. Chacune des sorties des bascules est liée à une ligne du bus à l'aide d'une porte ET contrôlée par un signal de commande. De même, les entrées des bascules sont liées aux lignes du bus à l'aide d'une autre porte ET contrôlée. Par exemple, le transfert de l'information du registre B au registre D exige que les signaux de commande Cd_2 et Cd_5 prennent la valeur logique 1, tandis que les autres signaux de commande doivent prendre la valeur logique 0. Les sorties des bascules du registre B se trouvent alors connectées au bus. En même temps, les entrées des bascules du registre D sont, elles aussi, connectées au bus, ce qui permet le transfert parallèle de l'information au moment de l'arrivée de l'impulsion d'horloge (pour simplifier le schéma, cette impulsion n'a pas été représentée). En pratique, la sélection du registre source et du registre destination est faite à l'aide de multiplexeurs.

Figure 6.29 Communication à travers un bus à l'aide de portes ET

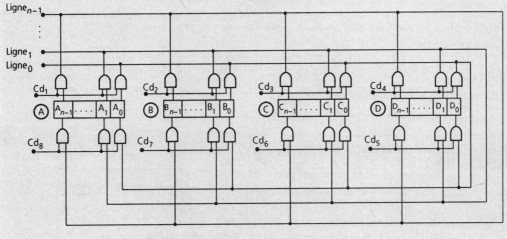

Les portes ET, qui servent à contrôler la connexion entre les registres et le bus, et inversement entre le bus et les registres, sont généralement remplacées par des **portes à trois états**. Une porte à trois états a pour rôle d'effectuer ou non la connexion à l'intérieur d'un réseau logique (figure 6.30). Si, à l'extrémité de contrôle C, le signal prend la valeur logique 1, l'entrée E est effectivement liée à la sortie S, c'est-à-dire que la valeur logique 0 ou 1, assignée à l'entrée E, est transmise à la sortie S. Par contre, si le signal à l'extrémité de contrôle C est 0, la sortie S est déconnectée de l'entrée E; autrement dit, la sortie S ne porte pas le signal logique de l'entrée. Sur le plan électrique, le deuxième cas correspond à un **état de haute impédance**.

Figure 6.30
Porte à trois états

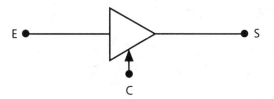

Comme nous l'avons mentionné, les portes à trois états sont utilisées pour connecter plusieurs registres à un bus. Ainsi, les sorties de toutes les bascules d'un registre sont liées au bus à l'aide de portes à trois états ayant une extrémité de commande commune (figure 6.31). L'information présente sur le bus est celle qui provient d'un registre dont les portes à trois états sont fermées, bref dont le signal logique 1 se trouve sur la connexion Cd_i correspondante. Le système fonctionne correctement si, à un instant donné, les portes à trois états d'un seul registre sont connectées. Dans beaucoup de dispositifs complexes, spécialement les microprocesseurs, les circuits d'interface et de mémoire, il existe un bloc de portes à trois états, bloc dont le but est de permettre la communication avec un bus.

Figure 6.31   Communication à travers un bus à l'aide de portes trois états

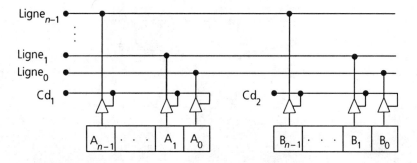

Afin de faciliter la compréhension d'un schéma complexe, un symbolisme plus simple peut être utilisé. Les registres sont alors figurés sans les détails des liaisons fonctionnelles.

Exemple 6.6

La figure 6.32 présente les connexions de trois registres à un bus. Le registre A peut être chargé avec l'information qui se trouve sur le bus. De même, on peut introduire sur le bus l'information contenue dans ce registre. Il représente donc un **registre bidirectionnel**. D'autre part, les registres B et C sont des **registres unidirectionnels** : B peut être chargé avec l'information qui se trouve sur le bus, tandis que, pour C, seule la lecture de son contenu sur le bus est possible.

Exemple 6.6 (suite)

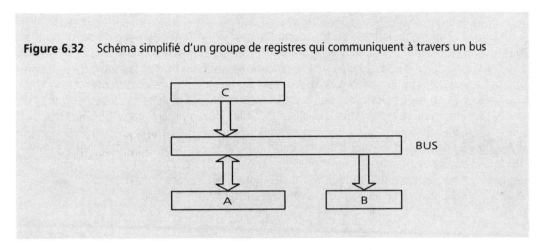

Figure 6.32 Schéma simplifié d'un groupe de registres qui communiquent à travers un bus

6.5   COMPTEURS

Les **compteurs** sont des circuits séquentiels dont le rôle consiste à compter les impulsions transmises à l'entrée de comptage. Outre le comptage qui représente leur principale fonction, les compteurs sont utilisés, entre autres choses, pour diviser la fréquence d'un générateur d'horloge et pour créer des générateurs de séquences imposées.

Un compteur est formé par l'association de bascules et d'un circuit combinatoire, circuit qui est affecté à l'établissement du mode de changement des états durant le processus de comptage. Pour faire la synthèse des compteurs, nous nous servirons des bascules de type maître-esclave qui présentent certains avantages déjà mentionnés.

Les compteurs sont classés selon :

- le codage de l'information, ce qui établit la succession des états durant le processus de comptage (binaire, modulo m, binaire-décimal);
- le mode de commutation des bascules durant le processus de comptage (asynchrone, synchrone);
- l'avancement du compteur durant le processus de comptage (direct, inverse, réversible).

Le compteur le plus simple est celui qui utilise directement le système de numération binaire. Par conséquent, il compte en binaire les impulsions transmises à l'entrée de comptage. La **capacité de comptage** est déterminée par le nombre d'états du compteur. Pour un compteur binaire de n bascules, la capacité de comptage est de 2^n impulsions.

Exemple 6.7

La figure 6.33 présente la table de fonctionnement d'un compteur binaire direct de quatre bits, donc un compteur binaire direct qui compte dans la plage 0 (0000) à 15 (1111), qu'on veut réaliser à l'aide de bascules JK de type maître-esclave. En utilisant la table d'excitation d'une bascule JK, nous y avons introduit les signaux qui doivent être nécessairement assignés aux entrées des bascules pour que la succession des états soit respectée. Ainsi, si nous considérons l'état t_{11}, dans lequel les bascules du compteur gardent l'information D=1, C=0, B=1 et A=1, nous constatons que l'arrivée de l'impulsion d'horloge oblige la transition à l'état t_{12}, dans lequel les bascules du compteur doivent stocker l'information D=1, C=1, B=0 et A=0. Dans cette transition, la bascule D ne change pas d'état, alors que les autres bascules doivent changer d'état. En consultant la table d'excitation d'une bascule JK, nous pouvons facilement observer que les transitions suivantes :

$$D : 1 \text{ à } 1,$$
$$C : 0 \text{ à } 1,$$
$$B : 1 \text{ à } 0,$$
$$A : 1 \text{ à } 0,$$

ont lieu lorsque les conditions qui suivent sont imposées :

$$J_D = X, \quad K_D = 0,$$
$$J_C = 1, \quad K_C = X,$$
$$J_B = X, \quad K_B = 1,$$
$$J_A = X, \quad K_A = 1. \tag{6.7}$$

Après avoir complété la table pour toutes les transitions imposées dans le processus de comptage, nous pouvons élaborer les huit diagrammes de Karnaugh (figure 6.34) qui correspondent aux entrées. Après la simplification, nous obtenons les équations logiques suivantes :

$$J_D = A \bullet B \bullet C, \qquad K_D = A \bullet B \bullet C,$$
$$J_C = A \bullet B, \qquad K_C = A \bullet B,$$
$$J_B = A, \qquad K_B = A,$$
$$J_A = 1, \qquad K_A = 1. \tag{6.8}$$

Exemple 6.7 (suite)

Figure 6.33 Table de fonctionnement d'un compteur binaire direct de quatre bits

État	D	C	B	A	J_D	K_D	J_C	K_C	J_B	K_B	J_A	K_A
t_0	0	0	0	0	0	X	0	X	0	X	1	X
t_1	0	0	0	1	0	X	0	X	1	X	X	1
t_2	0	0	1	0	0	X	0	X	X	0	1	X
t_3	0	0	1	1	0	X	1	X	X	1	X	1
t_4	0	1	0	0	0	X	X	0	0	X	1	X
t_5	0	1	0	1	0	X	X	0	1	X	X	1
t_6	0	1	1	0	0	X	X	0	X	0	1	X
t_7	0	1	1	1	1	X	X	1	X	1	X	1
t_8	1	0	0	0	X	0	0	X	0	X	1	X
t_9	1	0	0	1	X	0	0	X	1	X	X	1
t_{10}	1	0	1	0	X	0	0	X	X	0	1	X
t_{11}	1	0	1	1	X	0	1	X	X	1	X	1
t_{12}	1	1	0	0	X	0	X	0	0	X	1	X
t_{13}	1	1	0	1	X	0	X	0	1	X	X	1
t_{14}	1	1	1	0	X	0	X	0	X	0	1	X
t_{15}	1	1	1	1	X	1	X	1	X	1	X	1

Exemple 6.7 (suite)

Figure 6.34 Simplification d'un compteur binaire direct synchrone de quatre bits à l'aide des diagrammes de Karnaugh

J_D	$\overline{A}\bullet\overline{B}$	$\overline{A}\bullet B$	$A\bullet B$	$A\bullet\overline{B}$
$\overline{C}\bullet\overline{D}$				
$\overline{C}\bullet D$	X	X	X	X
$C\bullet D$	X	X	X	X
$C\bullet\overline{D}$			1	

K_D	$\overline{A}\bullet\overline{B}$	$\overline{A}\bullet B$	$A\bullet B$	$A\bullet\overline{B}$
$\overline{C}\bullet\overline{D}$	X	X	X	X
$\overline{C}\bullet D$				
$C\bullet D$			1	
$C\bullet\overline{D}$	X	X	X	X

J_C	$\overline{A}\bullet\overline{B}$	$\overline{A}\bullet B$	$A\bullet B$	$A\bullet\overline{B}$
$\overline{C}\bullet\overline{D}$			1	
$\overline{C}\bullet D$			1	
$C\bullet D$	X	X	X	X
$C\bullet\overline{D}$	X	X	X	X

K_C	$\overline{A}\bullet\overline{B}$	$\overline{A}\bullet B$	$A\bullet B$	$A\bullet\overline{B}$
$\overline{C}\bullet\overline{D}$	X	X	X	X
$\overline{C}\bullet D$	X	X	X	X
$C\bullet D$			1	
$C\bullet\overline{D}$			1	

J_B	$\overline{A}\bullet\overline{B}$	$\overline{A}\bullet B$	$A\bullet B$	$A\bullet\overline{B}$
$\overline{C}\bullet\overline{D}$		X	X	1
$\overline{C}\bullet D$		X	X	1
$C\bullet D$		X	X	1
$C\bullet\overline{D}$		X	X	1

K_B	$\overline{A}\bullet\overline{B}$	$\overline{A}\bullet B$	$A\bullet B$	$A\bullet\overline{B}$
$\overline{C}\bullet\overline{D}$	X		1	X
$\overline{C}\bullet D$	X		1	X
$C\bullet D$	X		1	X
$C\bullet\overline{D}$	X		1	X

J_A	$\overline{A}\bullet\overline{B}$	$\overline{A}\bullet B$	$A\bullet B$	$A\bullet\overline{B}$
$\overline{C}\bullet\overline{D}$	X	X	1	1
$\overline{C}\bullet D$	X	X	1	1
$C\bullet D$	X	X	1	1
$C\bullet\overline{D}$	X	X	1	1

K_A	$\overline{A}\bullet\overline{B}$	$\overline{A}\bullet B$	$A\bullet B$	$A\bullet\overline{B}$
$\overline{C}\bullet\overline{D}$	1	1	X	X
$\overline{C}\bullet D$	1	1	X	X
$C\bullet D$	1	1	X	X
$C\bullet\overline{D}$	1	1	X	X

Exemple 6.7 (suite)

Les équations simplifiées (6.8) conduisent au schéma du **compteur binaire direct synchrone** de quatre bits de la figure 6.35. Ce compteur est un circuit séquentiel synchrone, puisque toutes les bascules commutent sur le front postérieur d'une même impulsion d'horloge.

Figure 6.35 Schéma du compteur binaire direct synchrone de quatre bits

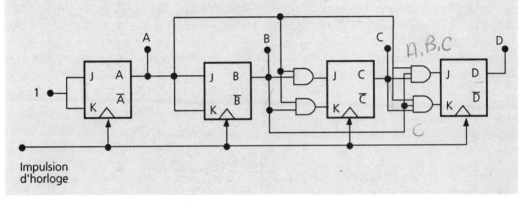

Exemple 6.8

En examinant à nouveau la succession des états d'un compteur binaire de quatre bits, nous pouvons déduire une règle différente de passage d'un état à l'autre. Nous savons qu'une bascule JK maître-esclave, pour laquelle la condition J=K=1 est satisfaite, passe à l'état complémentaire à chaque front postérieur du signal donné à l'entrée de commutation. Par conséquent, en transmettant l'impulsion d'horloge seulement à la bascule ayant l'ordre le plus faible et en effectuant successivement la liaison entre chaque entrée de commutation d'une bascule et la sortie vraie de la bascule précédente, nous obtenons un **compteur binaire direct asynchrone**, tel celui de la figure 6.36.

Figure 6.36 Schéma du compteur binaire direct asynchrone de quatre bits

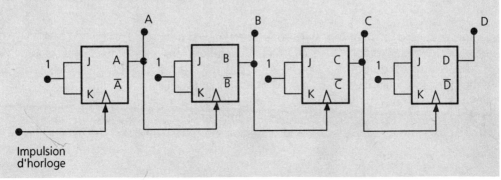

Exemple 6.8 (suite)

Pour mieux comprendre le fonctionnement du circuit d'un compteur binaire direct asynchrone, nous allons supposer, encore une fois, qu'il se trouve dans l'état t_{11}, donc D=1, C=0, B=1 et A=1. Au front postérieur de la première impulsion d'horloge, la bascule A passe à l'état complémentaire, soit A=0. Cette commutation de l'état 1 à l'état 0 produit un front postérieur à la sortie de la bascule A, front qui actionne l'entrée de commutation de la bascule B. Donc, la bascule B passe à l'état complémentaire, qui est B=0. La commutation de la bascule B de l'état 1 à l'état 0 produit, elle aussi, un front postérieur qui oblige la bascule C à passer à l'état 1. Mais la commutation de la bascule C de l'état 0 à l'état 1 ne produit pas de front postérieur et, par conséquent, la bascule D ne change pas d'état. Nous pouvons voir que le nouvel état du compteur est t_{12}. Le fonctionnement du compteur est asynchrone puisque, même si les bascules individuelles sont de type synchrone, les changements d'états des bascules sont effectués l'un après l'autre dans le processus de comptage.

Considérons que Δt secondes exprime le temps de commutation d'une bascule. Une comparaison entre les deux types de compteurs, ayant chacun n bits, révèle que le compteur synchrone est plus rapide, car son changement d'état se fait dans un délai d'une seule commutation, soit Δt secondes, tandis que le changement d'état d'un compteur asynchrone se fait, dans le pire cas, après un délai de n commutations, donc $n*\Delta t$ secondes. Par contre, un compteur binaire asynchrone est plus économique, puisqu'il lui manque la partie combinatoire.

En procédant au même type de synthèse que pour le compteur binaire synchrone, on peut déduire la structure de n'importe quel compteur synchrone (direct, inverse, modulo m, binaire-décimal).

Exemple 6.9

Soit la synthèse d'un compteur synchrone direct, qui compte une décade en code DCB. La table de fonctionnement de ce compteur, contenant aussi les signaux nécessaires aux entrées d'information des bascules JK, est présentée à la figure 6.37. Les lignes t_0 à t_8 de cette table sont identiques aux lignes correspondantes de la table du compteur binaire direct de quatre bits, puisque les deux compteurs ont la même succession d'états jusqu'à l'état t_9. Par contre, la ligne t_9 est différente puisque, pour un compteur binaire direct de quatre bits, l'état t_{10} suit l'état t_9, tandis que, dans le comptage d'un rang décimal, l'état t_0 suit l'état t_9.

Exemple 6.9 (suite)

Figure 6.37 Table de fonctionnement d'un compteur DCB direct d'une décade

État	D	C	B	A	J_D	K_D	J_C	K_C	J_B	K_B	J_A	K_A
t_0	0	0	0	0	0	X	0	X	0	X	1	X
t_1	0	0	0	1	0	X	0	X	1	X	X	1
t_2	0	0	1	0	0	X	0	X	X	0	1	X
t_3	0	0	1	1	0	X	1	X	X	1	X	1
t_4	0	1	0	0	0	X	X	0	0	X	1	X
t_5	0	1	0	1	0	X	X	0	1	X	X	1
t_6	0	1	1	0	0	X	X	0	X	0	1	X
t_7	0	1	1	1	1	X	X	1	X	1	X	1
t_8	1	0	0	0	X	0	0	X	0	X	1	X
t_9	1	0	0	1	X	1	0	X	0	X	X	1

À partir de cette table, il est possible de déduire les huit diagrammes de Karnaugh (figure 6.38), dans lesquels ont été introduits les états redondants t_{10} à t_{15}. L'application de la méthode de simplification permet d'obtenir les équations logiques suivantes :

$$J_D = A \bullet B \bullet C , \qquad K_D = A ,$$

$$J_C = A \bullet B , \qquad K_C = A \bullet B,$$

$$J_B = A \bullet \overline{D} , \qquad K_B = A ,$$

$$J_A = 1 , \qquad K_A = 1 . \qquad (6.9)$$

Exemple 6.9 (suite)

Figure 6.38 Simplification d'un compteur DCB direct synchrone d'une décade à l'aide des diagrammes de Karnaugh

J_D

	$\overline{A}\cdot\overline{B}$	$\overline{A}\cdot B$	$A\cdot B$	$A\cdot\overline{B}$
$\overline{C}\cdot\overline{D}$				
$\overline{C}\cdot D$	X	X	X	X
$C\cdot D$	X	X	X	X
$C\cdot\overline{D}$			1	

K_D

	$\overline{A}\cdot\overline{B}$	$\overline{A}\cdot B$	$A\cdot B$	$A\cdot\overline{B}$
$\overline{C}\cdot\overline{D}$	X	X	X	X
$\overline{C}\cdot D$		X	X	1
$C\cdot D$		X	X	X
$C\cdot\overline{D}$	X	X	X	X

J_C

	$\overline{A}\cdot\overline{B}$	$\overline{A}\cdot B$	$A\cdot B$	$A\cdot\overline{B}$
$\overline{C}\cdot\overline{D}$			1	
$\overline{C}\cdot D$		X	X	
$C\cdot D$	X	X	X	X
$C\cdot\overline{D}$	X	X	X	X

K_C

	$\overline{A}\cdot\overline{B}$	$\overline{A}\cdot B$	$A\cdot B$	$A\cdot\overline{B}$
$\overline{C}\cdot\overline{D}$	X	X	X	X
$\overline{C}\cdot D$	X	X	X	X
$C\cdot D$	X	X	X	X
$C\cdot\overline{D}$			1	

J_B

	$\overline{A}\cdot\overline{B}$	$\overline{A}\cdot B$	$A\cdot B$	$A\cdot\overline{B}$
$\overline{C}\cdot\overline{D}$		X	X	1
$\overline{C}\cdot D$		X	X	
$C\cdot D$		X	X	X
$C\cdot\overline{D}$		X	X	1

K_B

	$\overline{A}\cdot\overline{B}$	$\overline{A}\cdot B$	$A\cdot B$	$A\cdot\overline{B}$
$\overline{C}\cdot\overline{D}$	X		1	X
$\overline{C}\cdot D$	X	X	X	X
$C\cdot D$	X	X	X	X
$C\cdot\overline{D}$	X		1	X

J_A

	$\overline{A}\cdot\overline{B}$	$\overline{A}\cdot B$	$A\cdot B$	$A\cdot\overline{B}$
$\overline{C}\cdot\overline{D}$	1	1	X	X
$\overline{C}\cdot D$	1	X	X	X
$C\cdot D$	X	X	X	X
$C\cdot\overline{D}$	1	1	X	X

K_A

	$\overline{A}\cdot\overline{B}$	$\overline{A}\cdot B$	$A\cdot B$	$A\cdot\overline{B}$
$\overline{C}\cdot\overline{D}$	X	X	1	1
$\overline{C}\cdot D$	X	X	X	1
$C\cdot D$	X	X	X	X
$C\cdot\overline{D}$	X	X	1	1

Exemple 6.9 (suite)

La figure 6.39 donne le schéma du compteur DCB direct synchrone d'une décade, réalisé d'après les équations ci-dessus. Son fonctionnement est facile à suivre.

Figure 6.39 Schéma du compteur DCB direct synchrone d'une décade

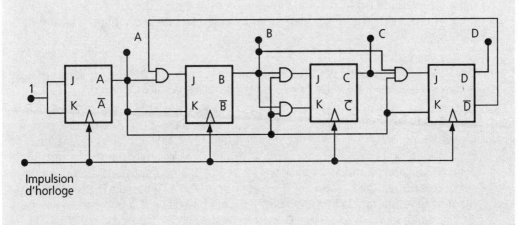

Sauf pour ce qui est du compteur asynchrone binaire présenté auparavant, faire la synthèse des compteurs asynchrones n'est pas une tâche facile. La difficulté est causée par la structure générale d'un circuit séquentiel asynchrone où la succession des états dépend de l'ordre dans lequel arrivent les signaux de commutation. Autrement dit, le conditionnement des entrées d'information ne peut pas déterminer uniquement l'état suivant, comme c'est le cas pour un circuit séquentiel synchrone ainsi que nous l'avons vu. Bref, la solution pratique d'un tel circuit n'est pas toujours unique.

Exemple 6.10

Le schéma d'un compteur DCB direct asynchrone d'une décade est présenté à la figure 6.40. Pour établir les liaisons entre les bascules, nous avons pris en considération la succession des états d'une décade en code DCB et les propriétés d'une bascule JK maître-esclave. En analysant cette succession d'états, nous pouvons tirer les conclusions suivantes :

1. La bascule A passe à l'état complémentaire à chaque transition de 1 à 0 de l'impulsion d'horloge. Par conséquent, son entrée de comptage est liée à la source d'impulsions, et les entrées J et K à la valeur logique 1.

Exemple 6.10 (suite)

2. La bascule B passe à l'état complémentaire si D=0 et si, en même temps, la bascule A accomplit la transition de 1 à 0. Elle reste à l'état 0 si D=1 et si la bascule A accomplit la transition de 1 à 0. La liaison entre la sortie vraie de la bascule A et l'entrée d'impulsion de la bascule B assure la condition de commutation. Les liaisons J_B à $\overline{D}$ et K_B à 1 garantissent les conditions de niveau spécifiées. Ainsi, si $\overline{D}$=1, la bascule B a un comportement de type T durant la transition de 1 à 0 de la bascule A. D'autre part, si $\overline{D}$=0, et puisque K_B=1, la bascule B reste à l'état 0 lors de la transition de 1 à 0 de la bascule A.

3. La bascule C passe à l'état complémentaire à chaque transition de 1 à 0 de la bascule B. Par conséquent, l'entrée d'impulsion de la bascule C est liée à la sortie vraie de la bascule B et les entrées J_C et K_C sont maintenues à la valeur logique 1.

4. La bascule D passe à l'état 1 si B=1 et C=1 et si, en même temps, la bascule A accomplit la transition de 1 à 0. Elle passe ou reste à l'état 0 si B=0 ou C=0 et si, en même temps, la bascule A accomplit la transition de 1 à 0. Par conséquent, l'entrée d'impulsion de la bascule D est liée à la sortie vraie de la bascule A pour assurer la condition de commutation. Les liaisons J_D=B•C et K_D=1 garantissent les conditions de niveau spécifiées. Ainsi, si B=1 et C=1, et puisque K_D=1, la bascule D a un comportement de type T durant la transition de 1 à 0 de la bascule A. D'autre part, si B=0 ou si C=0, et puisque K_D=1, la bascule D passe ou reste à l'état 0 lors de la transition de 1 à 0 de la bascule A.

Figure 6.40 Schéma du compteur DCB direct asynchrone d'une décade

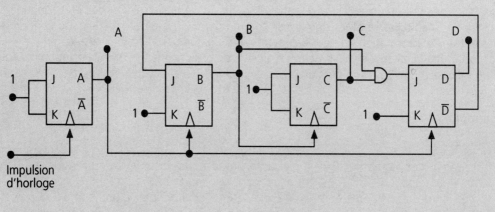

Les compteurs analysés jusqu'à maintenant sont des **compteurs directs**, puisque leur contenu augmente d'une unité à chaque impulsion qui arrive à l'entrée de comptage. On peut analyser de la même façon des **compteurs inverses** dont le contenu diminue d'une unité à chaque impulsion qui arrive à l'entrée de comptage.

Exemple 6.11

La figure 6.41 présente le schéma d'un **compteur binaire synchrone inverse de quatre bits** pour lequel les équations établies aux entrées d'information des bascules, équations obtenues après la simplification (que nous recommandons de faire en exercice), sont :

$$J_D = \overline{A} \bullet \overline{B} \bullet \overline{C} , \qquad K_D = \overline{A} \bullet \overline{B} \bullet \overline{C} ,$$

$$J_C = \overline{A} \bullet \overline{B} , \qquad K_C = \overline{A} \bullet \overline{B} ,$$

$$J_B = \overline{A} , \qquad K_B = \overline{A} ,$$

$$J_A = 1 , \qquad K_A = 1 . \qquad (6.10)$$

Figure 6.41   Schéma du compteur binaire inverse synchrone de quatre bits

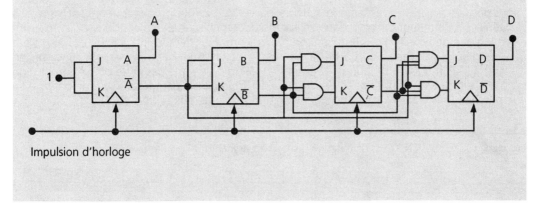

En combinant le schéma d'un compteur direct avec celui d'un compteur inverse, on obtient un **compteur réversible**. Un tel compteur peut compter soit en mode direct, soit en mode inverse, en fonction de certains signaux de commande actifs.

Revenons au compteur binaire direct (synchrone ou asynchrone) réalisé à l'aide de bascules JK de type maître-esclave. La figure 6.42 présente son fonctionnement au moyen d'un **chronogramme**. La sortie A de la première bascule produit une impulsion à toutes les deux impulsions d'horloge. Autrement dit, cette sortie génère, elle aussi, une succession d'impulsions, mais la valeur de la fréquence du signal n'est égale qu'à la moitié de la fréquence du générateur d'horloge. De même, les signaux aux sorties B, C et D ont chacun une fréquence qui correspond à la fréquence de base divisée par 4, 8, 16, c'est-à-dire divisée par une valeur entière donnée par 2^n, n étant le nombre de bascules considérées. Tout dispositif divisant par 2^n la fréquence d'un signal de type impulsion est ainsi une application intéressante d'un compteur binaire. Le compteur binaire peut aussi être utilisé comme un dispositif divisant la fréquence par un nombre entier $k < 2^n$ si des rétroactions sont ajoutées (nous donnerons des exemples après l'étude des compteurs intégrés MSI).

Figure 6.42 Chronogramme d'un compteur binaire direct de quatre bits

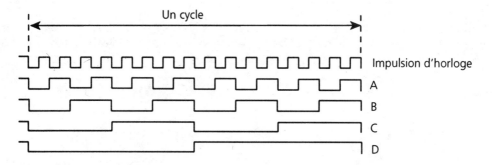

La figure 6.43 montre le schéma du circuit MSI SN 7493 qui est un compteur binaire direct asynchrone de quatre bits. Le circuit est semblable au compteur réalisé avec quatre bascules JK de type maître-esclave de la figure 6.36. Il faut mentionner que les entrées J et K, sans connexions (nous avons respecté le schéma du catalogue donné par le fabricant), sont en réalité liées à l'intérieur du circuit à la valeur logique 1; chaque bascule a donc un comportement logique de type T. Pour l'utiliser comme un compteur diviseur par 16, on doit relier par une connexion externe la sortie de la bascule A et l'entrée B_i de la bascule suivante, en transmettant l'impulsion d'horloge à l'entrée A_i. Si on n'effectue pas cette connexion et si on introduit l'impulsion d'horloge à l'entrée B_i, on obtient un compteur diviseur par 8. Le compteur est mis à zéro à l'aide du signal logique 1 assigné aux entrées $R_0(1)$ et $R_0(2)$.

Figure 6.43 Circuit SN 7493, compteur binaire direct asynchrone de quatre bits

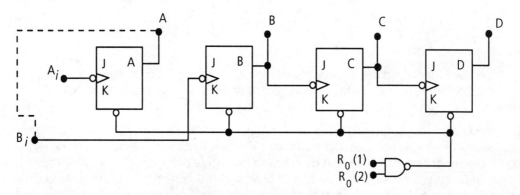

La figure 6.44 présente le schéma du circuit MSI SN 7490 qui est un compteur DCB direct asynchrone d'une décade. Les connexions entre les bascules sont faites suivant les conclusions de l'analyse du circuit de la figure 6.40. Le compteur est mis à zéro à l'aide du signal logique 1 assigné aux entrées $R_0(1)$ et $R_0(2)$ ainsi qu'à l'aide du signal 0 à l'une des entrées R_9. D'autre part, si on donne simultanément le signal logique 1 aux entrées $R_9(1)$ et $R_9(2)$, on force le passage du compteur à l'état 1001 (9 en décimal).

Figure 6.44 Circuit SN 7490, compteur DCB direct asynchrone d'une décade

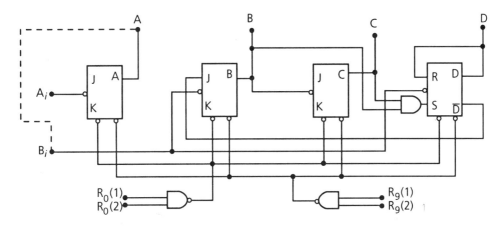

Un **compteur modulo** m peut être utilisé pour diviser un signal de type impulsion par un nombre entier m plus petit que la plage de comptage. Ainsi, le circuit SN 7493 peut diviser par $m < 16$ et le circuit SN 7490 peut diviser par $m < 10$.

Exemple 6.12

La figure 6.45 présente le schéma d'un compteur diviseur par 9, réalisé à l'aide d'un circuit SN 7493. Ici, comme dans le cas général, des connexions de rétroaction entre les sorties des bascules et les entrées $R_0(1)$ et $R_0(2)$ sont effectuées, pour établir la mise à zéro après l'état qui correspond à celui de modulo m. Dans cet exemple, le compteur passe successivement de l'état 0000 (0 en décimal) à l'état 1000 (8 en décimal) pour être mis par la suite à zéro, à l'aide de l'état 1001 (9 en décimal).

Figure 6.45 Compteur modulo 9 réalisé à l'aide du circuit SN 7493

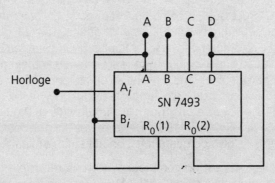

Exemple 6.13

La figure 6.46 présente un compteur diviseur par 6 utilisant le circuit SN 7490.

Figure 6.46   Compteur modulo 6 réalisé à l'aide du circuit SN 7490

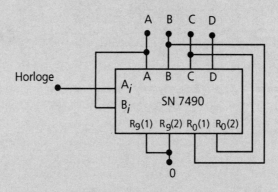

Le circuit MSI SN 74193 (figure 6.47) est un **compteur binaire synchrone réversible** pouvant être chargé en parallèle. On accomplit le chargement en parallèle en assignant le signal logique 0 à l'entrée de commande CH/CP. Si on maintient l'entrée CH/CP à la valeur logique 1, on valide le processus de comptage. Le mode du comptage, direct ou inverse, dépend du point d'introduction des impulsions d'horloge, soit au terminal CD (comptage direct) ou au terminal CI (comptage inverse). De plus, si on veut compter en mode direct, il faut maintenir l'entrée CI au signal logique 1, mais si on veut compter en mode inverse, on doit maintenir l'entrée CD au signal logique 1. Quand on assigne un signal logique 1 à l'entrée RAZ, le compteur est mis en mode asynchrone à zéro. Pour réaliser un compteur binaire synchrone direct de plus de quatre bits, on utilise le terminal REP qui permet d'effectuer la connexion de plusieurs circuits SN 74193. De la même façon, pour réaliser un compteur binaire synchrone inverse de plus de quatre bits, on utilise le terminal RET.

Le SN 74192 (figure 6.48) est un compteur synchrone réversible d'une décade en code DCB. Sa structure est semblable à celle du SN 74193 que nous venons de décrire.

Figure 6.47 Circuit SN 74193, compteur binaire synchrone réversible de quatre bits

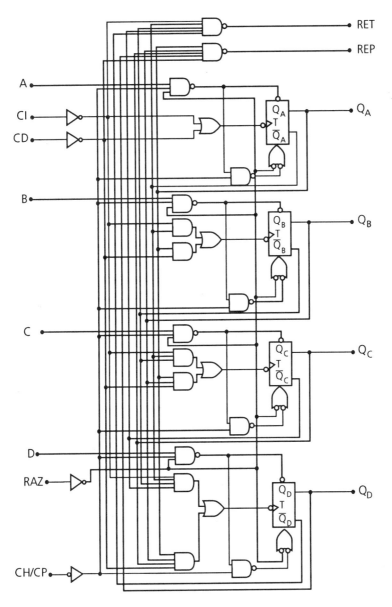

Figure 6.48 Circuit SN 74192, compteur binaire synchrone réversible en code DCB

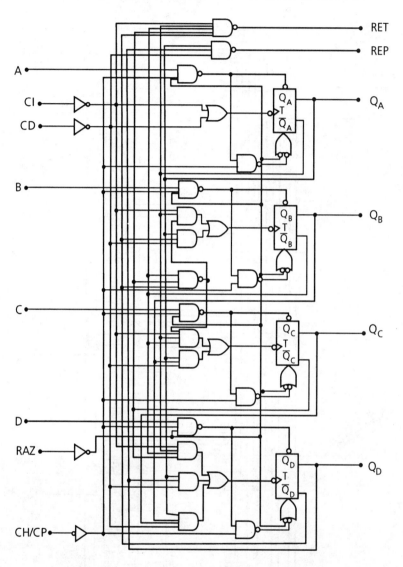

6.6   GÉNÉRATEURS DE SÉQUENCES IMPOSÉES

En associant un circuit combinatoire à un compteur, on obtient un générateur de séquences, appelé **séquenceur**. De nombreux ordinateurs comprennent dans leur dispositif de commande un séquenceur pour créer des signaux de commande décalés dans le temps, signaux nécessaires à l'exécution des opérations élémentaires. Le séquenceur ayant la structure la plus simple est créé par l'union d'un compteur et d'un décodeur (figure 6.49). Si le compteur contient n bascules, il pourra avoir au plus $m = 2^n$ états distincts. Par conséquent, le décodeur lié aux sorties des bascules pourra, lui aussi, contenir au plus m sorties, notées par t_1 à t_m. Nous allons montrer comment se fait la synthèse d'un séquenceur à l'aide d'un exemple.

Figure 6.49   Schéma d'un séquenceur

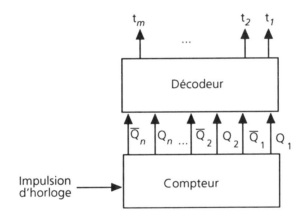

Exemple 6.14

Soit le chronogramme de la figure 6.50 qui représente une succession de signaux de commande. Le séquenceur qui doit générer ces signaux a besoin de six états. Sa réalisation requiert un compteur modulo 6 et un décodeur comptant six sorties, chacune des sorties prenant successivement la valeur logique 1, au fur et à mesure que le compteur passe d'un état à un autre. Puisque six états distincts sont nécessaires, le compteur doit contenir trois bascules ($2^2 < 6 < 2^3$). Donc, il faut choisir parmi les huit états possibles les deux états redondants. En principe, le choix des états redondants n'a pas d'importance, mais il est toujours préférable d'opérer ce choix dans le sens d'une simplification de la partie combinatoire du circuit. Pour montrer l'importance du choix des états redondants, nous donnons deux variantes du séquenceur, en utilisant des bascules JK de type maître-esclave.

Exemple 6.14 (suite)

Figure 6.50   Chronogramme représentant une succession de signaux de commande

La première variante résulte de la table de succession des états (figure 6.51), où nous avons considéré les deux derniers états du comptage binaire, donc 110 et 111, comme des états redondants. À partir de cette table, nous avons effectué la simplification à l'aide des diagrammes de Karnaugh présentés à la figure 6.52 et avons déduit les équations qui caractérisent les entrées des bascules :

$$J_A = B \bullet C , \qquad K_A = C ,$$
$$J_B = \overline{A} \bullet C , \qquad K_B = C ,$$
$$J_C = 1 , \qquad K_C = 1 . \qquad (6.11)$$

Figure 6.51   Table de succession des états du compteur, variante I

État	A	B	C	J_A	K_A	J_B	K_B	J_C	K_C
t_1	0	0	0	0	X	0	X	1	X
t_2	0	0	1	0	X	1	X	X	1
t_3	0	1	0	0	X	X	0	1	X
t_4	0	1	1	1	X	X	1	X	1
t_5	1	0	0	X	0	0	X	1	X
t_6	1	0	1	X	1	0	X	X	1

Exemple 6.14 (suite)

Figure 6.52 Synthèse du compteur à l'aide des diagrammes de Karnaugh, variante I

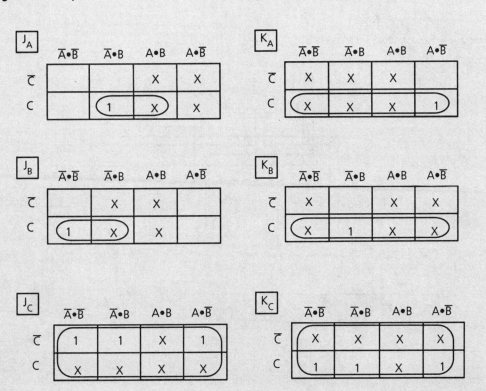

Puis, à partir du diagramme de Karnaugh d'un décodeur (figure 6.53), nous obtenons, après la simplification, les équations du décodeur :

$$t_1 = \overline{A} \bullet \overline{B} \bullet \overline{C} , \qquad t_2 = \overline{A} \bullet \overline{B} \bullet C ,$$
$$t_3 = B \bullet \overline{C} , \qquad t_4 = B \bullet C ,$$
$$t_5 = A \bullet \overline{C} , \qquad t_6 = A \bullet C . \qquad (6.12)$$

Figure 6.53 Diagramme de Karnaugh pour la synthèse d'un décodeur, variante I

	$\overline{A} \bullet \overline{B}$	$\overline{A} \bullet B$	$A \bullet B$	$A \bullet \overline{B}$
$\overline{C}$	t_1	t_3	X	t_5
C	t_2	t_4	X	t_6

Exemple 6.14 (suite)

Les deux groupes d'équations conduisent au schéma du séquenceur de la figure 6.54.

Figure 6.54 Schéma du séquenceur, variante I

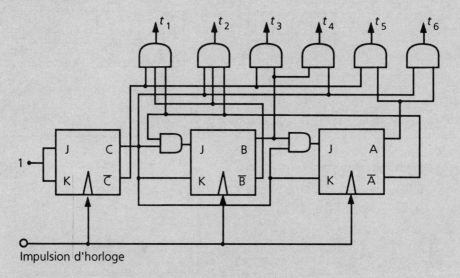

La deuxième variante résulte de la table de succession des états présentée à la figure 6.55, où nous avons considéré comme redondants les états 011 et 111. Étant donné ce choix, les bascules B et C y passent alternativement par les états 00, 01 et 10, tandis que la bascule A ne change d'état qu'à chaque troisième impulsion d'horloge. Il existe donc une symétrie dans la succession des états. À partir de cette table, nous pouvons établir les diagrammes de Karnaugh (figure 6.56) desquels, après simplification, nous déduisons les équations suivantes pour les entrées des bascules :

$$J_A = B, \qquad\qquad K_A = B,$$
$$J_B = C, \qquad\qquad K_B = 1,$$
$$J_C = \overline{B}, \qquad\qquad K_C = 1. \qquad\qquad (6.13)$$

Exemple 6.14 (suite)

Figure 6.55   Table de succession des états du compteur, variante II

État	A	B	C	J_A	K_A	J_B	K_B	J_C	K_C
t_1	0	0	0	0	X	0	X	1	X
t_2	0	0	1	0	X	1	X	X	1
t_3	0	1	0	1	X	X	1	0	X
t_4	1	0	0	X	0	0	X	1	X
t_5	1	0	1	X	0	1	X	X	1
t_6	1	1	0	X	1	X	1	0	X

Figure 6.56   Synthèse du compteur à l'aide des diagrammes de Karnaugh, variante II

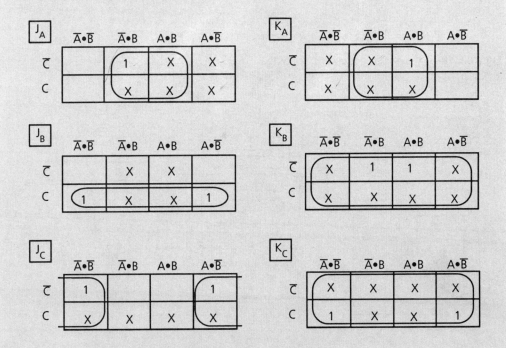

Exemple 6.14 (suite)

Pour cette deuxième variante, le procédé de simplification à l'aide du diagramme de Karnaugh présenté à la figure 6.57 nous permet d'écrire les équations du décodeur :

$$t_1 = \overline{A} \bullet \overline{B} \bullet \overline{C} , \qquad t_2 = \overline{A} \bullet C ,$$
$$t_3 = \overline{A} \bullet B \quad , \qquad t_4 = A \bullet \overline{B} \bullet \overline{C} ,$$
$$t_5 = A \bullet C \quad , \qquad t_6 = A \bullet B \quad . \tag{6.14}$$

Figure 6.57 Diagramme de Karnaugh pour la synthèse d'un décodeur, variante II

	$\overline{A}\bullet\overline{B}$	$\overline{A}\bullet B$	$A\bullet B$	$A\bullet\overline{B}$
$\overline{C}$	t_1	t_3	t_6	t_4
C	t_2	X	X	t_5

Les deux derniers groupes d'équations conduisent au circuit de la figure 6.58. La symétrie qui caractérise la succession des états du deuxième circuit entraîne une économie de deux portes ET.

Figure 6.58 Schéma du séquenceur, variante II

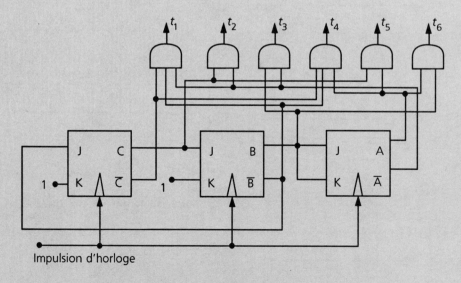

Exemple 6.14 (suite)

Pour une application donnée, il faut souvent chercher le schéma pratique qui requiert le moins de circuits intégrés. La figure 6.59 présente une autre variante de séquenceur qui utilise deux circuits MSI, soit le compteur SN 74193 et le décodeur SN 7442. Initialement, le compteur est chargé avec l'information 0110. L'impulsion d'horloge est transmise à l'entrée CI; le compteur procède donc en mode inverse. Quand son état passe à 0000, le signal RET prend la valeur logique 0, et la condition de chargement en parallèle du compteur avec l'information initiale est alors remplie. À cause de l'inversion qui existe à chaque sortie du décodeur SN 7442, le chronogramme du circuit (figure 6.60) est inversé par rapport à celui de la figure 6.50.

Figure 6.59 Séquenceur, variante III

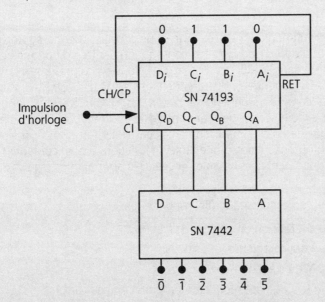

Figure 6.60 Chronogramme représentant la succession de signaux de commande pour la troisième variante du séquenceur

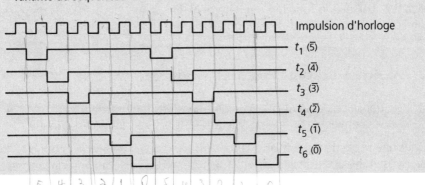

6.7 INTRODUCTION À LA THÉORIE GÉNÉRALE DES CIRCUITS SÉQUENTIELS SYNCHRONES

6.7.1 Automates finis de type Mealy et de type Moore

Rappelons qu'un circuit séquentiel réunit un circuit combinatoire et une mémoire. L'information stockée en mémoire définit l'état actuel du circuit. L'objectif principal de l'étude d'un circuit séquentiel (signalons que nous examinerons ici seulement les circuits séquentiels synchrones) est de déterminer la succession des états et la succession des signaux de sortie pour chaque séquence assignée aux entrées. Pour faciliter cette étude, des tables de transitions et des diagrammes de transitions ont été proposés. Il est possible de concevoir directement la table ou le diagramme de transitions d'un circuit séquentiel si on connaît les conditions imposées à son fonctionnement, ou encore à partir d'un ensemble d'équations logiques qui décrivent ce fonctionnement.

On sait que la commutation d'un état à l'autre d'un circuit séquentiel synchrone a toujours lieu sur le front de l'impulsion d'horloge. Par conséquent, l'entrée d'horloge peut être implicitement prise en compte dans l'étude d'un tel circuit. Nous avons présenté à la section 6.4 un cas particulier de circuits séquentiels, plus précisément le cas des compteurs simples. Parce que la dynamique des compteurs dépend seulement de l'impulsion d'horloge, on peut les considérer comme des circuits séquentiels sans entrées d'information. De plus, les sorties d'un tel circuit sont celles des bascules. En raison de ces particularités, nous avons pu exprimer le comportement d'un compteur à l'aide d'une table de fonctionnement contenant la succession des états et les conditionnements des bascules nécessaires pour permettre le passage d'un état à un autre.

Dans le cas général, un circuit séquentiel est défini par :

- un **ensemble d'états** qu'on désigne par **Z**;
- un **ensemble I** qui caractérise les entrées;
- un **ensemble Y** qui caractérise les sorties;
- une fonction δ **(I, Z)** qui permet de déterminer l'état suivant;
- une fonction ω **(I, Z)** qui permet de déterminer les valeurs des variables de sortie.

L'**automate de Mealy** (figure 6.61) est un circuit séquentiel correspondant à la définition précédente. Lorsque la fonction qui détermine les valeurs des variables de sortie ne dépend que de l'état actuel, le circuit devient un **automate de Moore** (figure 6.62).

6.7.2 Analyse des circuits séquentiels synchrones

La table de transitions et le diagramme de transitions représentent deux méthodes d'analyse d'un circuit séquentiel synchrone pour lequel la structure interne est connue.

Dans une **table de transitions**, les colonnes indiquent les entrées possibles, tandis que les lignes précisent les états du circuit. À l'intersection de la colonne i_j et de la ligne z_k, on trouve

Figure 6.61 Automate de Mealy

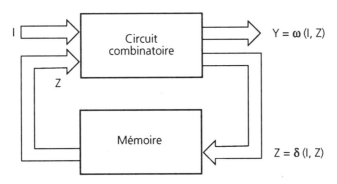

Figure 6.62 Automate de Moore

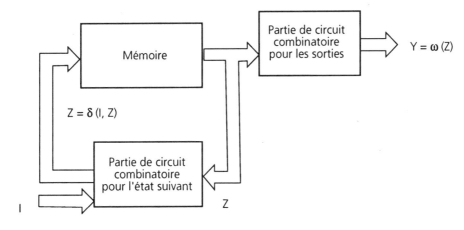

l'état suivant et la sortie correspondante, sous la forme $\delta\,(i_j,\,z_k)/\omega\,(i_j, z_k)$. Si le circuit séquentiel exprime un automate de Moore, l'intersection de la colonne i_j et de la ligne z_k contient $\delta\,(i_j,\,z_k)/\omega\,(z_k)$.

Un **diagramme de transitions** est un graphe où chaque état est représenté par un **nœud**, et chaque passage d'un état à l'état suivant par une **flèche**. La flèche part de l'état z_j vers l'état z_j s'il existe une entrée i_k qui produit cette transition. Quand une telle condition de transition est remplie, le graphe d'un automate de Mealy contient i_k/ω (z_k) sur la flèche de liaison. Dans le cas du graphe d'un automate de Moore, on attribue à la flèche qui fait la liaison entre l'état z_i et l'état z_j seulement la valeur de l'entrée i_k qui produit cette transition, tandis que la sortie ω (z_j) est liée au nœud de l'état z_j.

Exemple 6.15

Soit le circuit séquentiel synchrone de la figure 6.63 qui se caractérise par :

$\quad$ I = {0, 1}, l'ensemble des entrées ;

$\quad$ Y = {0, 1}, l'ensemble des sorties ;

$\quad$ Z = {(A_1, A_2) | $A_i \in$ {0,1}, i = 1, 2} = {(0, 0), (0, 1), (1, 0), (1, 1)}

$\quad\quad$ = {z_0, z_1, z_2, z_3}, l'ensemble des états.

Figure 6.63   Circuit séquentiel synchrone

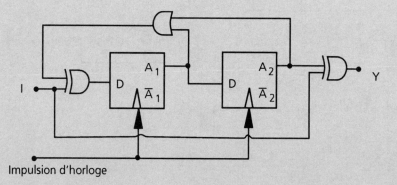

Impulsion d'horloge

On veut déterminer le comportement du circuit par les deux méthodes : la table de transitions et le diagramme de transitions.

Notons par $A_1(t)$ et $A_2(t)$ les états actuels des bascules et par $A_1(t+1)$ et $A_2(t+1)$ leurs états suivants. En regardant le schéma, nous pouvons écrire :

$$A_1(t+1) = i(t) \oplus (A_1(t) + A_2(t)) \, ,$$

$$A_2(t+1) = A_1(t) \, ,$$

$$Y(t) = i(t) \oplus A_2(t) \, . \tag{6.15}$$

Exemple 6.15 (suite)

Par conséquent, les deux fonctions de transitions s'expriment par :

$$\delta (I, Z) = \{i(t) \oplus (A_1(t)+A_2(t)), A_1(t)\},$$

$$\omega (I, Z) = \{i(t) \oplus A_2(t)\} . \tag{6.16}$$

En utilisant les relations (6.16), nous avons élaboré la table de transitions de la figure 6.64. Pour comprendre comment cette table a été conçue, supposons que le circuit se trouve dans l'état $z_2 = (1, 0)$, caractérisé par $A_1(t) = 1$ et $A_2(t) = 0$. L'état suivant est déterminé par :

- pour $i(t) = 0$

$$A_1(t+1) = 0 \oplus (1+0) = 1 ,$$

$$A_2(t+1) = 1 ,$$

  donc l'état suivant est $z_3 = (1,1)$;

- pour $i(t) = 1$

$$A_1(t+1) = 1 \oplus (1+0) = 0 ,$$

$$A_2(t+1) = 1 ,$$

  donc l'état suivant est $z_1 = (0, 1)$.

En même temps, les sorties se caractérisent par :

- pour $i(t) = 0$

$$y(t) = 0 \oplus 0 = 0,$$

- pour $i(t) = 1$

$$y(t) = 1 \oplus 0 = 1.$$

Par conséquent, la troisième ligne de la table de transitions, celle qui correspond à l'état initial z_2, doit contenir les informations suivantes : $z_3/0$ pour $i=0$ et $z_1/1$ pour $i=1$.

Figure 6.64
Table de transitions du circuit séquentiel

	0	1
z_0	$z_0/0$	$z_2/1$
z_1	$z_2/1$	$z_0/0$
z_2	$z_3/0$	$z_1/1$
z_3	$z_3/1$	$z_1/0$

Exemple 6.15 (suite)

Le diagramme de transitions de ce circuit est donné à la figure 6.65. En partant du même état $z_2=(1, 0)$, la flèche qui effectue la transition vers l'état $z_3=(1, 1)$ doit contenir l'information 0/0, et la flèche qui effectue la transition vers l'état $z_1=(0, 1)$ doit contenir l'information 1/1.

Figure 6.65
Diagramme de transitions du circuit séquentiel

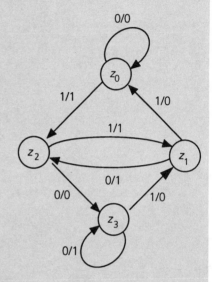

En utilisant l'une des méthodes d'analyse exposées, on peut définir tout le comportement du circuit séquentiel pour chaque séquence assignée aux entrées. Supposons que la séquence 01001 a été assignée à l'entrée unique et que le circuit se trouve dans l'état $z_2=(1, 0)$. Le comportement du circuit se caractérise par :

- séquence à l'entrée : 0 1 0 0 1 ;
- séquence des états : z_2 z_3 z_1 z_2 $z_3 z_1$;
- séquence à la sortie : 0 0 1 0 0 .

6.7.3 Synthèse des circuits séquentiels synchrones

L'objectif de la synthèse d'un circuit séquentiel synchrone est de permettre sa réalisation pratique à partir des spécifications concernant son comportement. Ce comportement peut être décrit par des mots, mais la synthèse commence une fois que le comportement est représenté par une table de transitions ou par un diagramme de transitions. En regardant la table ou le diagramme, on doit, dans une première étape, choisir le nombre et le type de bascules. Une fois ce choix fait, la synthèse d'un circuit séquentiel synchrone se transforme en un problème de synthèse de circuit combinatoire, comme nous allons le montrer à l'aide d'exemples.

Exemple 6.16

Supposons qu'on veuille réaliser un compteur binaire direct dans la plage 0 à 7 de type spécial. Plus précisément, le circuit doit contenir une **entrée** supplémentaire de **validation I**. Lorsque $I = 1$, le compteur est en marche, tandis que, lorsque $I = 0$, le compteur est arrêté. De plus, le circuit doit contenir une sortie Y qui produit la valeur logique 1 chaque fois que le compteur est en marche et que son contenu représente un nombre entre 4 et 7. À partir de ces spécifications, nous avons conçu la table de transitions (figure 6.66) qui nous permet d'affirmer que trois bascules suffisent pour exprimer les états du circuit.

Figure 6.66

Table de transitions du compteur binaire direct de type spécial

	0	1
z_0	$z_0/0$	$z_1/0$
z_1	$z_1/0$	$z_2/0$
z_2	$z_2/0$	$z_3/0$
z_3	$z_3/0$	$z_4/0$
z_4	$z_4/0$	$z_5/1$
z_5	$z_5/0$	$z_6/1$
z_6	$z_6/0$	$z_7/1$
z_7	$z_7/0$	$z_0/1$

En choisissant des bascules RS de type maître-esclave, nous pouvons construire la table de fonctionnement de la figure 6.67.

Exemple 6.16 (suite)

Figure 6.67 Table de fonctionnement du compteur binaire direct de type spécial, variante I

I	C_t	B_t	A_t	C_{t+1}	B_{t+1}	A_{t+1}	S_C	R_C	S_B	R_B	S_A	R_A	Y
0	0	0	0	0	0	0	0	X	0	X	0	X	0
1	0	0	0	0	0	1	0	X	0	X	1	0	0
0	0	0	1	0	0	1	0	X	0	X	X	0	0
1	0	0	1	0	1	0	0	X	1	0	0	1	0
0	0	1	0	0	1	0	0	X	X	0	0	X	0
1	0	1	0	0	1	1	0	X	X	0	1	0	0
0	0	1	1	0	1	1	0	X	X	0	X	0	0
1	0	1	1	1	0	0	1	0	0	1	0	1	0
0	1	0	0	1	0	0	X	0	0	X	0	X	0
1	1	0	0	1	0	1	X	0	0	X	1	0	1
0	1	0	1	1	0	1	X	0	0	X	X	0	0
1	1	0	1	1	1	0	X	0	1	0	0	1	1
0	1	1	0	1	1	0	X	0	X	0	0	X	0
1	1	1	0	1	1	1	X	0	X	0	1	0	1
0	1	1	1	1	1	1	X	0	X	0	X	0	0
1	1	1	1	0	0	0	0	1	0	1	0	1	1

Exemple 6.16 (suite)

Figure 6.68 Simplification du circuit séquentiel, variante I, à l'aide des diagrammes de Karnaugh

S_C	$\overline{T}\bullet\overline{C}$	$\overline{T}\bullet C$	$I\bullet C$	$I\bullet\overline{C}$
$\overline{B}\bullet\overline{A}$		X	X	
$\overline{B}\bullet A$		X	X	
$B\bullet A$		X		(1)
$B\bullet\overline{A}$		X	X	

R_C	$\overline{T}\bullet\overline{C}$	$\overline{T}\bullet C$	$I\bullet C$	$I\bullet\overline{C}$
$\overline{B}\bullet\overline{A}$	X			X
$\overline{B}\bullet A$	X			X
$B\bullet A$	X		(1)	
$B\bullet\overline{A}$	X			X

S_B	$\overline{T}\bullet\overline{C}$	$\overline{T}\bullet C$	$I\bullet C$	$I\bullet\overline{C}$
$\overline{B}\bullet\overline{A}$				
$\overline{B}\bullet A$			(1	1)
$B\bullet A$	X	X		
$B\bullet\overline{A}$	X	X	X	X

R_B	$\overline{T}\bullet\overline{C}$	$\overline{T}\bullet C$	$I\bullet C$	$I\bullet\overline{C}$
$\overline{B}\bullet\overline{A}$	X	X	X	X
$\overline{B}\bullet A$	X	X		
$B\bullet A$			(1	1)
$B\bullet\overline{A}$				

S_A	$\overline{T}\bullet\overline{C}$	$\overline{T}\bullet C$	$I\bullet C$	$I\bullet\overline{C}$
$\overline{B}\bullet\overline{A}$			1	1
$\overline{B}\bullet A$	X	X		
$B\bullet A$	X	X		
$B\bullet\overline{A}$			1	1

R_A	$\overline{T}\bullet\overline{C}$	$\overline{T}\bullet C$	$I\bullet C$	$I\bullet\overline{C}$
$\overline{B}\bullet\overline{A}$	X	X		
$\overline{B}\bullet A$			1	1
$B\bullet A$			1	1
$B\bullet\overline{A}$	X	X		

Y	$\overline{T}\bullet\overline{C}$	$\overline{T}\bullet C$	$I\bullet C$	$I\bullet\overline{C}$
$\overline{B}\bullet\overline{A}$			1	
$\overline{B}\bullet A$			1	
$B\bullet A$			1	
$B\bullet\overline{A}$			1	

Exemple 6.16 (suite)

Sept diagrammes de Karnaugh peuvent être conçus (figure 6.68). En effectuant la simplification, nous obtenons les équations de la sortie combinatoire :

$$S_C = I \bullet A \bullet B \bullet \overline{C} \,,$$

$$R_C = I \bullet A \bullet B \bullet C \,,$$

$$S_B = I \bullet A \bullet \overline{B} \,,$$

$$R_B = I \bullet A \bullet B \,,$$

$$S_A = I \bullet \overline{A} \,,$$

$$R_A = I \bullet A \,,$$

$$Y = I \bullet C \,,$$

(6.17)

qui conduisent au schéma du circuit séquentiel de la figure 6.69.

Figure 6.69   Compteur binaire direct de type spécial, variante I

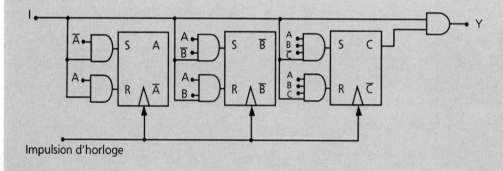

Exemple 6.17

Refaisons la synthèse du compteur décrit dans l'exemple précédent, mais cette fois en utilisant des bascules D de type maître-esclave. Évidemment, le point de départ est la table de transitions présentée à la figure 6.66 d'où nous avons conçu la table de fonctionnement de la figure 6.70 et les diagrammes de Karnaugh de la figure 6.71.

Figure 6.70 Table de fonctionnement du compteur binaire direct de type spécial, variante II

I	C_t	B_t	A_t	C_{t+1}	B_{t+1}	A_{t+1}	D_C	D_B	D_A	Y
0	0	0	0	0	0	0	0	0	0	0
1	0	0	0	0	0	1	0	0	1	0
0	0	0	1	0	0	1	0	0	1	0
1	0	0	1	0	1	0	0	1	0	0
0	0	1	0	0	1	0	0	1	0	0
1	0	1	0	0	1	1	0	1	1	0
0	0	1	1	0	1	1	0	1	1	0
1	0	1	1	1	0	0	1	0	0	0
0	1	0	0	1	0	0	1	0	0	0
1	1	0	0	1	0	1	1	0	1	1
0	1	0	1	1	0	1	1	0	1	0
1	1	0	1	1	1	0	1	1	0	1
0	1	1	0	1	1	0	1	1	0	0
1	1	1	0	1	1	1	1	1	1	1
0	1	1	1	1	1	1	1	1	1	0
1	1	1	1	0	0	0	0	0	0	1

Exemple 6.17 (suite)

Figure 6.71 Diagrammes de Karnaugh pour la simplification du circuit séquentiel, variante II

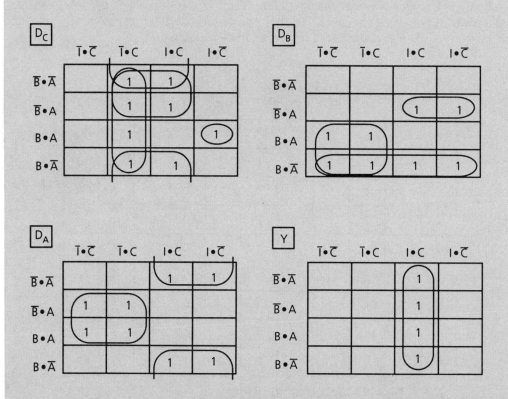

Après la simplification, nous obtenons les équations de la partie combinatoire :

$$D_C = \overline{I} \bullet C + \overline{B} \bullet C + \overline{A} \bullet C + I \bullet A \bullet B \bullet \overline{C} ,$$

$$D_B = \overline{I} \bullet B + \overline{A} \bullet B + I \bullet A \bullet \overline{B} ,$$

$$D_A = I \bullet \overline{A} + \overline{I} \bullet A = I \oplus A ,$$

$$Y = I \bullet C , \tag{6.18}$$

qui conduisent au schéma du circuit séquentiel de la figure 6.72. Nous pouvons constater que la solution à l'aide des bascules D de type maître-esclave nécessite une partie combinatoire plus importante.

Exemple 6.17 (suite)

Figure 6.72   Compteur binaire direct de type spécial, variante II

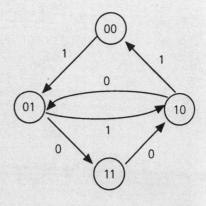

Exemple 6.18

On demande de réaliser un circuit séquentiel contenant deux bascules synchrones T et une entrée d'information I. Quand I = 1, le circuit passe successivement par les états 00, 01 et 10 à chaque impulsion d'horloge. Quand I=0, le circuit passe successivement par les états 11, 10 et 01 à chaque impulsion d'horloge.

Figure 6.73
Diagramme de transitions du circuit séquentiel

Exemple 6.18 (suite)

Les spécifications ne précisent pas ce qui se produit dans le fonctionnement du circuit quand il se trouve dans l'état 00 et que I = 0, ou quand il se trouve dans l'état 11 et que I = 1. Nous allons tenir pour acquis qu'il est impossible de rencontrer une telle situation durant le fonctionnement normal du circuit et que, par conséquent, son état suivant importe peu. Construit à la lumière de ces spécifications, le diagramme de transitions est présenté à la figure 6.73.

Puisque les sorties du circuit sont aussi les sorties des bascules, et qu'il n'y a donc pas de sorties venant d'une partie combinatoire, nous n'avons marqué que les signaux d'entrée sur les flèches indiquant les transitions. À partir du diagramme de transitions, nous avons conçu la table de fonctionnement de la figure 6.74 et les diagrammes de Karnaugh de la figure 6.75. Après avoir appliqué la méthode de simplification à l'aide des diagrammes de Karnaugh, nous avons obtenu les équations de la partie combinatoire :

$$T_A = A \bullet \overline{B} + \overline{A} \bullet B ,$$

$$T_B = \overline{I} \bullet A + \overline{A} \bullet I , \tag{6.19}$$

qui conduisent au schéma du circuit séquentiel de la figure 6.76.

Figure 6.74 Table de fonctionnement du circuit séquentiel

I	A_t	B_t	A_{t+1}	B_{t+1}	T_A	T_B
0	0	0	X	X	X	X
1	0	0	0	1	0	1
0	0	1	1	1	1	0
1	0	1	1	0	1	1
0	1	0	0	1	1	1
1	1	0	0	0	1	0
0	1	1	1	0	0	1
1	1	1	X	X	X	X

Exemple 6.18 (suite)

Figure 6.75 Simplification du circuit séquentiel à l'aide des diagrammes de Karnaugh

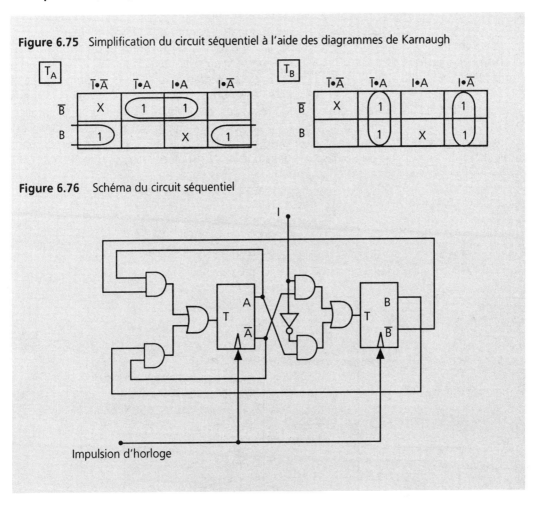

Figure 6.76 Schéma du circuit séquentiel

La théorie des automates à nombre fini d'états est beaucoup plus vaste. Des sujets tels que la **réduction du nombre d'états** ou l'**assignation des états** dans le but de simplifier la partie combinatoire dépassent le cadre de notre ouvrage.

À la lumière des notions qui ont été présentées dans cette section, on peut dire qu'un ordinateur est un grand circuit séquentiel. Malheureusement, à cause de la complexité de la partie combinatoire et du nombre très élevé des états, on ne peut utiliser la théorie des circuits séquentiels pour concevoir directement un ordinateur. Une solution possible consiste à partager l'ordinateur en plusieurs blocs fonctionnels, puis chacun de ces blocs en plusieurs sous-blocs. En appliquant par la suite, pour chaque sous-bloc, la théorie des automates finis, on peut réaliser chacun des composants de l'ordinateur. Mais les interactions entre les différents sous-blocs restent encore difficiles à analyser. Le développement d'un langage de description de transfert de l'information entre registres constitue une autre solution; elle sera présentée dans le chapitre 9.

6.8 RÉSEAUX LOGIQUES PROGRAMMABLES (SÉQUENTIELS)

Les réseaux logiques programmables de type séquentiel permettent de matérialiser les automates à nombre fini d'états. Un tel circuit contient un **réseau programmable combinatoire** et **plusieurs bascules de même type**, conformément au schéma de la figure 6.77. La partie combinatoire est semblable à un circuit combinatoire programmable; elle est composée de la réunion de portes ET, OU et NON. Les entrées des portes peuvent être liées aux sorties des bascules. Parmi les réseaux séquentiels programmables, on retrouve les deux grandes familles PLA et PAL. Un exemple simple d'un circuit PAL (le 16R4 produit par Monolithic Memories) est donné à la figure 6.78. Pour ce qui est des circuits performants, ils peuvent comprendre plusieurs milliers de portes ou de bascules dans une seule structure intégrée.

Figure 6.77 Schéma général d'un réseau séquentiel programmable

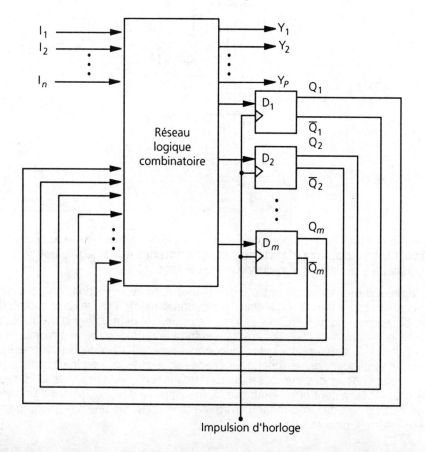

Figure 6.78 Circuit PAL 16R4 (de Monolithic Memories)

Entrées (0-31)

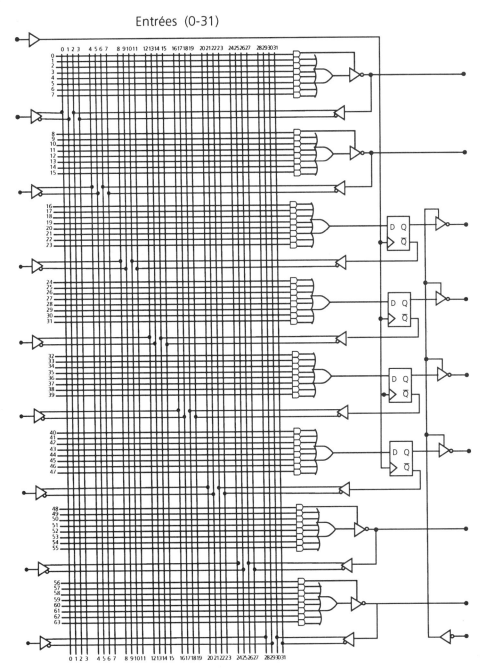

La figure 6.79 illustre l'implantation partielle du compteur spécial, décrit dans l'exemple 6.17, à l'aide du circuit PAL 16R4.

Figure 6.79   Implantation partielle du circuit séquentiel de l'exemple 6.17 à l'aide du circuit PAL 16R4

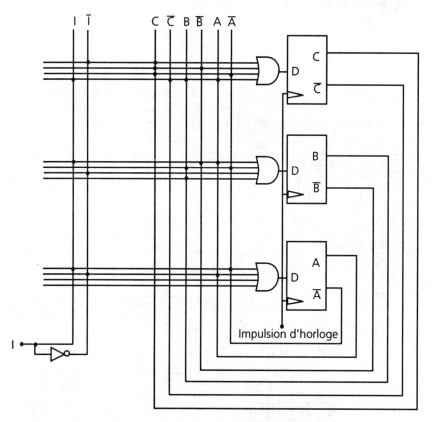

6.9   PROBLÈMES

1. En élaborant un diagramme de Karnaugh semblable à celui de la figure 6.2, faites l'étude de l'élément de mémoire RS réalisé à l'aide de portes NON-ET.

2. Tous les circuits de la figure 6.80 contiennent une seule bascule. Pour chacune, déterminez l'équation de l'état suivant $Q(t+1)$.

Figure 6.80 Circuits du problème 2

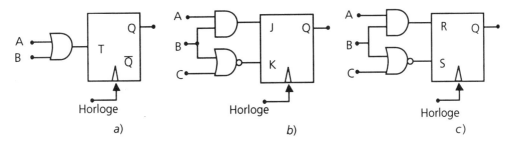

3. Soit un registre à décalage de droite à gauche de six bits réalisé à l'aide de bascules JK de type maître-esclave. Supposons que 101111 représente son information initiale et qu'on assigne à l'entrée série la séquence 10111010. Quel sera son contenu après chaque impulsion d'horloge?

4. À l'aide de bascules JK de type maître-esclave, représentez un compteur synchrone qui suit la séquence : 000, 001, 011, 010, 110, 100, 101 et 111.

5. À l'aide de bascules D de type maître-esclave, représentez un compteur synchrone qui suit la séquence : 000, 010, 100, 110, 001, 011, 101 et 111.

6. Tracez le schéma d'un compteur binaire direct réversible de trois bits en utilisant :

   • des bascules D de type maître-esclave;
   • des bascules JK de type maître-esclave.

7. Soit le chronogramme de la figure 6.81. Réalisez un séquenceur en utilisant des bascules JK de type maître-esclave.

Figure 6.81 Chronogramme du problème 7

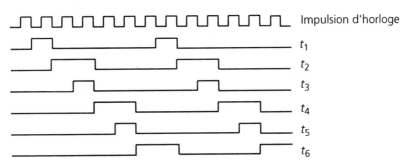

8. Concevez le séquenceur qui correspond au chronogramme de la figure 6.81 en utilisant un compteur SN 74193 et un décodeur SN 7442.

9. À l'aide d'un circuit SN 7493, tracez les schémas :
   • d'un compteur modulo 13;
   • d'un compteur modulo 11.

10. À l'aide d'un circuit SN 7490, tracez les schémas :
    • d'un compteur modulo 7;
    • d'un compteur modulo 9.

11. Soit l'additionneur série de la figure 6.82. La retenue T est chargée dans la bascule D de type maître-esclave sur le front postérieur de l'impulsion d'horloge. Constituez la table de transitions et le diagramme de transitions du circuit.

Figure 6.82
Additionneur série du problème 11

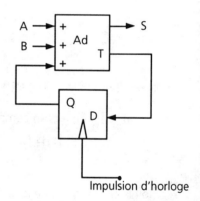

Impulsion d'horloge

12. Réalisez un détecteur de séquences tel un automate de Moore. Le circuit possède une seule entrée et une seule sortie. Dans le cas particulier demandé, le circuit doit détecter la séquence de quatre bits 1 consécutifs à l'entrée. Par conséquent, le circuit doit présenter à la sortie le bit 0, sauf si, à l'entrée, les derniers quatre bits ont été des 1. Par exemple, pour la séquence d'entrée 0011110111110101, la sortie sera 0000010000110000.

13. Soit un circuit séquentiel muni d'une seule entrée et d'une seule sortie, qui se caractérise par le diagramme de transitions de la figure 6.83. Réalisez le circuit en utilisant :

    • des bascules JK de type maître-esclave;
    • des bascules D de type maître-esclave.

Figure 6.83
Diagramme de transitions du circuit du problème 13

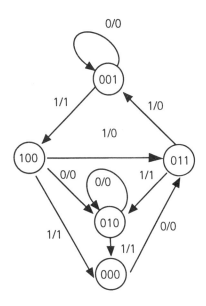

14. Concevez un circuit caractérisé par le diagramme de transitions de la figure 6.83 à l'aide d'un PAL 16R4.

15. Soit A, B et C les bits d'état, x et y les entrées d'un circuit séquentiel. Créez le circuit à l'aide de bascules JK de type maître-esclave, en considérant que son état suivant se caractérise par les équations :

$$A\,(t+1) = x \bullet A \bullet B + y \bullet \overline{A} \bullet C + x \bullet y \,,$$

$$B\,(t+1) = x \bullet A \bullet C = \overline{y} \bullet B \bullet \overline{C} \,,$$

$$C\,(t+1) = \overline{x} \bullet B + y \bullet A \bullet \overline{B} \,. \tag{6.20}$$

7

DISPOSITIFS ARITHMÉTIQUES

7.1 STRUCTURES DES DISPOSITIFS ARITHMÉTIQUES

Du point de vue fonctionnel, il existe deux types de structures de dispositifs affectés aux opérations arithmétiques binaires : **série** et **parallèle**. Pour les comparer, nous nous pencherons sur l'opération arithmétique la plus simple, soit l'addition de deux nombres binaires entiers non signés. Le dispositif grâce auquel une telle opération est exécutée s'appelle un **additionneur binaire**.

La **structure série** d'un additionneur binaire est présentée à la figure 7.1. Cette structure a besoin d'un seul additionneur élémentaire (Ad) et de trois registres (A, B et R). À l'instant i, l'additionneur élémentaire produit le chiffre somme S_i et la retenue T_i qui sera ajoutée au rang supérieur. Les chiffres sommes sont introduits l'un après l'autre dans le registre R. Les retenues T_i sont gardées successivement dans un circuit qui fait le retard d'une impulsion d'horloge, habituellement une bascule. À chaque pas, le retard du chiffre T_i équivaut à sa multiplication par 2. Ainsi, à l'arrivée de l'impulsion suivante, le chiffre T_i constitue la troisième entrée de l'additionneur élémentaire. Au début de l'opération, les bits A_0 et B_0 sont connectés aux entrées de l'additionneur élémentaire, et la bascule qui garde la retenue est initialisée à la valeur 0. Pour deux nombres de m bits, la procédure d'addition se déroule pendant m impulsions d'horloge.

Il arrive que la somme obtenue soit supérieure à celle que le registre R peut stocker; autrement dit, le résultat a une valeur plus grande que (2^m-1), où m exprime le nombre de bascules de ce registre. Une telle situation conduit au **dépassement de capacité**. Pour détecter le dépassement de capacité, il faut inspecter le bit de la retenue après l'addition du rang le plus élevé.

Figure 7.1   Additionneur série, structure générale

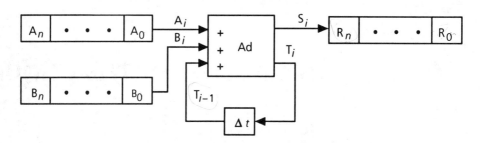

Les registres de la structure série doivent pouvoir faire le décalage de l'information de gauche à droite. Pendant la procédure d'addition, au fur et à mesure que s'effectue le décalage vers la droite, il reste des positions libres dans la partie gauche de chaque registre. Par conséquent, on peut utiliser un des registres pour garder, dans ces positions libres, les bits de la somme. Un tel registre, qui garde un opérande au début de l'opération et la somme à la fin, s'appelle un **accumulateur** (figure 7.2).

Figure 7.2   Additionneur série avec accumulateur

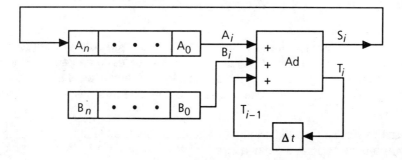

Les deux schémas présentés sont qualitatifs, et les détails de leur structure dépendent en premier lieu du type logique de bascule utilisée par les registres. Supposons que les registres soient réalisés à l'aide de bascules synchrones de type D (figure 7.3). Quand la commande ADD est active (ADD = 1), à chaque impulsion d'horloge le chiffre somme S_i est transféré à la position A_n du registre A et la retenue T_i est envoyée dans la bascule C. La commande ADD doit être active pour toute la durée de l'addition, c'est-à-dire pour m impulsions d'horloge ($m = n+1$).

L'addition de deux nombres binaires est effectuée en parallèle si les bits du premier et du deuxième opérande sont tous accessibles au même instant. La **structure parallèle** d'un additionneur binaire comprend trois registres avec accès parallèle et un nombre d'additionneurs élémentaires égal au nombre de bascules de chaque registre (figure 7.4). Après l'addition, le registre R contient la somme des nombres qui ont été introduits initialement dans les registres A et B. La retenue du rang le plus élevé est utilisée pour indiquer le dépassement de capacité. Dans la structure parallèle, tout comme dans la structure série, on peut renoncer au registre qui doit stocker la somme en utilisant la solution avec accumulateur.

Figure 7.3 Additionneur série utilisant des bascules D

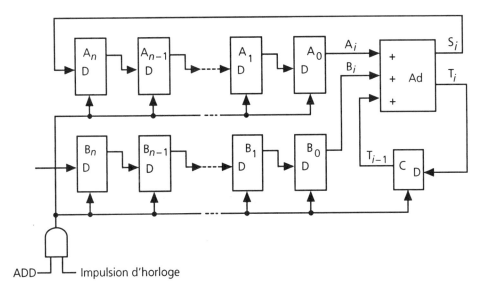

Figure 7.4 Additionneur parallèle, structure générale

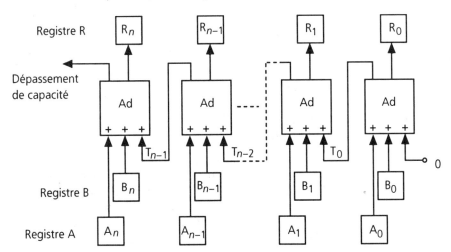

La figure 7.5 présente un additionneur parallèle de quatre bits qui utilise des bascules D synchrones. Le registre A est l'accumulateur, car il garde successivement un opérande et la somme. La retenue T_3, produite par l'additionneur élémentaire du rang le plus élevé, indique le dépassement de capacité. La retenue T* vient de l'extérieur et constitue une entrée pour l'additionneur élémentaire du rang zéro. En examinant ce schéma, on peut constater que la structure se compose de quatre étages identiques, chaque étage contenant deux bascules et un additionneur élémentaire. Par conséquent, l'étude d'un seul étage suffit à l'analyse de l'ensemble.

Figure 7.5 Additionneur parallèle utilisant des bascules D

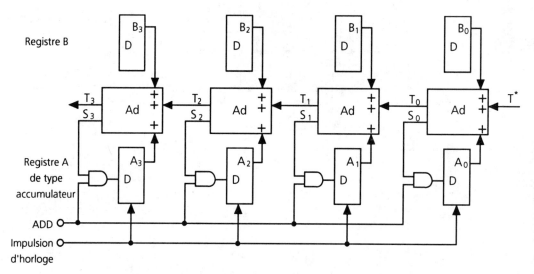

Les structures parallèle et série diffèrent en plusieurs points. Ainsi, dans un additionneur parallèle, tous les bits sont accessibles au même instant. Par contre, dans un additionneur série, les registres n'acceptent l'échange d'information que par les bascules extrêmes. Conséquemment, l'addition dans une structure parallèle se fait durant une seule impulsion d'horloge, alors que cette même opération dans une structure série nécessite m impulsions d'horloge, où m est le nombre de bits de chaque opérande. L'avantage de l'addition dans une structure parallèle est donc la vitesse d'opération. Or une structure série a besoin d'un seul additionneur élémentaire, comparativement à m additionneurs élémentaires pour la structure parallèle. Autrement dit, une structure série est moins coûteuse.

Cependant, on peut démontrer que le gain en vitesse n'est pas proportionnel à l'augmentation du matériel. En effet, dans une structure série, compte tenu de la réduction du temps de propagation dans la partie du circuit combinatoire, on peut utiliser une fréquence plus élevée du générateur d'horloge. Comparons les deux structures, série et parallèle, en admettant qu'elles ont 32 bits chacune et en supposant que le temps de passage d'un niveau logique est de 10 ns et que le temps d'écriture dans une bascule est de 50 ns.

Dans la structure parallèle, le temps d'addition est déterminé par la propagation de la retenue dans le cas le plus défavorable, c'est-à-dire quand elle doit se propager du rang le plus bas jusqu'au rang le plus élevé. Si nous utilisons le schéma de l'additionneur élémentaire présenté à la figure 5.23, où la propagation de la retenue à travers chaque étage nécessite le passage de deux niveaux logiques, nous obtenons pour les 32 étages un total de 640 ns. En ajoutant le temps d'écriture du résultat, de même qu'un intervalle de temps pour plus de sûreté, on peut choisir comme fréquence du générateur d'horloge 1,25 MHz (période 800 ns).

Dans la structure série, le temps nécessaire pour former chaque chiffre somme est de (20+50) ns. En ajoutant une marge de sûreté, on peut donc choisir comme fréquence du générateur d'horloge 12,5 MHz (période 80 ns), ce qui donne, pour les 32 impulsions d'horloge, un temps total d'addition de 2560 ns.

On peut constater que le rapport de vitesse est légèrement supérieur à 3 en faveur de la structure parallèle. Il faut noter que, pour la structure parallèle, il existe une méthode spéciale pour traiter les retenues, méthode qui sera analysée à la section 7.4.

En raison des progrès technologiques, la structure série n'est maintennat plus utilisée dans les ordinateurs. C'est pourquoi nous ne présenterons que la structure parallèle pour toutes les opérations arithmétiques.

7.2 REPRÉSENTATION DES NOMBRES SIGNÉS

Nous avons vu que l'information numérique à l'intérieur d'un ordinateur est représentée et stockée par une succession de chiffres binaires. Un registre constitué de m bascules peut garder un nombre binaire de m bits. Grâce à cette fonction de mémorisation, on peut identifier les bits de grandeur, mais on ne peut connaître le signe ni la valeur absolue du nombre, ni non plus la position de la virgule qui sépare la partie entière et la partie fractionnaire du nombre.

Le signe d'un nombre est une variable qui peut prendre deux valeurs – positive ou négative – et qu'il est possible de représenter par un chiffre binaire. Par convention, le bit signe d'un nombre binaire est placé à la première position à gauche et on utilise **0 pour le signe plus (+)** et **1 pour le signe moins (–)**. Par conséquent, un registre qui garde un nombre binaire signé de n bits doit avoir $(n+1)$ bascules.

La position de la virgule qui sépare la partie entière de la partie fractionnaire d'un nombre binaire dépend des modalités d'expression des nombres.

Pour les nombres exprimés en **virgule fixe**, la virgule de séparation est virtuellement placée dans une position bien déterminée. Autrement dit, la virgule n'est pas physiquement visible, mais elle a une position conventionnelle fixée pour tous les registres d'ordinateur, position qui détermine la structure du dispositif arithmétique. Deux solutions sont fréquemment utilisées pour placer la virgule de séparation dans les nombres binaires en virgule fixe :

- après le chiffre le moins significatif, ce qui implique que les opérations sont faites sur des nombres entiers;
- immédiatement après le chiffre signe, ce qui implique que les opérations sont faites sur des nombres fractionnaires.

Dans la représentation dite en **virgule flottante**, les nombres binaires se caractérisent par deux éléments :

- la **mantisse**, qui spécifie les bits de grandeur du nombre;
- l'**exposant**, qui spécifie la position de la virgule binaire.

La représentation en virgule flottante et les opérations arithmétiques dans cette forme de représentation seront analysées à la section 7.7.

Dans certaines applications, la représentation binaire des nombres n'est pas adéquate. Pour cette catégorie d'applications, les nombres sont exprimés dans le code DCB, et ainsi les conversions sont éliminées. Les façons d'effectuer les opérations arithmétiques dans cette forme de représentation seront analysées à la section 7.8.

Nous présentons en premier lieu les algorithmes des opérations arithmétiques sur les nombres binaires exprimés en virgule fixe. Nous insisterons sur cette forme de représentation en considérant l'emplacement de la virgule binaire après le chiffre le moins significatif, c'est-à-dire que nous travaillerons avec des nombres entiers. Pour la présentation des opérations arithmétiques, nous utiliserons les notations suivantes :

- les nombres binaires à l'extérieur de l'ordinateur seront représentés par des lettres minuscules de l'alphabet latin;
- les nombres binaires dans l'ordinateur seront représentés par des lettres majuscules de l'alphabet latin.

Ainsi, si x est le module d'un nombre binaire entier signé, ayant x_i comme un de ses bits, sa représentation extérieure sera :

$$\pm x = \pm x_n x_{n-1} \dots x_1 x_0 = \pm \sum_{i=0}^{n-1} x_i * 2^i. \tag{7.1}$$

Les nombres binaires signés en virgule fixe ont trois formes de représentation dans l'ordinateur, en fonction de la convention qui a été choisie pour les valeurs négatives :

- représentation par **module et signe**;
- représentation par **complément à 2**;
- représentation par **complément à 1**.

Lorsque la virgule de séparation est située après le chiffre le moins significatif, les nombres binaires signés positifs, ayant n chiffres de grandeur, sont exprimés à l'intérieur de l'ordinateur dans les trois formes par :

$$X = 0 * 2^n + \sum_{i=0}^{n-1} x_i * 2^i. \tag{7.2}$$

Pour les nombres binaires signés négatifs, les expressions dans l'ordinateur sont différentes, c'est-à-dire :

$$X = 1 * 2^n + \sum_{i=0}^{n-1} x_i * 2^i. \tag{7.3}$$

dans la représentation par module et signe;

$$X = 1 * 2^n + \sum_{i=0}^{n-1} \overline{x}_i * 2^i + 1 * 2^0 . \qquad (7.4)$$

dans la représentation par complément à 2;

$$X = 1 * 2^n + \sum_{i=0}^{n-1} \overline{x}_i * 2^i . \qquad (7.5)$$

dans la représentation par complément à 1, où $\overline{x}_i$ exprime le complément logique de x_i.

Les modes de représentation des nombres binaires signés, sous leurs trois formes, sont montrés à la table de la figure 7.6; des registres d'une capacité de cinq chiffres binaires ont été utilisés. Le premier bit de gauche est le bit signe. Les quatre bits suivants expriment le nombre. Chaque bit de grandeur contribue à la valeur du nombre proportionnellement à la puissance de sa position.

Figure 7.6 Représentation des nombres signés par cinq chiffres binaires

Décimal	Module et signe	Complément à 2	Complément à 1
+15	01111	01111	01111
+14	01110	01110	01110
.	.	.	.
.	.	.	.
.	.	.	.
+2	00010	00010	00010
+1	00001	00001	00001
+0	00000	00000	00000
−0	10000	00000	11111
−1	10001	11111	11110
−2	10010	11110	11101
.	.	.	.
.	.	.	.
.	.	.	.
−14	11110	10010	10001
−15	11111	10001	10000
−16	n'existe pas	10000	n'existe pas

La table met en évidence les différentes particularités de chaque forme de représentation. La représentation par module et signe est celle qui se rapproche le plus de l'écriture binaire extérieure. Malgré cet avantage, il faut, avec cette forme de représentation, une partie matérielle plus complexe pour réaliser le dispositif arithmétique correspondant.

En regardant la table, on constate que, pour les trois formes de représentation, le plus grand nombre positif est $(2^4 - 1)$, c'est-à-dire 15 en décimal. D'autre part, le plus petit nombre dépend de la forme de représentation. Ainsi, dans la représentation par module et signe et dans la représentation par complément à 1, le plus petit nombre est $-(2^4 - 1)$, c'est-à-dire −15 en décimal, tandis que dans la représentation par complément à 2, le plus petit nombre est -2^4, c'est-à-dire −16 en décimal.

On peut aussi faire une observation concernant la manière d'exprimer le nombre zéro. En arithmétique élémentaire, l'addition d'un nombre positif et d'un nombre négatif de même module donne le résultat zéro. Par conséquent, le nombre zéro est exprimé sous la forme 00000 ou 10000 dans la représentation par module et signe, et sous la forme 00000 ou 11111 dans la représentation par complément à 1 (zéro positif et zéro négatif). D'autre part, on constate que, dans la représentation par complément à 2, le nombre zéro a une seule valeur, ce qui constitue un avantage pour cette forme de représentation.

⤷ Lors de l'exécution des opérations de multiplication et de division, on doit faire le décalage des nombres binaires signés. Chaque décalage change la valeur du nombre. Plus précisément, un décalage d'une position à gauche équivaut à une multiplication par 2, tandis qu'un décalage d'une position à droite équivaut à une division par 2. Ces décalages ne doivent pas entraîner une modification du signe et, par conséquent, le chiffre signe doit rester le même.

Pour établir les règles de décalage des nombres binaires signés en virgule fixe, considérons les exemples présentés à la figure 7.7. Ici, nous avons utilisé un registre de cinq bits où le premier est le chiffre signe. Initialement, nous avons choisi le nombre dont le module équivaut à 6 en décimal pour la raison suivante : le décalage d'une position à droite ou d'une position à gauche n'entraîne pas de dépassement de capacité ni de perte d'un chiffre binaire.

Figure 7.7 Décalage de nombres binaires signés

	Décimal	Module et signe	Complément à 2	Complément à 1
X	+6	00110	00110	00110
$X*2^1$	+12	01100	01100	01100
$X*2^{-1}$	+3	00011	00011	00011
X	−6	10110	11010	11001
$X*2^1$	−12	11100	10100	10011
$X*2^{-1}$	−3	10011	11101	11100

En analysant cette table, on peut déduire les règles de décalage d'un nombre binaire signé :

- seuls les chiffres de grandeur participent au décalage, tandis que le chiffre signe reste à sa place;

- avec des nombres positifs, et pour n'importe quelle des trois formes de représentation, les positions libres après un décalage à gauche ou après un décalage à droite sont remplies par des chiffres 0;
- avec des nombres négatifs représentés sous la forme module et signe, les positions libres après un décalage à gauche ou après un décalage à droite sont remplies par des chiffres 0;
- avec des nombres négatifs représentés sous la forme complément à 2, les positions libres après un décalage à gauche sont remplies par des chiffres 0, tandis que les positions libres après un décalage à droite sont remplies par des chiffres 1;
- avec des nombres négatifs représentés sous la forme complément à 1, les positions libres après un décalage à gauche ou après un décalage à droite sont remplies par des chiffres 1.

En comparant les algorithmes avec les structures qui les matérialisent, nous pouvons conclure que la forme complément à 2 présente plusieurs avantages, parmi lesquels nous retenons les suivants :

- le nombre zéro a une seule expression;
- l'opération d'addition (les autres opérations sont en réalité réduites à une succession d'additions) s'effectue plus rapidement, car il n'existe pas de propagation cyclique de la retenue;
- les opérations d'addition et de soustraction pour les nombres non signés utilisent une structure matérielle pareille à celle du complément à 2.

À cause de ces avantages, les structures des dispositifs arithmétiques permettant la représentation des nombres signés par complément à 2 sont utilisées pour la réalisation des ordinateurs modernes. C'est la raison qui justifie notre insistance sur les dispositifs qui utilisent la représentation de nombres signés par complément à 2.

7.3 ADDITION ET SOUSTRACTION DANS L'ARITHMÉTIQUE DU COMPLÉMENT À 2

Rappelons qu'un nombre binaire entier signé de n chiffres plus un chiffre signe est exprimé sous la forme complément à 2 par :

$$X = 0 * 2^n + \sum_{i=0}^{n-1} x_i * 2^i = 0 * 2^n + x. \tag{7.6}$$

si le nombre est positif, ou par :

$$X = 1 * 2^n + \sum_{i=0}^{n-1} \overline{x}_i * 2^i + 1 * 2^0 = 2^{n+1} - x \tag{7.7}$$

si le nombre est négatif (X exprime le nombre signé dans l'ordinateur et x le module du nombre binaire à l'extérieur, ayant x_i comme un de ses bits).

Dans ce mode de représentation, un nombre positif est semblable à un nombre binaire extérieur dont on a remplacé le symbole du signe par le bit 0. D'autre part, pour un nombre négatif, on peut déterminer l'expression en complément à 2, en utilisant soit la relation (7.7), soit l'algorithme suivant :

- inspecter le nombre binaire extérieur, en partant du chiffre le moins significatif;
- ne pas modifier les chiffres 0 rencontrés;
- ne pas modifier le premier chiffre 1;
- inverser tous les chiffres qui suivent dans l'expression du nombre binaire;
- introduire à la première position le chiffre 1, représentant le signe moins.

Nous allons analyser, en utilisant des registres d'une capacité de cinq bits, les trois cas qui peuvent se présenter dans l'addition de deux nombres binaires signés.

———————————————— **CAS 1   Addition de deux nombres positifs** ————————————————

$$X + Y = 0 * 2^n + x + 0 * 2^n + y = 0 * 2^n + (x+y) \, . \qquad (7.8)$$

Exemple 7.1

L'opération d'addition binaire :

$$
\begin{array}{lll}
& X = 0 * 2^4 + x = 01001 & +9 \\
(+) & Y = 0 * 2^4 + y = 00101 & +5 \\
\hline
& X + Y \qquad\quad = 01110 & +14 < +16
\end{array}
$$

donne à l'intérieur de l'ordinateur un résultat correct.

Exemple 7.2

L'opération d'addition binaire :

$$
\begin{array}{lll}
& X = 0 * 2^4 + x = 01001 & +9 \\
(+) & Y = 0 * 2^4 + y = 01101 & +13 \\
\hline
& X + Y \qquad\quad = 10110 & +22 > +16
\end{array}
$$

donne à l'intérieur de l'ordinateur un résultat incorrect.

Dans ce premier cas, le résultat est correct seulement s'il n'existe pas de retenue du rang le plus significatif vers le chiffre signe, c'est-à-dire si la condition suivante est réalisée :

$$(x + y) < 2^n \, , \qquad (7.9)$$

où n est le rang du chiffre signe.

———————————————— **CAS 2 Addition de deux nombres négatifs** ————————————————

En connnaissant la représentation des nombres négatifs par complément à 2 :

$$X = 2^{n+1} - x,$$
$$Y = 2^{n+1} - y,$$

on obtient :

$$X + Y = (2^{n+1} - x) + (2^{n+1} - y) = 2^{n+1} + 2^{n+1} - (x+y) \ . \qquad (7.10)$$

Si l'on considère un registre ayant une capacité de $(n+1)$ bits, le premier 2^{n+1} dépasse la capacité du registre; donc, en l'ignorant on peut écrire :

$$X + Y = 2^{n+1} - (x+y) \ . \qquad (7.11)$$

Exemple 7.3

L'opération d'addition binaire :

$$
\begin{array}{llll}
& -x = -1001 & & -9 \\
(+) & -y = -0101 & & -5 \\
\hline
& -(x+y) = -1110 & & -14 > -16
\end{array}
$$

s'effectue dans l'ordinateur de la façon suivante :

$$
\begin{array}{llll}
& X = 2^{4+1} - x = & 10111. \\
(+) & Y = 2^{4+1} - y = & 11011 \\
\hline
& X + Y \quad = & \underline{1}10010
\end{array}
$$

retenue qui dépasse la capacité

Le résultat obtenu, 10010, équivalent à –1110 en binaire extérieur (–14 en décimal) est correct.

Exemple 7.4

L'opération d'addition binaire :

$$
\begin{array}{lll}
& -x = & -1001 & -9 \\
(+) & & & \\
& -y = & -1101 & -13 \\
\hline
& -(x+y) = & -10110 & -22 < -16
\end{array}
$$

s'effectue dans l'ordinateur de la façon suivante :

$$
\begin{array}{lll}
& X = 2^{4+1} - x = & 10111 \\
(+) & & \\
& Y = 2^{4+1} - y = & 10011 \\
\hline
& X + Y \quad\quad = & \underline{1}01010
\end{array}
$$

retenue qui dépasse la capacité

et donne un résultat incorrect.

Dans le cas 2, le résultat est correct seulement s'il existe une retenue du rang le plus significatif vers le chiffre signe, c'est-à-dire si la condition suivante est réalisée :

$$(-x) + (-y) > -2^n . \tag{7.12}$$

──────── **CAS 3 Addition de deux nombres de signe différent** ────────

Dans le cas de l'addition de deux nombres de signe différent, puisque $|x| < 2^n$ et $|y| < 2^n$, on obtient $|x+y| < 2^n$, c'est-à-dire que, dans ce cas, le résultat est toujours correct.

Soit :

$$X = 0*2^n + x \quad \text{(nombre positif)},$$

$$Y = 2^{n+1} - y \quad \text{(nombre négatif)}, \tag{7.13}$$

donc :

$$X + Y = 2^{n+1} + 0*2^n - (y-x), \tag{7.14}$$

où, si $|x| > |y|$, le résultat est un nombre positif, tandis que si $|x| < |y|$, le résultat est un nombre négatif.

Exemple 7.5

L'opération d'addition binaire :

$$
\begin{array}{ccc}
& +x = +1001 & +9 \\
(+) & -y = -0101 & -5 \\
\hline
& x+(-y) = +0100 & +4
\end{array}
$$

s'effectue dans l'ordinateur de la façon suivante :

$$
\begin{array}{ll}
& X = 0*2^4 + x = \quad 01001 \\
(+) & Y = 2^{4+1} - y = \quad 11011 \\
\hline
& X + Y \qquad = \underline{1}00100
\end{array}
$$

retenue qui dépasse la capacité

et donne un résultat qui est correct.

Exemple 7.6

L'opération d'addition binaire :

$$
\begin{array}{ccc}
& -x = -1001 & -9 \\
(+) & +y = +0101 & +5 \\
\hline
& (-x) + y = -0100 & -4
\end{array}
$$

s'effectue dans l'ordinateur de la façon suivante :

$$
\begin{array}{ll}
& X = 2^{4+1} - x = \quad 10111 \\
(+) & Y = 0*2^4 + y = \quad 00101 \\
\hline
& X + Y \qquad = \quad 11100
\end{array}
$$

et donne un résultat qui est aussi correct.

Des calculs semblables peuvent être développés pour des cas correspondant à $|x| < |y|$.

En analysant les résultats obtenus pour tous les cas possibles, nous pouvons formuler la règle d'addition de deux nombres signés dans l'arithmétique du complément à 2 : l'addition s'effectue chiffre après chiffre, y compris le chiffre signe, et on ignore la retenue générée à la position signe.

Il existe deux solutions pour réaliser le circuit qui met en évidence le dépassement de capacité. Dans la première solution, on inspecte la retenue, générée par le rang le plus significatif vers le chiffre signe. Le résultat est erroné si, initialement, les deux nombres sont positifs et s'il y a une retenue vers le chiffre signe, ou si, initialement, les deux nombres sont négatifs et s'il n'y a pas de retenue vers le chiffre signe. Autrement dit, le résultat est erroné si la valeur de T_{n-1}, générée à la position la plus significative, a une valeur opposée à la valeur de T_n, générée à la position signe, c'est-à-dire si la condition :

$$E = T_n \oplus T_{n-1} \qquad (7.15)$$

est vraie.

Dans la deuxième solution, on compare les chiffres signes des nombres initiaux avec les chiffres signes produits par l'opération d'addition, en supposant que le dispositif est de type accumulateur. Le résultat est erroné si les deux signes sont identiques avant l'opération et différents après, c'est-à-dire si la condition :

$$E = (X_n^* \odot Y_n) \bullet (X_n \oplus Y_n) \qquad (7.16)$$

est vraie. Dans cette relation X_n^* exprime le chiffre signe de l'opérande initial qui se trouve dans l'accumulateur, et X_n le chiffre signe du résultat.

En ce qui concerne la soustraction de deux nombres binaires signés exprimés en complément à 2, différentes méthodes permettent d'effectuer cette opération. La méthode que nous proposons suppose que le dispositif de type parallèle est pourvu seulement d'additionneurs élémentaires. L'opération de soustraction est faite par l'addition du premier nombre et du complément à 2 du deuxième.

Exemple 7.7

Considérons l'opération de soustraction binaire :

$$
\begin{array}{lll}
& +x = +1001 & +9 \\
(-) & -y = -0100 & -4 \\
\hline
& x-(-y) = +1101 & +13
\end{array}
$$

Dans l'ordinateur, les deux nombres sont stockés sous la forme complément à 2, c'est-à-dire :

$$X = 0 * 2^4 + x = 01001$$
$$Y = 2^{4+1} - y = 11100$$

Exemple 7.7 (suite)

Quand la commande de soustraction arrive, le complément à 2 du deuxième opérande, noté par Y', est additionné au premier opérande :

$$\begin{array}{r} X = 01001 \\ (+) \quad Y' = 00100 \\ \hline X + Y' = 01101 \end{array}$$

ce qui donne un résultat correct.

On peut, de la même manière que pour l'opération d'addition, établir les équations qui mettent en évidence le dépassement de capacité dans l'opération de soustraction :

$$E = T_n \oplus T_{n-1} \tag{7.17}$$

pour la première solution, et

$$E = (X_n^* \oplus Y_n) \bullet (X_n \odot Y_n) \tag{7.18}$$

pour la deuxième solution (celle avec accumulateur).

La structure d'un dispositif parallèle qui effectue l'addition et la soustraction des nombres signés selon l'arithmétique du complément à 2 est présentée à la figure 7.8. Nous avons utilisé des registres réalisés avec des bascules D synchrones. Les positions extrêmes, A_n et B_n, gardent les chiffres signes. Les autres positions gardent les chiffres de grandeur.

La nature de l'opération, addition ou soustraction, est déterminée par le signal de commande Cd :

- si Cd = 0, le dispositif effectue l'addition;
- si Cd = 1, le dispositif effectue la soustraction.

En fonction de la valeur du signal de commande, le contenu du registre B doit être soit déposé aux entrées des additionneurs élémentaires directement (Cd = 0), soit complémenté logiquement (Cd = 1). Par conséquent, entre les sorties des bascules du registre B et les entrées des additionneurs élémentaires, des portes OU EXCLUSIF sont introduites. Pour le rang *i*, la condition exposée ci-dessus est satisfaite par l'équation logique suivante :

$$\overline{Cd} \bullet B_i + Cd \bullet \overline{B_i} = Cd \oplus B_i \,. \tag{7.19}$$

Figure 7.8   Structure d'un dispositif parallèle d'addition et de soustraction binaire
en arithmétique du complément à 2

Deuxième opérande

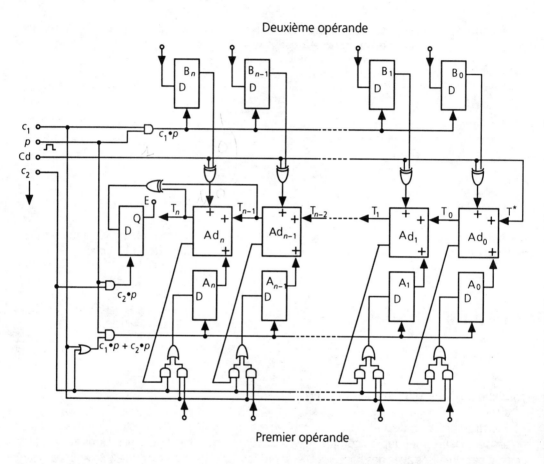

Premier opérande

Figure 7.9

Chronogramme d'une opération d'addition

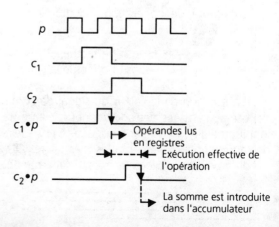

p

c_1

c_2

$c_1 \bullet p$

⊢⊶ Opérandes lus
en registres

⊢⊶--⊶⊣ Exécution effective de
l'opération

$c_2 \bullet p$

La somme est introduite
dans l'accumulateur

Au cours d'une opération de soustraction, en plus du complément logique de chaque sortie d'une bascule B_i, on ajoute une unité à la position la moins significative en forçant $T^* = 1$; on obtient ainsi le complément à 2 du deuxième opérande.

L'opération d'addition ou de soustraction se déroule pendant deux impulsions d'horloge, validées par les signaux de commande c_1 et c_2 (figure 7.9). Plus précisément, le front postérieur de la première impulsion, caractérisée par $(c_1 \bullet p)$, introduit les deux opérandes dans les registres, et le front postérieur de la deuxième impulsion, caractérisée par $(c_2 \bullet p)$, transfère la somme dans l'accumulateur. L'opération (addition ou soustraction) effective est faite entre les deux paliers, comme le chronogramme de la figure 7.9 le montre.

Le dépassement de capacité est mis en évidence selon la première solution exposée précédemment. Pour l'addition et pour la soustraction, on exprime l'erreur E par la même relation :

$$E = T_n \oplus T_{n+1} , \qquad (7.20)$$

en transférant sa valeur à la bascule Q, après le front postérieur de l'impulsion $(c_2 \bullet p)$.

Lors de la réalisation d'une structure pratique, il faut porter attention aux particularités des circuits intégrés utilisés. Nous montrons à la figure 7.10 un dispositif parallèle de quatre bits d'addition et de soustraction en arithmétique du complément à 2, réalisé à l'aide de bascules

Figure 7.10 Dispositif d'addition et de soustraction parallèle réalisé à l'aide des circuits SN 7476 et SN 7483

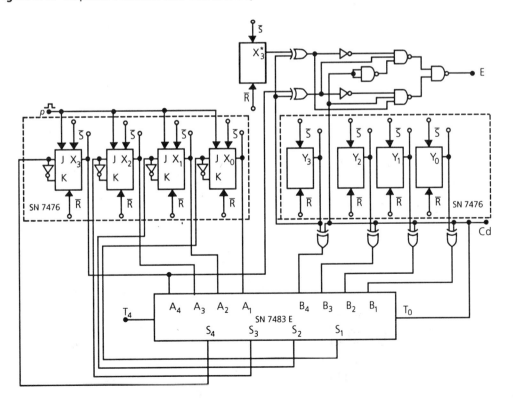

JK de type SN 7476 et d'un additionneur SN 7483 (*voir le schéma à la figure 7.11*). Ici, parce que nous n'avons pas un accès direct au bit T_{n-1}, nous utilisons, pour réaliser la partie matérielle qui met en évidence le dépassement de capacité, les relations (7.16) et (7.18) qui conduisent à la deuxième solution déjà présentée.

On peut démontrer qu'à l'intérieur de l'ordinateur, les opérations d'addition et de soustraction sur les **nombres binaires non signés**, c'est-à-dire n'ayant pas de position pour le chiffre signe, sont effectuées de la même façon que les opérations sur les nombres signés exprimés dans la forme du complément à 2. La structure d'un dispositif d'addition et de soustraction en arithmétique du complément à 2 peut donc être également utilisée pour les nombres non signés. L'interprétation de chaque opérande ou du résultat est faite par l'utilisateur, ce qui suppose, bien sûr, qu'elle soit unique pour tous les nombres qui font partie d'une procédure de calcul.

Par exemple, supposons une information numérique exprimée par huit bits de la forme 11001111; elle peut être interprétée comme 207_{10} si on la considère comme un nombre non signé. D'autre part, la même information deviendra -49_{10} si on la considère comme un nombre signé dans la forme du complément à 2. Il faut retenir que, pour un nombre non signé, le premier bit à gauche est un chiffre actif, tandis que, pour un nombre signé, il constitue le bit signe.

Exemple 7.8

Considérons l'addition des deux opérandes de type octet, 50_{16} et $A0_{16}$, représentés en binaire par :

$$(+) \quad \begin{array}{r} 01010000 \\ 10100000 \\ \hline 11110000 \end{array}$$

Le résultat de l'addition est toujours $F0_{16}$. Si on considère les opérandes comme des nombres non signés, leurs valeurs décimales sont respectivement 80 et 160 et la valeur du résultat est 240, ce qui est correct. Par ailleurs, si on considère les opérandes comme des nombres signés en complément à 2, leurs valeurs sont +80 et −96 et la valeur du résultat est −16, ce qui est aussi correct.

7.4 ADDITIONNEURS BINAIRES RAPIDES

La vitesse d'exécution d'une addition dans une structure parallèle, ainsi que nous l'avons vu, est déterminée par le temps nécessaire à la propagation de la retenue dans le cas le plus désavantageux. Pour illustrer cela, considérons la structure parallèle qui utilise l'arithmétique du complément à 2 et supposons que la longueur d'un mot est de huit bits. Si on doit additionner les nombres 11111111 et 00000001, on peut observer qu'à l'étage du rang le moins significatif, c'est-à-dire 2^0, une retenue est générée. Cette retenue se propage vers l'étage de rang 2^1, puis vers l'étage de rang 2^2, et ainsi de suite jusqu'au dernier étage. Le temps de propagation croît au fur et à mesure que croît le nombre de bits d'un mot. Pour mieux comprendre, supposons que chaque additionneur élémentaire est constitué d'après le schéma qui a été présenté à la figure 5.23, où la propagation de la retenue par étage nécessite le passage de deux niveaux logiques. Si on note par Δt le temps de passage d'un niveau logique, le temps total d'addition dans la situation la plus défavorable est $2 * m * \Delta t$, où m exprime le nombre d'étages. Ce temps doit être réservé même si l'opération d'addition se termine plus vite. Malgré les progrès de la technologie des circuits intégrés, ce temps reste relativement long, étant donné les performances exigées des ordinateurs actuels. Voilà la principale raison qui justifie l'usage des additionneurs rapides.

L'algèbre booléenne montre que toute fonction logique peut s'exprimer sous la forme d'une somme de produits. Cette forme peut être matérialisée par un circuit logique combinatoire, dans lequel un signal traverse deux niveaux logiques. Puisque durant l'exécution d'une addition parallèle les bits des opérandes sont simultanément accessibles, on peut concevoir un additionneur parallèle ayant un temps d'addition égal au temps de passage du signal par deux niveaux logiques. Pour saisir les difficultés liées à la réalisation pratique d'un tel circuit, considérons l'addition de 2 nombres de 16 bits. La somme et la retenue de la position la moins significative sont données par :

$$S_0 = A_0 \bullet \overline{B}_0 \bullet \overline{T}^* + \overline{A}_0 \bullet B_0 \bullet \overline{T}^* + \overline{A}_0 \bullet \overline{B}_0 \bullet T^* + A_0 \bullet B_0 \bullet T^* \, ,$$
$$T_0 = A_0 \bullet B_0 + B_0 \bullet T^* + T^* \bullet A_0 \, . \tag{7.21}$$

De même, la somme de l'étage de rang immédiatement supérieur s'exprime par :

$$S_1 = A_1 \bullet \overline{B}_1 \bullet \overline{T}_0 + \overline{A}_1 \bullet B_1 \bullet \overline{T}_0 + \overline{A}_1 \bullet \overline{B}_1 \bullet T_0 + A_1 \bullet B_1 \bullet T_0 \, . \tag{7.22}$$

Pour éliminer le circuit qui génère la retenue de cet étage, il faut remplacer, dans l'équation (7.22), les variables T_0 et $\overline{T}_0$, ce qui donne :

$$\begin{aligned} S_1 &= A_1 \bullet \overline{B}_1 \bullet \overline{A}_0 \bullet \overline{B}_0 + A_1 \bullet \overline{B}_1 \bullet \overline{B}_0 \bullet \overline{T}^* + A_1 \bullet \overline{B}_1 \bullet \overline{A}_0 \bullet \overline{T}^* + \overline{A}_1 \bullet B_1 \bullet \overline{A}_0 \bullet \overline{B}_0 \\ &+ \overline{A}_1 \bullet B_1 \bullet \overline{B}_0 \bullet \overline{T}^* + \overline{A}_1 \bullet B_1 \bullet \overline{A}_0 \bullet \overline{T}^* + \overline{A}_1 \bullet \overline{B}_1 \bullet A_0 \bullet B_0 + \overline{A}_1 \bullet \overline{B}_1 \bullet B_0 \bullet T^* \\ &+ \overline{A}_1 \bullet \overline{B}_1 \bullet A_0 \bullet T^* + A_1 \bullet B_1 \bullet A_0 \bullet B_0 + A_1 \bullet B_1 \bullet B_0 \bullet T^* + A_1 \bullet B_1 \bullet A_0 \bullet T^* \, . \end{aligned} \tag{7.23}$$

Dans cette dernière équation, le chiffre S_1 s'exprime par une somme de produits, c'est-à-dire que, dans une réalisation pratique, son temps de formation nécessite le passage de deux niveaux logiques. Mais une telle réalisation requiert 12 portes ET de 4 entrées et 1 porte OU de 12 entrées, comparativement aux 4 portes ET de 3 entrées et à la porte OU de 4 entrées nécessaires pour former le chiffre S_0.

En poursuivant l'analyse, on trouve que, pour le chiffre S_2, il faut 24 portes ET de 5 entrées et 1 porte OU de 24 entrées; pour le chiffre S_3, il faut 48 portes ET de 6 entrées et 1 porte OU de 48 entrées. Bref, le nombre de portes élémentaires et le nombre d'entrées pour chaque porte augmentent très rapidement. Une réalisation pratique est par conséquent très coûteuse.

Des efforts ont été faits en vue de mettre au point d'autres méthodes permettant d'augmenter la vitesse d'addition, surtout par le traitement spécial de la retenue. Dans cet ouvrage, nous présentons seulement la **méthode à retenue anticipée**.

Pour faciliter la description logique de l'additionneur à retenue anticipée, il importe de définir d'abord deux fonctions logiques particulières, nommées génération retenue et propagation retenue.

La fonction **génération retenue**, notée par G_k pour l'étage d'ordre k, met en évidence la génération d'une retenue à l'étage considéré, sans tenir compte de l'éventuelle existence d'une retenue qui se transmettrait de l'étage antérieur. La seule possibilité de générer une retenue G_k est liée à la situation $A_k = 1$ et $B_k = 1$, car :

$$G_k = A_k \bullet B_k \; . \tag{7.24}$$

La fonction **propagation retenue**, notée par P_k pour l'étage d'ordre k, prend la valeur logique 1 si la retenue qui est produite à l'étage antérieur se propage vers l'étage de rang immédiatement supérieur. La propagation de la retenue est possible si une et une seule variable A_k ou B_k prend la valeur logique 1, c'est-à-dire :

$$P_k = A_k \bullet \overline{B}_k + \overline{A}_k \bullet B_k = A_k \oplus B_k \; . \tag{7.25}$$

À partir de ces fonctions, il est possible de déduire les équations d'un additionneur élémentaire :

$$S_k = A_k \oplus B_k \oplus T_{k-1} = P_k \oplus T_{k-1} \; ,$$
$$T_k = A_k \bullet B_k + (A_k \oplus B_k) \bullet T_{k-1} = G_k + P_k \bullet T_{k-1} \; . \tag{7.26}$$

À l'aide de ces équations, nous pouvons écrire celles des sorties d'un additionneur parallèle de quatre bits, respectivement pour les rangs i, $i+1$, $i+2$ et $i+3$:

$$S_i = P_i \oplus T_{i-1} \; ,$$
$$T_i = G_i + P_i \bullet T_{i-1} \; , \tag{7.27}$$

$$S_{i+1} = P_{i+1} \oplus T_i \; ,$$
$$T_{i+1} = G_{i+1} + P_{i+1} \bullet T_i$$
$$= G_{i+1} + G_i \bullet P_{i+1} + P_i \bullet P_{i+1} \bullet T_{i-1} \; , \tag{7.28}$$

$$S_{i+2} = P_{i+2} \oplus T_{i+1} \; ,$$
$$T_{i+2} = G_{i+2} + P_{i+2} \bullet T_{i+1}$$
$$= G_{i+2} + G_{i+1} \bullet P_{i+2} + G_i \bullet P_{i+1} \bullet P_{i+2} + P_i \bullet P_{i+1} \bullet P_{i+2} \bullet T_{i-1} \; . \tag{7.29}$$

$$S_{i+3} = P_{i+3} \oplus T_{i+2} \, ,$$

$$T_{i+3} = G_{i+3} + P_{i+3} \bullet T_{i+2}$$

$$= G_{i+3} + G_{i+2} \bullet P_{i+3} + G_{i+1} \bullet P_{i+2} \bullet P_{i+3}$$

$$+ G_i \bullet P_{i+1} \bullet P_{i+2} \bullet P_{i+3} + P_i \bullet P_{i+1} \bullet P_{i+2} \bullet P_{i+3} \bullet T_{i-1} \, . \qquad (7.30)$$

Dans les relations qui expriment les retenues, et plus particulièrement pour T_{i+3}, toutes les variables qui se trouvent dans la partie droite sont connues au début de l'opération d'addition. Autrement dit, la formation de chacune de ces retenues nécessite le passage de deux niveaux logiques, à condition que les valeurs de P_k et G_k soient connues. Il s'ensuit que les chiffres S_k sont générés simultanément, et non successivement comme c'est le cas dans l'additionneur parallèle étudié précédemment.

Ces résultats peuvent être étendus à un additionneur à retenue anticipée destiné à un groupe de m bits. Pour chaque étage, les équations qui expriment G_k, P_k et S_k sont les mêmes que celles qui ont été données auparavant. De même, l'équation de T_k est dépendante de T_{k-1}, conformément à l'équation (7.26).

En faisant les substitutions nécessaires dans l'équation (7.26) et en considérant que T* représente la retenue vers l'étage le moins significatif, on obtient :

$$T_k = T^* \bigwedge_{i=0}^{k} P_i + \bigvee_{j=0}^{k-1} \{ G_j \bullet [\bigwedge_{i=j+1}^{k} P_i] \} + G_k \qquad (7.31)$$

où les symboles $\wedge$ et $\vee$ représentent respectivement une succession d'opérations ET et OU.

Les limitations dans la réalisation pratique d'un tel additionneur pour m bits lorsque m est grand (32 ou 64) découlent du volume exagéré de portes logiques nécessaires. Par conséquent, les ordinateurs qui contiennent un additionneur à retenue anticipée sont conçus suivant des schémas dans lesquels l'anticipation des retenues est traitée pour des groupes de quatre ou huit bits.

L'additionneur de quatre bits SN 7483 (figure 7.11) est un bon exemple d'un circuit MSI qui remplit la fonction d'un additionneur à retenue anticipée de 4 bits. Dans le cas le plus défavorable, le temps de propagation de la retenue T_4 est de 24 ns, soit approximativement 4 fois moins élevé que dans un additionneur parallèle classique de 4 bits conçu selon la technologie TTL.

Figure 7.11 Circuit SN 7483, additionneur à retenue anticipée de quatre bits

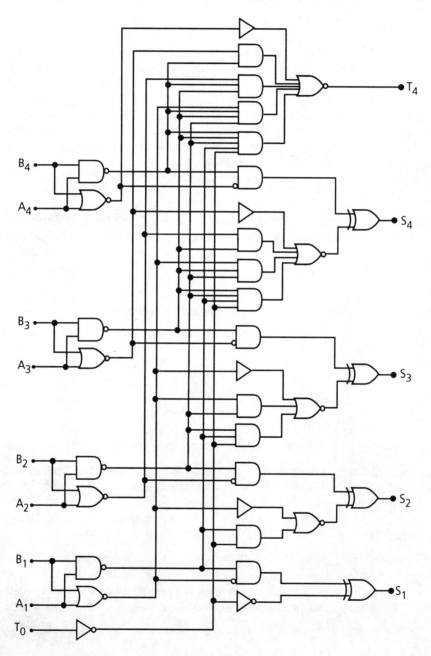

7.5 MULTIPLICATION BINAIRE

7.5.1 Principes de la multiplication binaire

La multiplication de deux nombres binaires est faite, dans la majorité des ordinateurs, suivant des algorithmes qui consistent essentiellement en une succession d'additions. La figure 7.12 présente les pas successifs d'une opération de multiplication de deux nombres binaires non signés; des opérandes de cinq bits ont été utilisés. On peut voir que le résultat est formé par l'accumulation des produits partiels et que le produit contient $2*m$ bits si chaque opérande a m bits.

Étant donné que le multiplicateur est un nombre binaire, les **produits partiels** expriment soit le multiplicande, soit une succession de chiffres 0. Par conséquent, la règle de multiplication demande l'inspection successive des bits du multiplicateur et l'addition du multiplicande à l'accumulateur (bit du multiplicateur 1) ou aucune opération (bit du multiplicateur 0). Après chaque inspection et addition, il faut décaler d'une position à gauche le contenu du registre qui retient le multiplicande. Dans l'exemple analysé, où l'inspection a commencé à partir de la position la moins significative du multiplicateur, une autre possibilité consiste à remplacer le décalage à gauche du contenu du registre où le multiplicande est conservé par le décalage à droite du contenu de l'accumulateur. Il est aussi possible de commencer l'inspection des bits du multiplicateur à partir de la position la plus significative. Dans cette dernière situation, le décalage, soit du contenu du registre qui garde le multiplicande, soit du contenu de l'accumulateur, est fait en sens contraire de celui mentionné ci-dessus.

De toutes les méthodes possibles, la plus avantageuse consiste à commencer l'inspection du multiplicateur à partir de la position la moins significative et à faire le décalage du contenu de l'accumulateur vers la droite.

Figure 7.12 Exemple de multiplication de deux nombres binaires non signés

État initial	10111 11001 0000000000	Multiplicande Multiplicateur Accumulateur au début de l'opération
Pas 1	10111 0000010111	Premier produit partiel Addition du premier produit partiel
Pas 2	00000 0000010111	Deuxième produit partiel Addition du deuxième produit partiel
Pas 3	00000 0000010111	Troisième produit partiel Addition du troisième produit partiel
Pas 4	10111 0011001111	Quatrième produit partiel Addition du quatrième produit partiel
Pas 5	10111 1000111111	Cinquième produit partiel Addition du cinquième produit partiel

7.5.2 Multiplication binaire selon la méthode d'accumulation des produits partiels

La réalisation de la structure la plus simple d'un dispositif de multiplication binaire s'appuie sur les énoncés de la section précédente, énoncés qui ont conduit à l'algorithme de **multiplication binaire selon l'accumulation des produits partiels**. Cette méthode est applicable dans le cas des nombres non signés ou des nombres signés représentés sous la forme module et signe. Rappelons que les opérations d'addition et de soustraction sur des nombres non signés et sur des nombres signés en complément à 2 s'effectuent à l'aide des mêmes algorithmes, donc à l'aide de la même structure matérielle. Au contraire, les opérations de multiplication et de division se font au moyen d'algorithmes différents pour les deux formes de nombres binaires en virgule fixe, non signés et signés en complément à 2, formes qui sont couramment rencontrées dans les architectures des ordinateurs. C'est ce qui justifie la présentation de deux classes d'algorithmes concernant les opérations de multiplication et de division en virgule fixe. Pour faciliter la transition aux nombres signés en complément à 2, nous décrivons d'abord l'algorithme de multiplication le plus connu pour les nombres signés en module et signe, qui est la méthode d'accumulation des produits partiels. En effet, le même algorithme, sauf pour ce qui est du traitement du signe, est utilisé pour la multiplication des nombres non signés.

Considérons la multiplication de deux nombres signés de $(n+1)$ bits chacun, représentés sous la forme module et signe. La structure d'un dispositif de multiplication binaire selon la méthode d'accumulation des produits partiels est représentée à la figure 7.13. Cette structure contient un additionneur parallèle pour n bits et trois registres, soit :

- un accumulateur A de $(n+1)$ bits; il est chargé avec l'information qui se trouve à la sortie de l'additionneur; il peut être effacé et il peut procéder comme un registre à décalage vers la droite;
- un registre Q de $(n+1)$ bits; il peut lire le multiplicateur et il peut fonctionner comme un registre à décalage vers la droite sur les positions Q_{n-1} à Q_0, en acceptant dans la position Q_{n-1} le bit de la position A_0 du registre A;
- un registre B de $(n+1)$ bits dont les sorties sont liées aux entrées de l'additionneur; il peut lire le multiplicande.

Dans l'opération de multiplication, un compteur, que nous notons N, tient compte du nombre de bits du multiplicateur. Le réseau logique associé à un autre compteur génère les signaux de commande séquentiels qui contrôlent le déroulement de l'opération de multiplication. Trois catégories de signaux de commande dirigent successivement l'opération de multiplication.

La première catégorie de signaux de commande est celle de l'étape d'initialisation :

- lecture du multiplicande dans le registre B;
- lecture du multiplicateur dans le registre Q;
- effacement de l'accumulateur;
- chargement du compteur N avec la valeur qui spécifie le nombre de bits du multiplicateur (pendant la procédure de multiplication, le compteur N indique la position du bit actif du multiplicateur);
- formation du signe du produit et stockage de ce signe.

La deuxième catégorie de signaux de commande est liée à l'opération de multiplication proprement dite :

- si $Q_0 = 1$, addition du contenu du registre B à l'accumulateur, suivie par un décalage d'une position à droite du contenu du registre double formé par l'association A - Q;
- si $Q_0 = 0$, décalage d'une position à droite du contenu du registre double formé par l'association A - Q;
- décrémentation d'une unité du compteur N.

La troisième catégorie de signaux de commande se rattache à l'étape finale :

- introduction du signe du résultat dans la bascule A_n du registre A;
- transmission du contrôle à l'activité suivante.

Dans la figure 7.13, la position B_n du registre B et la position Q_n du registre Q, qui gardent les bits signes des opérandes, ne jouent aucun rôle lors de l'étape de la multiplication proprement dite. Comme nous l'avons déjà mentionné, le chiffre signe du résultat est formé dès l'étape initiale et il peut être stocké dans la bascule Q_n suivant la relation :

$$Q_n = B_n \oplus Q_n \quad . \tag{7.32}$$

Figure 7.13 Structure d'un dispositif de multiplication binaire selon la méthode d'accumulation des produits partiels

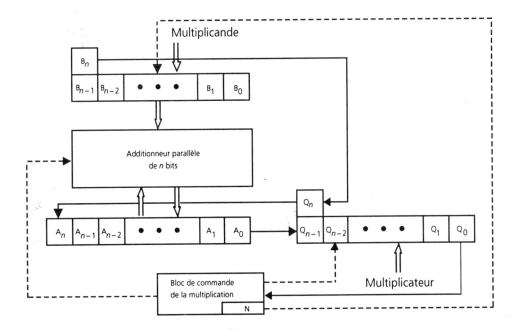

D'autre part, A_n représente une position active durant la procédure de multiplication et garde après chaque addition la retenue qui est générée par l'additionneur élémentaire le plus significatif.

À partir de toutes ces observations, nous pouvons élaborer l'organigramme de l'algorithme de multiplication binaire selon la méthode d'accumulation des produits partiels (figure 7.14).

Figure 7.14   Organigramme de la multiplication binaire selon la méthode d'accumulation des produits partiels

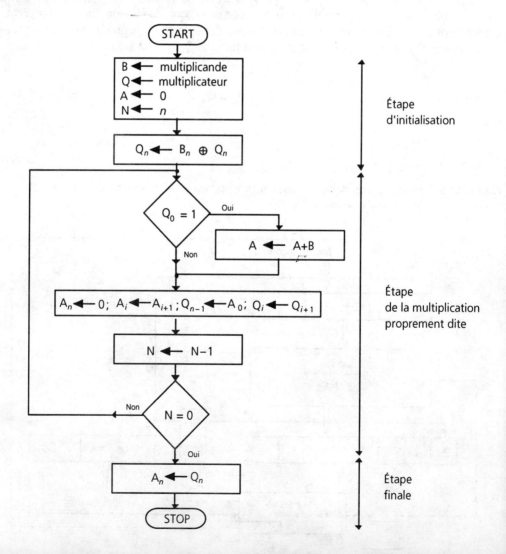

Exemple 7.9

La table de la figure 7.15 donne un exemple de multiplication binaire (nombres signés en module et signe) selon la méthode d'accumulation des produits partiels; les opérandes sont de quatre bits plus un bit signe : multiplicande 01001 (+9 en décimal) et multiplicateur 11101 (–13 décimal). Le résultat obtenu 101110101 (–117 en décimal) est correct.

Figure 7.15 Multiplication selon la méthode d'accumulation des produits partiels

	A	Q	B	Q_0	Q_4
État initial	00000	1101	1001	1	1
Pas 1	1001 01001 00100	1110	1001	0	1
Pas 2	00010	0111	1001	1	1
Pas 3	1001 01011 00101	1011	1001	1	1
Pas 4	1001 01110 00111	0101	1001	1	1
État final	10111	0101	1001	1	1

7.5.3 Multiplication binaire selon l'algorithme de Booth

La méthode de multiplication binaire selon l'algorithme de Booth a été mise au point pour la représentation des nombres signés par complément à 2. Durant la procédure de multiplication, le bit signe est traité de la même façon que les bits de grandeur. À chaque étape, on examine deux bits du multiplicateur, le bit d'ordre i et le bit d'ordre inférieur $(i-1)$.

Les actions qui sont accomplies après l'examen de chaque paire de bits sont résumées à la figure 7.16. Pour compléter cette liste, quelques observations sont nécessaires :

- la soustraction du multiplicande s'effectue par l'addition de son complément à 2;
- à l'inspection de la position la moins significative du multiplicateur Q_0, on admet qu'à sa droite $Q_{-1} = 0$;
- quand le décalage à droite est effectué, on doit respecter les règles de décalage pour les nombres signés en complément à 2;

- l'inspection du multiplicateur est faite pour tous les bits, y compris le bit signe;
- après la dernière inspection et les actions correspondantes, le résultat est formé dans le registre double A-Q de $(2*n+2)$ positions.

Figure 7.16 Actions à la suite de l'analyse des bits $Q_i Q_{i-1}$ dans la méthode de multiplication selon l'algorithme de Booth

$Q_i Q_{i-1}$	Action entreprise
0 0	Décalage à droite d'une position
0 1	Addition du multiplicande et décalage à droite d'une position
1 0	Soustraction du multiplicande et décalage à droite d'une position
1 1	Décalage à droite d'une position

Le schéma d'un dispositif de multiplication conçu selon l'algorithme de Booth est présenté à la figure 7.17. Le registre Q possède une position supplémentaire pour garder le bit Q_{-1}, position qui est initialisée à la valeur 0. Le bloc de commande indique les actions nécessaires selon le contenu des positions Q_0 et Q_{-1}. Le résultat de la multiplication occupe les positions A_n à A_0, suivies par les positions Q_n à Q_0. Parce que la partie principale de l'algorithme a été répétée $(n+1)$ fois, le produit contient $(2*n+2)$ chiffres, dont les derniers $2*n$ expriment les chiffres de grandeur et les deux premiers, qui sont toujours les mêmes, expriment le signe.

Figure 7.17 Structure d'un dispositif de multiplication binaire selon l'algorithme de Booth

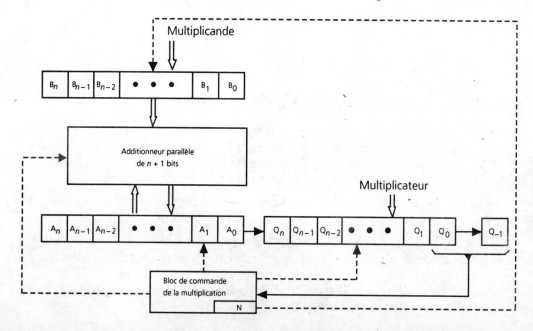

À partir de toutes ces observations, nous pouvons élaborer l'organigramme de la méthode de multiplication selon l'algorithme de Booth (figure 7.18).

Figure 7.18 Organigramme de la méthode de multiplication selon l'algorithme de Booth

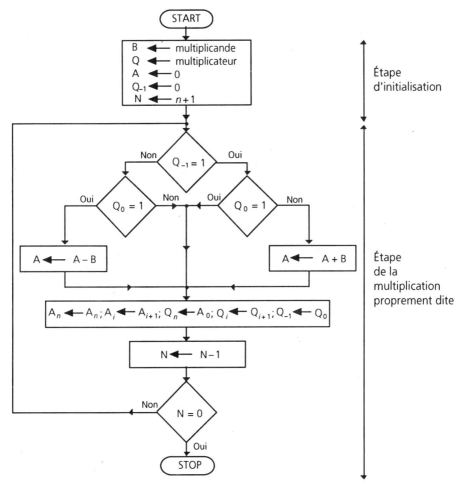

Exemple 7.10

> Un exemple de multiplication selon l'algorithme de Booth (nombres signés en complément à 2) est présenté à la table de la figure 7.19; nous avons choisi 10100 (–12 en décimal) pour le multiplicande et 11010 (–6 en décimal) pour le multiplicateur. Le résultat de l'opération 0001001000 (+72 en décimal en complément à 2) est correct. Il contient dix positions (la dernière position du registre Q, celle qui garde le bit Q_{-1}, n'est pas un élément du résultat), dont les deux premières expriment le chiffre signe.

Exemple 7.10 (suite)

Figure 7.19   Multiplication selon l'algorithme de Booth

	A	Q	B	$Q_0 Q_{-1}$	Observations
État initial	00000	110100	10100	0 0	
Pas 1	00000	011010	10100	1 0	Décalage
Pas 2	01100 01100 00110	001101	10100	0 1	Soustraction et décalage
Pas 3	10100 11010 11101	000110	10100	1 0	Addition et décalage
Pas 4	01100 01001 00100	100011	10100	1 1	Soustraction et décalage
Pas 5	00010	010001	10100	0 1	Décalage
État final	00010	010001	10100	0 1	

Un problème particulier se pose quand le multiplicande a la plus petite valeur néga-tive exprimée en complément à 2. Dans cette situation, si la première opération est une soustraction du multiplicande, il se produit un dépassement de capacité (rappelons que le nombre +16 n'est pas représentable en complément à 2 par quatre bits plus un signe). Il faut alors faire une correction après le premier pas de l'algorithme. Cette correction consiste à introduire à la position A_n le chiffre 0, qui est le complément du chiffre signe durant le premier décalage.

Exemple 7.11

La situation d'exception (nombres signés en complément à 2) est montrée dans la table de la figure 7.20; nous avons choisi 10000 pour le multiplicande (–16 en décimal, qui est le plus petit nombre exprimé dans la représentation par complément à 2 avec quatre chiffres plus signe) et 00101 pour le multiplicateur (+5 en décimal). Le résultat 1110110000 (–80 en décimal en complément à 2) est correct.

Exemple 7.11 (suite)

Figure 7.20   Multiplication selon l'algorithme de Booth (cas d'exception)

	A	Q	B	$Q_0\,Q_{-1}$	Observations
État initial	00000	001010	10000	1 0	
Pas 1	10000 10000 01000	000101	10000	0 1	Soustraction et décalage
Pas 2	10000 11000 11100	000010	10000	1 0	Addition et décalage
Pas 3	10000 01100 00110	000001	10000	0 1	Soustraction et décalage
Pas 4	10000 10110 11011	000000	10000	0 0	Addition et décalage
Pas 5	11101	100000	10000	0 0	Décalage
État final	11101	100000	10000	0 0	

7.5.4   Multiplication binaire rapide

Les méthodes de multiplication décrites dans les sections précédentes sont basées sur une succession d'additions du multiplicande à l'accumulateur. Pour cette raison, le temps de la multiplication dépend du temps d'une addition. Dans les ordinateurs de grande vitesse, l'utilisation de méthodes moins économiques est justifiée si celles-ci permettent un gain important de temps d'exécution. Ainsi, on peut gagner en vitesse en remplaçant la multiplication séquentielle par une multiplication faite dans une seule impulsion d'horloge. Autrement dit, le multiplicateur devient un circuit combinatoire. Un multiplicateur combinatoire, nommé **multiplicateur simultané**, est présenté à la figure 7.21 qui illustre la multiplication de deux nombres de quatre bits, soit le multiplicande Y et le multiplicateur X. Cette structure est formée d'un réseau d'additionneurs élémentaires, qui sont connectés pour faire l'addition des produits partiels, et d'un certain nombre de circuits ET.

Figure 7.21   Multiplicateur simultané

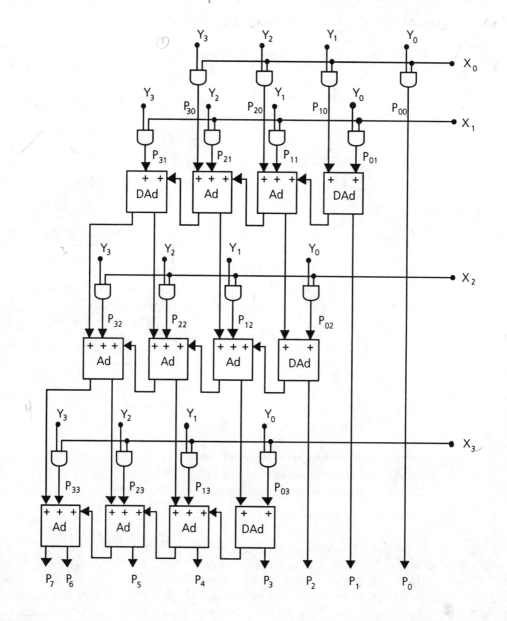

Pour mieux comprendre les connexions du multiplicateur simultané de la figure 7.21, considérons le produit binaire sous la forme suivante :

$$
\begin{array}{cccccccc}
 & & & & Y_3 & Y_2 & Y_1 & Y_0 \\
 & & & & X_3 & X_2 & X_1 & X_0 \\
\hline
 & & & & P_{30} & P_{20} & P_{10} & P_{00} \\
 & & & P_{31} & P_{21} & P_{11} & P_{01} & \\
 & & P_{32} & P_{22} & P_{12} & P_{02} & & \\
 & P_{33} & P_{23} & P_{13} & P_{03} & & & \\
\hline
P_7 & P_6 & P_5 & P_4 & P_3 & P_2 & P_1 & P_0 \\
\end{array}
\qquad (7.33)
$$

Le terme P_{00} correspond à la multiplication des bits X_0 et Y_0, c'est-à-dire à l'opération logique ET entre X_0 et Y_0, de même que P_{10} correspond à l'opération logique ET entre X_0 et Y_1, etc. En effet, la procédure de multiplication peut être divisée en deux étapes :

- génération des chiffres P_{ij} qui composent les produits partiels;
- addition de ces chiffres dans un ordre bien défini.

Si l'on considère chaque opérande de m chiffres binaires, la génération des produits partiels nécessite m^2 circuits ET. Pour l'addition de ces produits partiels, on a besoin de (m^2-2*m) additionneurs élémentaires et de m demi-additionneurs.

Le temps de la multiplication proprement dit dépend de la propagation du chiffre de la retenue dans la situation la plus défavorable. Dans le schéma proposé, cette propagation passe par six additionneurs élémentaires (quatre sur la ligne du dessus et deux sur la colonne de gauche).

Le SN 74284 et le SN 74285 (figure 7.22) sont deux circuits LSI dans la technologie TTL qui forment ensemble un multiplicateur simultané pour deux nombres binaires de quatre bits, selon la technique présentée ci-dessus. Le produit de 8 bits est généré dans un délai de 40 ns. On peut combiner ces circuits pour créer des multiplicateurs de plus de quatre bits.

Figure 7.22   Connexion des circuits SN 74284 et SN 74285 formant un multiplicateur simultané de quatre bits

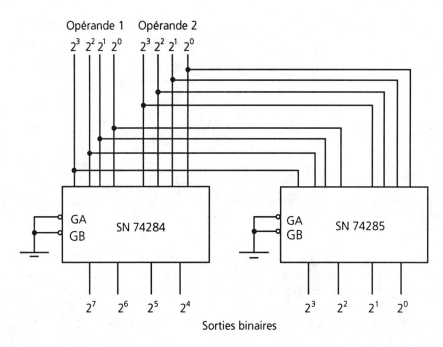

7.6   DIVISION BINAIRE

7.6.1   Principes de la division binaire

L'opération de division binaire est faite suivant des principes semblables à ceux dont on se sert dans la vie quotidienne pour effectuer la division arithmétique des nombres décimaux, c'est-à-dire une succession de comparaisons et de soustractions. Rappelons que, dans la division des nombres décimaux par la méthode du crayon et du papier, on donne une valeur à chaque chiffre du quotient, puis on s'assure que cette valeur a été bien choisie en faisant une soustraction. Cette soustraction a comme opérandes le reste partiel de l'étape précédente et le produit de la multiplication du chiffre choisi par le diviseur. Si le résultat de la soustraction est un nombre positif, plus petit que le diviseur, le chiffre choisi est correct, sinon, on fait un autre choix et on répète les opérations mentionnées.

Si on applique les mêmes principes à la division des nombres binaires, l'opération de division dans son ensemble est plus facile que la division des nombres décimaux, puisque les chiffres du quotient ne peuvent prendre que les valeurs 0 et 1. Par conséquent, si on choisit une valeur erronée pour un certain chiffre du quotient, la valeur correcte ne peut être que l'autre. Autrement dit, l'opération de division est réduite à une succession de soustractions du diviseur du reste partiel. Or la soustraction est faite seulement si le reste partiel est égal ou plus grand que le diviseur et, dans cette situation, le chiffre du quotient est 1; dans le cas contraire, la soustraction n'est pas faite et le chiffre du quotient est 0.

Exemple 7.12

Procédons à la division de deux nombres binaires non signés, respectivement 11101 (29 en décimal) pour le dividende et 11 (3 en décimal) pour le diviseur, selon la méthode du crayon et du papier :

```
                dividende  diviseur quotient
                 11101  ÷ 11 = 1001
               -  11
               _____
                  00101
               -     11
               _____
                     10
                reste final
```

En analysant le dernier exemple, on peut constater que l'implantation d'un algorithme de division binaire pose quelques problèmes.

Un premier problème concerne les moyens de comparer le reste partiel avec le diviseur. Une solution possible demande l'introduction d'un circuit de comparaison dans la structure du dispositif qui effectue la division. Cette solution est rarement utilisée à cause de la complexité d'un tel circuit. Une autre solution exige d'effectuer une soustraction à chaque étape de comparaison, sans tenir compte du rapport entre le reste partiel et le diviseur. Si le résultat de la soustraction est négatif (c'est-à-dire quand le diviseur est plus grand que le reste partiel), on additionne le diviseur, donc on fait la restauration du reste partiel. Enfin, dans une troisième solution, on ne fait pas la restauration du reste partiel si le résultat de la soustraction est négatif, mais on alterne les opérations d'addition et de soustraction du diviseur suivant des règles bien définies. Ces trois solutions constituent trois méthodes de division binaire : la **méthode de comparaison**, la **méthode avec restauration des restes partiels** et la **méthode sans restauration des restes partiels**. La méthode à adopter dépend de la forme de représentation des nombres binaires. Plus précisément, on peut utiliser la méthode de comparaison et la méthode avec restauration des restes partiels seulement si la division se fait sur des nombres non signés ou des nombres signés exprimés sous la forme module et signe. D'autre part, la méthode sans restauration des restes partiels est utilisée pour n'importe quelle représentation des nombres binaires signés.

Un deuxième problème concerne la position de la virgule de séparation dans la représentation des nombres binaires en virgule fixe, parce que les algorithmes sont différents selon qu'on fait la division de nombres entiers (la virgule après la position la moins significative) ou de nombres fractionnaires (la virgule après le chiffre signe). Il est à noter qu'un tel problème n'existe pas pour les autres opérations arithmétiques.

Si l'opération porte sur des nombres entiers, le quotient a des chiffres significatifs seulement si la condition :

$$0 < \text{diviseur} < \text{dividende} \tag{7.34}$$

est satisfaite. Pour des opérandes de même longueur, on doit faire un nombre de soustractions égal au nombre de chiffres du diviseur.

Exemple 7.13

Considérons des opérandes de cinq bits. L'opération de division de nombres entiers s'effectue par la méthode du crayon et du papier de la façon suivante :

$$000011101 \div 00011 = 01001$$

$$
\begin{array}{l}
000011101 \\
-00000 \\
\hline
000011101 \\
-00011 \\
\hline
000000101 \\
-00000 \\
\hline
000000101 \\
-00000 \\
\hline
000000101 \\
-00011 \\
\hline
000000010
\end{array}
$$

Un accumulateur de longueur double est nécessaire et le dividende est placé dans la partie droite de ce registre.

Si l'opération porte sur des nombres fractionnaires, on obtient une valeur significative du quotient, c'est-à-dire aussi un nombre fractionnaire, si la condition :

$$\text{diviseur} > \text{dividende} > 0, \tag{7.35}$$

est satisfaite. Si on a, pour cette situation, des opérandes de même longueur, la première soustraction doit être faite sur les positions ayant la même puissance.

Exemple 7.14

Considérons des opérandes de cinq bits. L'opération de division de nombres fractionnaires s'effectue par la méthode du crayon et du papier de la façon suivante :

$$0,00110000 \div 0,1100 = 0,0100$$

$$
\begin{array}{r}
-\quad 0000 \\
\hline
00110000 \\
-\quad 0000 \\
\hline
00110000 \\
-\quad 1100 \\
\hline
00000000 \\
-\quad 0000 \\
\hline
00000000 \\
-\quad 0000 \\
\hline
00000000
\end{array}
$$

Il faut prévoir un accumulateur de longueur double, mais le dividende est mis dans la partie gauche de ce registre.

D'autres problèmes doivent être pris en considération durant l'implantation d'un algorithme de division. Ainsi, si le dividende est zéro, l'opération doit être empêchée parce que le résultat sera aussi zéro. De même, si le diviseur est zéro, l'opération doit être empêchée et une condition d'erreur mise en place. En conclusion, le bloc de commande de l'opération de division est toujours plus complexe que celui de toute autre opération arithmétique. Pour les mêmes raisons précisées lors de l'étude de l'opération de multiplication, nous décrivons d'abord les algorithmes de division définis pour les nombres représentés sous la forme module et signe, puis les algorithmes de division définis pour les nombres représentés sous la forme du complément à 2. Nous ne présenterons ici que les algorithmes de division binaire des nombres entiers.

7.6.2 Division binaire avec restauration des restes partiels

La structure d'un dispositif parallèle, dans lequel l'opération de division est faite selon la méthode avec restauration des restes partiels (nombres entiers de $(n+1)$ bits en module et signe), est illustrée à la figure 7.23. Cette structure est formée d'un additionneur parallèle pour n bits et de trois registres, soit :

- un accumulateur A de $(n+1)$ bits; il accepte l'information de l'additionneur parallèle, il peut être effacé et il peut fonctionner comme un registre à décalage à gauche; durant le décalage, la position A_0 pourra recevoir le contenu de la position Q_{n-1} du registre Q;

- un registre Q de $(n+1)$ bits; il peut stocker le dividende et il peut fonctionner comme un registre à décalage à gauche; durant le décalage, la position Q_0 pourra recevoir le chiffre actif du quotient;
- un registre B de $(n+1)$ bits; il peut stocker le diviseur et son contenu peut être additionné à celui de l'accumulateur ou soustrait de ce dernier.

Figure 7.23   Structure d'un dispositif de division binaire selon la méthode avec restauration des restes partiels

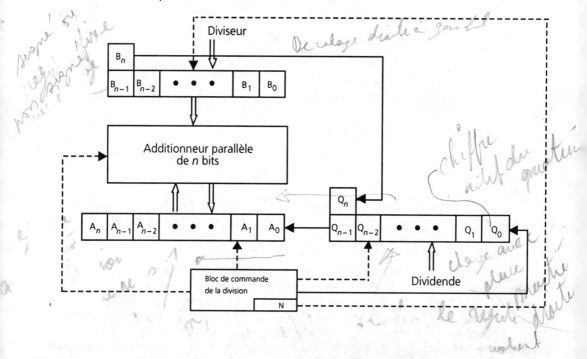

En premier lieu, on fait la lecture des opérandes. Puis, à l'étape principale de la division, on effectue un décalage à gauche d'une position de l'information contenue dans le registre double A-Q et on soustrait le contenu du registre B du contenu de l'accumulateur. Si le résultat de cette soustraction est un nombre positif, c'est-à-dire si $A_n = 0$, on introduit 1 à la position Q_0, valeur qui exprime le chiffre du quotient. Par contre, si le résultat de cette soustraction est un nombre négatif, c'est-à-dire si $A_n = 1$, on introduit 0 à la position Q_0, valeur qui exprime le chiffre du quotient, et on fait aussitôt la restauration du reste partiel par l'addition du contenu du registre B à celui de l'accumulateur. On répète ces opérations jusqu'à ce qu'on ait effectué n décalages et n soustractions, en supposant que le dividende et le diviseur ont n bits de grandeur. De même que lors de l'opération de multiplication, le chiffre signe du résultat est traité séparément et conservé dans la bascule Q_n, d'après la relation :

$$Q_n = B_n \oplus Q_n .$$

$$(7.36)$$

À partir de ces observations, nous pouvons définir l'algorithme de la division binaire des nombres entiers selon la méthode avec restauration des restes partiels qui est représentée par l'organigramme de la figure 7.24. Pour en simplifier la lecture, nous n'avons pas introduit les tests qui valident l'opération de division.

module et signe

Figure 7.24   Organigramme de la division binaire selon la méthode avec restauration des restes partiels

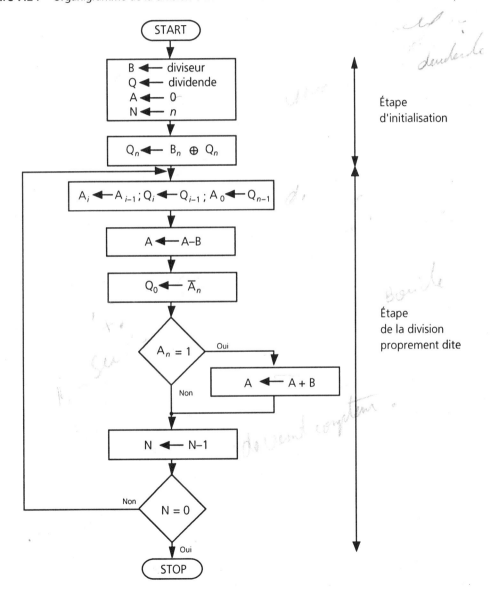

Exemple 7.15

Constituée à partir de l'algorithme ci-dessus, la table de la figure 7.25 montre la division de deux nombres exprimés sous la forme module et signe, avec des opérandes de quatre bits plus signe. Le dividende a la valeur 01101 (+13 en décimal) et le diviseur 00101 (+5 en décimal). L'opération de soustraction est faite par l'addition du complément à 2 et, dans cette situation, on doit aussi tenir compte du chiffre signe du nombre négatif, c'est-à-dire 11011. Le quotient 00010 (+2 en décimal) et le reste 00011 (+3 en décimal) expriment correctement le résultat.

Figure 7.25 Division selon la méthode avec restauration des restes partiels (nombres en module et signe)

	A	Q	B	Q_0	Q_4
État initial	00000	1101	0101		0
Pas 1	00001	1010			
	11011				
	11100	1010			
	00101				
	00001	1010	0101	0	0
Pas 2	00011	0100			
	11011				
	11110	0100			
	00101				
	00011	0100	0101	0	0
Pas 3	00110	1000			
	11011				
	00001	1001	0101	1	0
Pas 4	00011	0010			
	11011				
	11110	0010			
	00101				
	00011	0010	0101	0	0
État final	00011	0010	0101		0

7.6.3 Division binaire sans restauration des restes partiels

Le temps que prend la restauration des restes partiels est long, puisque la méthode implique une addition supplémentaire chaque fois qu'une soustraction donne un résultat négatif. En analysant cette méthode de division, on constate qu'après l'addition du diviseur intervient, à l'étape suivante, une soustraction du diviseur. Ainsi, les opérations effectuées à l'aide de la méthode avec restauration des restes partiels, si cette restauration est nécessaire, s'enchaînent selon l'ordre suivant :

- soustraction du diviseur $A <-A - B$;
- addition du diviseur $A <-A - B + B$;
- décalage vers la gauche $A <-2A$;
- soustraction du diviseur à l'étape suivante $A <-2A - B$.

Le même résultat peut être obtenu à l'aide de la méthode sans restauration des restes partiels, par la succession :

- soustraction du diviseur $A <-A - B$;
- décalage vers la gauche $A <-2A - 2B$;
- addition du diviseur à l'étape suivante $A <-2A - B$.

Tout d'abord, nous présentons l'application de cette méthode pour les nombres représentés par module et signe. Le schéma général d'un dispositif de division binaire sans restauration des restes partiels est le même que celui présenté à la figure 7.23. La différence qualitative réside dans la structure du bloc de commande qui contrôle l'opération en émettant, à chaque étape de la division proprement dite, les signaux de commande pour les actions suivantes :

- décalage du contenu du registre double A-Q d'une position à gauche;
- addition ou soustraction du diviseur, suivie de la détermination du signe du reste partiel; si ce signe est négatif, c'est-à-dire si $A_n = 1$, alors $Q_0 = 0$ et on établit l'addition comme opération suivante; si ce signe est positif, c'est-à-dire si $A_n = 0$, alors $Q_0 = 1$ et on établit la soustraction comme opération suivante.

On répète l'opération jusqu'à ce qu'on ait effectué n décalages, en supposant que le dividende et le diviseur ont n bits de grandeur. Si, après la dernière addition, le résultat dans l'accumulateur est positif, le reste final est exprimé correctement; par contre, si le résultat est négatif, on doit faire une addition supplémentaire pour corriger le reste final.

L'organigramme de la figure 7.29 montre l'algorithme de la division binaire de nombres entiers représentés sous la forme module et signe selon la méthode sans restauration des restes partiels; on y trouve le test d'une bascule BS qui est un composant du bloc de commande de l'opération de division. Cette bascule est initialisée à la valeur 0, mais, pendant le déroulement de l'algorithme, elle est positionnée à la valeur qui dépend du signe du reste partiel.

Figure 7.26   Organigramme de la division binaire selon la méthode sans restauration des restes partiels (nombres en module et signe)

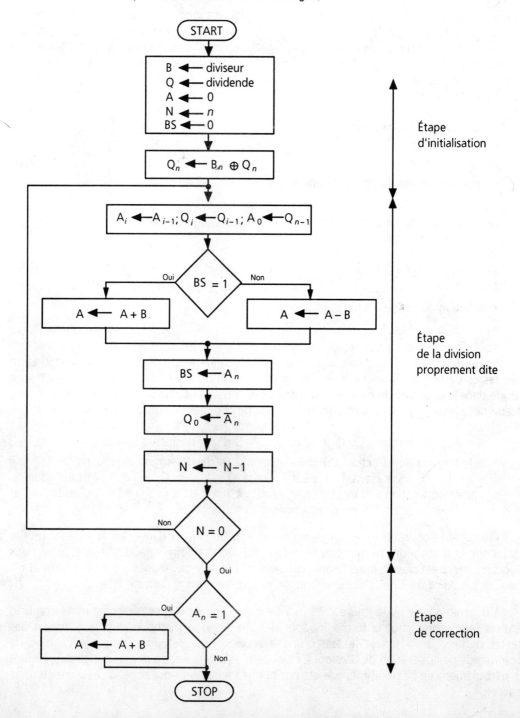

Exemple 7.16

À partir de l'algorithme présenté ci-dessus, nous avons constitué la table de la figure 7.27 qui montre un exemple de division, en utilisant des opérandes de quatre bits plus un bit signe (nombres signés en module et signe), soit 01101 (+13 en décimal) pour le dividende et 00101 (+5 en décimal) pour le diviseur. Le quotient 00010 (+2 en décimal) et le reste 00011 (+3 en décimal) expriment correctement le résultat

Figure 7.27   Division selon la méthode sans restauration des restes partiels (nombres en module et signe)

	A	Q	B	Q_0	BS	Q_4
État initial	00000	01101	00101		0	0
Pas 1	00001 11011 11100	1010 1010	0101	0	1	0
Pas 2	11001 - 00101 11110	0100 0100	0101	0	1	0
Pas 3	11100 00101 00001	1000 1001	0101	1	0	0
Pas 4	00011 11011 11110	0010 0010	0101	0	1	0
Correction du dernier reste	00101 00011	0010	0101			
État final	00011	0010	0101			·0

Comme nous l'avons déjà mentionné, la méthode de division binaire sans restauration des restes partiels peut être appliquée aux nombres binaires représentés sous la forme du complément à 2. Dans ce cas, l'essentiel de l'algorithme, c'est-à-dire l'alternance d'additions et de soustractions, demeure; cependant, en fonction de la forme de représentation, l'algorithme peut exiger quelques modifications. La structure d'un dispositif parallèle qui effectue l'opération de division selon la méthode sans restauration des restes partiels pour les nombres entiers en complément à 2 est présentée à la figure 7.28. En comparant cette structure avec celle de la figure 7.23, on peut dégager les différences suivantes :

- un additionneur de $(n+1)$ bits est utilisé parce que les chiffres signes A_n et B_n sont traités de la même façon que les chiffres de grandeur;
- le chiffre signe du registre Q participe au décalage;
- le dividende est lu dans le registre double A-Q ayant ses chiffres significatifs dans le registre Q, alors que toutes les positions du registre A sont chargées avec la valeur déterminée par le signe du dividende.

Figure 7.28   Structure d'un dispositif de division binaire selon la méthode sans restauration des restes partiels (nombres en complément à 2)

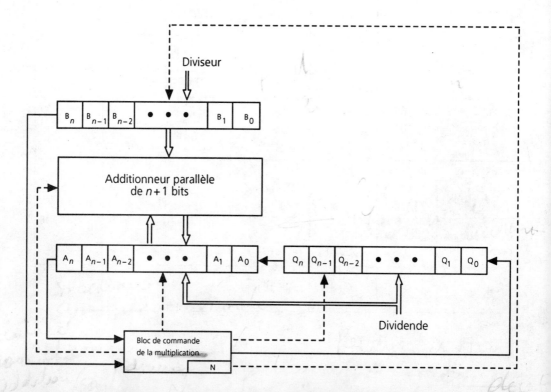

Pour les nombres entiers exprimés en complément à 2, l'algorithme de division binaire selon la méthode sans restauration des restes partiels implique, à chaque étape de la division proprement dite, la succession suivante d'opérations :

- on fait le décalage d'une position vers la gauche du registre double A-Q;
- si les signes du diviseur et du reste partiel étaient identiques avant le décalage, on effectue la soustraction; si les signes du diviseur et du reste partiel étaient différents avant le décalage, on effectue l'addition.
- après l'opération précédente, on compare le signe du reste partiel et le signe du diviseur; si les signes sont identiques, on introduit $Q_0 = 1$; si les signes sont différents, on introduit $Q_0 = 0$.

Cette procédure se déroule $(n+1)$ fois si les deux opérandes sont exprimés par $(n+1)$ chiffres binaires. Après l'application de l'algorithme proprement dit, il faut procéder à la correction du quotient et à la correction du reste final.

La **correction du reste final** est effectuée seulement si le dernier reste partiel est différent de zéro et si son signe est opposé au signe du dividende. Cette correction se fait par :

- l'addition, si le signe du diviseur et celui du dernier reste partiel sont différents;
- la soustraction, si le signe du diviseur et celui du dernier reste partiel sont identiques.

La **correction du quotient** consiste à ajouter une unité à la position la moins significative dans les cas suivants :

- dividende positif et diviseur négatif;
- dividende négatif, diviseur positif et reste différent de zéro;
- dividende négatif, diviseur négatif et reste égal à zéro.

Pour pouvoir appliquer l'algorithme décrit ci-dessus, le bloc de commande de l'opération de division doit contenir en plus :

- une bascule BS positionnée en fonction des signes du reste partiel et du diviseur avant le décalage, selon la relation :

$$BS = A_n \oplus B_n \; ; \qquad (7.37)$$

- un circuit combinatoire, ayant la sortie C, qui prend la valeur logique 1 après l'opération de division si le quotient doit être corrigé. Parce que le signe du dividende est perdu pendant la procédure de division, il doit être stocké avant le commencement de l'opération dans une bascule qu'on note par SD. Il faut aussi prévoir un circuit combinatoire AZ qui vérifie le contenu de l'accumulateur et qui, après cette vérification, prend la valeur 1 à sa sortie si l'accumulateur contient la valeur 0. Avec ces précisions, on peut exprimer la condition de correction du quotient par :

$$C = \overline{SD} \bullet B_n + SD \bullet \overline{B_n} \bullet \overline{AZ} + SD \bullet B_n \bullet AZ \; . \qquad (7.38)$$

L'algorithme de division binaire selon la méthode sans restauration des restes partiels pour les nombres exprimés en complément à 2 est donné par l'organigramme de la figure 7.29.

Figure 7.29   Organigramme de la division binaire selon la méthode sans restauration des restes partiels (nombres en complément à 2)

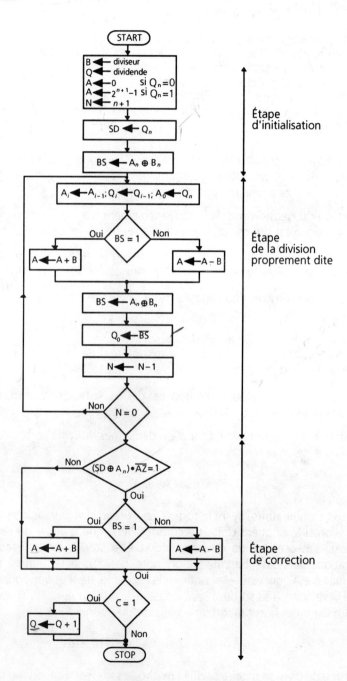

Exemple 7.17

À partir de l'algorithme décrit ci-dessus, nous avons constitué la table de la figure 7.30 qui présente un exemple de division de deux nombres entiers de quatre bits plus le chiffre signe (nombres signés en complément à 2), soit 01111 (+15 en décimal) pour le dividende et 11100 (–4 en décimal) pour le diviseur. Le quotient 11101 (–3 en décimal) et le reste 00011 (+3 en décimal) peuvent être vérifiés sans difficulté.

Figure 7.30 Division selon la méthode sans restauration des restes partiels (nombres en complément à 2)

	A	Q	B	Q_0	BS
État initial	00000	01111	11100		1
Pas 1	00000 11100 11100	11110 11111	 11100	 1	 0
Pas 2	11001 00100 11101	11110 11111	 11100	 1	 0
Pas 3	11011 00100 11111	11110 11111	 11100	 1	 0
Pas 4	11111 00100 00011	11110 11110	 11100	 0	 1
Pas 5	00111 11100 00011	11100 11100	 11100	 0	 1
Correction du quotient		1 11101			
État final	00011	11101	11100		

7.7 ARITHMÉTIQUE DES NOMBRES EN VIRGULE FLOTTANTE

7.7.1 Représentation des nombres en virgule flottante

Considérons un dispositif arithmétique en virgule fixe où la position de la virgule de séparation est implicitement placée immédiatement après le chiffre signe (nombres fractionnaires). Le problème qui se pose est le suivant : comment effectuer des opérations sur les nombres qui ont une partie entière différente de zéro, ou, plus généralement, comment effectuer des opérations sur les nombres qui se trouvent dans une plage très large, spécialement dans les calculs techniques et scientifiques? Une solution consiste à introduire un facteur d'échelle à côté de chaque nombre utilisé et à manipuler chacun de ces facteurs à toutes les étapes du calcul. Toutefois, bien que cette solution soit possible, elle entraîne une diminution de la vitesse de calcul et exige un logiciel compliqué. La représentation des nombres dite en **virgule flottante**, de même que l'élaboration d'algorithmes en vue de l'implantation matérielle des opérations arithmétiques dans cette forme de représentation, a permis de résoudre facilement le problème soulevé.

Un nombre en virgule flottante se compose de deux éléments. Le premier, nommé **exposant**, donne des informations sur l'ordre de grandeur; le deuxième, nommé **mantisse**, exprime la valeur du nombre dans cet ordre. Par exemple, la notation en virgule flottante d'un nombre binaire x sera :

$$x = xM * 2^{ex},$$
$$(7.39)$$

où xM représente la mantisse et ex l'exposant.

Lors de la conception d'un dispositif arithmétique en virgule flottante, il faut d'abord décider du nombre de positions à attribuer à l'exposant et du nombre de positions à attribuer à la mantisse. Cette décision constitue un compromis, si l'on suppose que le nombre de bits d'un mot de type donné est fixé par l'architecture de l'ordinateur. Plus clairement, si l'on attribue plus de positions à l'exposant, on augmente la plage de représentation, mais la précision de chaque nombre se trouve diminuée. À l'inverse, si l'on attribue plus de positions à la mantisse, la précision s'en trouve augmentée, mais on restreint la plage de représentation. Pour les ordinateurs actuels, le nombre de positions choisies pour l'exposant varie de 6 à 14, compte tenu d'une longueur de mot de 32 à 64 bits.

En second lieu, il faut décider de l'organisation interne d'un mot qui garde un nombre en virgule flottante. Une structure possible est montrée à la figure 7.31. Ici, l'exposant et la mantisse ont chacun une position pour le bit signe. Les deux positions de signe sont placées au début du mot. On voit que la mantisse est séparée de son signe. Cette séparation représente un avantage : la première position d'un mot est toujours réservée au signe du nombre, de la même manière qu'en virgule fixe. Autrement dit, tous les tests qui sont faits au niveau matériel sur le chiffre signe sont identiques, que l'on utilise des nombres en virgule fixe ou en virgule flottante.

Figure 7.31
Notation d'un nombre
en virgule flottante

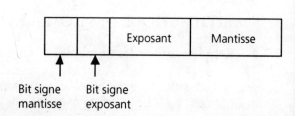

Dans la majorité des dispositifs arithmétiques en virgule flottante, on considère que la virgule est située immédiatement après le chiffre signe de la mantisse; bref, la mantisse exprime des nombres fractionnaires. De plus, il faut chercher à préserver une précision maximale pour l'expression de chaque nombre en virgule flottante. Par conséquent, avant et après un calcul, la mantisse d'un nombre doit avoir une valeur comprise entre 1 et 0,5 s'il est positif, ou une valeur comprise entre –0,5 et –1 s'il est négatif. Un nombre en virgule flottante qui remplit cette condition est dit **normalisé**. La normalisation d'un nombre en virgule flottante est effectuée par le décalage de la mantisse vers la gauche, jusqu'à ce que le premier chiffre de la mantisse exprime un chiffre significatif. Si ce décalage a été fait avec i positions, il faut qu'on soustraie la valeur i de l'exposant (figure 7.32). Au fur et à mesure du décalage de la mantisse, les positions libres sont remplies par des bits 0.

Figure 7.32 Normalisation d'un nombre en virgule flottante

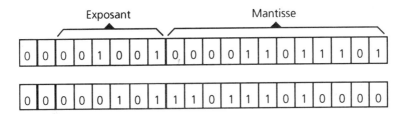

Une difficulté surgit dans le cas de la représentation du nombre zéro en virgule flottante. Évidemment, la mantisse du nombre zéro doit contenir dans toutes les positions des chiffres 0. Théoriquement, son exposant peut avoir n'importe quelle valeur. Néanmoins, pour le nombre zéro en virgule flottante, il est préférable que la valeur de l'exposant soit la plus petite possible. Un tel zéro est dit **zéro propre** (figure 7.33). Cette représentation ne contient pas le bit 0 dans toutes les positions, ce qui constitue un inconvénient au moment du test. Pour y remédier, on utilise dans la plupart des ordinateurs un **exposant corrigé** appelé **caractéristique**. Pour obtenir la caractéristique, on ajoute à l'exposant une constante, choisie de manière à donner une valeur positive à tous les exposants. En d'autres mots, plutôt que de permettre à l'exposant de prendre des valeurs entre –E et +E, on oblige la caractéristique à prendre des valeurs entre 0 et $2*E$, en supposant le même nombre de bits que pour le champ exposant. Par conséquent, la caractéristique s'exprime par un nombre non signé. Ainsi, si on utilise la caractéristique plutôt que l'exposant, le nombre zéro propre a des bits 0 dans toutes les positions du mot, ce qui veut dire que l'on peut tester le nombre zéro en virgule flottante avec le même circuit dont on se sert en virgule fixe.

Figure 7.33 Représentation du zéro propre

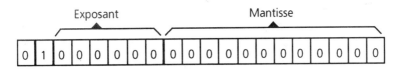

Les ordinateurs modernes utilisent une représentation en virgule flottante qui respecte les recommandations de l'IEEE (Institute of Electrical and Electronics Engineers), représentation dans laquelle la mantisse normalisée contient 1 comme partie entière, suivie de la partie fractionnaire. Puisque le chiffre 1 est toujours présent dans la mantisse normalisée, il est considéré comme implicite; ce 1 n'est donc pas gardé physiquement dans la mantisse. La représentation de l'IEEE suppose un exposant corrigé, donc une caractéristique. Deux formes d'un tel nombre en virgule flottante sont définies : **réel court sur 32 bits** (figure 7.34) et **réel long sur 64 bits** (figure 7.35).

Figure 7.34 Représentation d'un réel court, conformément aux recommandations de l'IEEE

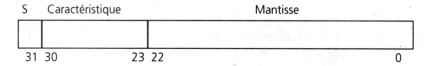

Figure 7.35 Représentation d'un réel long, conformément aux recommandations de l'IEEE

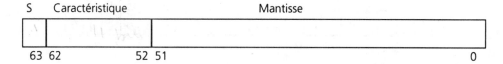

Un réel court en virgule flottante (S, C, M) a sa valeur décimale N donnée par la relation :

$$N = (-1)^S * 2^{C-127} * 1, M , \qquad (7.40)$$

où

- S représente le bit signe;
- C représente la caractéristique;
- M représente la mantisse.

Une relation semblable peut être déduite pour les nombres de type réel long.

Pour montrer la conversion d'un nombre décimal externe en sa représentation en virgule flottante IEEE, nous allons présenter un exemple.

Exemple 7.18

Prenons le nombre +87,125 qu'on veut représenter sous la forme d'un réel court. D'abord, on doit le convertir en binaire, la partie entière et la partie fractionnaire séparément, donc :

$$87_{10} = 1010111_2 ,$$
$$0,125_{10} = 0,001_2 ;$$

Exemple 7.18 (suite)

d'où

$$87,125_{10} = 1010111,001_2 \; .$$

En effectuant la normalisation, on obtient :

$$1010111,001 = 1,010111001 * 2^6 \; ,$$

donc :

1,010111001   représente la mantisse;

110   représente l'exposant.

✓ Pour la représentation IEEE, il faut tenir compte de : 010111001 qui est la mantisse (moins le 1, la partie entière) et 10000101 qui est la caractéristique (133 = 127 + 6). Par conséquent, +87,125 est exprimé comme un réel court conformément à la figure 7.36.

Figure 7.36   Représentation du nombre +87,125 sous la forme d'un réel court

0	10000101	01011100100000000000000

✓ Dans un nombre en virgule flottante IEEE, la mantisse est représentée sous la forme module et signe. Par conséquent, la seule différence entre un nombre négatif et un nombre positif de même valeur absolue réside dans le bit signe. Ainsi, le nombre $-87,125_{10}$ s'exprime comme un réel court conformément à la figure 7.37.

Figure 7.37   Représentation du nombre –87,125 sous la forme d'un réel court

1	10000101	01011100100000000000000

7.7.2 Opérations arithmétiques sur les nombres en virgule flottante

Nous avons vu que, pour l'implantation matérielle de chaque opération arithmétique en virgule fixe, il existe plusieurs possibilités, en fonction notamment de l'algorithme choisi et de la représentation des nombres signés. À cause de la complexité de la représentation des nombres en virgule flottante, les solutions possibles qui conduisent aux implantations matérielles sont encore plus nombreuses. Nous ne présenterons pas de schéma d'un tel dispositif ni les organigrammes détaillés des opérations arithmétiques qui sont assez complexes; nous examinerons toutefois quelques exemples d'addition et de soustraction dans un dispositif en virgule flottante qui effectue les opérations arithmétiques sur des opérandes de type réel court IEEE (32 bits). Il faut préciser qu'une telle structure contient deux dispositifs arithmétiques distincts en virgule fixe : l'un pour les mantisses (addition, soustraction, multiplication et division) et l'autre pour les caractéristiques (addition et soustraction). Rappelons que les mantisses sont exprimées sous la forme module et signe et que les caractéristiques sont des nombres non signés.

Figure 7.38   Organigramme général des opérations d'addition et de soustraction des nombres en virgule flottante

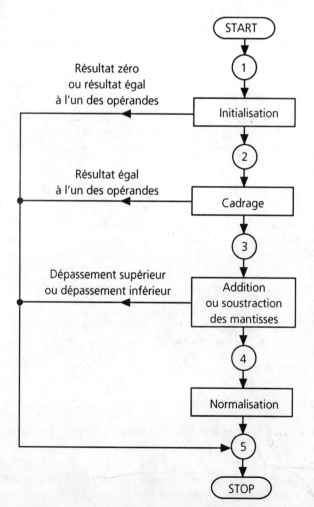

L'addition ou la soustraction de deux nombres binaires en virgule flottante peut être faite seulement si leurs caractéristiques ont la même valeur, et ce en raison du fait que l'opération d'addition ou celle de soustraction proprement dite s'effectue sur les mantisses, exigeant que les bits qui se trouvent à la même position aient une pondération équivalente. Or les bits de même position ont une pondération équivalente uniquement si les caractéristiques sont égales. Par conséquent, après l'étape d'initialisation au cours de laquelle on établit l'opération arithmétique effective, on doit procéder à l'égalisation des caractéristiques, opération nommée **cadrage**. Le cadrage suppose le décalage à droite de la mantisse de l'opérande ayant la plus petite caractéristique et l'ajustement de cette caractéristique jusqu'à ce que celle-ci devienne égale à la caractéristique du deuxième nombre. Après le cadrage, l'opération d'addition ou de soustraction des mantisses est effectuée. Au cours de l'addition, il peut se produire un dépassement de capacité du champ mantisse. Si tel est le cas, on doit faire, après l'addition proprement dite des mantisses, un décalage d'une position vers la droite de la mantisse résultat, en ajoutant une unité à la caractéristique. Enfin, si après l'addition ou la soustraction des mantisses le résultat n'est pas normalisé, on procède à la normalisation. Un organigramme général, qui met en évidence chacune des étapes de l'addition ou de la soustraction des nombres binaires en virgule flottante, est présenté à la figure 7.38.

Exemple 7.19

Montrons comment s'effectue l'opération d'addition sur $A = 40000000_{16}$ et $B = 36000000_{16}$ dans un dispositif en virgule flottante, si l'on considère les deux nombres comme des réels courts d'après les normes de l'IEEE.

$$A = 01000000000000000000000000000000_2$$

donc
$$A = +2^{128-127} * 1,0000000000000000000000000_2$$
$$= +2^1 * 1,0000000000000000000000000_2$$

$$B = 00110110000000000000000000000000_2$$

donc
$$B = +2^{108-127} * 1,0000000000000000000000000_2$$
$$= +2^{-19} * 1,0000000000000000000000000_2$$

a) Étape d'initialisation : l'opération effective est une addition.

b) Étape de cadrage : décalage à droite de 20 positions de la mantisse du deuxième opérande et égalisation des caractéristiques :

$$B = +2^1 * 0,0000000000000000000001000_2$$

Exemple 7.19 (suite)

c) Étape d'addition des mantisses :

$$AM = 1,000000000000000000000000_2$$
$$BM = 0,000000000000000000001000_2$$
$$AM + BM = 1,000000000000000000001000_2$$

d) Étape de normalisation : pas nécessaire.

Résultat : $A + B = 01000000000000000000000000001000_2$ ou
$A + B = 40000008_{16}$

Rappelons que le bit 1 qui constitue la partie entière de la mantisse est considéré comme implicite.

Exemple 7.20

Montrons comment s'effectue l'opération de soustraction sur $A = 40000000_{16}$ et $B = C0000000_{16}$ dans un dispositif en virgule flottante, si l'on considère les deux nombres comme des réels courts d'après les normes de l'IEEE.

$$A = 01000000000000000000000000000000_2$$

donc
$$A = +2^{128-127} * 1,00000000000000000000000_2$$
$$= +2^1 * 1,00000000000000000000000_2$$

$$B = 11000000000000000000000000000000_2$$

donc
$$B = -2^{128-127} * 1,00000000000000000000000_2$$
$$= -2^1 * 1,00000000000000000000000_2$$

a) Étape d'initialisation : l'opération effective est une addition, puisqu'il s'agit d'une soustraction d'un nombre négatif.

b) Étape de cadrage : pas nécessaire.

c) Étape d'addition des mantisses :

$$AM = 1,00000000000000000000000_2$$
$$BM = 1,00000000000000000000000_2$$
$$AM - BM = 10,00000000000000000000000_2$$

Exemple 7.20 (suite)

d) Étape de normalisation et ajustement de la caractéristique :

$$C = 10000000 + 1 = 10000001_2 \; ; \quad AM{-}BM = 1{,}00000000000000000000000_2$$

Résultat : $A - B = 01000000100000000000000000000000_2$ ou

$$A - B = 40800000_{16}$$

La multiplication de deux nombres binaires en virgule flottante se fait par la multiplication des mantisses et l'addition des exposants, conformément à la relation :

$$x * y = (xM * yM) * 2^{ex + ey} \; . \tag{7.41}$$

Si l'exposant est remplacé par la caractéristique, il est nécessaire de faire une correction.

Un organigramme général, qui met en évidence les étapes de la multiplication des nombres signés en virgule flottante, est donné à la figure 7.39. Comme nous pouvons le voir, l'étape de la multiplication des mantisses et celle de l'addition des caractéristiques peuvent être simultanées parce qu'elles supposent des dispositifs arithmétiques distincts.

Figure 7.39 Organigramme général de l'opération de multiplication des nombres en virgule flottante

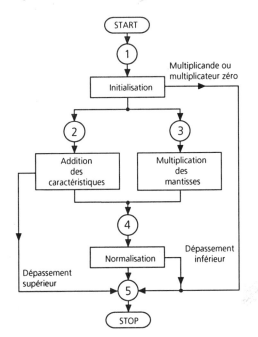

La division de deux nombres binaires en virgule flottante s'effectue par la division des mantisses et la soustraction des exposants, conformément à la relation :

$$\frac{x}{y} = \frac{xM}{yM} \star 2^{ex-ey}.$$ (7.42)

Si l'exposant est remplacé par la caractéristique, il est nécessaire de faire une correction.

Un organigramme général montrant les étapes du déroulement de la division des nombres signés en virgule flottante est donné à la figure 7.40. De même que pour l'opération de multiplication en virgule flottante, les étapes de la division des mantisses et de la soustraction des caractéristiques peuvent être simultanées.

Figure 7.40 Organigramme général de l'opération de division des nombres en virgule flottante

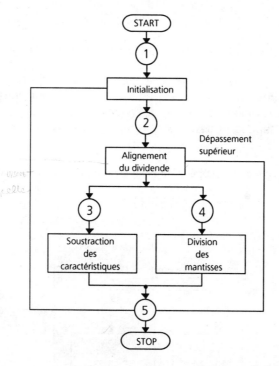

7.8 ARITHMÉTIQUE DES NOMBRES DÉCIMAUX

7.8.1 Problèmes spécifiques de l'arithmétique des nombres décimaux

Les dispositifs arithmétiques décimaux exécutent les opérations sur les nombres représentés par un code binaire-décimal. La manipulation des nombres décimaux ne nécessite ni de conversion décimale-binaire à l'entrée ni de conversion binaire-décimale à la sortie. Les conceptions qui conduisent à la réalisation d'un tel dispositif s'appuient sur des idées sembla-bles à celles qui ont été présentées pour les nombres binaires. Ainsi, dans un premier temps, il faut établir la forme de représentation des nombres décimaux soumis au traitement. À l'instar d'un nombre binaire, un nombre binaire-décimal peut être signé ou non signé. Dans le cas d'un nombre signé, le chiffre signe est placé à la position la plus significative selon les conventions connues, soit 0 pour un signe positif et 1 pour un signe négatif. Par conséquent, un nombre décimal signé de n chiffres nécessite $(4n+1)$ bits. Il existe trois formes de représentation des nombres décimaux signés :

- représentation par **module et signe**;
- représentation par **complément à 10**;
- représentation par **complément à 9**.

Très souvent, dans les ordinateurs qui utilisent la représentation par une forme de complément, le signe d'un nombre décimal est codé sur un groupe de quatre bits. Ainsi, pour le code DCB, le signe plus (+) est exprimé par la combinaison 0000, équivalent du chiffre décimal 0, et le signe moins (–) par la combinaison 1001, équivalent du chiffre 9. De cette façon, les règles qui ont été établies pour l'addition et la soustraction des nombres binaires signés dans la forme du complément à 2 restent valables pour les nombres décimaux signés représentés dans la forme du complément à 10. Conséquemment, l'addition de deux nombres décimaux est faite par l'addition successive de tous les chiffres décimaux, y compris celui du signe, sans tenir compte de la dernière retenue. Pour déterminer le complément à 10 d'un nombre décimal signé négatif, on emploie un algorithme semblable à celui qui permet d'exprimer en complément à 2 un nombre binaire signé négatif, soit :

- inspecter le nombre décimal en partant du chiffre le moins significatif;
- ne pas modifier les chiffres 0 rencontrés;
- effectuer la soustraction du premier chiffre différent de 0 à partir de 10;
- effectuer la soustraction de tous les autres chiffres à partir de 9;
- introduire dans la première position le chiffre 9, représentant le signe moins.

Exemple 7.21

Soit les nombres décimaux signés +456 et –230, représentés par 0456 et 9770 dans la forme du complément à 10. L'addition de ces nombres donne :

position signe

$$
\begin{array}{r}
0456 \\
+\ 9770 \\
\hline
10226 \\
\end{array}
$$

retenue qui dépasse la capacité

où le résultat +226 est correct.

La structure d'un dispositif arithmétique décimal est fortement influencée par les modalités d'exécution des additions dans une opération arithmétique pour chacune des positions décimales. Suivant ce critère, trois structures sont possibles pour l'exécution des additions : série-série, série-parallèle et parallèle-parallèle. Pour comprendre comment l'opération d'addition s'effectue dans les trois structures, considérons les nombres décimaux non signés 536 et 268 exprimés dans le code DCB par 010100110110 et 001001101000 (seuls les chiffres de grandeur sont traités).

L'addition dans une structure série-série est illustrée par :

$t_{12}\, t_{11}\, t_{10}\, t_9$	$t_8\, t_7\, t_6\, t_5$	$t_4\, t_3\, t_2\, t_1$
5	3	6
0 1 0 1	0 0 1 1	0 1 1 0
0 0 1 0	0 1 1 0	1 0 0 0
2	6	8

où les bits d'un chiffre décimal ainsi que les chiffres décimaux sont additionnés en série bit par bit. Pour accomplir cette opération, douze impulsions d'horloge sont nécessaires.

L'addition des mêmes nombres dans une structure série-parallèle est illustrée par :

	t_3			t_2			t_1	
	0 0			0 0			0 0	
	1 0			0 1			1 0	
5	0 1	2	3	1 1	6	6	1 0	8
	1 0			1 0			0 0	

où les bits des chiffres décimaux qui se trouvent à la même position sont additionnés en parallèle et les chiffres décimaux sont additionnés en série. Cette opération requiert trois impulsions d'horloge.

Enfin, l'addition des mêmes nombres dans une structure parallèle-parallèle est illustrée par :

		t_1	
		0 1	
		1 0	
	6	1 0	8
		0 0	
		0 0	
		0 1	
	3	1 1	6
		1 0	
		0 0	
		1 0	
	5	0 1	2
		1 0	

où les bits d'un chiffre décimal ainsi que les chiffres décimaux sont additionnés en parallèle durant une seule impulsion d'horloge.

On peut facilement voir que la structure série-série a besoin d'un seul **additionneur binaire élémentaire**. Il demeure qu'elle est très lente et, pour cette raison, rarement utilisée. Quoique plus rapide, la structure parallèle-parallèle est plus coûteuse puisqu'elle requiert, pour chaque position décimale, un additionneur décimal élémentaire. Par conséquent, la structure série-parallèle est préférée pour la majorité des dispositifs arithmétiques décimaux.

7.8.2 Circuits pour l'addition des chiffres décimaux

Le circuit qui effectue l'addition de deux chiffres d'un rang décimal, en traitant simultanément les bits du code et la retenue du rang précédent, est nommé **additionneur décimal élémentaire**. Le circuit qui effectue la soustraction de deux chiffres décimaux, suivant des modalités semblables, est nommé **soustracteur décimal élémentaire**. Nous analyserons les additionneurs décimaux élémentaires en code DCB. Une solution possible s'appuie sur la technique de synthèse d'un circuit combinatoire à l'aide d'une table de vérité. Cette solution n'est pas simple, puisque le circuit nécessite 9 entrées (2 fois 4 bits pour les chiffres décimaux en DCB, plus la retenue du rang précédent), donc 512 lignes dans la table de vérité, et 5 sorties (4 bits du chiffre décimal somme et la retenue vers le rang suivant). Nous présentons une autre solution qui utilise quatre additionneurs élémentaires binaires liés en cascade. Cette structure ne produit pas toujours correctement la somme parce que seules les combinaisons admises en code doivent être acceptées à la sortie. Par conséquent, il faut ajouter à l'ensemble une partie combinatoire de correction qui est mise en marche quand les sorties présentent une combinaison erronée. Pour le code DCB, le circuit de correction doit agir lorsque :

- le résultat d'addition représente une combinaison interdite dans le code, c'est-à-dire 1010, 1011, 1100, 1101, 1110 et 1111;
- le résultat d'addition représente une combinaison de cinq chiffres binaires.

Dans les deux cas, la correction consiste à soustraire l'équivalent du nombre décimal 10, soit la combinaison binaire 1010, et à générer une retenue vers le chiffre décimal de rang supérieur. On peut remplacer ces deux opérations par l'addition de la combinaison 0110 (complément à 2 de 1010) et former ainsi correctement le chiffre décimal somme et le chiffre de la retenue vers le rang décimal supérieur.

Exemple 7.22

Soit l'addition de deux chiffres en DCB :

$$
\begin{array}{ll}
x = 0110 & \text{6 en décimal} \\
y = 0111 & \text{7 en décimal} \\
\overline{x + y = 1101} & \text{combinaison interdite en code} \\
- \ 1010 & \text{soustraction de 1010 et génération de la retenue} \\
\overline{10011} & \text{vers le rang décimal supérieur} \\
\text{retenue} \quad \text{3 en décimal}
\end{array}
$$

Exemple 7.22 (suite)

En remplaçant la soustraction par l'addition, nous obtenons :

$x = 0110$ 6 en décimal
$y = 0111$ 7 en décimal
$x + y = 1101$ combinaison interdite en code
$+ \cdot 0110$ addition de 0110
$\underline{10011}$
retenue   3 en décimal

Exemple 7.23

Soit l'addition de deux chiffres en DCB :

$x = 1001$ 9 en décimal
$y = 1000$ 8 en décimal
$x + y = 10001$ résultat de 5 chiffres binaires
$- 1010$ soustraction de 1010 et génération de la retenue
$\underline{10111}$ vers le rang décimal supérieur
retenue   7 en décimal

En remplaçant la soustraction par l'addition, nous obtenons :

$x = 1001$ 9 en décimal
$y = 1000$ 8 en décimal
$x + y = 10001$ résultat de 5 chiffres binaires
$+ \cancel{1010}$ addition de 0110
$\underline{10111}$
retenue   7 en décimal

Les combinaisons interdites du code DCB sont mises en évidence dans le diagramme de Karnaugh de la figure 7.41. Nous y avons noté par S'_4, S'_3, S'_2, et S'_1 les chiffres sommes obtenus après l'addition binaire des bits qui expriment les chiffres décimaux. En considérant aussi la deuxième situation qui nécessite une correction (combinaison de cinq chiffres binaires), nous pouvons écrire l'équation logique du circuit de correction d'erreur :

$$C = S'_4 \cdot (S'_3 + S'_2) + T'_4 . \tag{7.43}$$

Figure 7.41

Diagramme de Karnaugh mettant en évidence
les combinaisons interdites du code DCB

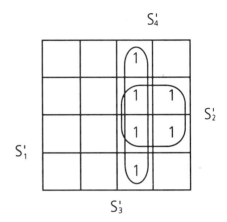

La figure 7.42 présente le schéma d'un additionneur décimal élémentaire dans le code DCB. Son fonctionnement peut être suivi sans difficulté, c'est-à-dire :

- si, après l'addition binaire, le résultat ne dépasse pas 1001 (9 en décimal), la variable C a la valeur 0 et, par conséquent, $S_4 = S'_4$, $S_3 = S'_3$, $S_2 = S'_2$ et $S_1 = S'_1$;

- si, après l'addition binaire, le résultat exprime une combinaison interdite en code ou si la retenue T'_4 a la valeur 1, la variable C prend elle aussi la valeur 1, et l'addition de 0110 s'effectue au moyen de l'additionneur élémentaire Ad_5 et des demi-additionneurs DAd_1 et DAd_2.

Figure 7.42 Additionneur décimal élémentaire, variante I

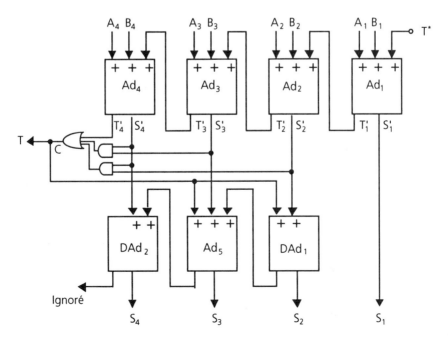

La vitesse d'un additionneur décimal élémentaire peut être améliorée par un traitement de la retenue qui se propage entre les bits d'un chiffre décimal. On constate que, si la somme est 9 et qu'il y a en même temps une retenue du rang décimal inférieur, la somme change de 9 à 0 et une retenue est propagée vers le rang décimal supérieur. Pendant ce changement, la retenue du rang décimal inférieur se propage dans les quatre étages des additionneurs élémentaires Ad$_1$ à Ad$_4$. Pour empêcher cette propagation, on doit modifier l'additionneur décimal élémentaire (figure 7.43), en remplaçant l'additionneur élémentaire de la position binaire la moins significative par deux demi-additionneurs et une porte OU. Une porte ET est aussi ajoutée pour signaler l'existence d'une retenue du rang décimal inférieur et le fait que le chiffre somme du rang concerné est égal à 9. En connectant cette porte ET à la porte OU finale, on évite la propagation de la retenue à travers les additionneurs binaires élémentaires.

Figure 7.43 Additionneur décimal élémentaire, variante II

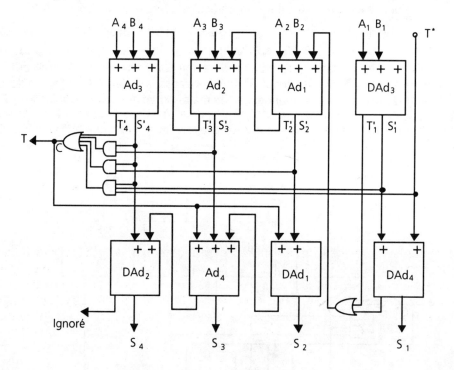

D'autres réalisations d'un additionneur décimal élémentaire sont évidemment possibles; on cherche alors à améliorer la vitesse et à diminuer le nombre des portes nécessaires. Une de ces solutions, sous la forme d'un circuit intégré MSI, sera présentée lors de l'étude d'un additionneur décimal parallèle-parallèle.

7.8.3 Opérations arithmétiques sur les nombres décimaux

Considérons l'addition et la soustraction de deux nombres décimaux. Nous présentons à la figure 7.44 un additionneur décimal de type parallèle-parallèle utilisant le code DCB et la représentation par complément à 10 qui permet d'effectuer ces deux opérations. Chaque étage du schéma contient deux circuits MSI en technologie CMOS : un additionneur décimal élémentaire (TC4560BP – figure 7.45) et un circuit générateur du complément à 9 (TC4561BP – figure 7.46). Ce dernier est nécessaire puisque l'inverse d'un chiffre décimal en code DCB, qui constitue son complément à 9, ne peut être obtenu par une simple inversion de chaque bit. Dans le schéma proposé, la soustraction se fait par l'addition du complément à 10 du deuxième opérande. L'opération effective à exécuter, addition ou soustraction, est déterminée par le signal de commande Ad/Sc (si addition Ad/Sc = 0, si soustraction Ad/Sc = 1) et les signes des opérandes. Durant une soustraction, en plus du complément à 9 de chaque chiffre décimal, il faut ajouter une unité à la position la moins significative, en vue d'obtenir le complément à 10 du deuxième opérande. Rappelons qu'un procédé semblable a été utilisé pour obtenir le complément à 2 dans un additionneur binaire.

La synthèse d'un générateur qui effectue le complément à 9 d'un chiffre décimal en code DCB est un problème classique de circuit combinatoire ayant des sorties multiples (quatre entrées et quatre sorties). Le circuit TC4561BP est un peu plus complexe qu'un tel circuit. Son comportement est imposé par les signaux aux entrées de commande COMP et Z. Si COMP = 0, les sorties F_1 à F_4 reproduisent le code du chiffre attribué aux entrées A_1 à A_4, tandis que si COMP = 1, les sorties F_1 à F_4 représentent le complément à 9 du chiffre appliqué aux entrées A_1 à A_4. L'entrée de commande Z force les sorties à générer le chiffre décimal 0 en code DCB.

Exemple 7.24

Reconsidérons l'exemple 7.21 concernant l'addition des nombres décimaux signés +456 et -230 dans un additionneur parallèle-parallèle travaillant en complément à 10. Le dispositif de commande analyse l'opération externe (addition) et les signes des opérandes pour décider de l'opération à exécuter, à savoir une soustraction. Le signal Ad/Sc = 1 est envoyé, ce qui entraîne l'addition de +456 avec le complément à 10 de −230, conformément au modèle :

```
       1              1
    0000      0100       0101      0110
    1001      0111       0111      0000
   _____  _____   _____  _____
  1 0000     ①0010      ①0010     0110
```

retenue qui dépasse la capacité

Figure 7.44 Additionneur décimal de type parallèle-parallèle en code DCB et selon la représentation par complément à 10

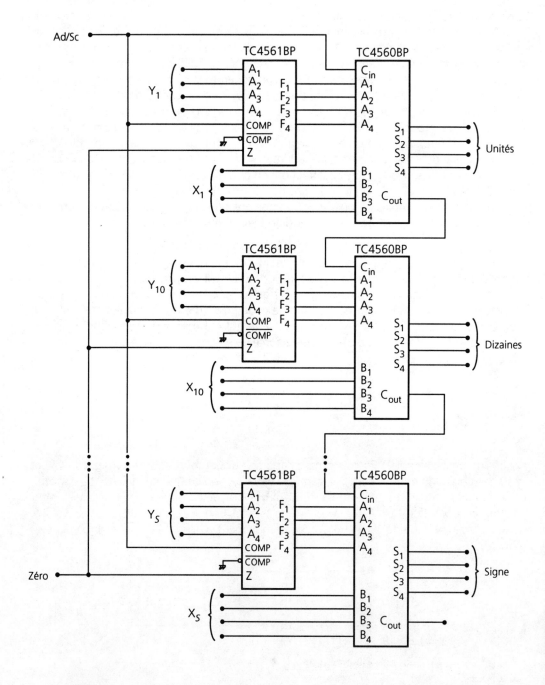

Figure 7.45 Circuit TC4560BP, additionneur décimal élémentaire en code DCB

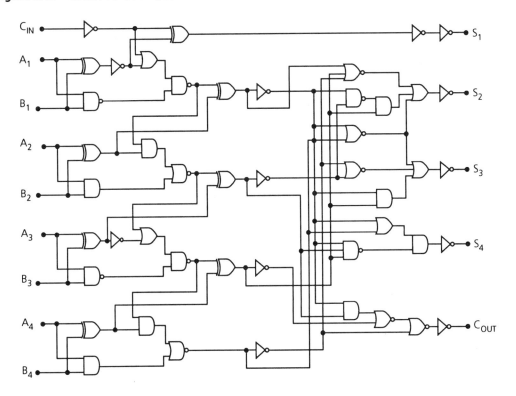

Figure 7.46 Circuit TC4561BP, générateur du complément à 9 en code DCB

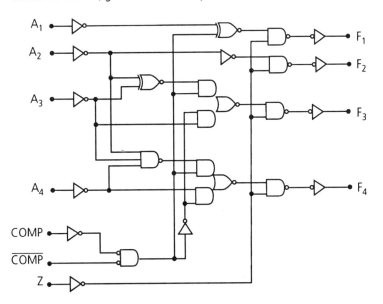

L'implantation de l'opération de multiplication décimale est plus compliquée que celle de l'opération de multiplication binaire parce que chaque chiffre du produit peut avoir l'une des dix valeurs comprises entre 0 et 9. Nous présenterons une seule solution, soit celle qui requiert plusieurs circuits de mémoire ROM pour conserver la table de multiplication de deux chiffres décimaux (figure 7.47). Durant le fonctionnement d'un tel circuit, les quatre bits du premier chiffre décimal sont associés aux quatre bits du deuxième chiffre décimal pour former l'adresse du mot qui stocke le sous-produit partiel de deux chiffres décimaux. Par exemple, à la multiplication du 4 (0100) par 5 (0101), les deux chiffres forment l'adresse 01000101 d'un registre mémoire contenant l'information 00100000, donc 20 en décimal, information qui constitue le sous-produit partiel. Une fois le sous-produit partiel généré, il est additionné par deux additionneurs décimaux élémentaires aux autres sous-produits partiels. Les additions sont effectuées en respectant les décalages nécessaires et créent ainsi un produit partiel. À leur tour, les produits partiels sont additionnés séquentiellement pour former le produit final. Par conséquent, une telle structure a besoin d'un nombre de circuits ROM égal au nombre de chiffres du multiplicande.

Figure 7.47   Mémoire ROM conservant la table de multiplication de deux chiffres décimaux

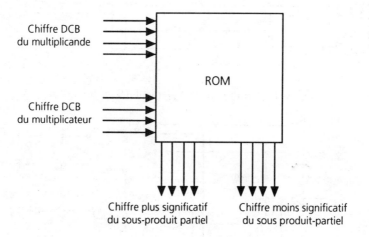

La structure d'un dispositif de multiplication décimale, conçue d'après la solution proposée, est assez complexe. Souvent, on ajoute une partie spéciale pouvant faire le traitement anticipé des retenues, et ce afin d'augmenter la vitesse de multiplication. Sans présenter une telle structure (circuit LSI), l'exemple qui suit peut illustrer le fonctionnement qualitatif de ce dispositif.

Exemple 7.25

Soit la multiplication de deux nombres décimaux non signés, 8362 et 65, dans un dispositif de multiplication qui utilise quatre mémoires ROM.

La succession des opérations élémentaires se présente comme suit :

5*2=10					0001	0000	Sous-produit partiel
5*6=30				0011	0000		
5*3=15			0001	0101			
5*8=40		0100	0000				
		0100	0001	1000	0001	0000	Premier produit partiel
6*2=12				0001	0010		
6*6=36			0011	0110			
6*3=18		0001	1000				
6*8=48	0100	1000					
	0101	0000	0001	0111	0010		Deuxième produit partiel
	0101	0100	0011	0101	0011	0000	Produit
	5	4	3 ⇐ 5		3	0	

Observation La flèche exprime une retenue suivant la procédure d'addition décimale. Les opérations qui déterminent un produit partiel sont exécutées en parallèle (même impulsion d'horloge), tandis que la somme des produits partiels est générée successivement.

Dans un dispositif décimal, l'opération de division est, elle aussi, plus compliquée que dans un dispositif binaire parce que chaque chiffre du quotient peut prendre l'une des dix valeurs comprises entre 0 et 9. Cette situation oblige à effectuer, à chaque étape de l'opération, un nombre variable de soustractions ou d'additions entre le diviseur et le reste partiel.

Étant donné que la division à l'aide d'une table de division est impossible, les méthodes de la division binaire qui ont été analysées peuvent être étendues à la division décimale.

Dans la méthode de division décimale avec restauration des restes partiels, on soustrait plusieurs fois le diviseur du reste partiel. Pour pouvoir déterminer le chiffre du quotient, le bloc qui commande l'opération de division contient un compteur binaire-décimal pour une décade. Ce compteur, qui est initialisé à zéro à chaque étape de la division proprement dite, est activé par l'ajout d'une unité chaque fois qu'une soustraction (reste partiel moins diviseur) donne un résultat positif. Quand la soustraction du diviseur conduit à un résultat négatif, le reste partiel est restauré par l'addition du diviseur. Le chiffre du quotient est établi par la dernière valeur du compteur. Par la suite, le décalage d'une position décimale à gauche du reste partiel est effectué et la procédure tout entière est répétée chaque fois que l'on veut déterminer le chiffre suivant du quotient.

La méthode de division décimale sans restauration des restes partiels élimine la restauration du reste quand il devient négatif. Par conséquent, au lieu de restaurer le reste partiel et d'effectuer à l'étape suivante une soustraction d'un dixième du diviseur (rappelons qu'un décalage d'une position décimale vers la gauche signifie une division par 10), on lui ajoute itérativement un dixième du diviseur, jusqu'à ce que le reste devienne positif. On peut voir que la division décimale sans restauration des restes partiels est plus rapide que la division décimale avec restauration des restes partiels, mais que son efficacité est moindre que dans la division binaire. Ainsi, pour obtenir un reste partiel négatif, le nombre moyen de soustractions faites sur chaque chiffre du quotient est de cinq par la méthode sans restauration des restes partiels, alors que par la méthode avec restauration des restes partiels, seulement une opération d'addition est ajoutée. Autrement dit, si on utilise la méthode de division décimale sans restauration des restes partiels, on a une réduction de 20 % du nombre d'additions ou de soustractions pour chaque chiffre déterminé du quotient, valeur qu'il faut comparer à la réduction de 50 % obtenue par la même méthode avec des nombres binaires.

7.9 PROBLÈMES

1. Soit un registre de huit bits; représentez dans les trois formes binaires (module et signe, complément à 2 et complément à 1) les nombres signés suivants : +13; +92; −66; −127.

2. Soit un additionneur parallèle de huit bits utilisant l'arithmétique du complément à 2. Montrez comment s'effectuent en binaire les opérations suivantes sur les nombres (signés) :

   a) (+15) + (+90) ;   b) (−36) + (+90) ;   c) (+64) + (−114) ;
   d) (+15) + (−127) ;   e) (+31) − (+99) ;   f) (−31) − (−99) .

   Précisez quelles sont les situations qui produisent un dépassement de capacité et expliquez comment il est possible de le mettre en évidence.

3. En utilisant l'additionneur du problème 2, montrez comment s'effectuent en binaire les opérations suivantes sur les nombres (non signés) :

   a) 68 + 59 ;   b) 130 + 180 ;   c) 36 + 200;
   d) 128 + 255 ;   e) 68 + 200 ;   f) 99 + 121

   Précisez quelles sont les situations qui produisent un dépassement de capacité et expliquez comment il est possible de le mettre en évidence.

4. Soit deux nombres signés, A = 01101110 et B = 11100011, exprimés chacun par un octet sous la forme du complément à 2. Déterminez :

a) A + B ; b) A – B; c) A + $\overline{B}$ + 1 ;

d) $\overline{A}$ + B +1 ; e) A – ($\overline{B}$ +1) ; f) $\overline{A}$ + 1 + $\overline{B}$ + 1,

où $\overline{A}$ et $\overline{B}$ représentent le complément logique (chaque bit inversé) de A et de B respectivement.

5. Effectuez les multiplications binaires précisées ci-dessous, en exprimant les opérandes en module et signe et en utilisant la méthode d'accumulation des produits partiels (quatre bits de grandeur plus le bit signe) :

a) $x =$ +9 multiplicande,
   $y =$ +5 multiplicateur;

b) $x =$ –6 multiplicande,
   $y =$ +7 multiplicateur;

c) $x =$ –8 multiplicande,
   $y =$ –3 multiplicateur;

d) $x =$ –11 multiplicande,
   $y =$ –2 multiplicateur.

6. Effectuez les multiplications binaires du problème 5, en exprimant les opérandes en complément à 2 et en utilisant la méthode selon l'algorithme de Booth (quatre bits de grandeur plus le bit signe).

7. Effectuez les divisions binaires précisées ci-dessous, en exprimant les opérandes en module et signe et en utilisant la méthode avec restauration des restes partiels (quatre bits de grandeur plus le bit signe) :

a) $x =$ +13 dividende,
   $y =$ +2 diviseur;

b) $x =$ –14 dividende,
   $y =$ +3 diviseur;

c) $x =$ +14 dividende,
   $y =$ –2 diviseur;

d) $x =$ –12 dividende,
   $y =$ –3 diviseur.

8. Effectuez les divisions binaires du problème 7, en exprimant les opérandes en module et signe et en utilisant la méthode sans restauration des restes partiels (quatre bits de grandeur plus le bit signe).

9. Effectuez les divisions binaires du problème 7, en exprimant les opérandes en complément à 2 et en utilisant la méthode sans restauration des restes partiels (quatre bits de grandeur plus le bit signe).

10. Montrez comment s'effectuent les additions X + Y dans un dispositif en virgule flottante si les opérandes suivants sont des réels courts d'après les normes de l'IEEE :

a) X = $3F800000_{16}$,
   Y = $3F800000_{16}$;

b) X = $3F800000_{16}$,
   Y = 34000000_{16};

c) X = $BF800000_{16}$,
   Y = 33800000_{16};

d) X = $BF800000_{16}$,
   Y = 40000000_{16}.

11. Montrez comment s'effectuent les soustractions X – Y dans un dispositif en virgule flottante, si les opérandes suivants sont des réels courts d'après les normes de l'IEEE :

   a) X = $3F800000_{16}$,
      Y = $BF800000_{16}$;

   b) X = 40000000_{16},
      Y = $3F800000_{16}$;

   c) X = $3F800000_{16}$,
      Y = $3F800000_{16}$;

   d) X = $3F800000_{16}$,
      Y = $BF800000_{16}$.

12. Pour chacun des cas présentés ci-dessous, montrez comment s'effectue la correction durant l'addition par un additionneur décimal élémentaire en code DCB :

   a) 7 + 7;   b) 6 + 5;   c) 8 + 8;

   d) 8 + 7;   e) 5 + 5;   f) 9 + 9.

13. Montrez comment s'effectuent les opérations d'addition des nombres décimaux signés suivants dans un additionneur parallèle-parallèle qui utilise la représentation par code DCB et complément à 10 :

   a) (+362) + (+26);   b) (+196) + (+88);

   c) (–196) + (–88);   d) (–196) + (+88).

14. Montrez comment s'effectuent les opérations de multiplication des nombres décimaux non signés (code DCB) suivants dans un dispositif de multiplication décimale de même type que celui qui a été présenté à la figure 7.47 qui utilise quatre mémoires ROM :

   a) 3682 * 88;   b) 1999 * 60.

8

MÉMOIRES

8.1 DIFFÉRENTS DISPOSITIFS DE MÉMOIRE D'UN ORDINATEUR

La mémoire des ordinateurs est constituée de dispositifs variés, organisés selon une structure hiérarchique et partagés en deux groupes majeurs qui déterminent deux niveaux de mémoire : la mémoire principale (dite vive ou interne) et la mémoire secondaire (dite auxiliaire ou externe).

Durant l'exécution d'un programme, les instructions et les données soumises au traitement sont successivement transférées dans la mémoire principale. Les performances d'un ordinateur dépendent donc de la durée du cycle de lecture-écriture de la mémoire principale. Malheureusement, cette mémoire est généralement coûteuse du fait qu'elle doive satisfaire à des exigences de rendement élevées. De plus, la mémoire principale est volatile. Pour ces raisons, et puisqu'il faut toujours chercher le meilleur compromis entre les performances et le prix, des unités de mémoires secondaires ont été rattachées aux ordinateurs; ces dispositifs conservent de façon permanente l'information et offrent une grande capacité de stockage à un prix moins élevé par bit. L'unité de disque et l'unité de bande magnétique, éléments des périphériques, sont les unités de mémoires secondaires les plus utilisées.

Le mode d'accès est un aspect important du fonctionnement de la mémoire. Avec un dispositif qui permet l'**accès sélectif**, toute recherche et obtention d'une unité d'information, par exemple un mot, nécessite le même temps. La mémoire interne et la mémoire externe de type disque sont des dispositifs à accès sélectif. Par contre, avec un dispositif à **accès séquentiel**, le temps nécessaire à l'obtention d'une unité d'information dépendra de l'emplacement de celle-ci, car la recherche se fait de façon successive. La mémoire externe de type bande magnétique est un exemple de dispositif à accès séquentiel.

8.2   STRUCTURE GÉNÉRALE DE LA MÉMOIRE PRINCIPALE

Dispositif physique d'un système informatique, la **mémoire principale (interne)** est directement liée au processeur et sert à emmagasiner et à conserver l'information binaire pendant le traitement proprement dit. Par conséquent, les programmes en exécution et les données qui leur sont associées doivent toujours y résider. La mémoire principale consiste en la réunion de registres identiques et d'un bloc logique supplémentaire effectuant l'écriture et la lecture de l'information. Nous désignerons par **registre mémoire** le registre physique qui entre dans la composition de la mémoire et par **mot** l'information contenue dans ce registre. À un instant donné, un seul registre mémoire est accessible, et sa sélection est faite par le biais d'une information appelée **adresse**.

Une organisation très générale d'une mémoire principale est présentée à la figure 8.1. Deux signaux de commande et deux registres permettent l'échange de l'information entre la mémoire principale et le processeur.

Les signaux de commande indiquent la direction du transfert. Plus précisément, *Écrire* est le signal de commande nécessaire pour stocker un mot en mémoire, tandis que *Lire* commande la lecture d'un mot stocké en mémoire. Les deux registres de communication ne sont pas toujours rattachés à la mémoire; ils peuvent être incorporés dans le processeur et servir au besoin à d'autres tâches.

Le **registre d'adresse** contient une information de type adresse. Pour choisir uniquement un registre mémoire à partir d'une adresse spécifiée, il faut introduire un décodeur entre le registre d'adresse et la mémoire proprement dite. Si le registre d'adresse contient m bits, la mémoire peut avoir jusqu'à 2^m registres mémoires. Rappelons que la capacité d'une mémoire est mesurée en Kmots, un Kmot valant 2^{10} mots. Rappelons aussi qu'un mot contient un ou plusieurs octets (2 octets pour un mot de 16 bits, 4 octets pour un mot de 32 bits et 8 octets pour un mot de 64 bits). Le mode d'adressage de chaque octet ou de chaque mot dépend de l'architecture de l'ordinateur.

L'information qui constitue l'objet d'échange est retenue temporairement dans le **registre d'information** qui sert ainsi de tampon entre la mémoire principale et le processeur. Pour commander l'écriture de l'information contenue dans le registre d'information à l'adresse spécifiée par le registre d'adresse, l'unité de commande transmet le signal *Écrire*; pour faire commander la lecture de l'information qui se trouve en mémoire à l'adresse spécifiée par le registre d'adresse, l'unité de commande transmet le signal *Lire*. La figure 8.2 illustre les deux opérations dans une mémoire de 2^{16} registres mémoires de 16 bits chacun.

Depuis les années 80, la mémoire principale de presque tous les ordinateurs est réalisée à l'aide de circuits intégrés. C'est pourquoi nous présenterons les caractéristiques des mémoires principales intégrées seulement. Ces mémoires peuvent être classées d'abord en fonction de la technologie utilisée pour fabriquer les transistors qui composent la **cellule de base** d'un registre mémoire : la **technologie bipolaire** et la **technologie MOS** figurent parmi les plus connues.

Figure 8.1 Organisation générale d'une mémoire principale

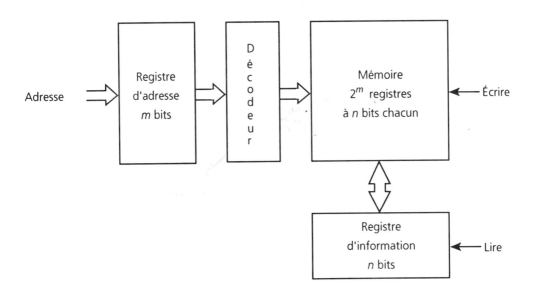

La plupart des mémoires bipolaires sont de type TTL. Ces mémoires se caractérisent par une grande vitesse de commutation, mais une densité réduite des composants par unité de surface du silicium. Pour ce qui est des mémoires MOS, on en trouve plusieurs variantes technologiques : PMOS, NMOS, CMOS. Elles offrent une grande densité par unité de surface de silicium, mais leur vitesse est moins élevée.

On peut ainsi classer les mémoires principales en fonction du mode de stockage de l'information :

- le **type RAM** (*Random Access Memory*), ou **mémoire à accès sélectif**, permettant l'écriture et la lecture de l'information;
- le **type ROM** (*Read-Only Memory*), ou **mémoire permanente**, permettant seulement la lecture de l'information.

Indépendamment de la technologie employée ou du mode de stockage de l'information, un circuit intégré de mémoire comprend m registres mémoires de n bits chacun. Pour obtenir la taille voulue de la mémoire, taille qui est habituellement plus grande que celle d'un seul circuit, il faut réunir plusieurs circuits intégrés; une matrice de circuits mémoires est ainsi formée, à laquelle on doit rattacher une partie combinatoire d'adressage, bloc nécessaire au processus de communication.

Figure 8.2   Opérations d'écriture et de lecture

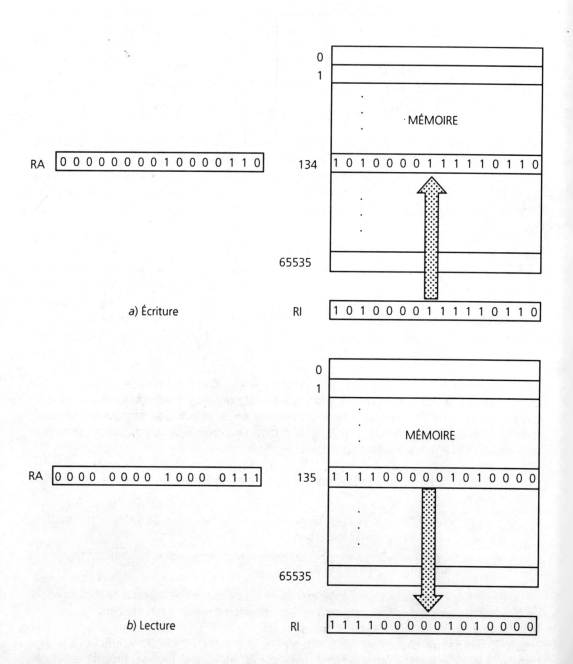

a) Écriture

b) Lecture

8.3 MÉMOIRE RAM

Une mémoire RAM conserve l'information tant que les sources d'alimentation en énergie sont actives. Par conséquent, le stockage de l'information est non permanent. En raison de cette non-permanence, il est toujours possible de remplacer une information déjà en mémoire par une nouvelle information; en d'autres mots, les mémoires RAM sont de type écriture-lecture. Comme nous l'avons déjà mentionné, on peut répartir les mémoires suivant le procédé de fabrication employé; on trouve ainsi des **mémoires RAM bipolaires** et des **mémoires RAM MOS.** La classification peut aussi se faire selon le principe de fonctionnement; les mémoires se répartissent alors en **mémoires RAM statiques** et en **mémoires RAM dynamiques**.

Les circuits des mémoires bipolaires sont toujours de type statique et servent à réaliser des unités rapides de mémoire tampon, telle une **mémoire cache**. Les mémoires bipolaires se caractérisent par une vitesse de fonctionnement élevée et par un bas niveau de bruit. Toutefois, à cause de la structure complexe d'une cellule de mémoire RAM bipolaire, la capacité d'une telle mémoire est assez réduite.

Un circuit typique servant à réaliser une mémoire principale MOS RAM statique (Intel 2115A) est présenté à la figure 8.3. Ce circuit peut stocker 1024 bits adressables de façon indépendante, rangés dans une matrice à 32 lignes et 32 colonnes. Puisque $1024 = 2^{10}$, le circuit requiert 10 bits d'adressage. L'adresse est divisée en deux parties : les bits A_0 à A_4 sont assignés à un décodeur de ligne, et les bits A_5 à A_9 à un décodeur de colonne. Cette technique d'adressage en 2 dimensions permet de remplacer un décodeur ayant 2^n sorties (dans notre exemple, 1024 sorties) par 2 décodeurs ayant $2^{n/2}$ sorties (dans notre exemple, 2 décodeurs ayant chacun 32 sorties), ce qui représente une importante économie de matériel. Après l'adressage, l'écriture ou la lecture d'une information d'un bit est possible. Plus précisément, si le terminal $\overline{WE}$ se trouve à la valeur logique 1, la lecture est effectuée, tandis que, si le terminal $\overline{WE}$ se trouve à la valeur logique 0, l'écriture est effectuée. Le terminal $\overline{CS}$ est affecté à la sélection du circuit, c'est-à-dire que l'opération de lecture ou d'écriture pourra être effectuée seulement s'il porte le signal actif 0 (noté par $\overline{CS}$). Le terminal DATA IN sert à introduire l'information dans la bascule sélectionnée. Quant au terminal DATA OUT, il restitue la valeur du bit adressé durant une opération de lecture. Les figures 8.4 et 8.5 donnent les chrono-grammes d'une opération de lecture et d'une opération d'écriture.

Durant l'opération de lecture, le terminal $\overline{WE}$ est mis d'abord à la valeur logique 1. Par la suite, l'adresse du bit est activée et, dès que cette adresse est stable, la valeur logique 0 est transmise au terminal $\overline{CS}$ pour activer le circuit. Après un court laps de temps, l'information apparaît sur le terminal DATA OUT. Le **temps d'accès t_A** est le temps entre le moment où l'information qui représente l'adresse est transmise et le moment où on peut utiliser sur le terminal DATA OUT le contenu du bit adressé. Le temps d'accès d'un circuit de mémoire MOS RAM statique varie de quelques nanosecondes à des centaines de nanosecondes.

Lors d'une opération d'écriture, l'information d'adressage est d'abord transmise. Ensuite, la valeur logique 0 est envoyée au terminal $\overline{CS}$ pour activer le circuit. Une fois que l'information qui doit être écrite se trouve à l'entrée DATA IN, le signal logique 0 est envoyé au terminal $\overline{WE}$.

Figure 8.3 Intel 2115A, circuit de mémoire MOS RAM statique

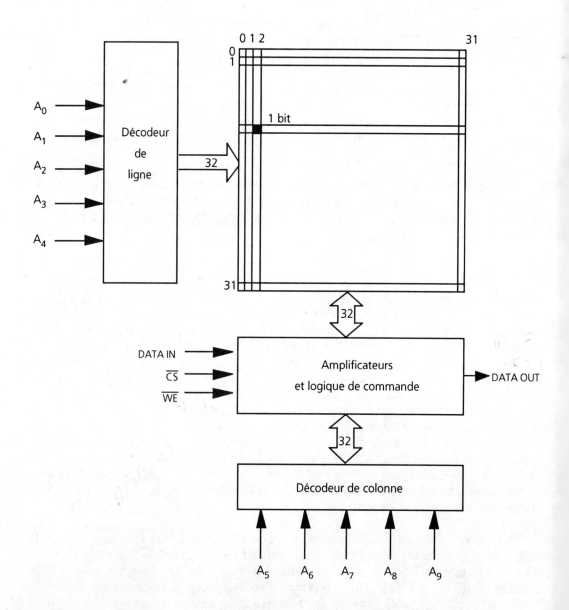

Figure 8.4 Chronogramme d'une opération de lecture pour le circuit 2115A

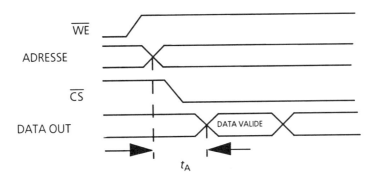

Figure 8.5 Chronogramme d'une opération d'écriture pour le circuit 2115A

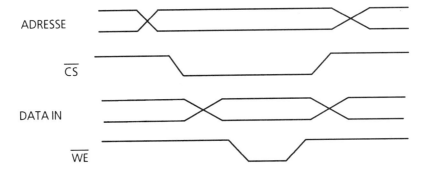

Le circuit que nous avons étudié contient un seul bit pour chaque mot. Il existe des circuits MOS RAM statiques ayant une organisation dans laquelle un mot contient plusieurs bits. Par conséquent, durant une opération de lecture ou d'écriture, l'échange entre la mémoire et l'extérieur s'effectue sur un groupe de bits. Par exemple, l'Intel 2114A est un circuit de mémoire MOS RAM statique de 1024*4 bits (figure 8.6). Puisqu'il y a 1024 mots adressables, le circuit doit contenir 10 bits d'adressage, mais leur disposition diffère de celle que nous avons expliquée antérieurement. Six bits d'adressage sont rattachés au décodeur de ligne ($2^6 = 64$ lignes) et quatre bits au décodeur de colonne ($2^4 = 16$ mots dans une ligne). Chaque mot contient quatre bits consécutifs sur une même ligne. La capacité du circuit de mémoire est de 4096 bits (64 lignes * 64 colonnes), mais le nombre de mots adressables reste 1024. Les entrées et les sorties de données sont reliées et un bus bidirectionnel est ainsi formé.

Il est rare qu'on utilise un seul circuit intégré de mémoire dans la pratique. Habituellement, pour obtenir une mémoire complète, on connecte plusieurs circuits de même type.

Figure 8.6 Intel 2114A, circuit de mémoire MOS RAM statique

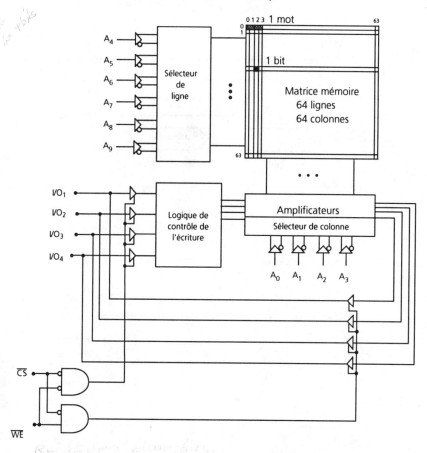

Exemple 8.1

La figure 8.7 présente un premier exemple de mémoire RAM conçue à l'aide de plusieurs circuits intégrés. Plus précisément, cette figure illustre la structure d'une mémoire de 1024 mots de 16 bits chacun, réalisée à l'aide de circuits Intel 2114A. Le nombre de mots est égal à celui d'un seul circuit, donc le bus d'adressage contient 10 bits et est lié à chaque circuit. D'autre part, parce que le bus de données contient 16 bits, les entrées et les sorties de données sont groupées ensemble pour former un bus de la dimension imposée. Pour plus de clarté, nous avons séparé les entrées et les sorties même si, sur les circuits physiques, elles sont reliées. Au cours d'une opération faisant appel à la mémoire, tous les circuits physiques sont activés simultanément; les entrées $\overline{WE}$ doivent donc être connectées ensemble au terminal *Lire* et les entrées $\overline{CS}$ doivent être connectées ensemble au terminal sélection mémoire.

Exemple 8.1

Figure 8.7 Mémoire de 1024 mots de 16 bits chacun réalisée à l'aide de circuits 2114A

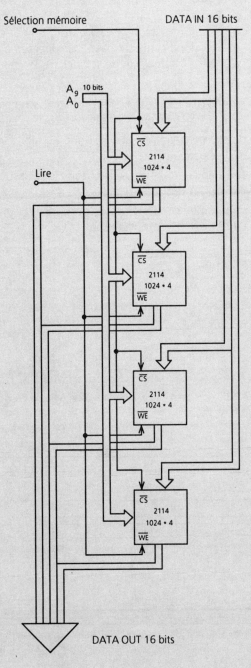

Sélection mémoire

DATA IN 16 bits

A_9 10 bits
A_0

Lire

$\overline{CS}$
2114
1024 * 4
$\overline{WE}$

$\overline{CS}$
2114
1024 * 4
$\overline{WE}$

$\overline{CS}$
2114
1024 * 4
$\overline{WE}$

$\overline{CS}$
2114
1024 * 4
$\overline{WE}$

DATA OUT 16 bits

Exemple 8.2

La figure 8.8 présente un deuxième exemple de mémoire réalisée à l'aide de plusieurs circuits. Nous avons utilisé les mêmes circuits Intel 2114A pour concevoir une mémoire de 4096 mots de 4 bits chacun. Ici, pour adresser chaque mot, un bus de 12 bits d'adressage est nécessaire. Les dix bits moins significatifs sont assignés directement aux circuits. D'autre part, un démultiplexeur 2 à 4 est intercalé entre les deux bits les plus significatifs et les entrées de sélection $\overline{CS}$. Ainsi :

- si $A_{10} A_{11} = 00$, le premier circuit de gauche est activé, donc les registres mémoires ayant les adresses de 0000 à 1023 peuvent être sélectés;

- si $A_{10} A_{11} = 01$, le deuxième circuit est activé, donc les registres mémoires ayant les adresses de 1024 à 2047 peuvent être sélectés;

- si $A_{10} A_{11} = 10$, le troisième circuit est activé, donc les registres mémoires ayant les adresses de 2048 à 3071 peuvent être sélectés;

- si $A_{10} A_{11} = 11$, le quatrième circuit est activé, donc les registres mémoires ayant les adresses de 3072 à 4095 peuvent être sélectés.

Les sorties des données, qui sont du type trois états, sont liées ensemble pour former un bus unique. De même, les entrées des données sont reliées pour former un bus unique.

Pour utiliser la mémoire dans une opération de lecture, les terminaux $\overline{WE}$ sont connectés ensemble. Cependant, comme nous l'avons mentionné, seul le circuit activé par le démultiplexeur ($\overline{CS} = 0$) est sélecté.

Figure 8.8   Mémoire de 4096 mots de 4 bits chacun réalisée à l'aide de circuits 2114A

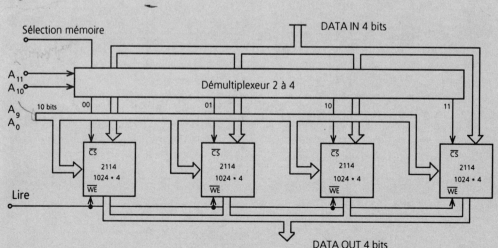

Exemple 8.3

Figure 8.9 Mémoire de 4096 mots de 16 bits chacun réalisée à l'aide de circuits 2114A

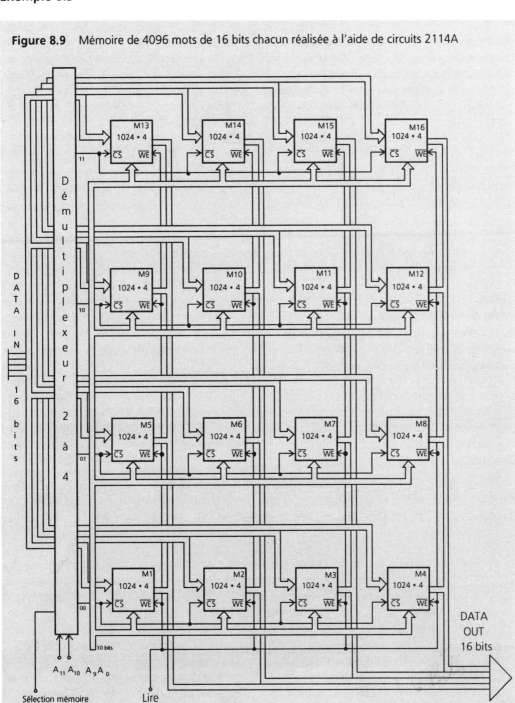

Exemple 8.3 (suite)

La figure 8.9 montre la structure d'une mémoire qui combine les deux solutions que nous venons de présenter. Une mémoire de 4096 mots de 16 bits chacun est ainsi obtenue. Le fonctionnement de cette mémoire peut être déduit facilement. Si, par exemple, nous supposons que le bus d'adressage contient l'information 100000000010 durant une opération de lecture, les derniers 10 bits spécifient qu'il s'agit du troisième mot de 16 bits qui se trouve dans un groupe de 4 circuits. Les deux premiers bits qui sont transmis au démultiplexeur activent la ligne de sortie 10. Par conséquent, les circuits de mémoire M9, M10, M11 et M12 transfèrent le contenu de leur troisième mot au bus DATA OUT.

Actuellement, ce sont surtout les circuits intégrés de type MOS RAM dynamique qui composent la mémoire principale des ordinateurs. Ces circuits présentent certains avantages comparativement aux circuits de type MOS RAM statique, tels un moindre coût par bit et une faible consommation d'énergie. De fait, le coût par bit est directement proportionnel à la surface occupée par une cellule élémentaire de mémoire sur silicium. Or, étant donné que la fabrication d'une cellule MOS RAM statique nécessite de quatre à six transistors, la surface que cette cellule occupe est beaucoup plus grande que celle occupée par une cellule MOS RAM dynamique, réalisée habituellement à l'aide d'un seul transistor et d'un petit condensateur. Sans nous attarder à des considérations électroniques, nous devons mentionner que la fonction mémoire dans une cellule élémentaire de type MOS RAM dynamique est remplie par le petit condensateur qui peut être chargé (il mémorise alors une valeur logique) ou déchargé (il mémorise alors l'autre valeur logique). Parce que, dans un circuit électronique, la charge d'un condensateur a tendance à se dissiper avec le temps, il faut effectuer, environ toutes les quelques millisecondes, le **rafraîchissement de l'information** d'une mémoire MOS RAM dynamique.

La plupart des circuits de mémoires MOS RAM dynamiques présentent une organisation dans laquelle un mot a une longueur d'un seul bit. Un circuit intégré de mémoire MOS RAM dynamique (l'Intel 2118), ayant une capacité de 16 384 * 1 bit, est présenté à la figure 8.10. Les cellules de mémoire sont rangées dans une matrice à 128 colonnes et à deux groupes de 64 lignes. Cette organisation a été adoptée dans le but de réduire le bruit. Puisque 2^{14} = 16 384, une adresse a besoin de 14 bits. Le circuit comprend seulement sept lignes d'adressage sur lesquelles chaque information de type adresse est transmise en deux étapes, ce qui réduit le nombre de connexions externes. Premièrement, les sept bits les moins significatifs sont transmis aux terminaux A_0 à A_6. Cette information est stockée dans le registre *Tampon pour les adresses des lignes* au moyen d'une impulsion sur le terminal de contrôle $\overline{RAS}$. Puis les sept bits plus significatifs sont transmis aux terminaux A_0 à A_6. Cette information est stockée dans le registre *Tampon pour les adresses des colonnes* au moyen d'une impulsion sur le terminal $\overline{CAS}$. Par la suite, l'information d'adressage peut activer le décodeur de ligne et le décodeur de colonne, ce qui permet de sélectionner le bit qui a été adressé. Le terminal R/$\overline{W}$ sert à autoriser la lecture ou l'écriture.

Figure 8.10 Intel 2118, circuit de mémoire MOS RAM dynamique

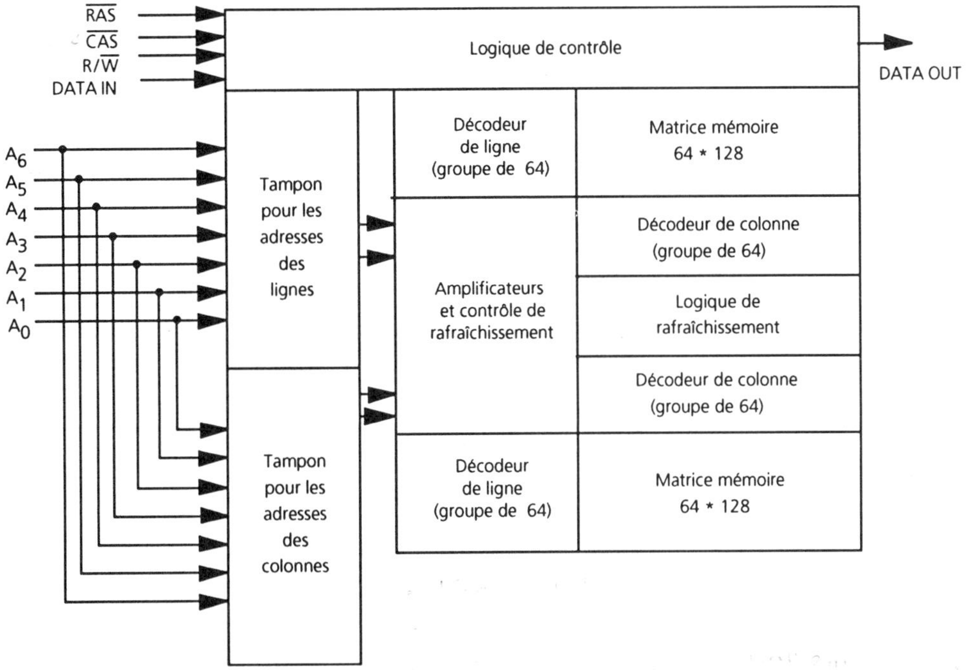

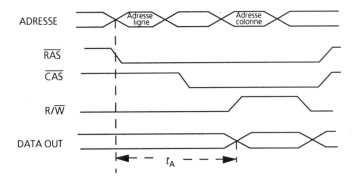

Le chronogramme d'un cycle de lecture est présenté à la figure 8.11. Le signal $\overline{RAS}$ mémorise les sept bits d'adressage des lignes, et le signal $\overline{CAS}$ les sept bits d'adressage des colonnes. Puis, pour permettre d'effectuer la lecture, le terminal R/$\overline{W}$ est mis à la valeur logique 1. Après un délai de quelque 100 ns, le bit adressé apparaît sur le terminal DATA OUT. Il faut maintenir les terminaux $\overline{RAS}$ et $\overline{CAS}$ à la valeur logique 0 encore 10 ns, pour des raisons reliées au rafraîchissement.

Figure 8.11 Chronogramme d'un cycle de lecture du circuit 2118

Le chronogramme d'un cycle d'écriture propre au circuit Intel 2118 est présenté à la figure 8.12. Les terminaux $\overline{RAS}$ et $\overline{CAS}$ remplissent les mêmes fonctions que lors d'une opération de lecture. Le bit qui doit être stocké est envoyé à l'entrée DATA IN avant que le terminal R/$\overline{W}$ passe à la valeur logique 0. Durant l'opération d'écriture, le terminal DATA OUT se trouve dans l'état de haute impédance.

Figure 8.12   Chronogramme d'un cycle d'écriture du circuit 2118

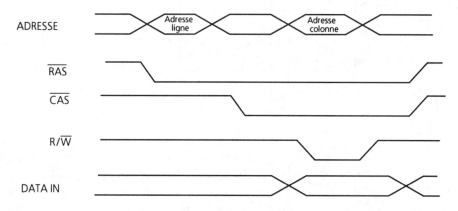

L'opération de rafraîchissement est faite ligne par ligne chaque 2 ms. Elle requiert un circuit spécialisé, nommé **contrôleur de mémoire RAM dynamique.** Ce contrôleur a une structure assez complexe et sa description dépasse le cadre de notre ouvrage.

8.4   MÉMOIRE ROM   *Read Only Memory*

Une mémoire ROM sert à stocker de façon permanente une information binaire et n'autorise que la lecture de l'information qui y a été enregistrée au moment de la fabrication. Autrement dit, l'information que contient une telle mémoire ne peut être modifiée. De plus, cette information est permanente, en ce sens que, même si le circuit est mis hors tension, elle est conservée. Les mémoires ROM sont réparties, suivant le procédé de fabrication, en **mémoires bipolaires** et en **mémoires MOS**.

Les mémoires ROM bipolaires permettent le stockage d'une information permanente dans les systèmes dont le paramètre essentiel est la vitesse, par exemple le stockage d'une table de multiplication décimale dans une unité arithmétique décimale ou celui d'un microprogramme dans une unité de commande microprogrammée.

La méthode de programmation d'une mémoire ROM bipolaire la plus courante consiste à établir ou non une connexion significative pour chaque cellule de mémoire. L'utilisateur doit donc fournir au fabricant l'information binaire qu'il veut charger dans la mémoire ROM. Par la suite, le fabricant prépare un masque qu'il utilisera dans la dernière étape de fabrication. Étant donné le coût élevé de la mise au point de ce masque, la fabrication des mémoires ROM bipolaires est rentable seulement si un grand nombre d'exemplaires sont produits. Si cette condition quantitative est remplie, le prix par bit des mémoires ROM bipolaires diminue.

Le circuit SN 7488 (figure 8.13) est un exemple typique de mémoire ROM bipolaire. Il présente une capacité de 256 bits, organisés sous la forme d'une matrice de 32 mots de 8 bits chacun. Les cinq bits d'adressage, désignés par les lettres A à E, représentent les entrées du décodeur. La sixième entrée de chaque porte est liée au terminal de validation G. Les sorties Y_1 à Y_8 sont de type collecteur ouvert, ce qui permet la connexion en parallèle de plusieurs circuits identiques; des mémoires d'une plus grande capacité sont ainsi formées. Physiquement, chaque registre mémoire qui retient le mot à stocker est constitué d'un transistor comportant huit émetteurs. Durant la dernière étape de fabrication, on effectue la programmation de la mémoire en connectant ou non chacun des émetteurs au circuit. La connexion d'un émetteur produit l'inscription de la valeur logique 0 dans le bit de la position de l'émetteur, autrement, la valeur logique 1 est introduite.

Les applications nécessitant un nombre restreint de circuits de mémoires ROM peuvent être conçues au moyen de **mémoires ROM avec microfusibles**, ou **PROM** (*Programmable Read-Only Memory*). Dans de telles mémoires, chaque émetteur d'un transistor multiémetteur des registres mémoires est lié au point d'alimentation par l'intermédiaire d'un microfusible. L'utilisateur peut, à l'aide d'un dispositif spécial, programmer ces circuits. Au cours de la programmation, n'importe quel microfusible peut être détruit par une impulsion de courant d'une amplitude et d'une durée bien déterminées. La destruction d'un microfusible a pour conséquence de déconnecter l'émetteur de la cellule de mémoire qui reçoit alors le chiffre binaire 1. Lorsqu'un microfusible reste intact, la connexion n'est pas supprimée et la cellule de mémoire reçoit le chiffre binaire 0. Comme exemple de circuit PROM bipolaire, considérons le SN 74188 qui a une capacité de 256 bits et une structure logique identique à celle du circuit ROM SN 7488.

Les mémoires MOS ROM présentent une densité plus élevée sur la surface du silicium. Toutes les mémoires MOS ROM sont de type statique. La figure 8.14 donne le schéma du circuit Intel 8302 qui constitue un bon exemple de mémoire MOS ROM statique, même si sa capacité paraît relativement modeste en regard des récents progrès de la technologie MOS. Le circuit se caractérise par :

- une organisation de 256 mots de 8 bits chacun;
- un temps maximum d'accès de 1 µs;
- des entrées et des sorties compatibles TTL;
- des sorties de type trois états.

Le chronogramme d'un cycle de lecture propre au circuit Intel 8302 est donné à la figure 8.15. Au cours de ce cycle, l'adresse est transmise aux entrées A_1 et A_8. Après l'écoulement du temps d'accès t_A, l'information adressée est disponible aux terminaux O_1 à O_8.

Rappelons qu'une mémoire ROM est programmée à la dernière étape de sa fabrication. Or, dans certaines applications, comme celle de la réalisation d'un prototype, il est souhaitable que l'utilisateur puisse changer l'information qui est déjà stockée en mémoire. Par conséquent, une mémoire ROM n'est pas appropriée à cette tâche, car l'utilisateur n'a aucun moyen de programmer une telle mémoire. Une mémoire PROM n'est pas, elle non plus, appropriée, car,

Figure 8.13 SN 7488, circuit de mémoire ROM bipolaire

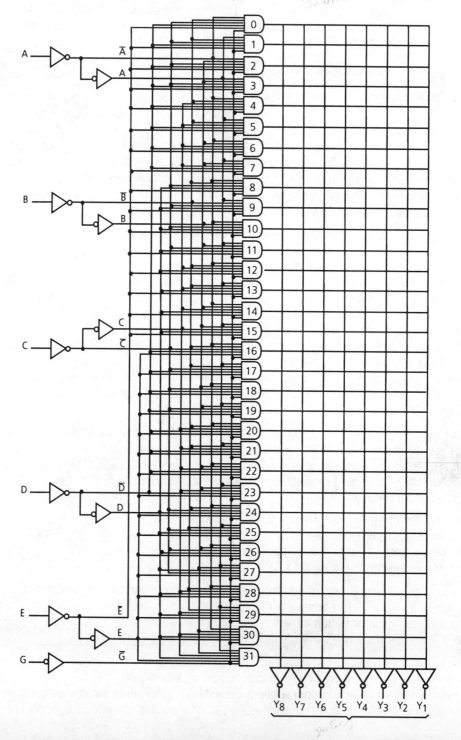

Figure 8.14 Intel 8302, circuit de mémoire MOS ROM statique

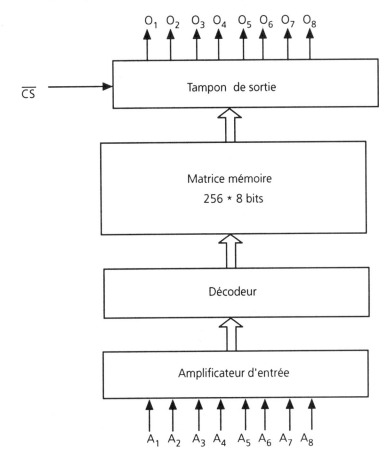

Figure 8.15 Chronogramme d'un cycle de lecture du circuit 8302

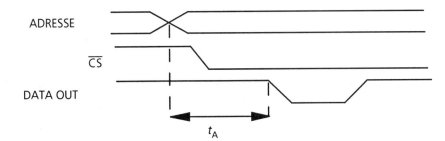

après une première programmation, il est impossible de modifier l'information stockée. Par conséquent, pour ces genres d'applications, il faut avoir recours à une autre forme de mémoire ROM, appelée **EPROM** (*Erasable Programmable Read-Only Memory*), dans laquelle l'utilisateur peut enregistrer et effacer l'information. Autrement dit, la mémoire EPROM est reprogrammable par l'utilisateur.

Le type de mémoire EPROM le plus connu fonctionne d'après le principe de la **porte flottante.** Pour chaque cellule de mémoire, la connexion d'une porte principale est isolée du reste du circuit. Pour rétablir la fonction logique de la porte, il faut introduire des électrons dans la région de la connexion concernée, et créer ainsi une charge électrique négative qui réactive la conduction. L'isolation de la région de la porte flottante est suffisante pour maintenir la charge négative pendant 10 ans, avec une perte de moins de 30 %, même dans des conditions de température élevée. L'effacement de la charge se fait au moyen de rayons ultraviolets qu'on fait passer durant 10 à 20 minutes à travers la fenêtre de quartz du circuit. À la suite de l'effacement, toutes les cellules de mémoires se trouvent à l'état logique 1. Mentionnons qu'un circuit EPROM est plus coûteux qu'un circuit ROM ou PROM de même capacité.

Un circuit typique de mémoire EPROM est l'Intel 8702. Ce circuit est directement compatible quant à la capacité, l'organisation et la source d'alimentation avec le circuit ROM Intel 8302, présenté auparavant. Par conséquent, pour stocker un programme dans une mémoire ROM réalisée à l'aide de circuits Intel 8302, il faut d'abord charger ce programme dans une mémoire EPROM conçue à l'aide d'un circut Intel 8702 qui permet de modifier l'information stockée. Quand on obtient la solution définitive, l'information nécessaire est transmise au fabricant pour qu'il puisse composer le masque de la mémoire ROM.

Un deuxième type de mémoire EPROM est nommé **E^{2}PROM** (*Electrically Erasable PROM*). L'information stockée dans ce type de mémoire peut être effacée par des méthodes électriques. Contrairement à celle d'une mémoire RAM, l'information écrite dans une mémoire E^{2}PROM n'est pas volatile, c'est-à-dire qu'elle ne s'efface pas, et ce même si l'alimentation d'énergie est interrompue. D'autre part, les cycles d'écriture et de lecture d'une mémoire E^{2}PROM n'ont pas la même durée. Plus précisément, le cycle d'écriture nécessite quelques millisecondes, alors que le cycle de lecture se mesure en dizaines de nanosecondes. À cause de cette grande différence entre la longueur des cycles, une mémoire E^{2}PROM ne peut remplacer une mémoire RAM dans un ordinateur.

8.5   MÉMOIRE PILE

L'architecture de la plupart des nouveaux ordinateurs comprend une mémoire de type **pile**. La pile est une mémoire RAM qui a une organisation spéciale, différente de celle de la mémoire RAM classique. Cette organisation peut être gérée soit au niveau du matériel ou au niveau logiciel. Si la gestion de la pile se fait au niveau du matériel, l'ordinateur se caractérise par une architecture dite de type pile. Nous allons discuter brièvement seulement du cas des ordinateurs où la gestion de la pile s'effectue au niveau logiciel. Par conséquent, nous considérerons que la pile représente une partie de la mémoire générale RAM qui doit être déclarée par l'utilisateur dans son programme (directement ou indirectement) pour être prise en charge par le logiciel qui effectue la gestion de l'organisation de cette mémoire et de son accès.

La pile est constituée d'une succession de registres mémoires et permet l'échange de l'information à partir d'un seul endroit qu'on appelle **sommet de la pile**. Cet échange est de type **dernier entré-premier sorti** ou **LIFO** (*Last In First Out*). Pour indiquer où se trouve le sommet de la pile, un **pointeur** conserve l'adresse du mot placé au sommet. Au moment de la déclaration de la pile, il faut établir la base et la taille de la pile (figure 8.16). Par une opération d'**empilage**, on introduit un mot sur la pile et, par une opération de **dépilage**, on retire un mot de la pile. Habituellement, le contenu du pointeur du sommet de la pile est décrémenté à chaque opération d'empilage et est incrémenté à chaque opération de dépilage. Donc, la pile croît à partir des adresses hautes vers les adresses basses. En plus des pointeurs qui contrôlent le remplissage de la pile, deux fonctions booléennes, PLEINE(pile) et VIDE(pile), sont associées à la pile, fonctions qui empêchent l'empilage dans une pile pleine ou le dépilage dans une pile vide.

La pile est une partie très utile de la mémoire RAM et sert à sauvegarder des informations (données, adresses) ultérieurement requise, par exemple l'adresse du point de retour dans un programme après un appel de procédure.

Figure 8.16   Organisation de type pile

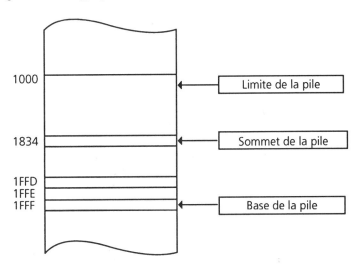

8.6   MÉMOIRE CACHE (ANTÉMÉMOIRE)

Pour augmenter la vitesse de traitement, on a muni les ordinateurs d'une mémoire intermédiaire à accès rapide, placée entre la mémoire principale et le processeur, qu'on appelle **mémoire cache** ou **antémémoire**. Habituellement, la mémoire cache, réalisée à l'aide de circuits bipolaires ou de circuits MOS RAM statiques, a une vitesse de travail de 5 à 10 fois supérieure à celle de la mémoire principale.

L'analyse d'un grand nombre de programmes a permis d'établir que, pendant une période déterminée, les instructions d'une zone du programme sont exécutées fréquemment, tandis que les instructions des autres zones sont ignorées. L'exécution répétée d'une boucle constitue un bon exemple à l'appui de cette affirmation. Cette tendance à la répétition de l'exécution d'un groupe d'instructions est une propriété d'un programme appelée **localité de références**. L'efficacité d'une mémoire cache est basée sur cette propriété de localité de références.

Les mémoires caches peuvent stocker des informations de différentes natures. Plus précisément, on trouve des mémoires caches pour les programmes, d'autres pour les données ou pour la pile.

La mémoire principale et la mémoire cache sont partagées en blocs de même taille. Évidemment, le nombre de blocs de la mémoire principale est beaucoup plus grand que celui de la mémoire cache. Il existe une fonction de correspondance entre la mémoire principale et la mémoire cache. Ainsi, le processeur n'a pas besoin de connaître l'existence de la mémoire cache au moment où il effectue une requête de lecture ou d'écriture. Le circuit qui contrôle l'accès mémoire vérifiera si le mot concerné se trouve dans la mémoire cache, ce qui entraînera une des deux situations décrites ci-dessous.

1. Si le mot demandé se trouve dans la mémoire cache, les actions sont :
   - pour l'opération de lecture :
     – la lecture est effectuée à partir de la mémoire cache et la mémoire principale n'intervient pas;
   - pour l'opération d'écriture (deux situations possibles) :
     – on peut mettre à jour simultanément la mémoire cache et la mémoire principale, action qu'on appelle **rangement à travers le cache**;
     – on peut mettre à jour seulement la mémoire cache et on marque cette action par l'intermédiaire d'un bit de contrôle; plus tard, quand le bloc contenant le mot mis à jour doit être enlevé de la mémoire cache, ce mot sera également mis à jour dans la mémoire principale.

2. Si le mot demandé ne se trouve pas dans la mémoire cache, les actions sont :
   - pour l'opération de lecture (deux situations possibles) :
     – le bloc qui contient le mot demandé est transféré dans la mémoire cache et, après le transfert du bloc entier, le mot cherché est transmis au processeur;
     – le mot demandé est transféré au processeur dès son arrivée dans la mémoire cache; après cette action, le chargement du bloc concerné se poursuit, ce qu'on appelle **chargement à travers le cache**;
   - pour l'opération d'écriture :
     – l'écriture s'effectue directement dans la mémoire principale; dans ce cas, l'hypothèse de localité de références n'est pas aussi importante puisque le travail implique une zone où les mots ne se trouvent pas dans des adresses consécutives.

La **fonction de correspondance** entre la mémoire principale et la mémoire cache est l'élément qui détermine l'organisation de la mémoire cache. Plus précisément, cette fonction peut être de type :

- correspondance directe;
- correspondance associative;
- correspondance associative par ensemble de blocs.

L'organisation d'une mémoire cache déterminée par une fonction de correspondance directe est présentée à la figure 8.17. La mémoire principale contient 2^m blocs, où chaque bloc comprend 2^n mots. Pour simplifier l'explication, nous allons suggérer, dans un premier temps, que chaque bloc contient un seul mot. Imaginons, par exemple, que la mémoire principale ait une capacité de 16 Mmots (24 bits d'adressage) et que la mémoire cache ait une capacité de 64 Kmots (16 bits d'adressage). L'adresse mémoire principale est partagée en deux :

- un champ étiquette, contenant 8 bits;
- un champ bloc, contenant 16 bits.

Figure 8.17 Mémoire cache : organisation de type correspondance directe

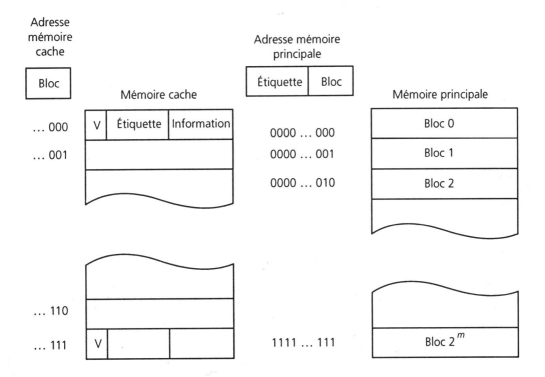

L'adresse de la mémoire cache est composée du champ bloc seulement, tandis que le champ étiquette est un élément du mot stocké dans la mémoire cache. Ce mot contient, en plus, un bit de validation V qui précise si l'information utile est identique (valeur 0) à celle correspondante de la mémoire principale ou si elle a été modifiée (valeur 1).

Quand le processeur génère une adresse mémoire, les bits du champ bloc sont utilisés pour adresser la mémoire cache. Ensuite, le champ étiquette de l'adresse générée est comparé avec la valeur du champ étiquette qui se trouve à l'emplacement pointé. Si cette comparaison révèle une égalité, le mot demandé est dans la mémoire cache et le processeur peut l'utiliser. Si la comparaison ne découvre pas une égalité, le mot concerné doit être recherché dans la mémoire principale.

Si chaque bloc contient plusieurs mots, ce qui constitue le cas général, l'adresse générée par le processeur est composée de trois champs, comme le montre la figure 8.18. L'adresse donnée à la mémoire cache contient deux champs parmi les trois : le champ bloc et le champ mot. Le processeur détermine la présence du bloc dans la mémoire cache en utilisant le champ étiquette. Si le bloc en question se trouve dans la mémoire cache, le mot cherché est alors identifié, dans une dernière étape, à l'aide des bits du champ mot.

Figure 8.18   Adresse dans une organisation cache de type correspondance directe (cas général)

Étiquette	Bloc	Mot

L'avantage de l'organisation de type correspondance directe est de faciliter l'accès à l'information utile. Elle est par contre peu souple, à cause des conflits répétés qui se produisent quand le processeur génère successivement des adresses ayant le même champ bloc mais des champs étiquette différents. Puisque chaque bloc de la mémoire cache est associé à un bloc de la mémoire principale, l'algorithme de remplacement est trivial.

Dans une organisation de type correspondance associative, la mémoire cache doit, pour chaque information utile, stocker en plus l'adresse complète du mot de la mémoire principale. En effet, la mémoire cache n'est pas adressée directement. Lors de la recherche d'une information, l'adresse de cette information est comparée en parallèle avec toutes les adresses rangées dans le champ adresse de la mémoire cache. Par conséquent, dans cette organisation, la mémoire cache doit être une **mémoire associative**. Dans une mémoire associative, la recherche d'une information s'effectue par le contenu et non par l'adresse. Sans entrer dans les détails d'architecture, mentionnons que, dans une telle mémoire, chaque bascule de la mémoire doit être associée à une partie logique qui permet la comparaison. L'adresse à comparer est chargée sur un registre spécial, et la comparaison s'effectue en parallèle. La correspondance pleinement associative est la méthode la plus souple, mais aussi la plus coûteuse en raison de la complexité de la logique d'une mémoire associative. De plus, cette mémoire demande un temps d'accès plus long, à cause de la nature de la recherche.

La fonction de correspondance associative par ensemble de blocs (où les blocs de la mémoire cache sont regroupés en ensembles) est un compromis entre la fonction de correspondance directe et celle de correspondance associative. Elle définit une organisation dans laquelle la mémoire cache est adressée par une partie des bits d'adresse, comme dans l'organisation de type correspondance directe. Cependant, pour chaque adressage de la mémoire cache, plusieurs blocs (ceux qui sont dans l'ensemble) sont adressés en parallèle, puisque chaque zone mémoire qui garde un ensemble de blocs a une structure associative. Donc, quand une adresse est demandée par le processeur, une comparaison associative est effectuée entre les blocs d'un ensemble. En cas d'égalité d'une des comparaisons, le mot recherché se trouve dans le bloc pointé de la mémoire cache. Le **degré d'associativité** exprime le nombre de blocs qui sont adressés par une seule adresse, donc le nombre de blocs d'un ensemble. Cette solution ne nécessite qu'un nombre de comparateurs égal au degré d'associativité.

L'organisation déterminée par la fonction de correspondance associative par ensemble de blocs est la plus avantageuse puisque :
- par différents choix de placement de bloc dans un ensemble, on peut résoudre le problème du conflit engendré par la fonction de correspondance directe;
- en diminuant le nombre de recherches associatives, on réduit le coût du matériel.

Actuellement, la recherche d'un mot dans une mémoire cache a un taux de succès supérieur à 85 %, grâce à la localité de références d'un programme. C'est en fait la structure du programme en exécution et surtout la taille de la mémoire cache qui influencent les performances. Si la mémoire cache est pleine et si un mot non contenu dans celle-ci est appelé, on doit libérer l'espace nécessaire pour effectuer le transfert du bloc concerné. Pendant ce transfert, il faut choisir parmi les anciens blocs de la mémoire cache lequel sera remplacé. Les règles qui définissent ce transfert constituent l'**algorithme de remplacement**. La propriété de localité de références est utilisée pendant la décision de remplacement. Dans le cas d'une organisation de type correspondance directe, le choix est imposé par l'adresse donc, comme nous l'avons déjà mentionné, l'algorithme de remplacement est trivial. Par contre, dans les organisations de type correspondance associative ou de type correspondance associative par ensemble de blocs, différents choix sont possibles.

L'**algorithme du moins récemment utilisé** (LRU : *Last Recently Used*) est une stratégie qui propose de remplacer le bloc n'ayant pas été utilisé depuis le temps le plus long. Nous allons présenter l'algorithme LRU implanté dans le matériel d'un système de petite taille pourvu de compteurs qu'on appelle **registres d'âge**. À chaque bloc d'un ensemble est associé un tel compteur (organisation de type correspondance associative par ensemble de blocs). Plus concrètement, considérons que la mémoire cache est partagée en ensembles de quatre blocs; un registre d'âge de deux bits qui peut compter dans la plage 0 à 3 est donc rattaché à chaque bloc. Durant le fonctionnement (à la suite d'une requête de lecture, par exemple), trois situations sont possibles :

1. Le bloc demandé dont le registre d'âge a la valeur j se trouve dans la mémoire cache, ce qui commande les actions suivantes :
   - le registre d'âge du bloc concerné est mis à la valeur 0;
   - les registres d'âge ayant des valeurs inférieures à j sont augmentés de 1;
   - les autres registres d'âge restent inchangés.

2. Le bloc demandé n'est pas dans la mémoire cache et l'ensemble concerné est plein, ce qui commande les actions suivantes :
   - le bloc dont le registre d'âge a la valeur 3 (dans le cas présent, on peut montrer qu'un seul registre d'âge a cette valeur) est enlevé et le nouveau bloc prend sa place;
   - le registre d'âge du nouveau bloc est mis à la valeur 0;
   - les registres d'âge des trois autres blocs sont augmentés de 1.
3. Le bloc demandé n'est pas dans la mémoire cache, mais l'ensemble n'est pas plein, ce qui commande les actions suivantes :
   - la place libre reçoit l'information nécessaire et son registre d'âge est mis à la valeur 0;
   - les registres d'âge des autres blocs sont augmentés de 1.

On a constaté que l'algorithme de remplacement affecte peu les performances du système. Pour cette raison, un algorithme de remplacement plus simple, qui consiste à choisir aléatoirement le bloc qu'on va remplacer, peut être très efficace en pratique.

8.7 MÉMOIRE VIRTUELLE

La gestion de la mémoire, qui est une fonction consistant à allouer une zone mémoire RAM à chaque programme avant qu'il soit exécuté, est effectuée par une partie du matériel et par des modules du système d'exploitation. Mentionnons que le **système d'exploitation** est un logiciel qui assure le fonctionnement du système informatique, en créant l'environnement dans lequel les programmes utilisateurs sont exécutés. Son rôle est de :

- optimiser l'utilisation des ressources;
- partager les ressources entre plusieurs utilisateurs simultanés (multiprogrammation);
- empêcher qu'un travail ne soit perturbé par un autre;
- communiquer avec l'utilisateur à l'aide d'un langage de commande et fournir ainsi les moyens de manipuler les programmes et les données.

Pour simplifier, nous supposerons que l'ordinateur est utilisé par un seul utilisateur. Il est à noter que des concepts semblables à ceux que nous définirons conviennent aussi à un environnement de multiprogrammation.

Mentionnons d'abord que beaucoup de programmes nécessitent un grand espace mémoire qui dépasse souvent les limites de la mémoire principale disponible. Pourtant, il est préférable qu'un utilisateur rédige son programme sans être limité par la mémoire principale de l'ordinateur. Par ailleurs, l'utilisateur préfère se servir des **adresses logiques**, tandis que l'ordinateur se sert de la mémoire par l'intermédiaire des **adresses physiques**.

Considérons donc que l'espace mémoire requis pour un programme dépasse l'espace mémoire RAM libre. Une première solution à ce problème est le **recouvrement**, méthode qui consiste à appeler à tour de rôle les modules d'un programme qui sont susceptible de se chevaucher dans la même zone de mémoire RAM. Par conséquent, seuls les modules du programme nécessaires pour un court laps de temps sont conservés dans la mémoire RAM. Le recouvrement ne requiert pas une partie matérielle spéciale ni un module du système d'exploitation. Il doit être implanté par l'utilisateur par le biais de commandes données à l'**éditeur de liens**, après la compilation. L'utilisateur doit donc connaître en détail la structure de son programme et savoir de quelle façon il est possible de le séparer en modules.

La **mémoire virtuelle** constitue un moyen de gestion automatique de l'espace mémoire, qui assure l'exécution d'un programme qui n'est pas entièrement transféré dans la mémoire principale. Dans un système de mémoire virtuelle, l'espace logique, soit celui où le programme est rangé, devient un **espace virtuel** comprenant des **adresses virtuelles**. La taille de cet espace est différente de celle de l'**espace physique** qui contient les **adresses physiques**. Deux techniques permettent de gérer la mémoire virtuelle : la pagination et la segmentation.

Dans la **technique de pagination**, la mémoire physique et la mémoire logique sont subdivisées en pages d'égale grandeur, la page étant l'unité d'échange entre les deux niveaux de mémoires. Un bloc matériel de la mémoire physique, qu'on appelle **cadre de page**, stocke l'information d'une **page logique**. L'allocation de la mémoire consiste à trouver dans la mémoire principale RAM un nombre de cadres de pages libres pour charger les pages logiques suffisantes pour permettre une exécution efficace du programme. Ces cadres de pages de la mémoire RAM physique alloués à un programme ne sont pas nécessairement contigus.

Chaque adresse générée par le processeur (adresse logique) comporte deux champs :

- le numéro de page virtuelle;
- le déplacement dans la page.

Il existe également une **table de pages par programme**, table qui est créée lors de l'initialisation. Durant le processus d'adressage, le numéro de la page virtuelle est utilisé comme indice dans la table des pages. Cette table contient, pour chaque page virtuelle, la partie **adresse de base de la page physique** de la mémoire RAM. L'adresse de base est ajoutée au déplacement dans la page pour former l'adresse physique. Le nombre de pages et la taille d'une page sont établis au niveau du matériel. La taille d'une page (une puissance de la base deux) dans les ordinateurs récents peut varier entre 256 et 4096 mots (octets) en fonction de l'architecture. Il faut préciser que la division de l'adresse en deux parties est une opération transparente à l'utilisateur qui continue de programmer dans un espace d'adressage séquentiel.

Exemple 8.4

Considérons le système de la figure 8.19, où l'espace logique est de 16 Mo (24 bits pour une adresse) et l'espace physique est de 1 Mo (20 bits pour une adresse). L'organisation de la mémoire virtuelle est gérée selon la technique de pagination, et chaque page contient 256 octets. Par conséquent, la mémoire RAM est divisée en 4096 pages. Supposons qu'à l'instant représenté à la figure 8.19, la page 2 ne se trouve pas dans la mémoire principale. Elle doit donc être transférée par un échange avec l'unité de disque.

Comme la figure le montre, la stratégie de remplacement des pages oblige à choisir une page victime avant que le transfert soit effectué. La succession des actions peut être résumée ainsi :

- une instruction d'une nouvelle page (la page 2 dans notre exemple) doit être exécutée; il faut chercher dans la table de pages pour trouver l'emplacement de cette page;

Exemple 8.4 (suite)

Figure 8.19 Organisation de la mémoire virtuelle

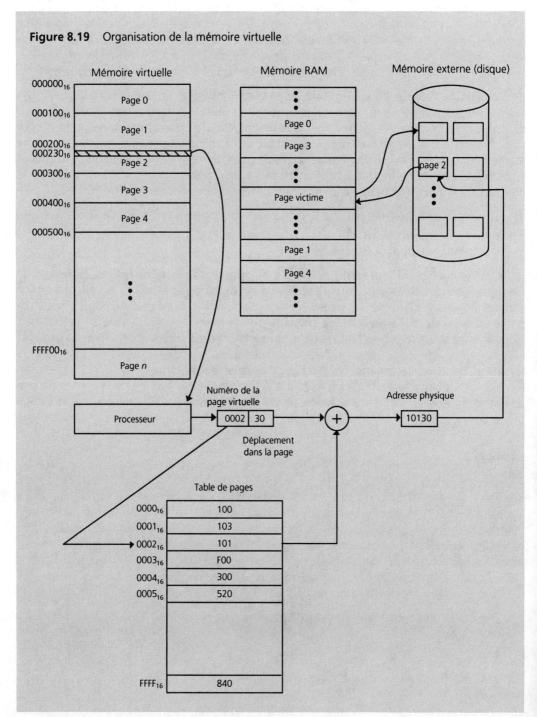

Exemple 8.4 (suite)

- le mécanisme de calcul de l'adresse est simple : l'information trouvée dans la table de pages à l'indice précisé par le numéro de la page virtuelle est ajoutée par concaténation au déplacement pour former l'adresse physique;
- parce que la page concernée ne se trouve pas dans la mémoire RAM, un **défaut de page**, pris en charge par le système d'exploitation, se produit;
- le système d'exploitation cherche un cadre de page libre (ou une page victime) dans la mémoire principale et, en même temps, localise la page concernée sur l'unité de disque;
- le transfert de la page physique dans le cadre de page libre de la mémoire RAM est exécuté;
- la modification de la table de pages est effectuée;
- l'exécution du programme se poursuit.

Étant donné que le traitement d'un défaut de page requiert beaucoup de temps ordinateur, la réalisation de la mémoire virtuelle avec remplacement des pages peut affecter les performances du système. Le temps effectif d'accès mémoire (*tea*) devient :

$$tea = (1 - p) * m + p * d , \qquad (8.1)$$

où :

- p représente la probabilité qu'intervienne un défaut de page;
- m représente le temps d'accès à la mémoire principale;
- d représente le temps de traitement d'un défaut de page.

Pour que le système fonctionne bien, la valeur de la probabilité qu'un défaut de page se produise doit être proche de zéro.

Exemple 8.5

Considérons un système où :

- le temps d'accès à la mémoire principale (RAM) est $m = 1\mu s$;
- le temps de traitement d'un défaut de page est $d = 10$ ms.

Le temps effectif d'accès s'exprime par :

$$tea = (1 - p) * 1 + 10\,000 * p = (1 + 9999 * p) \ \mu s.$$

Donc, le temps effectif d'accès est directement proportionnel à la probabilité qu'un défaut de page se produise. Dans cet exemple, pour maintenir la diminution de la vitesse d'accès sous 10 %, il faut que la valeur de la probabilité soit inférieure à 0,0001. Autrement dit, nous acceptons un défaut de page à chaque 100 000 accès mémoire. Si cette condition n'est pas remplie, les performances du système diminueront.

Pour réduire la fréquence des défauts de pages, il faut utiliser un bon algorithme de remplacement.

L'algorithme du plus ancien (FIFO) est facile à réaliser. Le système d'exploitation conserve une liste de pointeurs dirigés vers les pages de la mémoire principale. La tête de la liste est le pointeur de la page la plus ancienne et la fin de la liste est le pointeur de la page la plus récente. Quand un défaut de page se produit, la page en tête est choisie comme page victime et elle est retirée de la mémoire RAM, tandis que la nouvelle page est transférée et insérée en queue de liste. Le rendement de l'algorithme FIFO est modeste.

L'algorithme du moins récemment utilisé (LRU), décrit dans la section consacrée à la mémoire cache, prend comme victime la page qui n'a pas été utilisée depuis le temps le plus long. Il est plus complexe, mais son rendement est supérieur à celui de l'algorithme FIFO.

La conversion de l'adresse logique en adresse physique doit être effectuée à une grande vitesse. Si la table de pages est gardée dans la mémoire principale, chaque recherche d'un mot nécessite deux accès mémoire :

- un premier pour déterminer l'adresse physique;
- un deuxième pour accéder à l'information cherchée (instruction ou donnée),

ce qui diminuera de manière significative la vitesse d'exécution. Pour éliminer ce désavantage, il faut ajouter à l'architecture de l'ordinateur une mémoire associative qui peut stocker la table de pages et permettre ainsi la recherche parallèle.

La **segmentation** est la deuxième technique de gestion automatique de la mémoire virtuelle. Elle permet le découpage d'un programme en zones de mémoire de tailles différentes. Dans un système de mémoire virtuelle réalisée au moyen de la segmentation, une adresse logique comporte deux champs :

- le numéro de segment;
- le déplacement à l'intérieur du segment.

La transformation d'une adresse logique en adresse physique (figure 8.20) s'effectue par l'intermédiaire d'une **table de segments**. Une entrée dans cette table (**descripteur de segment**) contient l'adresse de base et la longueur du segment concerné. Pour chaque adresse physique calculée, un mécanisme de contrôle basé sur la longueur du segment vérifie la validité de l'accès mémoire.

En dépit de leur ressemblance, les techniques de pagination et de segmentation diffèrent sur les points suivants :

- les pages ont une dimension fixe, déterminée par l'architecture de l'ordinateur, tandis que les segments peuvent avoir une dimension quelconque déterminée par le logiciel de l'utilisateur;
- la division d'une adresse logique en numéro de page et déplacement est une fonction du matériel, tandis que la division d'une adresse logique en numéro de segment et déplacement est une fonction du logiciel.

On peut créer un mécanisme mixte combinant la pagination et la segmentation. Dans un tel cas, le système d'exploitation doit effectuer la gestion d'une table de segments et de plusieurs tables de pages. Plus précisément, un segment peut contenir plusieurs pages, alors que chaque table de pages dessert un seul segment.

Figure 8.20   Mémoire virtuelle réalisée au moyen de la segmentation

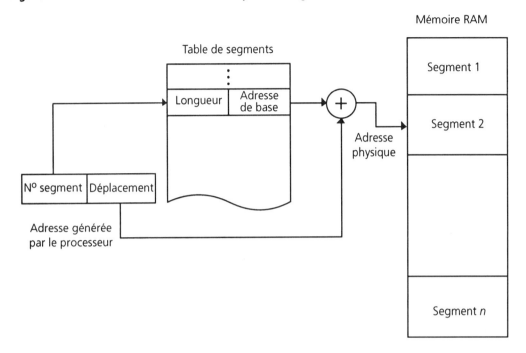

8.8   MÉMOIRES SECONDAIRES

Presque tous les modèles récents d'ordinateurs sont munis d'une mémoire secondaire. Rappelons que l'information soumise au traitement (programmes et données) doit se trouver dans la mémoire principale. Les autres informations, comme les modules des programmes non utilisés à un instant donné ou les modules non utilisés du système d'exploitation, résident dans une unité de mémoire secondaire. Ces modules seront transférés dans la mémoire principale au fur et à mesure qu'ils deviendront nécessaires. Rappelons également que la présence d'une mémoire secondaire dans un ordinateur se justifie par la capacité limitée de la mémoire principale (à un prix raisonnable) et par sa volatilité.

8.9   ORGANISATION HIÉRARCHIQUE DE LA MÉMOIRE

La mémoire d'un ordinateur a une organisation hiérarchique propre à chaque architecture. Une telle organisation est montrée à la figure 8.21, où nous pouvons voir que, plus un dispositif de mémoire est rapide, plus il est près du processeur. Le déplacement de l'information entre les différents niveaux peut se faire de façon explicite ou de façon implicite à l'aide d'un gestionnaire de mémoire. Rappelons que la gestion de la mémoire est une fonction du matériel et d'une partie du système d'exploitation.

Les logiciels de base (compilateurs, assembleurs, éditeurs, etc.) sont habituellement stockés sur un disque (mémoire non volatile) avant d'être chargés sur demande dans la mémoire principale RAM. Les logiciels moins utilisés, tels que les différentes bibliothèques de programmes, sont habituellement conservés sur des bandes magnétiques. Finalement, la mémoire cache est interposée entre la mémoire principale RAM et le processeur pour accélérer l'accès mémoire et accroître ainsi les performances de l'ordinateur.

Figure 8.21   Organisation hiérarchique de la mémoire.

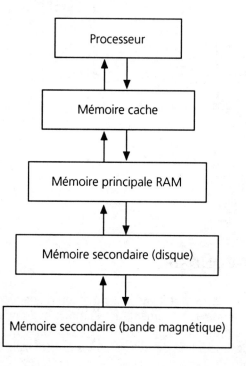

8.10   PROBLÈMES

1. Donnez les caractéristiques de chacune des mémoires suivantes : RAM, ROM, PROM et EPROM.

2. Quelles sont les différences qualitatives entre une mémoire MOS RAM statique et une mémoire MOS RAM dynamique?

3. Un micro-ordinateur est muni d'une mémoire principale de 1 Mo. La communication entre le processeur et la mémoire s'effectue par un bus de huit bits. Combien de bits le registre d'adresse et le registre d'information doivent-ils contenir?

4. Pour une mémoire principale MOS RAM dynamique, on doit effectuer le rafraîchissement de l'information 256 fois chaque 2 ms. Un cycle de rafraîchissement nécessite 150 ns, tandis qu'un cycle d'accès mémoire nécessite 300 ns. Quelle est la proportion du temps utilisé par le processus de rafraîchissement?

5. Expliquez le concept de la mémoire virtuelle et dites pourquoi cette mémoire est utile.

6. Dans un ordinateur, la mémoire se caractérise par l'organisation hiérarchique suivante :

Type	Capacité	Prix	Temps d'accès	Taux de succès
Mémoire cache	64 Koctets	10^{-2} \$/bit	10^{-8} s	0,9
Mémoire principale	2^{20} octets	10^{-3} \$/bit	10^{-6} s	0,998
Mémoire secondaire	2^{34} octets	10^{-6} \$/bit	10^{-2} s	1

Le temps d'échange d'une page est de 400 µs plus le temps d'accès à la mémoire de niveau inférieur. Déterminez le temps moyen de lecture d'un octet et le coût total de la mémoire.

9 DISPOSITIFS DE COMMANDE

9.1 RÔLE D'UN DISPOSITIF DE COMMANDE

Rappelons qu'un ordinateur effectue une tâche définie en exécutant un programme. Rappelons aussi qu'un programme consiste en une succession d'instructions, chacune commandant une action particulière, par exemple une addition, un transfert, un saut, etc. Finalement, rappelons qu'un ordinateur ne peut exécuter qu'un programme qui est écrit en langage machine et dans lequel les instructions sont codées en fonction de l'architecture de l'ordinateur. L'information contenue dans une telle instruction est toujours une information binaire, divisée en un ou plusieurs **champs**. Le champ principal, inclus dans toutes les instructions rédigées en langage machine, spécifie l'opération à exécuter. Ce champ comprend donc un **code opération**. De nombreuses instructions portent sur des données et, par conséquent, il faut introduire dans ces instructions des champs supplémentaires qui désignent les données. On peut spécifier directement la valeur d'une donnée ou indiquer par une adresse l'emplacement (en mémoire ou dans un registre du processeur) de cette donnée. Quelques exemples simples de formats d'instructions sont donnés à la figure 9.1.

Pour utiliser les différents modes d'adressage (*voir la section 9.7*), les récents ordinateurs modernes sont dotés d'un format d'instruction en langage machine beaucoup plus complexe que les exemples de formats présentés auparavant. En plus, les instructions d'un répertoire ont souvent des longueurs variables en fonction de la quantité d'informations nécessaires pour spécifier une opération (par exemple, de un à huit octets pour une instruction du microprocesseur 80386 d'Intel).

Pendant l'exécution d'un programme, le dispositif de commande extrait les instructions de la mémoire et les interprète, puis distribue les signaux de commande nécessaires. Par

Figure 9.1 Exemples de formats d'instructions

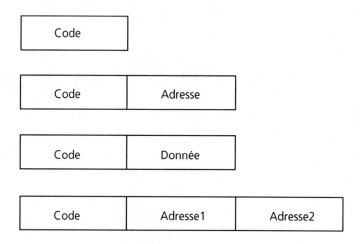

conséquent, un **cycle de recherche** au cours duquel les instructions sont extraites s'effectue dans un premier temps. Les instructions sont alors copiées à partir d'un registre mémoire vers un registre du processeur. Habituellement, le cycle de recherche nécessite un nombre constant d'impulsions d'horloge. Dans un deuxième temps, qui correspond au **cycle d'exécution**, le code opération est interprété par le dispositif de commande et les signaux de commande sont générés et envoyés. Le cycle d'exécution peut requérir une ou plusieurs impulsions d'horloge suivant la complexité de l'instruction. Les opérations élémentaires qui sont effectuées durant une seule impulsion d'horloge sont appelées **micro-opérations**. Parce que l'exécution d'une micro-opération suppose le transfert d'informations entre des registres, on peut décrire la succession des micro-opérations à l'aide d'un langage symbolique dit **langage de transfert entre registres**. Un tel langage n'a pas encore été standardisé, mais les versions utilisées sont très semblables.

La nécessité de recourir à un langage de transfert entre registres pour décrire le fonctionnement d'un ordinateur peut être justifiée d'une autre façon. Théoriquement, on peut considérer un ordinateur comme un circuit séquentiel synchrone complexe qui possède un très grand nombre d'états. À cause de cette complexité, les méthodes théoriques d'analyse d'un circuit séquentiel synchrone sont inapplicables. Il faut donc trouver d'autres méthodes d'analyse, et celle du langage de transfert entre registres représente le meilleur choix.

9.2 LANGAGE DE TRANSFERT ENTRE REGISTRES

Dans un langage de transfert entre registres, les registres sont considérés comme des **éléments primitifs de la structure**; en outre, tout circuit séquentiel classique pouvant stocker des informations est considéré comme un registre. C'est le cas pour les registres avec accès parallèle, les registres à décalage, les compteurs et les bascules individuelles associées à diverses fonctions. L'échange de l'information ne constitue pas le seul but du transfert. En effet, lors du transfert, des opérations logiques sont accomplies par l'intermédiaire des circuits combinatoires rattachés aux registres. Autrement dit, durant une impulsion d'horloge, des micro-opérations sont effectuées avec, comme résultat final, le remplacement de l'information dans un ou plusieurs registres.

Pour utiliser un langage de transfert entre registres, on suppose qu'une structure numérique peut être partagée en deux parties (figure 9.2) :

- une section de traitement;
- une section de commande.

Figure 9.2 Configuration d'une structure numérique pour utiliser un langage de transfert entre registres

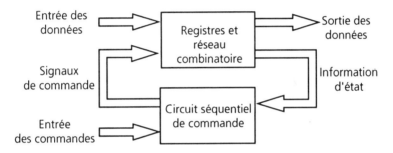

L'activité d'un système numérique pour chaque instant donné par l'impulsion d'horloge se caractérise par une fonction de commande et une liste de micro-opérations. Nous allons analyser les micro-opérations à l'aide d'exemples portant sur les principales catégories.

Micro-opérations de transfert

Supposons qu'on veuille effectuer un transfert d'informations durant l'instant t_1 donné par une impulsion d'horloge. Le transfert se fait entre le registre R1 (source) et le registre R2 (destination) si la condition logique $\bar{E}$ est vraie. En langage de transfert entre registres, on exprimerait ce transfert par :

$$\bar{E} \bullet t_1 : \quad R2 \longleftarrow R1 . \tag{9.1}$$

La première partie, soit $\bar{E} \bullet t_1$, représente la **fonction de commande**, tandis que la deuxième partie, R2 $\longleftarrow$ R1, représente la **fonction de traitement** qui est une micro-opération. La représentation matérielle de la relation (9.1) est donnée à la figure 9.3, où la présence de l'impulsion d'horloge est implicite.

La micro-opération exprimée par la relation (9.1) n'est correcte que si les registres R1 et R2 ont la même dimension. Durant le transfert, le bit de la position i du registre source passe dans la même position i du registre destination. Si les deux registres ont n bits, on peut écrire cette micro-opération sous une autre forme :

$$\bar{E} \bullet t_1 : \quad R2_i \longleftarrow R1_i, \quad \text{pour } i = 0, \ 1, \ldots, n-1. \tag{9.2}$$

Figure 9.3 Représentation matérielle de la relation (9.1)

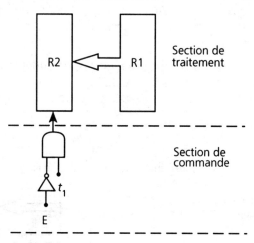

De même, on peut écrire des micro-opérations commandant le transfert de bits individuels ou de champs de bits. Par exemple, la micro-opération suivante :

$$c \bullet t_2: \quad COMP \longleftarrow I[A] , \tag{9.3}$$

spécifie le transfert de l'information du champ A, appartenant au registre I, vers le registre COMP si la condition logique $c \bullet t_2$ est vraie. La seule chose à vérifier est la correspondance de la dimension de la source (champ A du registre I) avec la dimension de la destination (registre COMP).

La communication avec la mémoire RAM se fait au moyen des deux registres qui contrôlent cette communication, plus précisément le registre d'adresse RA et le registre d'information RI (*voir la section 8.2*). Si L est le signal de commande qui valide la lecture, c'est-à-dire le transfert de l'information à partir d'un registre mémoire M vers le registre d'information RI, la lecture peut être exprimée par la micro-opération :

$$L: \quad RI \longleftarrow M . \tag{9.4}$$

De façon semblable, si E est le signal de commande qui valide l'écriture, c'est-à-dire le transfert de l'information à partir du registre RI vers un registre mémoire M, l'écriture, peut être exprimée par la micro-opération :

$$E: \quad M \longleftarrow RI . \tag{9.5}$$

Dans les deux dernières micro-opérations, l'adresse du registre mémoire associé au transfert a été chargée préalablement dans le registre d'adresse RA qui travaille avec la mémoire RAM. Si on veut spécifier une micro-opération au moyen de l'**adressage indirect** (*voir la section 9.6*) pour charger un registre du processeur, on peut écrire :

- pour un cycle de lecture :

$$\text{L: } R1 \longleftarrow M[A0] \text{ ;} \tag{9.6}$$

- pour un cycle d'écriture :

$$\text{E: } M[A3] \longleftarrow R2 \text{ ,} \tag{9.7}$$

où R1 et R2 sont des registres opérationnels et A0 et A3 sont des registres d'adressage.

Micro-opérations arithmétiques

Quelques exemples typiques de micro-opérations arithmétiques sont donnés ci-dessous :

- addition :

$$\text{Ad} \bullet t_1 \text{: } A \longleftarrow A + B \text{ ;} \tag{9.8}$$

- soustraction en complément à 2 :

$$\text{Sc} \bullet t_2 \text{: } A \longleftarrow A + \overline{B} + 1 \text{ ;} \tag{9.9}$$

- incrémentation d'un compteur :

$$\text{V} \bullet t_3 \text{: } C \longleftarrow C + 1 \text{ ;} \tag{9.10}$$

- décrémentation d'un compteur :

$$\text{P} \bullet t_4 \text{: } C \longleftarrow C - 1 \text{ .} \tag{9.11}$$

Habituellement, les opérations arithmétiques de multiplication et de division ne peuvent être représentées par des micro-opérations particulières puisque leur exécution s'effectue en plusieurs impulsions d'horloge par une succession d'additions et de décalages.

Micro-opérations logiques

Quelques exemples typiques de micro-opérations logiques sont donnés ci-dessous :

- complément logique :

$$\text{L} \bullet t_1 \text{: } A \longleftarrow \overline{A} \text{ ;} \tag{9.12}$$

- opération OU :

$$\text{L} \bullet t_2 \text{: } C \longleftarrow A \vee B \text{ ;} \tag{9.13}$$

- opération ET :

$$\text{L} \bullet t_3 \text{: } B \longleftarrow B \wedge C \text{ ;} \tag{9.14}$$

- opération OU EXCLUSIF :

$$\text{L} \bullet t_4 \text{: } D \longleftarrow A \oplus B \text{ ;} \tag{9.15}$$

• décalage à gauche :

$$G \bullet t_1: \quad A_i \longleftarrow A_{i-1} ; \qquad\qquad (9.16)$$

• décalage à droite :

$$D \bullet t_2: \quad B_i \longleftarrow B_{i+1} . \qquad\qquad (9.17)$$

Pour éviter la confusion, la fonction de commande utilise le signe plus (+) pour l'opération OU et le signe point (•) pour l'opération ET, tandis que la fonction de traitement utilise le signe plus (+) pour l'opération d'addition. Ainsi, l'exemple :

$$t_1 + t_2: \quad A \longleftarrow A + B , C \longleftarrow A \vee B , \qquad\qquad (9.18)$$

est interprété de la façon suivante :

• le signe + de la fonction de commande exprime l'opération logique OU entre les signaux de commande t_1 et t_2;
• le signe + de la première micro-opération exprime l'addition entre les données contenues dans les registres A et B;
• le symbole $\vee$ de la deuxième micro-opération exprime l'opération logique OU entre les données contenues dans les registres A et B.

9.3 CONCEPTION D'UN ORDINATEUR MONOPROCESSEUR

9.3.1 Configuration du processeur

Pour montrer comment le dispositif de commande contrôle le fonctionnement de l'ordinateur, nous décrirons chacune des étapes de la réalisation d'un **ordinateur monoprocesseur** simple à partir de spécifications fonctionnelles. Évidemment, les performances de l'ordinateur proposé sont modestes comparativement à celles des ordinateurs que l'on trouve aujourd'hui sur le marché, mais notre objectif est uniquement de mettre en évidence le processus de conception du dispositif de commande. L'ordinateur que nous allons concevoir est une machine de type **une seule adresse par instruction** et son architecture constitue une variante simplifiée d'un des premiers micro-ordinateurs à succès, plus précisément le PDP-8 réalisé par Digital Equipement Corporation.

L'ordinateur que nous proposons contient :

• un processeur ;
• une mémoire principale RAM ;
• une unité d'entrée-sortie de type téléimprimeur.

Nous supposons que la mémoire RAM et le téléimprimeur ont des structures physiques connues et, par conséquent, nous ne présenterons que les étapes de la conception du processeur, soit :

• la détermination de la configuration du processeur;
• la sélection du format du mot et du jeu d'instructions;

- l'établissement des micro-opérations pour chacune des instructions;
- la conception du matériel de la partie de commande;
- la conception du matériel de la partie des registres.

Il faut préciser qu'en général la conception du matériel est très liée à celle du logiciel, et plus particulièrement à la conception du système d'exploitation. Pour simplifier la démonstration, nous n'aborderons pas la conception du logiciel. Pour la même raison, nous ne couvrirons qu'une partie de la conception matérielle du processeur.

La configuration de l'ordinateur monoprocesseur est donnée à la figure 9.4, où sont représentés, mais sans les détails des structures logiques, les registres, le circuit combinatoire rattaché à l'accumulateur, la partie de communication avec la mémoire RAM, les registres du dispositif de commande avec le circuit combinatoire qui lui est associé et le générateur d'horloge.

La **mémoire RAM** a une capacité de 4 Kmots de 16 bits chacun. Par conséquent, pour chercher un mot, il faut utiliser une adresse de 12 bits. Le générateur d'horloge distribue les impulsions avec une fréquence de 1 MHz. Durant le fonctionnement de la mémoire, nous supposons que le temps d'accès est inférieur à 1 µs.

Le **registre d'adresse mémoire RA** de 12 bits sert à conserver l'adresse d'un registre mémoire. Son chargement peut se faire directement du compteur d'instruction CI pour lire une instruction, ou à partir des 12 bits les moins significatifs du registre I pour lire un opérande.

Le **registre tampon B** contient 16 bits et a une double fonction :

- quand il travaille avec la mémoire RAM, il sert de registre d'information pour permettre le transfert de l'information lors d'une opération de lecture ou d'écriture;
- quand il travaille avec l'accumulateur A, il conserve le deuxième opérande d'une opération arithmétique ou logique.

Le **compteur d'instruction CI** a une taille de 12 bits. Il sert à garder l'adresse de l'instruction suivante du programme. L'exécution séquentielle des instructions entraîne l'incrémentation du registre CI, tandis que l'exécution d'une instruction de saut détermine le chargement de l'adresse de destination dans le registre CI. Pendant le cycle de recherche d'une instruction, le contenu de ce registre est transféré dans le registre d'adresse mémoire RA.

L'**accumulateur A** de 16 bits est utilisé durant le traitement des données. Il constitue le registre principal du dispositif arithmétique. Ainsi, une opération (arithmétique ou logique) sur deux opérandes se fait par l'intermédiaire des registres A et B. Il faut préciser que le circuit combinatoire rattaché à l'accumulateur représente plus qu'un additionneur de 16 bits puisqu'on va lui adjoindre une partie combinatoire permettant d'effectuer des opérations logiques et de décalage. Pour simplifier l'architecture, on suppose que seule l'opération arithmétique d'addition peut être effectuée directement par une instruction. Par conséquent, pour permettre l'exécution des autres opérations arithmétiques, l'utilisateur doit définir des procédures adéquates. Précisons encore une fois que les ordinateurs offerts sur le marché n'imposent pas de telles limites et qu'ils contiennent habituellement plusieurs registres de type accumulateur.

Figure 9.4 Structure de l'ordinateur monoprocesseur proposé

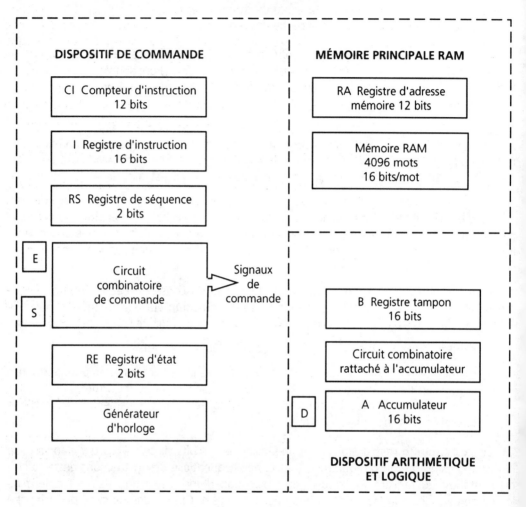

Le **registre d'instruction I** de 16 bits retient l'instruction en cours d'exécution. Cette instruction doit être transférée à partir du registre B, après le processus de lecture.

Le **registre de séquence RS** contient deux bits. Il représente un compteur modulo 4 dont le rôle est de créer les cadences du temps nécessaires pour produire les signaux de commande. Ces signaux sont générés par le circuit combinatoire de commande qui utilise un réseau de portes pour combiner les sorties du registre d'instruction I avec les sorties du registre de séquence RS.

Le **registre d'état RE** conserve le mot d'état. Chaque bit de ce mot a une signification bien précise. Habituellement, les bits d'état sont modifiés après l'exécution des opérations arithmétiques ou logiques. Il est donc possible de tester leur valeur pour vérifier certaines conditions de saut. Pour concevoir l'ordinateur simple, nous avons utilisé deux bascules pour le registre d'état RE. La première (bascule A_z) indique, par la valeur logique 1, si, à la suite d'une opération quelconque, l'accumulateur prend la valeur zéro, tandis que la deuxième (bascule A_s) reproduit la valeur du bit de l'extrémité gauche de l'accumulateur, donc le signe d'un opérande numérique en complément à 2.

Trois bascules ont été ajoutées à cette structure, soit :

- une bascule D qui représente l'extension de l'accumulateur du dispositif arithmétique pour indiquer le dépassement de capacité; cette bascule peut aussi être utilisée durant une opération de décalage;
- une bascule E, rattachée au dispositif de commande, qui permet de distinguer entre le cycle de recherche et le cycle d'exécution;
- une bascule S, rattachée également au dispositif de commande, qui permet de faire la transition entre l'état d'activité et l'état d'inactivité de l'ordinateur; elle représente donc la bascule *start-stop* chargée de la mise en marche ou de l'arrêt de l'ordinateur.

9.3.2 Format du mot

Il faut ensuite choisir le **format d'un mot** et le **jeu d'instructions**. Étant donné que nous ne présentons qu'une partie de la conception du matériel, seulement une partie du jeu d'instructions sera analysée. Plus précisément, nous examinerons quelques instructions concernant :

- le transfert entre le processeur et la mémoire RAM;
- les opérations arithmétiques et logiques;
- les branchements.

Pour chaque instruction décodée, le décodeur du code opération génère un **signal d'opération** spécifique, que nous allons noter par c_i.

La dimension du mot de traitement choisi correspond à la dimension d'un mot de mémoire. Un tel mot de mémoire peut conserver une information qui représente soit une instruction (figure 9.5), soit une donnée (figure 9.6).

Figure 9.5 Format d'une instruction

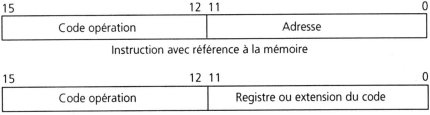

Instruction avec référence à la mémoire

Instruction sans référence à la mémoire

Figure 9.6 Format d'une donnée

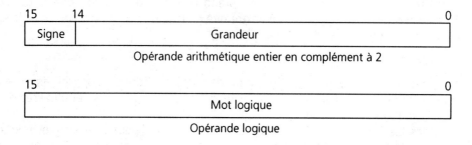

Opérande arithmétique entier en complément à 2

Opérande logique

Les derniers 12 bits d'une instruction avec référence à la mémoire servent à indiquer une adresse d'un registre mémoire. Les instructions sans référence à la mémoire concernent le registre A et la bascule D. Puisque, dans ces instructions, aucun opérande mémoire n'est requis, les derniers 12 bits peuvent être utilisés pour compléter le code opération.

Parmi les instructions avec référence à la mémoire, nous allons analyser (figure 9.7) une instruction de transfert entre le processeur et la mémoire RAM (stockage), une instruction arithmétique (addition), une instruction logique (ET logique) et une instruction de branchement (saut inconditionnel). Précisons qu'une instruction avec référence à la mémoire contient deux champs :

- un champ de 4 bits pour le code opération;
- un champ de 12 bits pour l'adresse.

Figure 9.7 Quelques instructions avec référence à la mémoire

Mnémonique	Fonction	Code hexadécimal	Signal d'opération	Signification
STO	M <— A	0 m	c_0	Stockage
ADD	A <— A+M; D<— ret	1 m	c_1	Addition
ETL	A <— A ∧ M	2 m	c_2	ET logique
STI	CI <— M[Ad]	3 m	c_3	Saut inconditionnel

Une instruction en langage machine peut être codée à l'aide de 4 chiffres hexadécimaux (16 bits). Dans les instructions avec référence à la mémoire analysées, le premier chiffre hexadécimal, qui a une valeur de 0 à 3, désigne le code opération, tandis que les trois suivants, marqués par la lettre m, représentent la partie adresse. Nous notons par M le registre mémoire pointé par l'adresse m. En ce qui concerne les quatre instructions analysées, précisons que :

- l'instruction de stockage sert à effectuer le transfert vers la mémoire;
- l'instruction d'addition s'applique à des nombres exprimés en complément à 2;
- l'instruction ET logique est exécutée par bits;
- l'instruction saut inconditionnel permet la liaison à l'adresse spécifiée dans le champ adressage; elle utilise l'information de ce champ, mais elle n'est pas une véritable instruction avec référence à la mémoire parce que, pendant son exécution, on n'a pas besoin d'un accès à la mémoire pour chercher un opérande.

Considérons maintenant les instructions sans référence à la mémoire. Celles que nous analyserons sont présentées à la figure 9.8. Puisque ces instructions ne requièrent pas d'opérande mémoire, on peut utiliser le champ adressage de 12 bits pour l'extension du code opération. Par conséquent, pour les instructions sans référence à la mémoire analysées, nous proposons de toujours mettre la même information, plus précisément 1000 en binaire ou 8 en hexadécimal, dans le champ code opération; de plus, pour chaque type d'instruction, nous suggérons de placer un seul bit 1 dans une position distincte à l'intérieur du champ adressage de 12 bits. Autrement dit, le code opération s'exprime par tous les 16 bits d'un mot instruction.

Figure 9.8 Quelques instructions sans référence à la mémoire

Mnémonique	Fonction	Code hexadécimal	Signal d'opération	Signification
EFA	$A \longleftarrow 0$	8800	c_8	Effacement de A
CLA	$A \longleftarrow \overline{A}$	8400	c_9	Complément de A
INA	$A \longleftarrow A + 1$	8200	c_{10}	Incrémentation de A
DGA	$A_i \longleftarrow A_{i-1};$ $D \longleftarrow A_{15};\ A_0 \longleftarrow D$	8100	c_{11}	Décalage à gauche de l'accumulateur
DDA	$A_i \longleftarrow A_{i+1};$ $A_{15} \longleftarrow D;\ D \longleftarrow A_0$	8080	c_{12}	Décalage à droite de l'accumulateur

9.3.3 Description des micro-opérations

Nous pouvons à présent décrire, à l'aide des micro-opérations, l'exécution des instructions. Rappelons que durant une impulsion d'horloge, il existe une seule fonction de commande pour une ou plusieurs micro-opérations exécutées. Chaque fonction de commande est exprimée par une fonction booléenne générée par le circuit combinatoire de commande (figure 9.4), ayant comme variables d'entrée les signaux t_0 à t_3 produits par le registre de séquence et les signaux c_i obtenus à la suite du décodage du code opération logé dans le registre I.

Toutes les instructions doivent exécuter un cycle de recherche dont le but est d'extraire une instruction de la mémoire. Si le cycle de recherche se caractérise par la valeur 0 de la bascule E, la succession suivante de micro-opérations est nécessaire pour extraire n'importe quelle instruction :

$$\overline{E} \bullet t_0: \quad RA \longleftarrow CI ,$$
$$\overline{E} \bullet t_1: \quad B \longleftarrow M , CI \longleftarrow CI + 1 ,$$
$$\overline{E} \bullet t_2: \quad I \longleftarrow B . \qquad\qquad (9.19)$$

Le décodage du code opération est effectué durant le temps t_3 du cycle de recherche. Si l'instruction en cause nécessite un opérande mémoire, elle doit être exécutée durant le cycle d'exécution. Dans une telle situation, la fonction de commande et la micro-opération correspondante du temps t_3 s'expriment par :

$$\overline{E} \bullet (c_0 + c_1 + c_2) \bullet t_3: \quad E \longleftarrow 1 , \qquad\qquad (9.20)$$

où seule une forme partielle de la fonction de commande a été prise en considération, puisque nous analysons uniquement trois vraies instructions avec référence à la mémoire.

Cependant, si l'instruction en cause ne nécessite pas d'opérande mémoire, elle sera exécutée durant le temps t_3 du cycle de recherche. Dans une telle situation, il n'existe pas de vrai cycle d'exécution.

Nous allons d'abord examiner l'exécution des instructions analysées qui ne nécessitent pas de cycle d'exécution.

L'instruction de saut inconditionnel (STI) se caractérise par le signal d'opération c_3 et ne demande pas d'opérande mémoire. Par conséquent, cette instruction peut être exécutée durant le temps t_3 du cycle de recherche :

$$c_3 \bullet t_3: \quad CI \longleftarrow I[Ad] . \qquad\qquad (9.21)$$

Il est à noter que l'état de la bascule E n'intervient pas dans la fonction de commande parce que le signal d'opération c_3 devient actif seulement durant le cycle de recherche. Par la suite, par l'avancement du registre de séquence RS, on revient au temps t_0 du cycle de recherche, en sachant que la bascule E n'a pas changé d'état et qu'elle reste donc à l'état $\overline{E}$.

Les instructions avec référence à un registre du processeur sont exécutées durant le même temps t_3 du cycle de recherche. Le code opération est complété avec la valeur 1 pour un seul bit du champ adressage du registre I. À la lumière de ces précisions, nous pouvons écrire :

- pour l'instruction effacement du registre A (mnémonique EFA):

$$c_8 \bullet t_3: \quad A \longleftarrow 0 ; \tag{9.22}$$

- pour l'instruction complément logique du registre A (mnémonique CLA):

$$c_9 \bullet t_3: \quad A \longleftarrow \overline{A} ; \tag{9.23}$$

- pour l'instruction incrémentation de A (mnémonique INA) :

$$c_{10} \bullet t_3: \quad A \longleftarrow A + 1 ; \tag{9.24}$$

- pour l'instruction décalage à gauche de A (mnémonique DGA) :

$$c_{11} \bullet t_3: \quad A_i \longleftarrow A_{i-1} ; D \longleftarrow A_{15} ; A_0 \longleftarrow D ; \tag{9.25}$$

- pour l'instruction décalage à droite de A (mnémonique DDA) :

$$c_{12} \bullet t_3: \quad A_i \longleftarrow A_{i+1} ; A_{15} \longleftarrow D ; D \longleftarrow A_0 . \tag{9.26}$$

Observons aussi que l'état de la bascule E n'intervient pas dans les fonctions de commande.

Les instructions analysées qui exigent un opérande mémoire sont celles qui se caractérisent par un des signaux d'opération c_0, c_1 ou c_2. Elles requièrent un cycle d'exécution. Rappelons que, pour exécuter ces instructions, nous avons fait passer la bascule E dans l'état 1 (relation 9.20) et que le champ adressage du registre I, donc I[Ad], contient l'adresse mémoire de l'opérande concerné.

Pour chacune des trois instructions qui exigent un opérande mémoire, l'adresse de l'opérande est transmise dans le registre d'adresse RA durant le temps t_0 du cycle d'exécution. Donc :

$$E \bullet (c_0 + c_1 + c_2) \bullet t_0: \quad RA \longleftarrow I[Ad] . \tag{9.27}$$

En ce qui concerne l'instruction de stockage, le transfert proprement dit s'effectue en deux impulsions d'horloge successives :

$$E \bullet c_0 \bullet t_1: \quad B \longleftarrow A ;$$
$$E \bullet c_0 \bullet t_2: \quad M \longleftarrow B . \tag{9.28}$$

D'autre part, pour les instructions dans lesquelles le transfert est fait à partir de la mémoire, donc ADD (c_1) et ETL (c_2), on doit effectuer pendant le temps t_1 du cycle d'exécution la lecture de la mémoire, c'est-à-dire la micro-opération :

$$E \bullet (c_1 + c_2) \bullet t_1: \quad B \longleftarrow M , \tag{9.29}$$

en sachant que l'exécution effective de chacune de ces deux instructions est accomplie pendant le temps t_2 du cycle d'exécution par les micro-opérations suivantes :

- pour l'opération d'addition :

$$E \bullet c_1 \bullet t_2: \quad A \longleftarrow A + B \ ; \quad D \longleftarrow \text{dépassement} \ ; \qquad (9.30)$$

- pour l'opération ET logique :

$$E \bullet c_2 \bullet t_2: \quad A \longleftarrow A \wedge B \ . \qquad (9.31)$$

Finalement, pour les trois instructions analysées qui ont nécessité un opérande mémoire, on efface la bascule E durant le temps t_3 du cycle d'exécution pour revenir au cycle de recherche. Donc :

$$E \bullet t_3: \quad E \longleftarrow 0 \ . \qquad (9.32)$$

9.3.4   Conception du matériel

La conception de la partie de commande s'effectue après qu'on a déterminé les signaux de commande qu'on doit envoyer à chacun des registres. Il faut donc grouper les micro-opérations concernant le même registre. Nous décrirons la technique à l'aide d'un exemple, soit la micro-opération de l'opération de lecture d'un mot de mémoire exprimé par :

$$B \longleftarrow M \ . \qquad (9.33)$$

Rappelons qu'une opération de lecture d'une instruction est nécessaire durant le cycle de recherche (relation 9.19) quand la condition :

$$\overline{E} \bullet t_1 \qquad (9.34)$$

est vraie, ou durant le cycle d'exécution pour faire la lecture d'un opérande (relation 9.29), quand la condition :

$$E \bullet (c_1 + c_2) \bullet t_1 \qquad (9.35)$$

est vraie. Par conséquent, on peut dire que l'opération de lecture d'un mot de mémoire, caractérisée par le signal de commande L, s'exprime par :

$$L = \overline{E} \bullet t_1 + E \bullet (c_1 + c_2) \bullet t_1: \quad B \longleftarrow M \ . \qquad (9.36)$$

Pour créer ce signal, on doit réaliser le circuit combinatoire de la figure 9.9 qui constitue une petite partie du circuit combinatoire de commande présenté à la figure 9.4.

En employant la même technique, on peut obtenir les signaux de commande qu'on doit envoyer à chacun des registres.

Figure 9.9 Structure du circuit générant le signal de commande L

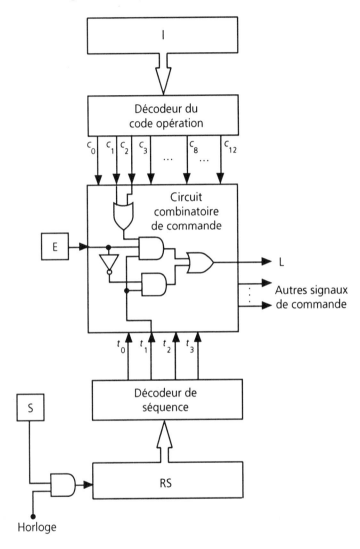

Dans la dernière étape de la conception du processeur, il faut établir les structures des registres, ce que nous illustrerons par deux cas.

Considérons d'abord le registre d'adresse mémoire RA. Deux signaux de commande peuvent actionner ce registre. Le premier est le signal d_1 qu'on utilise durant le cycle de recherche pour trouver l'adresse d'une instruction. Donc :

$$d_1 = \overline{E} \bullet t_0 : \ RA \longleftarrow CI . \qquad (9.37)$$

Le second est le signal d_2 qui, durant le cycle d'exécution des instructions avec référence à la mémoire, cherche l'adresse d'un opérande. Donc :

$$d_2 = E \bullet (c_0 + c_1 + c_2) \bullet t_0 \colon \text{ RA} \longleftarrow I[Ad] \ . \tag{9.38}$$

Puisqu'il y a deux sources de chargement, on doit utiliser un multiplexeur pour choisir une seule source à la fois. Un étage du registre RA, réalisé à l'aide d'une bascule JK de type maître-esclave, est présenté à la figure 9.10 .

Figure 9.10   Étage du registre d'adresse mémoire RA

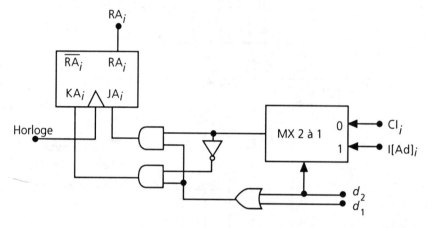

Examinons à présent l'accumulateur qui est le registre le plus complexe. Pour permettre d'effectuer l'opération arithmétique d'addition, l'opération logique ET, l'effacement, la négation, les décalages et l'incrémentation, un grand circuit combinatoire est requis.

Pour concevoir un étage de l'accumulateur, nous utiliserons une bascule JK de type maître-esclave et nous supposerons qu'une seule commande à la fois peut être envoyée. La structure combinatoire qu'il faut ajouter à chaque étage de l'accumulateur tient compte du fonctionnement logique de la bascule JK. En considérant la table d'excitation d'une bascule JK et la table de vérité d'un additionneur élémentaire, nous pouvons construire, pour l'opération d'addition d'un étage i, la table de la figure 9.11.

Comme il s'agit d'un étage d'un accumulateur, donc qui retient un des opérandes et le résultat, nous avons utilisé la notation suivante : $A_i(t)$ pour le bit de l'opérande (avant l'impulsion d'horloge) et $A_i(t+1)$ pour le bit du résultat (après l'impulsion d'horloge). Après la simplification à l'aide du diagramme de Karnaugh (figure 9.12), nous obtenons les équations logiques suivantes (desquelles, pour plus de clarté, nous avons enlevé le paramètre temps) :

$$JA_i = B_i \bullet \overline{T}_{i-1} + \overline{B}_i \bullet T_{i-1} \ , \tag{9.39}$$

$$KA_i = B_i \bullet \overline{T}_{i-1} + \overline{B}_i \bullet T_{i-1} \ , \tag{9.40}$$

$$T_i = A_i \bullet B_i + A_i \bullet T_{i-1} + B_i \bullet T_{i-1} \ . \tag{9.41}$$

Figure 9.11   Table d'addition dans un étage de l'accumulateur

$A_i(t)$	$B_i(t)$	$T_{i-1}(t)$	$A_i(t+1)$	$T_i(t)$	$JA_i(t)$	$KA_i(t)$
0	0	0	0	0	0	X
0	0	1	1	0	1	X
0	1	0	1	0	1	X
0	1	1	0	1	0	X
1	0	0	1	0	X	0
1	0	1	0	1	X	1
1	1	0	0	1	X	1
1	1	1	1	1	X	0

Les deux premières équations, soit (9.39) et (9.40), affectent la bascule. Par conséquent, si a_1 est la commande d'addition, il faut ajouter des portes ET qui reçoivent en entrée cette commande et les signaux des équations qui conditionnent l'opération d'addition.

Figure 9.12   Diagrammes de Karnaugh pour la simplification de la table de la figure 9.11

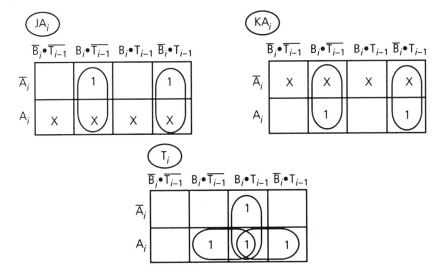

La table de la figure 9.13 nous permet, après la simplification (figure 9.14), d'établir les équations qui commandent l'opération logique ET aux entrées de la bascule :

$$JA_i = 0 \,,$$

$$KA_i = \overline{B}_i \,. \tag{9.42}$$

Figure 9.13

Table de l'opération logique ET
dans un étage de l'accumulateur

$A_i(t)$	$B_i(t)$	$A_i(t+1)$	$JA_i(t)$	$KA_i(t)$
0	0	0	0	X
0	1	0	0	X
1	0	0	X	1
1	1	1	X	0

Figure 9.14

Diagrammes de Karnaugh pour la simplification
de la table de la figure 9.13

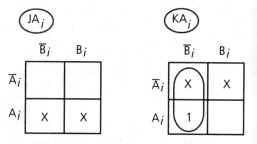

Tout comme pour l'addition, si a_2 est la commande de l'opération logique ET, il faut ajouter des portes ET qui reçoivent en entrée cette commande et les signaux des équations qui conditionnent l'opération logique ET.

Rappelons que l'effacement d'une bascule JK s'effectue par l'envoi du signal logique 0 à l'entrée J et du signal logique 1 à l'entrée K. Donc, si a_3 est la commande d'effacement, les équations qui la définissent à l'étage i de l'accumulateur sont :

$$JA_i = 0 \quad \text{et} \quad KA_i = a_3 . \tag{9.43}$$

Rappelons également que l'opération complément logique d'une bascule JK s'effectue par l'envoi du signal logique 1 aux deux entrées. Par conséquent, si a_4 est la commande de complément logique, les équations qui la définissent à l'étage i de l'accumulateur sont :

$$JA_i = a_4 \quad \text{et} \quad KA_i = a_4 . \tag{9.44}$$

Considérons maintenant a_5 qui est la commande pour effectuer le décalage à droite et a_6 qui est la commande pour effectuer le décalage à gauche. Le fonctionnement d'un registre à décalage étant connu, nous pouvons écrire les équations de ces commandes pour l'étage i de l'accumulateur, soit :

• pour le décalage à droite :

$$JA_i = A_{i+1} \bullet a_5 \quad \text{et} \quad KA_i = \overline{A_{i+1}} \bullet a_5 ; \tag{9.45}$$

• pour le décalage à gauche :

$$JA_i = A_{i-1} \bullet a_6 \quad \text{et} \quad KA_i = A_{i-1} \bullet a_6 \; . \tag{9.46}$$

L'opération d'incrémentation est déterminée par le signal de commande a_7. L'état de la bascule qui se trouve dans la position la moins significative sera toujours changé. Le changement d'état de chacune des bascules suivantes dépend de la présence ou non d'une retenue produite par la position voisine à droite. (Il importe de ne pas confondre la retenue dans l'opération d'addition et la retenue dans l'opération d'incrémentation.) Donc, si on note par V_{i-1} la retenue propagée vers l'étage A_i, on peut écrire les équations qui définissent cette commande par :

$$JA_i = V_{i-1} \quad \text{et} \quad KA_i = V_{i-1} \; , \tag{9.47}$$

où V_{i-1} s'exprime par :

$$V_0 = a_7 \; , \tag{9.48}$$

pour l'étage le moins significatif, et par :

$$V_i = V_{i-1} \bullet A_i \; , \tag{9.49}$$

pour un autre étage quelconque.

Finalement, le circuit combinatoire rattaché à un étage de l'accumulateur doit contenir la porte ET ayant la sortie Z_i qui génère séquentiellement l'état zéro de l'accumulateur, état qui est transmis à la bascule A_z du registre d'état RE.

Toutes ces précisions éclairent le schéma d'un étage du registre accumulateur présenté à la figure 9.15. Il est à noter que ce schéma illustre seulement la partie du circuit combinatoire qui se rapporte aux instructions analysées. Évidemment, si on introduit plus d'instructions faisant appel à l'accumulateur, il faudra augmenter la partie combinatoire qui lui est rattachée.

Le dispositif de commande de l'ordinateur monoprocesseur proposé est un **dispositif de commande câblée**. Il contient essentiellement le registre d'instruction I et son décodeur, le registre de séquence RS et son décodeur et, surtout, le circuit combinatoire de commande. Ce dernier est un très grand circuit combinatoire, réalisé à l'aide de portes logiques ou à l'aide d'un ou plusieurs circuits PLA qui matérialisent les équations logiques pour générer les signaux de commande. Il faut préciser qu'un tel circuit est inchangeable; autrement dit, si on veut modifier le comportement de l'ordinateur, par exemple par l'ajout d'autres instructions, il faut redéfinir les fonctions de commande et concevoir une nouvelle structure matérielle du circuit combinatoire de commande.

Figure 9.15 Étage du registre accumulateur

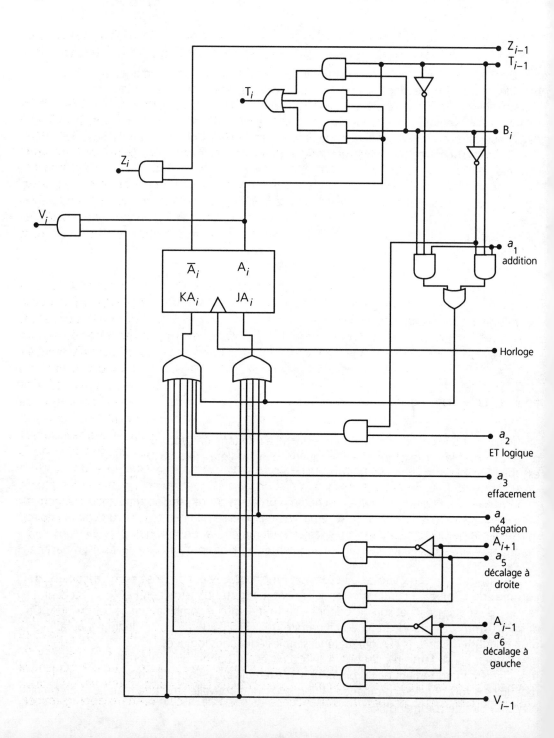

9.4   DISPOSITIF DE COMMANDE MICROPROGRAMMÉE

La **commande microprogrammée** constitue une approche différente de l'architecture d'un dispositif de commande. De nombreux ordinateurs récents sont conçus selon cette technique de commande.

Un dispositif de commande microprogrammée nécessite une mémoire de commande de type ROM dans laquelle sont conservés les **microprogrammes**. Un mot d'information d'un microprogramme, c'est-à-dire l'unité d'information qui peut être soumise au traitement ou au transfert, s'appelle **mot de commande** ou **micro-instruction**. Les signaux de commande générés pendant une même impulsion d'horloge sont précisés dans une micro-instruction. Chaque instruction en langage machine est remplacée par une séquence de micro-instructions, séquence qui compose un microprogramme. Autrement dit, un microprogramme est une suite de micro-instructions destinée à faire exécuter une instruction en langage machine. Il s'ensuit donc que l'adresse de début d'un microprogramme doit être spécifiée au moment du décodage d'une instruction en langage machine.

Le schéma général d'un dispositif de commande microprogrammée est présenté à la figure 9.16. Pour permettre la lecture des micro-instructions, l'une après l'autre, à partir de la mémoire microprogrammée, un **registre d'adresse des micro-instructions RMA** est requis. Dans un premier temps, l'adresse de début d'un microprogramme est transférée du registre d'instruction I. Par la suite, le registre RMA est incrémenté afin de générer successivement les adresses des micro-instructions suivantes, et ce soit jusqu'à la fin du microprogramme qui concerne l'instruction analysée en langage machine, soit jusqu'au moment où l'on doit effectuer un branchement dans le microprogramme. Pour permettre la modification de l'adresse contenue dans le registre RMA autrement que par une incrémentation, un circuit séquentiel de type **microcontrôleur**, qui joue le rôle d'un **générateur d'adresse de départ** ou **d'adresse de branchement** dans le microprogramme, a été ajouté. Une fois adressée, la micro-instruction est chargée dans le **registre tampon de micro-instructions RMI** et, grâce à un décodeur, les signaux de commande sont générés. Précisons que toutes les actions énumérées ci-dessus, soit l'adressage de la micro-instruction, sa lecture et son chargement dans le registre RMI, son décodage et l'envoi des signaux de commande, ainsi que les micro-opérations imposées par ces signaux de commande, sont accomplies durant une seule impulsion d'horloge.

La **microprogrammation**, qui consiste en l'élaboration des microprogrammes, peut être définie comme une méthode logicielle qui utilise des structures matérielles semblables à celles qui caractérisent la communication avec la mémoire principale. Donc, il existe une ressemblance entre les fonctions de la paire de registres RA et RI rattachés à la mémoire principale et les fonctions de la paire de registres RMA et RMI rattachés à la mémoire de commande ROM. La différence quantitative réside dans le temps d'accès. Plus précisément, la vitesse d'accès de la mémoire de commande doit être très élevée puisque cette vitesse joue un rôle important dans les performances attendues d'un dispositif de commande microprogrammée.

Figure. 9.16   Schéma général d'un dispositif de commande microprogrammée

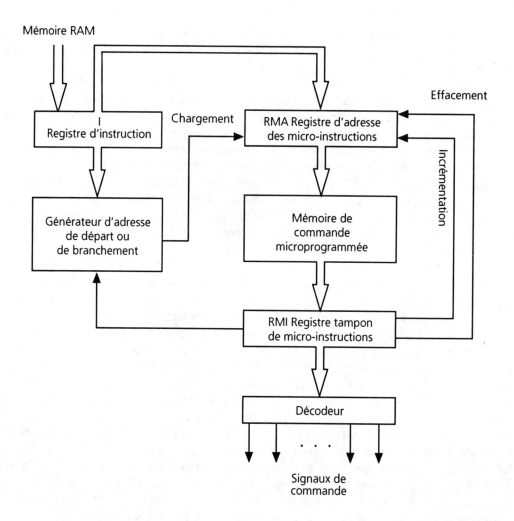

Examinons à nouveau l'ordinateur monoprocesseur proposé à la section précédente. Dans la figure 9.17, le dispositif de commande câblée a été remplacé par un dispositif de commande microprogrammée. La configuration générale de l'ordinateur reste celle présentée à la figure 9.4; seul le dispositif de commande a été changé. Afin de simplifier, comme nous l'avons fait pour le dispositif de commande câblée, nous présenterons un schéma illustrant seulement une partie du dispositif de commande microprogrammée.

Pour réaliser ce schéma, nous n'avons pas utilisé le registre d'instruction I, ni le registre de séquence RS, ni la bascule E. Le passage du cycle de recherche au cycle d'exécution est précisé par les micro-instructions. La partie commune à tous les microprogrammes, partie qui exprime

Figure 9.17 Dispositif de commande microprogrammée pour l'ordinateur monoprocesseur proposé

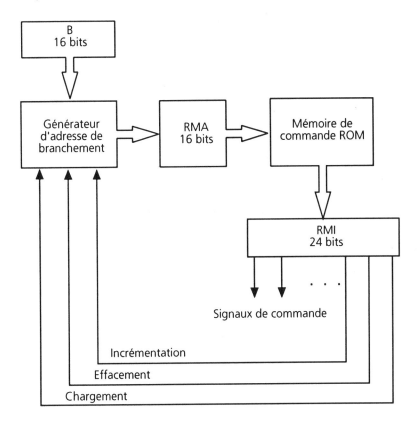

le cycle de recherche, a été placée à l'adresse zéro de la mémoire ROM. Le changement d'adresse durant l'exécution successive des micro-instructions s'effectue de trois façons :

- incrémentation du RMA pour pointer sur la micro-instruction qui suit dans la séquence;
- effacement du RMA pour pointer sur le début du cycle de recherche;
- transfert dans le RMA de l'adresse du cycle d'exécution d'une instruction.

Dans le troisième cas, on remarque que le code opération d'une instruction en langage machine constitue une information de type adresse pour le microprogramme. Rappelons que, dans notre machine rudimentaire, le code opération contient un champ de 4 bits plus, dans le cas d'une instruction sans référence à la mémoire, un seul bit 1 à une position distincte du champ adressage de 12 bits. Par conséquent, les mots qui expriment les micro-instructions utiles ne sont pas toujours en séquence d'adressage; autrement dit, on doit utiliser une adresse de 16 bits, même si la capacité nécessaire de la mémoire de commande ROM est beaucoup plus petite que la capacité de la mémoire adressable.

À l'intérieur d'une micro-instruction (24 bits), nous avons assigné un bit pour chaque signal de commande qui valide une micro-opération (figure 9.18). Quand un bit est mis à la valeur logique 1, le signal de commande correspondant devient actif. Les trois dernières positions sont réservées pour le **séquencement d'un microprogramme**, conformément aux trois modalités de changement d'adresse décrites ci-dessus. Cette méthode de codage, selon laquelle on attribue un bit indépendant à chaque signal de commande qui valide une micro-opération est appelée **microprogrammation horizontale**.

Examinons d'abord les trois micro-instructions du cycle de recherche placé à partir de l'adresse zéro de la mémoire ROM (figure 9.19), conformément à la description précédente du cycle de recherche, soit :

- le transfert de l'adresse de l'instruction en langage machine du compteur d'instruction CI dans le registre d'adresse RA;
- la lecture de cette instruction dans le registre B;
- l'incrémentation du contenu du compteur d'instruction CI pour pointer sur l'instruction suivante en langage machine.

Figure 9.18   Bits de commande dans une micro-instruction

RA ← CI	RA ← B[Ad]	M ← B	B ← M	CI ← CI+1	CI ← I [Ad]	B ← A	A ← 0	A ← $\overline{A}$	A ← A+1	A ← A+B	A ← A∧B	A_i ← A_{i-1}	A_i ← A_{i+1}	A_0 ← D	A_{15} ← D	D ← A_0	D ← A_{15}	D ← Dep.	I ← B		Incr.	Effac.	Charg.
23	22	21	20	19	18	17	16	15	14	13	12	11	10	9	8	7	6	5	4		2	1	0

Figure 9.19   Micro-instructions du cycle de recherche

Adresse ROM	Contenu de ROM	Micro-opérations	Adresse suivante
0000	100000000000000000000100	RA ← CI	RMA ← RMA + 1
0001	000100000000000000000100	B ← M	RMA ← RMA + 1
0002	000010000000000000000001	CI ← CI + 1	RMA ← B

Dans cette nouvelle structure du dispositif de commande, chaque instruction requiert un cycle d'exécution. La longueur de ce cycle, c'est-à-dire le nombre de micro-instructions, dépend de la nature de l'instruction en langage machine et, plus précisément, du besoin ou non d'un opérande mémoire pour son exécution.

Prenons comme premier exemple une instruction qui ne demande pas un opérande mémoire, soit l'effacement de l'accumulateur. Supposons que le cycle d'exécution se trouve à l'adresse 6 (en hexadécimal) de la mémoire ROM et qu'il contienne une seule micro-instruction, comme le montre la figure 9.20; nous constatons que l'exécution de cette unique micro-instruction détermine le retour au cycle de recherche, ce qui permet d'amorcer le traitement de l'instruction en langage machine qui suit en séquence dans le programme.

Figure 9.20   Micro-instruction du cycle d'exécution pour l'instruction d'effacement

Adresse ROM	Contenu de ROM	Micro-opération	Adresse suivante
0006	00000001000000000000000010	A <— 0	RMA <— 0

Considérons comme deuxième exemple une instruction en langage machine qui, durant son exécution, demande un opérande mémoire, soit l'addition. Supposons que le cycle d'exécution se trouve à l'adresse 8 (en hexadécimal) de la mémoire ROM (figure 9.21). Cette fois, le cycle d'exécution a besoin d'une séquence de micro-opérations et contient donc plusieurs micro-instructions.

Figure 9.21   Micro-instructions du cycle d'exécution pour l'instruction d'addition

Adresse ROM	Contenu de ROM	Micro-opérations	Adresse suivante
0008	01000000000000000000000100	RA <— B[Ad]	RMA <— RMA + 1
0009	00010000000000000000000100	B <—M	RMA <— RMA + 1
000A	00000000010000000100010	A<— A + B; D<— dép.	RMA <— 0

Nous remarquons d'abord que la troisième micro-instruction suppose l'exécution de deux micro-opérations, plus précisément l'addition dans l'accumulateur et le positionnement de la bascule D en fonction du dépassement de capacité. Donc, il importe de distinguer entre une micro-instruction et une micro-opération. Ensuite, nous constatons que la dernière micro-instruction du cycle d'exécution impose toujours le retour au cycle de recherche, ce qui permet de commencer le traitement de l'instruction en langage machine qui suit dans la séquence.

Nous avons voulu, en analysant la structure présentée, mettre en évidence les principes d'un dispositif de commande microprogrammée. Toutefois, la solution proposée est très simple et, en même temps, incomplète et rigide.

La microprogrammation horizontale est la méthode préférée lorsque la vitesse de l'ordinateur est le facteur déterminant durant son fonctionnement. Mais dans les situations réelles, cette méthode exige, à cause du nombre élevé de micro-opérations, une grande capacité de mémoire ROM (mal utilisée) et un très long mot pour chaque micro-instruction. D'autre part, on peut constater que la plus grande partie des micro-opérations sont mutuellement exclusives. Par conséquent, il est possible de regrouper les signaux de commande dans des champs. Si on choisit un seul champ pour coder toutes les micro-opérations (on parle dans ce cas d'une méthode fortement codée), une seule micro-opération devient alors active à la suite du processus de décodage, et on parle de **microprogrammation verticale**. La microprogrammation verticale a besoin d'un mot de commande beaucoup plus court, mais cette méthode entraîne un accroissement du matériel, c'est-à-dire l'introduction d'un circuit complexe de type décodeur. En même temps, il en résulte une diminution de la vitesse du fonctionnement de l'ordinateur, car il faut prévoir plus de micro-instructions; autrement dit, les microprogrammes s'allongent (dans ce cas, une micro-instruction peut générer un seul signal de commande) pour exécuter les mêmes instructions en langage machine.

Les méthodes de microprogrammation horizontale et verticale constituent les deux possibilités extrêmes. En fait, la majorité des ordinateurs réels sont conçus selon une combinaison de ces deux méthodes, en fonction de la solution adoptée pour résoudre la question de la longueur du mot de la mémoire de commande d'une part et de la vitesse de fonctionnement et la complexité du décodeur d'autre part.

Le séquencement des micro-instructions soulève également un problème qu'il est cependant possible de résoudre de différentes façons. Dans l'ordinateur proposé, un cycle d'exécution indépendant a été prévu pour chaque instruction en langage machine. Cette technique nécessite une grande mémoire ROM pour les microprogrammes. Une organisation plus avantageuse d'une mémoire microprogrammée consiste à définir les instructions de telle manière que les séquences identiques soient partagées par les microprogrammes. Il faut donc prévoir des sauts conditionnels lors de l'élaboration des microprogrammes. Une solution est d'introduire dans chaque micro-instruction un champ adressage (ADR) dans lequel est conservée l'adresse de la micro-instruction qui est le successeur possible. Le choix du successeur est fait par le microcontrôleur (générateur d'adresse de départ ou de branchement). Pour permettre au microcontrôleur d'opérer ce choix, il faut ajouter à chaque micro-instruction un autre champ, appelé **champ de décision** (DEC). Si, par exemple, deux bits sont réservés pour ce champ, il en découlera quatre possibilités pour déterminer l'adresse de la micro-instruction suivante, soit :

- pour DEC = 00, saut inconditionnel à l'adresse ADR;
- pour DEC = 01, saut à ADR si B_1 = 1, sinon RMA <—RMA+1;
- pour DEC = 10, saut à ADR si B_2 = 1, sinon RMA<— RMA+1;
- pour DEC = 11, RMA <— RMA+1,

où B_1 et B_2 représentent deux bascules dans le mot d'état qui sont positionnées en fonction des conditions de saut.

9.5 ÉMULATION

Comme nous l'avons précisé, un dispositif de commande microprogrammée contrôle le fonctionnement d'un ordinateur. Une telle solution du dispositif de commande est flexible et elle peut facilement être modifiée. On peut donc ajouter d'autres instructions en langage machine en introduisant de nouveaux microprogrammes dans la mémoire de commande ROM. De cette façon, on peut ajouter aux instructions d'un ordinateur O_1 le répertoire complet des instructions d'un autre ordinateur O_2. L'ordinateur O_1 pourra ainsi exécuter des programmes écrits dans le langage machine de l'ordinateur O_2. On dira alors que l'ordinateur O_1 émule l'ordinateur O_2. Bref, l'**émulation** est une technique de microprogrammation par laquelle on force un ordinateur à fonctionner de la même manière qu'un autre ordinateur pour ce qui est de l'exécution des programmes en langage machine. Ainsi, on peut remplacer des machines obsolescentes par des machines modernes sans être obligé de récrire les programmes. L'émulation représente un grand avantage pour l'utilisateur, étant donné que la récriture des logiciels est coûteuse et nécessite du temps. Émuler est facile pourvu que les ordinateurs concernés aient une architecture semblable. Dans le cas contraire, pour permettre l'émulation, il faut, en plus de microprogrammes, ajouter une partie matérielle à l'ordinateur qui émule un autre ordinateur. On peut donc définir l'émulation comme une technique qui, par l'ajout de microprogrammes et d'éléments matériels et logiciels, permet à un ordinateur O_1 d'exécuter les programmes écrits dans le langage machine d'un ordinateur O_2.

9.6 CONTRÔLE DES BUS

Les composants des blocs d'un processeur, à savoir les registres qui forment la mémoire immédiate (registres opérationnels et registres d'adresse), les registres du dispositif arithmétique et logique et les registres du dispositif de commande, peuvent être interconnectés de diverses façons. La façon la plus simple de réaliser cette interconnexion consiste à utiliser un bus unique (figure 9.22). Un bus interne présente une organisation et un mode de fonctionnement distincts de ceux d'un bus externe et il importe de ne pas les confondre.

Figure 9.22 Structure d'un processeur pourvu d'un bus interne unique

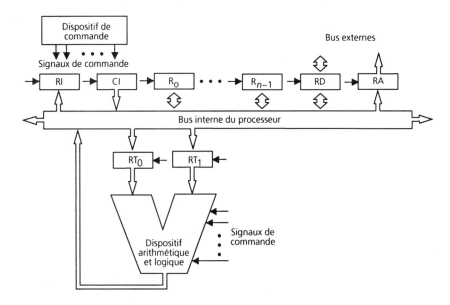

Dans la conception de la structure d'un processeur qui comporte un bus interne unique, on doit se limiter à un seul transfert de l'information à la fois. Puisqu'on peut envoyer un seul opérande sur le bus unique, il faut prévoir des **registres de stockage temporaire** (les registres RT_0 et RT_1 dans le schéma de la figure 9.22).

Supposons par exemple qu'on veuille effectuer l'addition de deux opérandes rangés initialement dans les registres opérationnels R_0 et R_1. Durant l'exécution de cette opération, les signaux de commande sont envoyés pour charger temporairement les deux opérandes dans les registres temporaires RT_0 et RT_1. Une fois l'exécution de l'opération complétée, on obtient le résultat sur le bus, d'où on peut le transférer dans un autre registre opérationnel. Les registres de stockage temporaire sont utilisés uniquement par le dispositif arithmétique durant l'exécution de certaines instructions; l'utilisateur ne peut y avoir accès, et il est donc impossible de les référencer dans un programme. L'organisation au moyen d'un bus unique est la plus simple, mais l'exécution de certaines instructions nécessite plus de temps. Par conséquent, les processeurs modernes sont souvent conçus selon une structure comportant plusieurs bus internes. Un exemple de processeur pourvu de trois bus internes est présenté à la figure 9.23. Des bus distincts peuvent être utilisés par les entrées et par la sortie du dispositif arithmétique. Dans cette structure, une opération qui demande deux opérandes, par exemple l'addition, s'exécute durant une seule impulsion d'horloge. Un bloc spécial permet la liaison successive entre deux bus. Ainsi, on peut effectuer, sous le contrôle du dispositif de commande, le transfert de l'information d'un bus à un autre.

Figure 9.23   Structure d'un processeur pourvu de trois bus internes

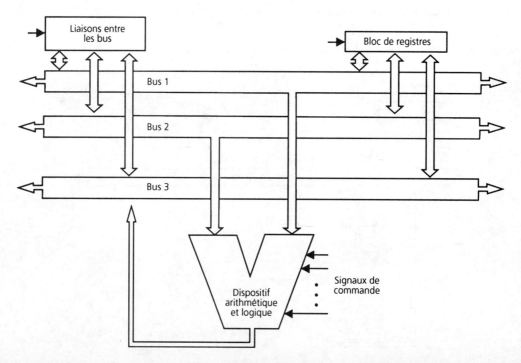

Le mode de transfert de l'information à travers un bus sous le contrôle du dispositif de commande a été présenté à la section 6.3. La figure 9.24 montre comment le **signal de commande *c*** contrôle, par l'intermédiaire des portes à trois états, les sorties d'un registre quelconque A, réalisé à l'aide des bascules synchrones de type D. Rappelons qu'une fois l'information déposée sur le bus B, tout autre registre peut effectuer sa lecture sous le contrôle d'un autre signal de commande, également généré par le dispositif de commande.

Figure 9.24 Bus contrôlé par des portes à trois états

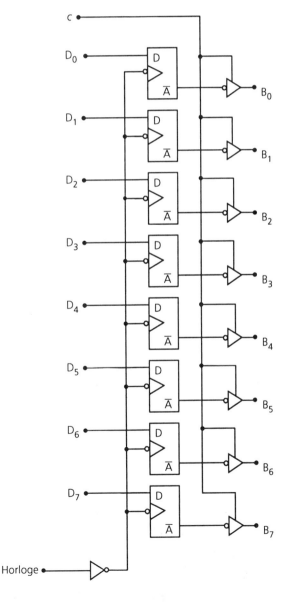

Le dispositif de commande contrôle également le transfert de l'information à travers des bus externes, particulièrement durant une opération de lecture ou d'écriture. Pour permettre la communication externe, les processeurs sont reliés à différents types de bus. Les bus externes peuvent être répartis en trois catégories :

- bus de données;
- bus d'adressage;
- bus de contrôle.

Un bus d'adressage est complètement contrôlé par le dispositif de commande puisqu'une information de type adresse est toujours générée par le processeur. Considérons l'opération de lecture d'un mot, donc la lecture d'une instruction ou d'une donnée, à partir de la mémoire RAM. Le processeur envoie vers le registre RA (figure 9.22), qui est relié aux lignes du bus externe d'adressage, l'adresse du mot d'information concerné. Pendant ce temps, le dispositif de commande génère le signal de commande pour spécifier l'opération de lecture. Par suite de cette requête, le dispositif de commande reste inactif jusqu'à la réception d'une réponse de la mémoire, soit un signal de **fonction mémoire réalisée**. En même temps, l'information recherchée est transmise sur le bus externe de données d'où elle est chargée dans le registre tampon RD et devient ainsi disponible pour le processeur. Le temps nécessaire à la lecture d'un mot, c'est-à-dire le temps d'accès t_A, est normalement plus long que le temps requis pour le transfert entre deux registres du processeur. Ce temps est directement dépendant de la vitesse de fonctionnement de la mémoire RAM utilisée. Cette technique de transfert par laquelle le processeur envoie la requête de lecture et attend la réponse constitue un **transfert asynchrone** (figure 9.25). Grâce à cette technique, des dispositifs ayant des vitesses différentes peuvent communiquer et échanger des informations.

Figure. 9.25 Signaux de séquencement dans un transfert asynchrone

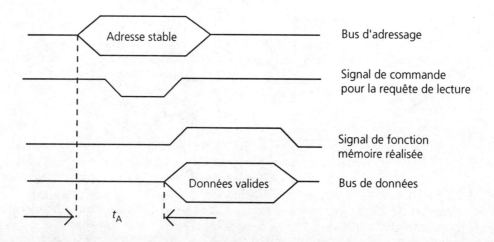

Le **transfert synchrone** est une autre technique de communication, particulièrement employée pour le transfert de l'information entre le processeur et la mémoire RAM. Dans cette technique, le dispositif de commande envoie sur la ligne qui porte le signal de lecture (ou d'écriture) des impulsions d'horloge pour le séquencement. Ainsi, une opération de lecture s'effectue durant chaque impulsion (figure 9.26). La technique synchrone est donc plus simple, mais elle ne peut servir que pour des mémoires rapides qui ont une vitesse de fonctionnement comparable à celle du processeur.

Figure 9.26 Signaux de séquencement dans un transfert synchrone

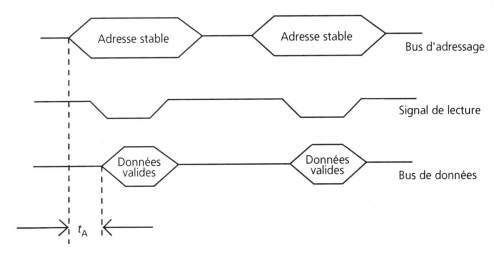

9.7 MODES D'ADRESSAGE

Les ordinateurs récents intègrent plusieurs **modes d'adressage**. Chaque mode d'adressage indique la règle imposée au dispositif de commande pour accéder aux opérandes. Avant l'exécution d'une instruction qui requiert au moins un opérande, l'opérande peut se trouver soit dans l'instruction elle-même, soit dans un registre du processeur, soit dans la mémoire. Diverses considérations guident l'élaboration des différents modes d'adressage, parmi lesquelles nous retiendrons :

- accroître la vitesse d'exécution d'une instruction;
- diminuer la longueur du champ adressage d'une instruction;
- adapter le programme au système d'exploitation, principalement en ce qui concerne l'utilisation des adresses translatables, ce qui permet de loger un programme exécutable en différentes zones de la mémoire RAM;
- faciliter le travail de programmation pour ce qui est de l'accès aux opérandes successifs d'une liste, d'une matrice ou d'une base de données.

Le **mode d'adressage implicite** ne nécessite pas un champ adressage dans l'instruction. Le ou les opérandes sont spécifiés implicitement par le code opération. Plusieurs instructions qui utilisent le mode d'adressage implicite ont été présentées lors de l'étude de l'ordinateur monoprocesseur simple, par exemple l'instruction qui effectue l'effacement de l'accumulateur.

Dans le **mode d'adressage immédiat**, l'opérande est précisé explicitement dans le champ adressage de l'instruction. Ce mode d'adressage permet d'introduire une constante dans le programme. Comme un accès mémoire n'est pas nécessaire pour chercher l'opérande, l'exécution d'une telle instruction s'effectue assez rapidement.

Les nouveaux processeurs contiennent plusieurs registres internes. Le **mode d'adressage registre** comporte un pointeur sur le registre où est conservé un opérande (figure 9.27). Puisque le nombre de registres internes est assez limité, le champ adressage requiert peu de bits (par exemple, avec 4 bits, on peut adresser 16 registres).

Figure 9.27   Mode d'adressage registre

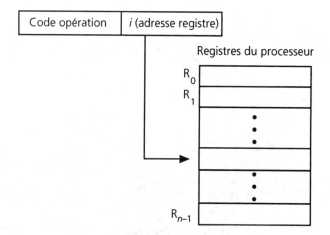

Dans le **mode d'adressage direct**, qui est le mode d'adressage le plus utilisé, l'adresse mémoire de l'opérande est spécifiée explicitement dans le champ adressage de l'instruction (figure 9.28). Évidemment, le champ adressage mémoire est toujours plus étendu que le champ adressage registre. On appelle souvent **adresse effective** l'adresse de l'emplacement d'un opérande. Autrement dit, le mode d'adressage direct spécifie l'adresse effective dans une instruction. Les instructions avec référence à la mémoire de l'ordinateur monoprocesseur simple analysées dans les sections précédentes utilisaient l'adressage direct.

Tous les autres modes d'**adressage** sont **indirects**, puisque l'adresse effective d'un opérande est déterminée à partir de l'information contenue dans un registre du processeur ou de l'information contenue dans un registre mémoire.

Figure 9.28 Mode d'adressage direct

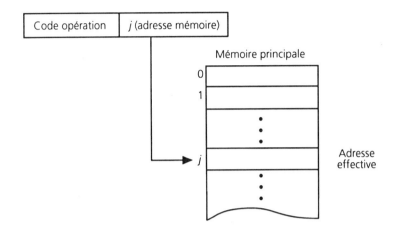

Le **mode d'adressage indirect-mémoire** (figure 9.29) se sert d'un registre mémoire pour déterminer l'adresse effective. Par conséquent, le champ adressage d'une instruction ne contient pas l'adresse de l'opérande, mais il spécifie l'adresse d'un registre de mémoire qui contient l'adresse effective.

Figure 9.29 Mode d'adressage indirect-mémoire

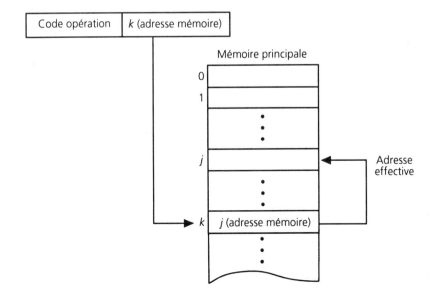

Le **mode d'adressage indirect-registre** (figure 9.30) fait appel à un registre du processeur pour déterminer l'adresse effective. Dans un tel mode d'adressage, le champ adressage registre d'une instruction est utilisé pour indiquer un registre (qu'on appelle souvent registre pointeur) qui contient l'adresse effective, donc qui pointe sur l'opérande.

Figure 9.30 Mode d'adressage indirect-registre

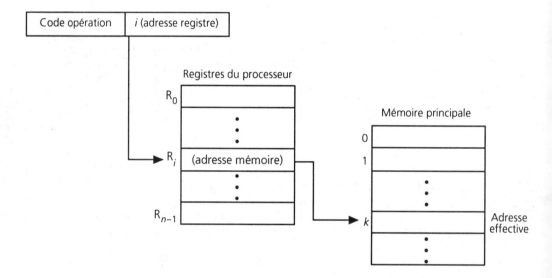

Il existe d'autres modes d'adressage encore plus complexes, car l'adresse effective est calculée au moyen de deux informations durant le processus d'adressage.

Dans le **mode d'adressage relatif** (figure 9.31), l'adresse effective est déterminée par la somme du contenu d'un registre du processeur qu'on appelle **registre de base** et du contenu du champ adressage d'une instruction. Dans un tel mode d'adressage, l'information contenue dans le champ adressage d'une instruction est nommée **déplacement**.

Le mode d'adressage relatif constitue un puissant moyen d'accès aux données structurées. Ainsi, on introduit les éléments de chaque structure dans des registres mémoires ayant un déplacement par rapport à une adresse de base. Si on veut connaître les valeurs d'un même paramètre dans différentes structures, par exemple le nombre de jours travaillés annuellement pour plusieurs employés enregistrés dans un fichier personnel (figure 9.32), on doit changer seulement l'adresse de base, soit B_1, B_2, ... , B_n, où chaque adresse de base correspond à la structure de données d'un employé.

Le **mode d'adressage indexé** est très semblable au mode d'adressage relatif. On obtient l'adresse effective par l'addition du déplacement qu'on trouve dans le champ adressage de l'instruction et le contenu d'un registre index. Habituellement, un ordinateur comporte plusieurs registres index. Dans le mode d'adressage indexé, le déplacement est associé au nom d'une table ou d'une matrice. Par conséquent, on utilise ce mode d'adressage pour accéder à

Figure 9.31 Mode d'adressage relatif

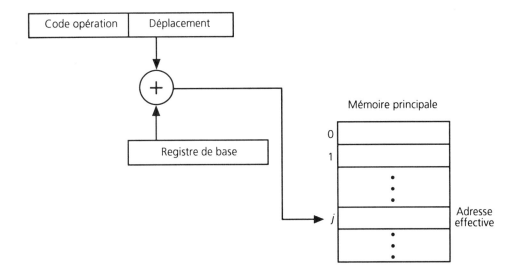

Figure 9.32 Exemple de données structurées utilisant l'adressage relatif

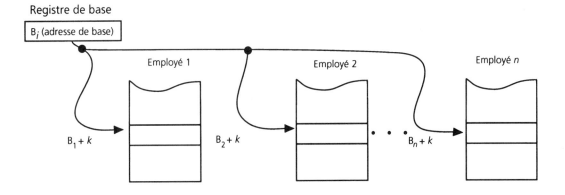

des données de même type, par exemple les éléments d'une liste. En principe, le mode d'adressage relatif et le mode d'adressage indexé se distinguent par leur façon de modifier les éléments utilisés pour calculer l'adresse effective. Dans le mode d'adressage relatif, on considère comme relativement constant le contenu du registre de base, puisque la partie déplacement se modifie plus rapidement. Par contre, dans le mode d'adressage indexé, le déplacement reste stable plus longtemps et précise l'adresse de début d'une table, tandis que le contenu du registre index se modifie plus rapidement pour pointer successivement sur les éléments de la table.

Le réadressage est un autre concept important dans l'étude du fonctionnement des ordinateurs. Il se fait à l'aide des adresses translatables et permet de loger un programme en différentes zones de la mémoire RAM. Une technique simple consiste à introduire un deuxième registre de base au contenu duquel on se rapporte durant l'écriture d'un programme. Le contenu de ce registre constitue l'**origine relative des adresses**. Pendant le chargement du programme par le système d'exploitation, ce dernier modifie le contenu de ce deuxième registre de base en fonction de la zone libre de la mémoire RAM.

9.8   JEU D'INSTRUCTIONS

L'ensemble des instructions en langage machine destinées à un processeur constituent son **jeu d'instructions** ou son **répertoire**. Les instructions sont de diverses natures et se répartissent dans l'une ou l'autre des catégories décrites ci-dessous.

Les **instructions de transfert** permettent de transférer une information de type adresse ou de type données entre les registres internes du processeur ou entre un registre interne et la mémoire RAM. Une des deux adresses, soit la source, soit la destination, peut être implicite, mais, en général, les deux adresses sont explicites. Si la mémoire RAM permet d'organiser une pile, les instructions de transfert avec la pile doivent avoir des codes opération différents de ceux des instructions qui exécutent les transferts habituels avec la mémoire RAM. Une classe spéciale d'instructions de transfert est créée pour la communication entrée-sortie, c'est-à-dire pour le transfert de l'information entre le processeur et un élément externe.

Les **instructions arithmétiques** servent à effectuer les opérations arithmétiques de base, soit l'addition, la soustraction, la multiplication et la division sur les opérandes. Souvent, pour une même opération arithmétique, plusieurs instructions peuvent être définies, en fonction des différentes formes de représentation interne des opérandes. Une première forme de représentation est celle des nombres signés en virgule fixe. On trouve habituellement, pour cette forme de représentation, des instructions distinctes pour les quatre opérations arithmétiques élémentaires. De nombreux ordinateurs utilisent l'arithmétique du complément à 2 pour exécuter les opérations en virgule fixe. Une deuxième forme de représentation des nombres exprime les opérandes entiers par le code DCB. Souvent, pour cette forme de représentation, seules des instructions d'addition et de soustraction peuvent être définies, étant donné qu'un bloc logique relativement peu compliqué qu'on rattache à un dispositif arithmétique binaire permet d'exécuter ces deux opérations arithmétiques sur les nombres en DCB. Finalement, pour ce qui est de la représentation avec opérandes en virgule flottante, les ordinateurs sont munis d'un dispositif arithmétique séparé. Par conséquent, il faut prévoir, dans le répertoire, des instructions distinctes qui permettent d'effectuer les opérations arithmétiques de base.

Les **instructions logiques** commandent l'exécution des opérations de logique combinatoire de type négation, ET, OU, OU EXCLUSIF sur les bits individuels qui constituent les mots. Une deuxième catégorie d'instructions logiques permet le décalage ou la rotation de l'information à l'intérieur d'un registre du processeur ou à l'intérieur d'un registre mémoire. Durant une opération de rotation, le bit sortant est réintroduit à la position libérée par le décalage.

Les **instructions de branchement** sont utilisées pour modifier le déroulement séquentiel d'un programme. Dans cette catégorie, on retrouve les instructions de saut inconditionnel et celles de saut conditionnel. La condition de saut, testée durant l'exécution d'une instruction de saut conditionnel, concerne l'état d'une ou de plusieurs bascules du mot d'état conservé dans le registre d'état rattaché au dispositif de commande. Les instructions d'**itération**, ainsi que celles qui permettent la **liaison avec les procédures**, font aussi partie de la catégorie des instructions de branchement.

Les **instructions de contrôle du processeur** sont destinées à modifier l'état du processeur. Un premier groupe d'instructions de cette catégorie permet la modification des bascules d'état qui se trouvent dans le mot d'état, particulièrement la bascule qui autorise ou interdit les interruptions. Un autre groupe d'instructions de cette catégorie est utilisé pour la synchronisation du processeur avec un programme ou un autre processeur (par exemple un processeur en virgule fixe et un processeur en virgule flottante).

9.9   PROBLÈMES

1. En utilisant le langage de transfert entre registres, décrivez le fonctionnement d'un registre de huit bits avec recirculation de droite à gauche.

2. Supposons qu'un système numérique contienne trois registres : X (accumulateur), Y et Z, de huit bits chacun. À l'initialisation, ils conservent les nombres entiers non signés suivants : X = 200, Y = 100 et Z = 0. Déterminez les valeurs qui sont stockées dans ces registres à la fin de la séquence suivante de micro-opérations :

$$t_0 : \text{X} \longleftarrow \text{X} + \text{Y} ,$$
$$t_1 : \text{Z} \longleftarrow \text{X}; \ \text{Y} \longleftarrow 0 ,$$
$$t_2 : \text{Y} \longleftarrow \text{Y} + 1 . \tag{9.50}$$

3. Expliquez pourquoi le jeu d'instructions d'un ordinateur contient des instructions pour lesquelles seul le cycle de recherche est requis et d'autres instructions pour lesquelles le cycle de recherche et le cycle d'exécution sont requis.

4. Pour l'ordinateur monoprocesseur proposé, donnez la structure d'un étage du registre B.

5. Pour l'ordinateur monoprocesseur proposé, donnez la structure d'un étage du registre d'instruction I.

6. Ajoutez à l'ordinateur monoprocesseur proposé une instruction qui permet d'exécuter l'opération de soustraction en complément à 2. Modifiez le schéma de l'étage *i* de l'accumulateur.

7. En quoi faut-il modifier la structure de l'ordinateur monoprocesseur proposé s'il ne contient pas la bascule E qui permet de faire la distinction entre le cycle de recherche et le cycle d'exécution?

8. Pour l'ordinateur monoprocesseur proposé, écrivez les microprogrammes du cycle d'exécution pour les instructions suivantes :

    - effacement de la bascule E (E <— 0);
    - effacement de la bascule D (D <— 0).

9. Pour l'ordinateur monoprocesseur proposé, écrivez le microprogramme du cycle d'exécution pour l'instruction de saut conditionnel suivante :

    - si $A \geq 0$, saut à l'adresse spécifiée par le champ adressage ($A \geq 0$, CI <— I[Ad]);
    - si $A < 0$, continuer en séquence ($A < 0$, CI <— CI + 1).

10. Quels sont les avantages et les désavantages de la microprogrammation horizontale et de la microprogrammation verticale?

11. Expliquez la différence entre une micro-opération et une micro-instruction.

12. Ajoutez à la variante microprogrammée de l'ordinateur monoprocesseur proposé un microprogramme du cycle d'exécution pour l'instruction de soustraction en complément à 2.

10

ENTRÉES-SORTIES

10.1 SYSTÈME D'ENTRÉE-SORTIE

Pour être de quelque utilité, l'ordinateur doit permettre la circulation de l'information, c'est-à-dire qu'il doit pouvoir recevoir des instructions ou des données et fournir des résultats ou des données. Le **sous-système d'entrée-sortie (E/S)** est destiné à gérer les échanges d'information avec l'extérieur.

Le sous-système d'E/S comprend des **dispositifs périphériques** ou **d'E/S**, des **contrôleurs d'entrée-sortie**, par lesquels les périphériques communiquent avec le processeur ou avec la mémoire centrale d'une façon bien définie (**protocole**), et des **logiciels** destinés aux opérations d'E/S. Quelques remarques s'imposent concernant ce sous-système :

- Le processeur et les périphériques d'E/S ne peuvent habituellement pas être synchronisés; les opérations d'E/S doivent donc être coordonnées.
- En général, les périphériques d'E/S sont beaucoup plus lents que le processeur. Par conséquent, la communication entre processeur et périphériques est asynchrone.
- Contrairement au processeur qui traite l'information en langage machine, les périphériques d'E/S traitent habituellement l'information destinée aux utilisateurs. Les données doivent donc être codées et décodées (mises en forme).

L'initiative des opérations d'E/S relève toujours du processeur dont les fonctions sont de :

- choisir un périphérique d'E/S et vérifier s'il est prêt à transmettre;
- initier un transfert et synchroniser les opérations d'E/S;
- effectuer le transfert de l'information;
- mettre fin au transfert.

La principale difficulté dans le traitement des E/S découle du fait qu'on doit établir une communication entre des dispositifs dont les caractéristiques sont fondamentalement différentes. Ainsi, certains périphériques d'E/S comportant des composants mécaniques seront plus ou moins lents comparativement à des dispositifs pourvus de composants électroniques.

Les périphériques d'E/S peuvent être regroupés comme suit :

1. Dispositifs d'entrée pour introduire des données dans un ordinateur, tels que : clavier, numériseur, lecteur optique, plume photosensible, écran tactile, entrée acoustique (microphone), convertisseur analogique-numérique pour les instruments de mesure et les capteurs.
2. Dispositifs de sortie pour transférer vers l'extérieur l'information traitée par l'ordinateur, tels que : table traçante, visuel, imprimante, convertisseur numérique-analogique, sortie acoustique (haut-parleur), circuits actionnant des moteurs, des relais, etc.
3. Dispositifs d'entrée et de sortie, tels que : les unités de stockage de masse (unité de bande magnétique, unité de disque), modem (*voir la section 10.4*), réseau local, autres ordinateurs.

Suivant la fonction remplie par le processeur dans une opération d'E/S, on peut distinguer : les E/S programmées, les E/S par interruption de programme et les E/S par accès direct à la mémoire ou DMA (*Direct Memory Access*).

On distingue également deux types principaux de processeurs en ce qui a trait aux E/S : les processeurs à **topographie mémoire** et les processeurs à **topographie E/S**.

Dans les ordinateurs munis d'un processeur à topographie mémoire, les périphériques sont considérés comme des adresses mémoire. Ces adresses sont déterminées par le fabricant. Chacun des périphériques reliés à ces ordinateurs est traité comme une partie de la mémoire pouvant interagir avec le bus de données. Par conséquent, toutes les instructions du processeur capables d'effectuer des accès à la mémoire peuvent être utilisées pour communiquer avec les périphériques.

Les périphériques d'un ordinateur pourvu d'un processeur à topographie d'E/S sont indépendants de la mémoire. En effet, un tel processeur émet des signaux spéciaux qui commandent un traitement différent des opérations d'E/S et des opérations de mémoire. Il contient généralement des instructions spéciales d'entrée-sortie, définies en vue d'améliorer l'échange avec les périphériques.

10.1.1 Mode entrée-sortie programmée

Dans le mode entrée-sortie programmée, le processeur gère lui-même toute la communication avec un périphérique en exécutant une suite d'instructions (ou programme) d'entrée-sortie. Pour effectuer un transfert d'entrée-sortie, le matériel comprend habituellement un **registre d'état** et un **registre de données**. Les bits du registre d'état indiquent l'état du périphérique, par exemple s'il est prêt à accepter ou à transmettre des données; ils indiquent également au processeur s'il y a eu erreur de transmission. Le registre de données, pour sa part, est celui où le processeur ira lire ou écrire les données.

Lors d'un tel transfert, le processeur interroge le registre d'état jusqu'à ce que le périphérique soit prêt. Il réalise ensuite un accès au registre de données : s'il s'agit d'une commande de lecture, il lit la donnée dans le registre de données et l'écrit en mémoire; s'il s'agit d'une commande d'écriture, il lit une donnée en mémoire et l'écrit dans le registre de données.

Exemple 10.1

Réception d'un caractère en mode E/S programmée. Fragment de programme en pseudo-code :

> **Répéter**
>> Lire le registre d'état
>
> **jusqu'à** bit de réception = prêt.
>> Lire le caractère dans le registre de données.
>> Placer le caractère en mémoire.

Il est à noter que le processeur exécute la boucle «répéter» tant que le périphérique n'est pas prêt, ce qui peut être long si le périphérique est lent. Si le dispositif n'est pas en marche, par exemple, le processeur attendra indéfiniment.

10.1.2 Mode entrée-sortie par interruption de programme

Dans un mode d'E/S par interruption, le processeur prend en charge les périphériques seulement lorsque ces derniers le requièrent. Ainsi, le processeur peut accomplir d'autres tâches tant qu'il n'est pas interrompu tandis que, dans le mode E/S programmée, le processeur est improductif tant et aussi longtemps qu'il attend pour recevoir ou transmettre des données puisqu'il exécute une boucle d'attente. Or ce temps peut être très long comparé à la vitesse d'exécution du processeur. Par exemple, le délai de la transmission de caractères consécutifs à un périphérique est de l'ordre de la milliseconde, alors que le délai d'exécution d'une instruction est de l'ordre de la microseconde. Grâce au mode par interruption, le processeur est à peine ralenti, car il prend le périphérique en charge pendant quelques microsecondes et n'aura pas à y revenir avant quelques millisecondes.

Exemple 10.2

Réception d'un caractère en mode E/S par interruption de programme.

Exécution d'un programme...

Interruption

Exemple 10.2 (suite)

> Ranger les registres du processeur en mémoire ainsi que l'adresse de la prochaine instruction du programme interrompu.
>
> Lire le registre d'état du périphérique (pour faire disparaître le signal d'interruption).
>
> Lire le caractère dans le registre de données du périphérique.
>
> Placer le caractère en mémoire.
>
> Restaurer le registre d'état et les autres registres du processeur.
>
> Retourner au programme courant à l'adresse enregistrée plus haut.

Un système contient habituellement plus d'un dispositif pouvant provoquer une interruption. Le processeur doit donc être capable de déterminer la source de toute interruption. Le mode de traitement des interruptions le plus simple est la **scrutation** (*polling*), par lequel chaque périphérique est vérifié à tour de rôle. Tous les périphériques sont alors reliés à la même ligne de demande d'interruption du processeur **INTR** (*Interrupt Request*) par une porte OU, ainsi que l'illustre la figure 10.1. Quand le processeur reçoit un signal d'interruption sur son entrée INTR, il exécute un **sous-programme de traitement d'interruption**. Dans le mode par scrutation, ce sous-programme lit le registre d'état de chaque périphérique jusqu'à ce qu'il ait déterminé lequel a provoqué l'interruption. Dès qu'il en a trouvé un, il exécute la partie du sous-programme de traitement d'interruption convenant à ce périphérique.

Figure 10.1   Connexion de périphériques à une ligne d'interruption unique

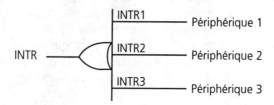

L'ordre dans lequel les différents périphériques sont interrogés constitue l'ordre de priorité. En effet, le dispositif qui est le premier dans l'ordre d'interrogation sera desservi en premier, le suivant dans l'ordre d'interrogation sera desservi ensuite, etc. Ainsi, si deux dispositifs interrompent le processeur simultanément, celui qui est interrogé le premier sera desservi le premier; il a donc la priorité par rapport à l'autre.

L'**interruption vectorisée** est un procédé d'interruption dans lequel le processeur peut identifier chaque périphérique. Le niveau de l'interruption détermine l'adresse de début du sous-programme de traitement d'interruption, appelée **vecteur d'interruption**, auquel est associé le périphérique. Dès qu'un signal d'interruption arrive au processeur, le périphérique lui transmet, par le bus des données, une information concernant le vecteur d'interruption. Selon le processeur, cette information peut être un numéro de vecteur ou le vecteur proprement dit. Le processeur exécute ensuite le sous-programme correspondant à ce vecteur.

Le processeur ne peut pas toujours traiter immédiatement une interruption, soit qu'il doive compléter l'exécution d'une instruction en cours, soit que les interruptions soient masquées (il est possible d'interdire une partie des interruptions au moyen d'un masque constitué de certains bits du registre d'état du processeur), soit encore que la priorité de l'interruption soit trop basse. Quand il est prêt à traiter l'interruption, il envoie à tous les périphériques un signal d'autorisation d'interruption **INTA** (*Interrupt Acknowledge*). C'est à ce moment que le périphérique transfère l'information concernant son vecteur d'interruption sur le bus.

Une façon de détecter le périphérique provoquant l'interruption consiste à relier chaque périphérique à une ligne INTR différente. L'inconvénient de cette solution est que le processeur a besoin d'une ligne d'entrée par périphérique, ce qui multiplie le nombre de broches d'entrées du processeur nécessaires. Elle est donc peu utilisée. Une autre façon consiste à relier la ligne INTA aux périphériques selon un ordre de priorité. Le périphérique le plus prioritaire reçoit le signal INTA et, s'il n'a pas généré l'interruption, transmet le signal INTA au périphérique prioritaire suivant. Si ce dernier a provoqué l'interruption, il bloque le signal INTA et place son vecteur d'interruption sur le bus de données. On parle alors d'une organisation en guirlande ou *daisy chain*, illustrée à la figure 10.2.

Figure 10.2 Interruption vectorisée en guirlande

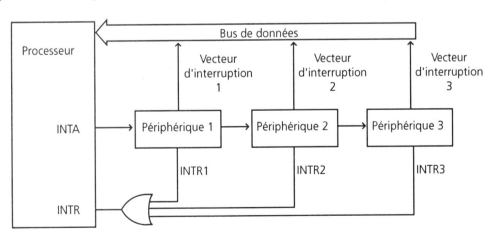

Il est aussi possible de se servir d'un encodeur à priorité (*voir la section 5.3*) ou encore d'un contrôleur d'interruptions qui fournit le numéro du vecteur d'interruption du périphérique le plus prioritaire ayant demandé une interruption. La figure 10.3 montre comment un encodeur à priorité génère le numéro du vecteur d'interruption.

Figure 10.3   Interruption vectorisée avec encodeur à priorité

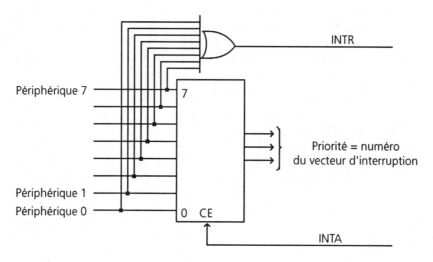

10.1.3   Mode entrée-sortie par accès direct à la mémoire

Dans les opérations d'entrée-sortie par accès direct à la mémoire ou DMA, un périphérique, par l'intermédiaire d'un **contrôleur de DMA**, prend le contrôle des bus d'adresses et de données et accède directement à la mémoire sans passer par le processeur.

Si une seule donnée est transférée à la fois, on parle de **vol de cycle**: le contrôleur de DMA demande le bus et, après que le processeur le lui a accordé, transfère une donnée en mémoire, puis rend le contrôle au processeur. Le DMA a donc «volé» environ trois cycles de bus au processeur, un pour l'acquisition du bus, un pour le transfert, un pour le renvoi du contrôle du bus au processeur.

Une technique plus efficace consiste à transférer un bloc entier de données pendant que le contrôleur de DMA est maître du bus. Pour que cette méthode soit efficace, le processeur étant souvent inactif pendant les transferts DMA, il faut que le périphérique puisse transférer les données à très haute vitesse ou qu'il possède un tampon à partir duquel des transferts rapides peuvent être effectués.

Le processeur initialise l'échange DMA en précisant au contrôleur de DMA quel est le périphérique concerné et en lui indiquant le sens du transfert, l'adresse en mémoire centrale de la première donnée à transférer et le nombre de données à transférer. Le contrôleur de DMA est pourvu d'un registre d'adresses, d'un compteur et d'un registre de données, et est équipé d'une unité de commande qu'il utilise pour assurer le transfert.

Le schéma simplifié de la figure 10.4 illustre le fonctionnement de l'E/S par DMA en mode mot. On suppose que le processeur a chargé les paramètres de contrôle appropriés dans les registres du contrôleur de DMA et du contrôleur d'E/S. Il commande ensuite au contrôleur d'E/S de lire l'information du périphérique. Quand le périphérique d'E/S a une donnée à ranger en mémoire, le contrôleur d'E/S envoie une requête d'interruption au contrôleur de DMA sur la ligne INTR. Le contrôleur de DMA demande alors le bus au processeur au moyen de la ligne BREQ. Quand le processeur est prêt, il relâche les bus et en avertit le contrôleur de DMA au moyen de la ligne BGACK. Le contrôleur de DMA place l'adresse mémoire où la donnée doit être transférée sur le bus d'adresses et positionne la ligne R/$\overline{W}$ pour indiquer qu'il s'agit d'une écriture en mémoire. En même temps, il active la ligne de reconnaissance d'interruption INTA pour avertir le contrôleur d'E/S de placer sa donnée sur le bus de données. Le contrôleur d'E/S effectue l'opération, puis invalide la ligne INTR. Le contrôleur de DMA relâche les bus d'adresses et de contrôle et invalide la ligne INTA, puis incrémente son registre d'adresse mémoire et décrémente son registre interne contenant le nombre de données à transférer. Le contrôleur d'E/S relâche le bus de données. Le contrôleur de DMA invalide ensuite la ligne BREQ et le processeur reprend le contrôle des bus. Quand le nombre de données à transférer arrive à zéro, le contrôleur de DMA interrompt le processeur par la ligne INTR pour lui faire savoir que le transfert demandé a été effectué.

Le mode bloc est semblable au mode mot décrit ci-dessus, sauf que le contrôleur de DMA ne rend le contrôle des bus au processeur qu'après le transfert d'un bloc complet. Ce mode est souvent utilisé avec des périphériques rapides tels que les disques durs.

Figure 10.4   Principe de DMA

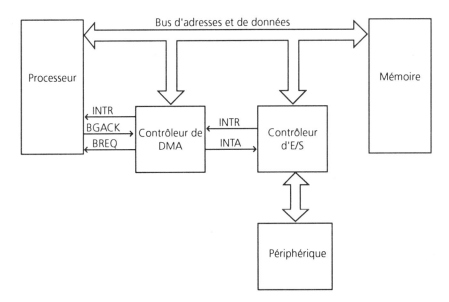

10.1.4   Canaux d'entrée-sortie

Les entrées-sorties des ordinateurs haut de gamme posent des problèmes plus difficiles à résoudre en raison du grand nombre de périphériques qui leur sont rattachés et de l'énorme volume de données qui doivent être échangées à tout instant, si possible sans trop diminuer les performances du système informatique.

Pour permettre à plusieurs périphériques de fonctionner simultanément, on a conçu les **canaux d'entrée-sortie**, véritables processeurs spécialisés pouvant exécuter des programmes d'entrée-sortie. Comparativement au DMA des micro ou des mini-ordinateurs, les canaux sont beaucoup plus performants. Ils sont programmables et peuvent enchaîner les opérations d'E/S. Ils ont un accès prioritaire à la mémoire par la technique du vol de cycle et ils se chargent, entre autres choses, de vérifier l'intégrité des informations échangées. Il existe deux catégories de canaux :

- le canal sélecteur;
- le canal multiplexeur.

Le **canal sélecteur** est particulièrement adapté aux échanges avec des unités rapides, telles les unités de disques. Pendant l'échange, il est totalement réservé au périphérique concerné. Il offre un accès direct à la mémoire et se charge des échanges sans avoir recours au processeur, dont le rôle se limite au lancement des opérations d'E/S.

Pour les périphériques lents, on utilise des **canaux multiplexeurs**, c'est-à-dire partagés en plusieurs unités. Les canaux multiplexeurs sont divisés en sous-canaux rattachés aux différentes unités. Le temps est alors divisé en tranches, et un seul sous-canal est activé par tranche de temps. Plusieurs opérations d'E/S peuvent ainsi se dérouler en parallèle.

On distingue deux types de canaux multiplexeurs :

- le canal multiplexeur par octets, où chaque sous-canal est activé à tour de rôle pour le transfert d'un octet;
- le canal multiplexeur par blocs, où les tranches de temps sont utilisées pour transférer des blocs d'octets.

Le canal est programmable et son programme réside en mémoire centrale. Il consiste en une suite d'instructions d'E/S spécialisées. Sa principale fonction est de gérer tous les transferts commandés par le processeur. Pour permettre au canal de remplir sa fonction, il faut lui fournir les informations suivantes :

- l'adresse en mémoire associée au premier mot à transférer;
- le nombre total de mots à transférer;
- l'adresse logique du contrôleur branché sur le périphérique concerné par l'échange;
- le sens du transfert;
- les instructions quant aux actions à accomplir en cas d'erreur de transmission.

10.2   INTERFACES D'ENTRÉE-SORTIE

Il existe différents types d'organisation des échanges d'information entre un ordinateur et un périphérique, mais le principe général est celui qui est présenté à la figure 10.5. Dans une telle organisation, les entrées-sorties sont gérées par le bloc désigné par E/S souvent appelé **contrôleur d'E/S** ou **interface**. Généralement, une interface est associée à chaque périphérique.

Figure 10.5 Organisation des entrées-sorties d'un ordinateur

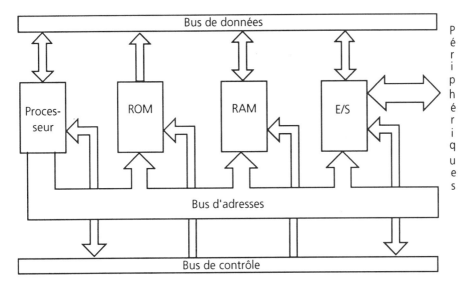

Une interface consiste en un circuit spécialisé relié au processeur par les bus d'adresses, de données et de contrôle et qui communique avec les périphériques au moyen d'un bus spécialisé, selon l'organisation présentée à la figure 10.6.

Figure 10.6 Organisation d'une interface

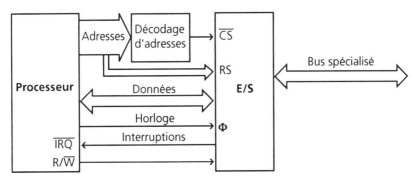

L'accès aux interfaces est semblable à l'accès à la mémoire. Le processeur peut donc lire ou écrire dans les registres d'interfaces comme s'il s'agissait de mémoires. Le principe de fonctionnement d'une interface peut être décrit comme suit :

- Les lignes RS, reliées à quelques bits d'adresses (habituellement les deux ou trois bits les moins significatifs) permettent de choisir les différents registres internes de l'interface.

- $\overline{CS}$, dérivé du bloc de décodage d'adresses, active l'interface lorsque $\overline{CS} = 0$.
- L'horloge Φ synchronise les échanges en lecture et en écriture.
- L'interruption $\overline{IRQ}$ est une ligne permettant à l'interface d'interrompre le processeur de façon asynchrone pour établir la communication.
- L'interface n'occupe qu'une très faible partie de l'espace mémoire (généralement entre 2 et 128 octets).

Les interfaces sont peu standardisées, notamment à cause de :

- la grande variété de périphériques (et d'interfaces destinées à gérer un même périphérique);
- la vaste gamme de vitesse, par exemple :
    lecture d'une température : 10 s;
    imprimante : 10 à 2000 car./s,
    disque souple : jusqu'à 250 000 car./s,
    disque dur: jusqu'à 4 000 000 car./s,
    accès DMA : entre 0,5 Mo/s et 99 Mo/s;
- la grande variété de types de signaux et de niveaux, d'où la nécessité de couches électroniques d'adaptation;
- la grande variété dans la structure des signaux, soit les signaux logiques, les signaux modulés pour les modems (*voir la section 10.4*), les différents types de modulation pour les disques souples, les disques durs, etc.

10.3   TRANSMISSION EN SÉRIE

10.3.1   Mode de transmission

Les échanges entre deux ordinateurs, entre un ordinateur et un terminal ou tout autre périphérique se font souvent au moyen du mode de **transmission en série**. Un code ASCII est alors transmis bit par bit de façon séquentielle sur un seul fil; la réception des codes ASCII nécessite un autre câble. Des fils différents acheminent les signaux de contrôle.

Il existe divers modes de transmission en série :

- la **transmission unidirectionnelle** (*simplex* ou SDX), qui autorise les échanges d'information dans un seul sens;
- la **transmission bidirectionnelle simultanée** (*full duplex* ou FDX), qui autorise un échange simultané dans les deux sens;
- la **transmission bidirectionnelle non simultanée** (*half duplex* ou HDX), qui autorise le transfert de l'information dans les deux sens, mais pas simultanément, c'est-à-dire en les alternant.

Deux modes de transmission en série – asynchrone et synchrone – servent à transmettre des caractères. Dans la transmission **asynchrone**, l'intervalle de temps entre deux caractères n'est pas fixe, bien que l'intervalle de temps entre deux bits consécutifs d'un caractère soit fixe.

Par exemple, un utilisateur qui tape sur un clavier ne tape pas à une vitesse uniforme, et, par conséquent, l'intervalle de temps entre deux caractères successifs n'est pas constant. Cette variation de vitesse pose toutefois un problème : comment le récepteur peut-il reconnaître le premier bit d'un caractère? En effet, comment peut-il déceler un caractère composé uniquement de zéros, par exemple? Ou encore, comment peut-il distinguer un caractère composé d'un 1 suivi de sept zéros d'un caractère formé de sept zéros suivis d'un 1?

Pour permettre au récepteur de reconnaître le début d'un caractère, un **bit de départ** (*start bit*) est transmis immédiatement avant chaque caractère. Pour une plus grande fiabilité, 1, 1,5 ou 2 bits de fin de caractère ou **bits d'arrêt** (*stop bits*) sont envoyés immédiatement après chaque caractère. Normalement, la ligne de transmission est maintenue à l'état bas (1 logique ou MARK) quand aucune donnée n'est transmise, de sorte que le bit de départ se définit par un niveau haut (0 logique ou SPACE). Les bits d'arrêt sont donc des niveaux bas pour qu'il soit possible de les distinguer du bit de départ. Un temporisateur est activé dans le récepteur au moment de l'arrivée du bit de départ, et permet à ce dernier d'échantillonner les bits du signal aux bons moments, c'est-à-dire à des intervalles de temps dépendant de la vitesse de transmission convenue entre l'émetteur et le récepteur.

Un bit de parité est souvent ajouté en vue de détecter les erreurs. Cette parité peut être choisie paire ou impaire. En parité paire, par exemple, ce bit prendra la valeur nécessaire pour que l'ensemble (bits du message et bit de parité) contienne un nombre pair de 1. Si une erreur de transmission se produit, un bit changera de valeur de sorte que la parité changera. Le récepteur détectera donc une erreur de parité et en avertira l'ordinateur.

Exemple 10.3

La figure 10.7 représente la transmission du caractère M (ASCII $4D_{16}$); il est à noter que le bit le moins significatif (BMS) est transmis le premier, et le plus significatif (BPS), le dernier :

Figure 10.7   Transmission d'un signal en série

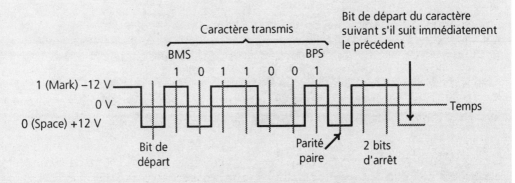

Il importe de retenir que :

- au repos, la ligne de donnée est au niveau logique 1 (Mark = −12 V);
- le bit de départ est généralement unique. L'horloge du récepteur se synchronise avec l'horloge de l'émetteur à chaque bit de départ;
- l'échantillonnage des données à la réception s'effectue au milieu d'un bit;
- les données arrivent de façon asynchrone, mais la détection est synchrone à l'intérieur d'un motif. On peut donc tolérer une certaine discordance de fréquence entre l'horloge de l'émetteur et l'horloge du récepteur;
- le bit le moins significatif est transmis le premier.

Les vitesses de transfert les plus courantes en transmission asynchrone sont 110, 300, 600, 1200, 2400, 4800, 9600 et 19 200 bauds. À 110 bauds, si 2 bits d'arrêt sont utilisés, la transmission d'un caractère ASCII de 7 bits nécessite 11 bits, soit 7 bits + 1 bit de départ + 1 bit de parité + 2 bits d'arrêt. Dans ce cas particulier, 110 bauds correspondent donc à 10 caractères par seconde.

Le **baud** est l'unité de signalisation dans un canal de transmission. Suivant le système utilisé, il peut correspondre à plus ou moins un bit par seconde.

Exemple 10.4

Si :
rouge vaut 0
et vert vaut 1, on a 1 baud pour 1 bit,

tandis que si :
rouge vaut 00,
orange vaut 01,
vert vaut 10,
et bleu vaut 11; on a 1 baud pour 2 bits.

Exemple 10.5

Supposons que 11 bits soient nécessaires pour transmettre 7 bits d'information. Supposons aussi que cette transmission ait été réglée à 4800 bauds et que les données arrivent de façon continue. Le nombre de caractères effectivement transmis par seconde sera 436.

En effet, 4800 bauds correspondent à 4800 bits par seconde, y compris les bits ajoutés. Le nombre effectif de caractères est donc :

$$\frac{4800}{11}, \text{ soit 436 caractères par seconde.}$$

En outre, chaque caractère sera transmis en $\frac{1 \text{ s}}{436}$, soit en 2,29 ms.

Dans le mode de transmission **synchrone**, la communication est plus rapide parce qu'il n'est pas nécessaire de transmettre de bits de départ ni de bits d'arrêt. En effet, quand il n'y a pas de caractères à transmettre, l'émetteur continue d'envoyer des caractères spéciaux (habituellement SYN ou ASCII 16_{16}) pour maintenir la synchronisation avec le récepteur.

En transmission asynchrone, les conversions parallèle-série et série-parallèle s'effectuent au moyen de circuits appelés **UART** (*Universal Asynchronous Receiver/Transmitter*); lorsque les circuits peuvent fonctionner dans les deux modes, des circuits **USART** (*Universal Synchronous/Asynchronous Receiver/Transmitter*) sont utilisés.

À titre d'exemple, Motorola fabrique des UART évolués et les désigne par le nom de ACIA (*Asynchronous Communications Interface Adapter*). D'autres compagnies utilisent des noms différents pour des circuits remplissant essentiellement la même fonction. L'adresse de l'ACIA est déterminée par un décodage du bus d'adresses. En écriture (R/$\overline{W}$ = 0), on peut, selon les registres choisis, soit donner à l'ACIA un caractère à transmettre, soit programmer la vitesse de transmission et la vitesse de réception, la parité, le nombre de bits d'arrêt, le protocole de communication avec le processeur, etc. En mode lecture (R/$\overline{W}$ = 1), le processeur peut lire, selon les registres choisis, soit un caractère série reçu par l'ACIA, soit le registre d'état de l'ACIA indiquant s'il a reçu un caractère ou s'il y a eu des erreurs telles qu'une mauvaise parité, un caractère reçu avant que le précédent n'ait été lu (erreur d'engorgement), un nombre insuffisant de bits d'arrêt (erreur d'encadrement), etc.

L'ACIA de Motorola comporte également une couche logique d'adaptation pour convertir les signaux TTL en niveaux +12 et −12 V correspondant au standard RS-232-C (*voir le paragraphe suivant*). La structure interne d'une ACIA est illustrée à la figure 10.8.

Figure 10.8 Schéma d'une interface série pour protocole RS-232-C

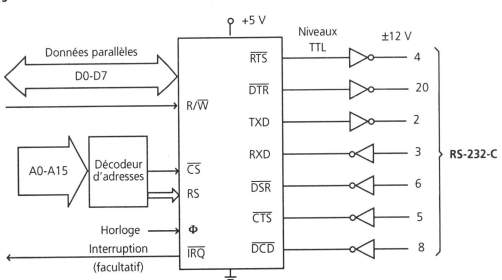

Interface de communication   Couche logique d'adaptation

10.3.2   Interface série RS-232-C

L'interface de communication RS-232-C, initialement conçue pour la connexion d'un terminal à un modem, a été adaptée par la suite à divers usages non prévus, tels les échanges entre un terminal et un ordinateur, entre deux ordinateurs, etc. Elle est l'une des plus couramment utilisées en micro-informatique. Cette interface normalisée a été définie par la EIA (Electronic Industries Association). «RS» signifie *Recommended Standard* et «C» indique qu'il s'agit de sa troisième version. Elle nécessite un connecteur standard de 25 broches DB-25 illustré à la figure 10.9. C'est le connecteur femelle vu de l'arrière.

Figure 10.9   Connecteur DB-25

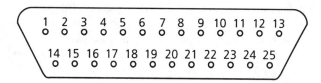

L'interface normalisée européenne correspondante est le V24 du CCITT (Comité consultatif international télégraphique et téléphonique).

Le modem (DCE ou *Data Communications Equipment*) doit normalement être muni d'un connecteur femelle, tandis que le terminal (DTE ou *Data Terminal Equipment*) devrait être pourvu d'un connecteur mâle. Cependant, plusieurs manufacturiers n'adhèrent pas à cette exigence et placent des connecteurs femelles sur tous les appareils de sorte que, dans certains cas, les câbles doivent être munis d'un connecteur mâle aux deux bouts.

La EIA définit 20 signaux, mais, en général, seulement 10 sont utilisés entre un terminal et un modem. En voici la liste :

1	Masse	(Blindage protecteur)
2	TxD	Données transmises par le terminal
3	RxD	Données reçues par le terminal
4	RTS	Demande de transmission
5	CTS	Autorisation de transmission
6	DSR	Modem prêt
7		Masse du signal
8	DCD	Porteuse détectée
20	DTR	Terminal prêt
22	RI	Indicateur de sonnerie

La figure 10.10 indique le sens des signaux lors d'une connexion RS-232-C entre un terminal et un modem.

Figure 10.10   Sens des signaux EIA pour le protocole RS-232-C

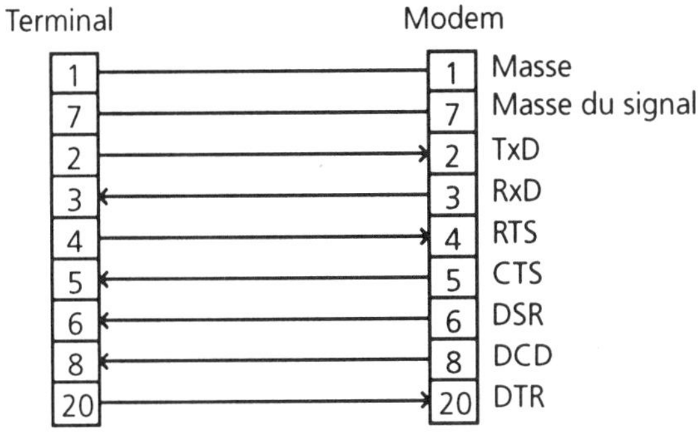

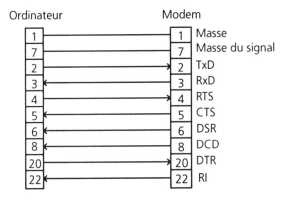

Entre un ordinateur et un modem, les liaisons sont celles de la figure 10.11:

Figure 10.11   Communication en série entre un ordinateur et un modem

Les broches RTS, CTS, DSR et DTR servent à l'**établissement de la liaison** (*handshaking*) matérielle. RI est l'indicateur de sonnerie.

En ce qui concerne les données, le standard définit un 1 logique comme une tension comprise entre −3 et −15 V, et un 0 logique comme une tension comprise entre +3 et +15 V. En revanche, les signaux d'établissement de liaison sont actifs quand ils sont positifs (0 logique). Certains appareils utilisent une boucle de courant de 20 mA ou 60 mA plutôt que des tensions. C'est le cas, en particulier, des anciens téléscripteurs (*teletypewriter* ou TTY). Il faut alors avoir recours à un circuit de conversion, de préférence avec couplage optique.

L'interface RS-232-C est limitée à des longueurs de câble de 15 m et à des vitesses de transfert inférieures à 20 Kbits/s entre le modem et le terminal ou entre l'ordinateur et l'imprimante.

Communication entre deux ordinateurs

Généralement, les ordinateurs sont assez rapides pour émettre ou recevoir les données sur une ligne RS-232-C sans établissement de liaison. Mais même à la vitesse la plus rapide, soit 19 200 bauds, l'intervalle de temps séparant la transmission de 2 caractères est de :

$$\frac{19\ 200\ \text{s}}{10\ \text{bits}} \text{ bits en moyenne par car.} = 1920 \text{ car./s}$$

$$\frac{1\ \text{s}}{1920\ \text{car.}} = 520\ \mu\text{s}.$$

Or il faut généralement quelques microsecondes à un ordinateur pour lire ou écrire dans un registre d'interface. Deux «stratégies» s'offrent alors à l'ordinateur pour gérer ce flot «lent» de données.

1. Il peut aller lire de temps à autre dans le registre d'interface pour savoir s'il s'y trouve une donnée. C'est le mode d'E/S programmée vu à la section 10.1.1.
2. Il peut programmer l'interface pour qu'elle l'interrompe chaque fois qu'il y a présence d'une donnée dans le registre de réception. C'est le mode d'E/S par interruption de programme vu à la section 10.1.2.

Sur le plan pratique, le câblage s'effectue de façon directe. On «fait croire» aux ordinateurs qu'ils sont câblés à un modem, comme le montre la figure 10.12.

Figure 10.12   Communication en série entre deux ordinateurs

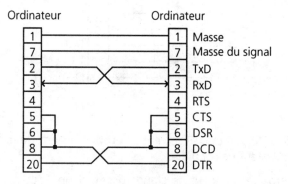

Communication entre un ordinateur et une imprimante

Si l'interface RS-232-C est la même que celle qui sert pour un modem, le schéma précédent doit être utilisé. Si l'interface est conçue spécialement pour une imprimante, le mode de connexion entre les deux appareils est encore plus simple, tel que l'indique la figure 10.13.

Figure 10.13 Communication en série entre un ordinateur et une imprimante

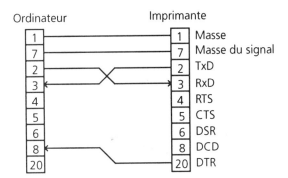

Trois protocoles d'établissement de liaison sont couramment utilisés: le XON/XOFF (logiciel), le ETX-ACK (logiciel) ou le DTR (matériel).

Lorsqu'un ordinateur transmet des caractères à une imprimante, et que la vitesse de transfert est plus grande que la vitesse d'impression de l'imprimante, le texte risque d'être incomplet. Supposons, par exemple, qu'une imprimante imprime 200 car./s :

- si la vitesse de transmission est inférieure à 2200 bauds, on n'exploite pas les capacités de l'imprimante;
- si la vitesse de transmission est supérieure à 2200 bauds, le flot de données provenant de l'ordinateur arrive plus vite que l'impression ne peut se faire, d'où la nécessité d'une mémoire tampon et d'un protocole de fonctionnement.

Les imprimantes modernes disposent d'une mémoire tampon qui leur permet d'accumuler un certain nombre de caractères en attendant qu'ils soient imprimés. La taille d'un tampon d'imprimante varie de 64 à plusieurs milliers de caractères.

Protocole XON/XOFF Quand le tampon est presque rempli, l'imprimante envoie XOFF (DC3 ou CTRL-S, ASCII 13_{16}) sur la ligne TxD. L'ordinateur cesse alors la transmission jusqu'à ce qu'il reçoive un XON (DC1 ou CTRL-Q, ASCII 11_{16}) que l'imprimante transmet quand son tampon est presque vide.

Protocole ETX-ACK L'émetteur transmet un bloc entier de données, auquel est ajouté un caractère spécial marquant la fin du bloc, soit le caractère ASCII ETX (*End of Text* ou CTRL-C, ASCII 03_{16}), puis arrête la transmission de caractères. De son côté, le récepteur traite les données à sa propre vitesse. Quand il arrive au caractère ETX, il envoie à l'émetteur le caractère ACK (*Acknowledge* ou CTRL-F, ASCII 06_{16}) pour lui indiquer qu'il est prêt à accepter un autre bloc de données.

Protocole DTR L'imprimante signale que son tampon est rempli en activant DTR. Elle relâche DTR lorsqu'elle veut recevoir d'autres flots de données.

Exemple 10.6

Soit une imprimante munie d'une mémoire tampon de 512 octets et les caractéristiques de l'équipement suivantes :

- vitesse d'impression : 100 car./s;
- vitesse de communication : 4800 bauds;
- protocole : XON/XOFF ou DTR;
- format de transmission : 11 bits/car.

Le temps nécessaire pour transmettre 1 caractère sera :

$$\frac{1 \text{ s}}{4800 \text{ bits}} \star 11 \text{ bits} = 2{,}292 \text{ ms.}$$

Le temps nécessaire pour remplir le tampon de l'imprimante sera donc :

$$2{,}292 \text{ ms} \star 512 = 1{,}173 \text{ s.}$$

Supposons que l'imprimante commence à imprimer à l'instant même où elle reçoit le premier caractère. Au bout de 1,173 s, c'est-à-dire au moment où l'ordinateur cesse le transfert, l'imprimante a imprimé approximativement :

$$100 \text{ car./s} \star 1{,}173 \text{ s} = 117 \text{ car.}$$

Il reste donc dans le tampon :

$$512 \text{ car.} - 117 \text{ car.} = 395 \text{ car.}$$

L'imprimante mettra alors à peu près quatre secondes pour vider le tampon.

Pour un ensemble de paramètres choisis, l'ordinateur peut donc gérer «simultanément» quatre ou cinq imprimantes du même type pour occuper la totalité du temps d'entrée-sortie.

Note : il importe de ne pas confondre le taux d'occupation de l'entrée-sortie de la liaison RS-232-C et le taux d'occupation du processeur, qui est encore beaucoup plus faible.

Une augmentation de la vitesse de transmission permet d'augmenter proportionnellement le nombre d'imprimantes gérées par l'ordinateur. Par exemple, en doublant la vitesse de transmission, on peut doubler le nombre d'imprimantes.

On peut aussi limiter le nombre d'interruptions de programme en augmentant la capacité de la mémoire tampon des imprimantes.

C'est la raison pour laquelle, dans les systèmes multitâches, multiusagers, les imprimantes sont gérées par un programme d'impression désynchronisée ou «spooleur» (*spooler*) qui crée sur disque ou sur bande magnétique un énorme tampon local pour stocker les données à imprimer.

Dans les systèmes performants, à la place d'un spooleur «logiciel», un processeur local pour gérer les entrées-sorties de type imprimante est implanté. Ce processeur possède sa propre mémoire, une intelligence locale pour gérer les files, pour accéder aux fichiers directement sans perturber le processeur, ou le perturber le moins possible en utilisant les transferts DMA *(voir la section 10.1)*.

Communication entre un ordinateur et un terminal écran-clavier

Pour permettre la communication entre un ordinateur et un terminal écran-clavier, les lignes suivantes sont nécessaires :

- les deux masses;
- les lignes TxD et RxD.

La figure 10.14 montre comment les autres connexions sont effectuées.

Figure 10.14   Communication en série entre un ordinateur et un terminal

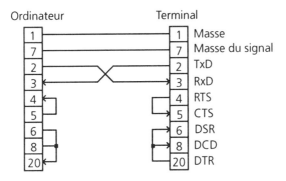

Comme les manufacturiers ne respectent pas toujours les conventions pour ce qui est des broches 2 et 3, et il faut parfois croiser les fils.

La vitesse est habituellement réglée entre 1200 bauds et 19 200 bauds. Les grandes vitesses caractérisent le plus souvent les terminaux graphiques à large bande passante. Pour les terminaux de type caractère, 1200, 2400 ou 4800 bauds sont de bons compromis.

Le mode de dialogue entre un ordinateur et un terminal est FDX ou HDX. En **HDX**, chaque caractère frappé au clavier est renvoyé en mode écho sur l'écran par le terminal lui-même. L'ordinateur n'a pas à renvoyer le caractère. Ce mode est souvent utilisé comme contrôle à cause de son peu de souplesse pour le transcodage.

En **FDX**, l'ordinateur doit reconnaître le caractère frappé au clavier et décider de renvoyer à l'affichage sur l'écran soit le même caractère, soit un autre caractère, soit une série de caractères, etc. Ce mode est largement employé.

Pour gagner de l'espace, plusieurs fabricants d'ordinateurs se servent maintenant du connecteur DB-9 (figure 10.15) plutôt que du connecteur DB-25 quand ils ne font usage que des 10 signaux décrits auparavant. Le brochage de ce connecteur n'est cependant pas encore normalisé.

Figure 10.15 Connecteur DB-9

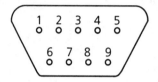

10.3.3 Interface RS-422

L'interface RS-422 (CCITT X.27) est une autre interface série couramment utilisée. Cette interface est particulièrement rapide et peut atteindre 10 Mbauds sur une distance de 13,5 m. Ses niveaux logiques sont +6 V et –6 V. Les signaux sont ici différentiels, c'est-à-dire que chaque signal nécessite deux fils, chacun portant la moitié de la tension du signal avec une polarité inverse. Le principe est illustré à la figure 10.16.

Figure 10.16. Principe de l'interface RS-422

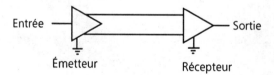

10.3.4 Autres codes de transmission en série

Pour les communications synchrones rapides, par exemple entre deux ordinateurs, on utilise souvent des codes autres que le NRZ (non-retour à zéro) pour des raisons de rapidité et de fiabilité. Dans le NRZI (NRZ inversé), une transition du signal correspond à un état logique 1. Le code Manchester, pour sa part, exprime les valeurs binaires par un changement d'état; c'est la direction du changement qui indique s'il s'agit d'un 0 ou d'un 1. Cette transition doit se produire au milieu d'une cellule de données. Une transition vers le bas est représentée par un 1 et une transition vers le haut par un 0. Les transitions qui ne se produisent pas au milieu d'une cellule sont ignorées. La figure 10.17 illustre ces trois modes.

Figure 10.17 Codes de transmission en série

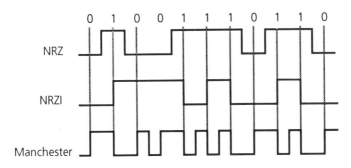

10.4 MODEMS

Un **modem** (acronyme de **mo**dulateur-**dém**odulateur) est un appareil qui sert à transmettre des signaux en série par ligne téléphonique ou par câble sur de longues distances (plus de 15 m). On utilise un modem qui module le signal à la transmission et le démodule à la réception pour redonner un signal binaire parce que les lignes téléphoniques sont en général bruyantes et optimisées pour la transmission de la voix et qu'il ne serait pas possible de transmettre directement le signal en série tel quel. La figure 10.18 montre le principe de la transmission par modem.

Figure 10.18 Transmission par modem

La modulation consiste à envoyer une **onde porteuse** d'une fréquence inférieure à 3000 Hz, dont un ou plusieurs paramètres, soit l'amplitude, la fréquence et la phase, sont modifiés suivant les données à transmettre. La modulation d'amplitude étant trop sensible au bruit, on utilise plutôt la modulation de fréquence ou la modulation de phase. Avec les modems les plus rapides, l'amplitude et la phase sont modifiées simultanément.

Il existe différents types de modems définis en fonction de leur vitesse :

- basse vitesse : jusqu'à 600 bits/s;
- vitesse moyenne : 1200, 1800, 2000, 2400 et 4800 bits/s;
- haute vitesse : 9600, 14 400, 16 000 bits/s.

Les modems acoustiques qui utilisent le combiné du téléphone comme couplage avec le réseau téléphonique fonctionnent à des vitesses inférieures à 1200 bits. Pour les modems dont la vitesse est supérieure à 9600 bits, on doit utiliser des lignes dédiées plutôt que des lignes téléphoniques ordinaires.

Pour transmettre des données numériques, on se sert souvent d'une version de la modulation de fréquence appelée **modulation par déplacement de fréquence** (*Frequency-Shift Keying* ou FSK). Une valeur typique de fréquence d'onde porteuse est 1270 Hz pour le standard Bell 103 (USA). En présence d'un 1 logique à transmettre, la fréquence descend à 1070 Hz. Cette technique est utilisée par les modems de 110 à 300 bits. La figure 10.19 schématise la modulation par déplacement de fréquence.

Figure 10.19   Modulation par déplacement de fréquence

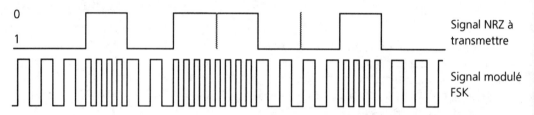

Pour la transmission bidirectionnelle, on a recours à deux ondes porteuses de fréquence différente, l'une pour la réception, l'autre pour la transmission. Une valeur typique pour la seconde porteuse est 2225 Hz, qui descend à 2025 Hz pour la transmission d'un 1 logique.

Dans la **modulation par déplacement de phase** (*Phase-Shift Keying* ou PSK), la phase de la porteuse par rapport à une onde de référence est modifiée selon la valeur du signal. La figure 10.20 représente la modulation par déplacement de phase.

Figure 10.20
Modulation par déplacement de phase

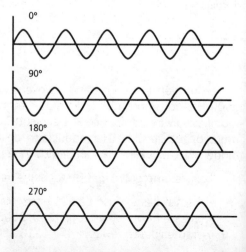

Si on choisissait 1 = 0° et 0 = 180°, le signal transmis en modulation par déplacement de phase aurait l'allure présentée à la figure 10.21.

Figure 10.21   Modulation par déplacement de phase à deux phases

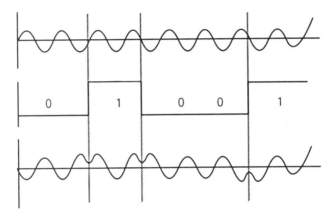

La vitesse de modulation en bauds ne peut guère dépasser 2 fois la fréquence de l'onde porteuse; donc, avec une porteuse de 1800 Hz, on ne peut dépasser 3600 bauds.

Nyquist a démontré que la capacité d'une voie de transmission, ou la rapidité de signalisation, est égale à :

$$C = 2 W \text{ bauds,} \tag{10.1}$$

où C représente la capacité d'un canal en bauds et W la largeur de bande de fréquences en hertz. La plus large bande de fréquences qu'un canal peut transmettre sans atténuation appréciable du signal définit sa **bande passante**. Par exemple, puisqu'une ligne téléphonique peut transmettre sans atténuation les fréquences de 300 à 3400 Hz, sa bande passante est de 3400−300 = 3100 Hz. Selon l'équation 10.1, la capacité de transmission d'une telle ligne est de 2 * 3100 = 6200 bauds.

Pour augmenter la vitesse de transmission sans augmenter ni la fréquence de signalisation ni la fréquence de l'onde porteuse, on code l'information à transmettre en groupes de deux bits (dibits). Pour chacune des quatre combinaisons possibles, on utilise une phase différente. Par exemple, pour 00, la phase sera 45°, pour 01, 135°, etc. On peut ainsi atteindre 2400 bits/s avec une fréquence de signalisation qui n'est que de 1200 bauds.

Si *n* est le nombre de bits par signal, alors la capacité de la ligne devient :

$$C = 2Wn \text{ bits/s.} \tag{10.2}$$

Avec des dibits, *n* = 2.

En modulation par glissement de phase, on utilise une valeur différente de la phase pour chacune des combinaisons possibles des dibits, donc quatre phases différentes. Comme la modulation par glissement de phase ordinaire nécessite une onde de référence, on utilise plutôt la modulation par glissement de phase différentielle (*Differential Phase-Shift Keying* ou DPSK), dans laquelle la phase change par rapport à l'élément précédent. Dans un système à 4 phases ou QPSK (*Quadrature Phase-Shift Keying*), avec les phases 0°, 90°, 180° et 270°, on a donc les formes d'ondes illustrées à la figure 10.22.

Figure 10.22
Modulation de phase différentielle

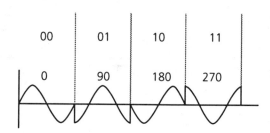

De la même façon, on peut former des groupements de 3 bits (tribits) pour atteindre 4800 bits/s avec une vitesse de signalisation de 1600 bauds et des regroupements de 4 bits (quartets ou *nibbles*) pour atteindre 4800 bits/s avec une vitesse de signalisation de 1200 bauds, ou 9600 bits/s avec une vitesse de signalisation de 2400 bauds. Il est à remarquer qu'avec une fréquence de porteuse de 1800 Hz et une fréquence de signalisation de 2400 bauds, les plages de phase constante peuvent être aussi courtes qu'un cycle et demi de la porteuse.

Avec un modem utilisant 4 bits par signal, on pourrait définir 16 valeurs de phase, mais la différence entre les phases serait alors trop faible et on aurait un taux trop élevé d'erreurs. On ne peut pas non plus émettre en modulation d'amplitude à 16 valeurs d'amplitude parce que cela exigerait un rapport signal sur bruit trop élevé. En effet, on peut démontrer que la capacité d'une voie de transmission est non seulement limitée par sa largeur de bande, mais aussi par le **rapport signal/bruit** (S/B) :

$$C = W \log_2 (1 + S/B) \text{ bits/s.} \tag{10.3}$$

En pratique, le débit binaire d'une ligne téléphonique ne dépasse pas 9600 bits/s. Ce débit est atteint avec une rapidité de modulation de 2400 bauds lorsque 4 bits par signal ont été codés.

Pour éviter des différences de phase trop petites, une solution consiste à utiliser la modulation QAM (*Quadrature Amplitude Modulation*), qui combine des variations de phase et d'amplitude.

Le système CCITT (Comité consultatif international télégraphique et téléphonique) 9600 bits/s utilise 12 valeurs de phase et 3 valeurs d'amplitude, ainsi que le montre la figure 10.23 où le rayon représente l'amplitude, avec une vitesse de signalisation de 2400 bauds.

Figure 10.23
Modulation QAM

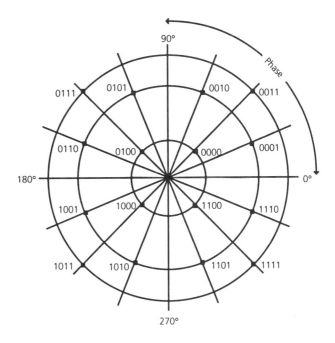

Le tableau 10.1 donne quelques exemples de modems standard.

Tableau 10.1   Quelques exemples de modems standard

Modèle	Données (bits/s)	Modes	Synch./ Asynch.	Modulation	Vitesse de signalisation (bauds)	Fréquences Mark Space	Réponses Mark Space
Bell 103	0 à 300	FDX	A	FSK	0-300	1270, 1070	2225, 2025
113	0 à 300	FDX	A	FSK	0-300	–	
202	1200, 1800	HDX	A	FSK	300	2200, 1200	–
212	1200, 110	FDX	A	DPSK	600, 110	1200	2400
201	2400	HDX	S	QPSK ou DPSK		1800	»
208	4800	HDX	S	8-PSK		–	»
209	9600	HDX	S	16 QAM		1700	»
CCITT V. 21	200, 300	FDX	A	FSK	200, 300	1180, 980	1850, 1650
V. 22	1200, 600	FDX	S/A	DPSK	600	1200	2400
V. 22b	2400	FDX	A	QAM	600	1200	2400
V. 26	2400 1200	HDX	S	4-DPSK 2-PSK	1200	1800	»
V. 27	4800 2400	HDX	S	8-PSK 4-PSK	1600 1200	1800	»
V. 29	9600, 7200, 4800	HDX	S	16, 8, 4-QAM 4-PSK	2400 1200	1700	»
V.32	2400 9600	FDX	S/A*	32-QAM	2400	1800	2100

* Le fonctionnement asynchrone n'est pas standardisé
mais est néanmoins utilisé par certains manufacturiers.

Pour le transfert de fichiers par modem, on utilise des protocoles de communication tels que XModem, YModem, ZModem ou Kermit, qui comportent des mécanismes de vérification de l'intégrité des données et de retransmission automatique de blocs en cas d'erreur. La vérification de l'intégrité des données se fait à l'aide d'un **total de contrôle** ou d'un **contrôle de redondance cyclique** (CRC).

Un total de contrôle peut être obtenu de deux façons, soit :

- par l'addition de tous les octets du message à transmettre sur des blocs de longueur fixe et la transmission de cette somme à la suite de chaque bloc. Le récepteur devrait obtenir la même somme s'il n'y a pas eu d'erreur de transmission;
- par la réalisation du OU EXCLUSIF de tous les octets de blocs de longueur fixe.

La technique du total de contrôle n'est pas très fiable et l'usage d'un CRC est de beaucoup préférable. Un CRC peut en effet détecter des erreurs multiples.

Appel et établissement d'une communication

La figure 10.24 illustre les différentes étapes de l'établissement d'une communication par modem.

Figure 10.24 Établissement d'une communication par modem

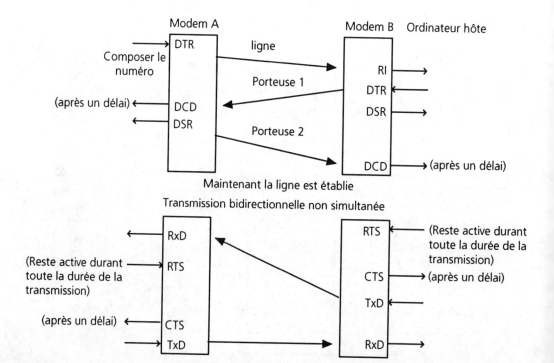

1. L'utilisateur compose le numéro de téléphone de l'ordinateur hôte.
2. Le modem B transmet le signal RI à l'ordinateur hôte.
3. L'ordinateur hôte répond en validant le signal DTR du modem B.
4. Le modem B active la porteuse 1.
5. Le modem A valide les signaux DCD et DSR et active la porteuse 2.
6. Le modem B valide le signal DCD pour avertir l'ordinateur hôte que la communication est établie.
7. Le modem B valide sa ligne CTS.
8. L'ordinateur hôte valide la ligne RTS du modem B durant toute la durée de la transmission et envoie ses données sur la ligne du modem B.
9. Le modem A reçoit les données et les applique à la ligne RxD de l'utilisateur.
10. Un certain délai après la fin de la transmission de l'ordinateur hôte, le modem A valide la ligne CTS.
11. L'utilisateur peut maintenant transmettre des données en validant RTS et en appliquant ces données sur la ligne TxD du modem A.
12. La procédure de raccrochage est initialisée par la ligne DTR du modem A qui devient invalide.

10.5   TRANSMISSION EN PARALLÈLE

À la différence des interfaces série, les interfaces parallèles effectuent le transfert des données sur un bus parallèle. Tous les bits sont donc disponibles simultanément, d'où une vitesse élevée de transfert variant entre 50 Kbits/s à environ 1 Mbits/s. Parmi ces interfaces, mentionnons :

- Centronics, non standardisée, employée pour les imprimantes parallèles;
- HPIB ou GPIB ou IEEE-488, utilisée dans le domaine de l'instrumentation;
- Interface parallèle tout usage du type PIA (*Parallel Interface Adapter*).

La figure 10.25 présente la structure générale d'une interface parallèle vue sous l'angle de la programmation.

Figure 10.25   Structure interne d'une interface de transmission en parallèle

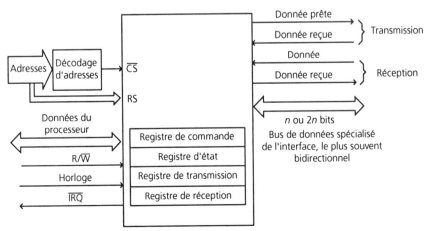

On peut décrire ainsi les fonctions de chacun des registres internes :

- Registre de commande :
  - Il précise le mode de fonctionnement général de l'interface (type d'établissement de liaison; front montant ou front descendant des signaux qui détermine la disponibilité des données; fonctionnement par interruption matérielle ou par «interrogation» du registre d'état par le processeur).
- Registre d'état :
  - Il garde disponibles les données à transmettre ou à recevoir.
  - Il avertit le processeur des erreurs sur le bus spécialisé.
- Registres de transmission et de réception des données :
  - Le processeur lit les données qu'il doit recevoir dans le registre de réception et dépose les données qu'il transmet dans le registre de transmission.

Voici un exemple d'établissement d'une liaison à la transmission :

1. Le processeur détermine le mode de fonctionnement de l'interface à l'aide des bits du registre de commande.
2. Il vérifie ensuite la disponibilité du registre de transmission en examinant le bit d'état de transmission.
3. Il dépose la donnée à transmettre dans le registre de transmission et le transmetteur active la ligne d'établissement de liaison «donnée prête» pour avertir le récepteur.
4. Le récepteur lit la donnée, puis active la ligne «donnée reçue» lorsqu'il est prêt à recevoir une autre donnée. Cela a pour effet de positionner le bit d'état de transmission. Retour à 2.

Voici un exemple d'établissement d'une liaison à la réception (mode interruption) :

1. Le processeur détermine le mode de fonctionnement de l'interface à l'aide des bits du registre de commande, puis se met en attente.
2. La donnée est placée sur le bus spécialisé par le transmetteur.
3. Le transmetteur avertit le récepteur en activant la ligne «donnée disponible». Si le processeur avait programmé l'interface en mode «interruption matérielle», une requête $\overline{IRQ}$ vient l'interrompre.
4. Le processeur vient lire la donnée et retourne à d'autres tâches. Le récepteur avertit le transmetteur qu'il est prêt à recevoir d'autres données en activant la ligne «donnée reçue». Retour à 2 quand le transmetteur a une donnée à transmettre.

10.5.1 Interface parallèle Centronics

L'interface parallèle est généralement plus rapide que l'interface série, car avec huit fils il est possible d'envoyer un octet simultanément. De nombreux périphériques sont munis d'interfaces parallèles utilisant le même connecteur que l'interface série RS-232-C, soit le DB-25, mais avec des brochages différents. Les données de sortie (DO0-DO7) et les données d'entrée (DI0-DI7) disposent respectivement de huit fils. On se sert habituellement du protocole d'établissement de liaison à deux fils dans chaque direction décrit précédemment. Le signal «donnée prête» porte le nom OSTB (*Output Strobe*), et le signal «donnée reçue» celui d'IRDY (*Input Ready*). La figure 10.26 montre le brochage.

Figure 10.26   Brochage de l'interface parallèle Centronics

1	DO7	→	14	DI7	←
2	DO6	→	15	DI6	←
3	DO5	→	16	DI5	←
4	DO4	→	17	DI4	←
5	DO3	→	18	DI3	←
6	DO2	→	19	DI2	←
7	DO1	→	20	DI1	←
8	DO0	→	21	DI0	←
9	ORDY/ISTB	←	22	IRDY/OSTB	←
10	OSTB/IRDY	→	23	ISTB/ORDY	→
11-13	GND		24-25	GND	

L'interface parallèle Centronics est souvent utilisée pour les imprimantes parallèles. La connexion se fait alors à l'aide d'un connecteur DB-25 ou d'un Delta-Ribbon à 36 broches. Les communications parallèles Centronics sont souvent gérées au moyen de circuits d'interface appelés PIA (*Peripheral Interface Adapter*).

La figure 10.27 montre le brochage de la sortie d'imprimante parallèle d'un ordinateur IBM-PC au moyen d'un DB-25.

Figure 10.27   Sortie d'imprimante parallèle

1	-STROBE	→
2	D0	→
3	D1	→
4	D2	→
5	D3	→
6	D4	→
7	D5	→
8	D6	→
9	D7	→
10	-ACK	←
11	BUSY	←
12	PAPER END	←
13	SLCT	←
14	-AUTOFD	→
15	-ERROR	←
16	-INIT	→
17	-SLCT IN	→
18-25	GROUND	

Note : Les signaux précédés d'un - sont actifs dans l'état bas.
        Les niveaux logiques sont compatibles avec ceux des circuits TTL.

10.5.2 Interface parallèle IEEE-488

L'interface parallèle IEEE-488 a d'abord été mise au point par Hewlett-Packard sous le nom de HPIB (*Hewlett-Packard Interface Bus*). Elle fut ensuite adoptée par d'autres manufacturiers sous le nom de GPIB (*General Purpose Interface Bus*) et finalement standardisée par l'IEEE en 1975.

Cette interface permet la communication rapide entre divers éléments assujettis à un même contrôleur. Parmi ces éléments citons:

- blocs d'alimentation programmables numériquement;
- synthétiseurs de fréquences;
- générateurs de formes d'ondes;
- convertisseurs numériques-analogiques;
- voltmètres numériques;
- compteurs électroniques;
- imprimantes et tables traçantes;
- tablettes graphiques, etc.

À l'arrière de chaque appareil se trouve une prise acceptant une fiche spéciale (Amphenol ou Cinch type 57 Microribbon Connector), représentée à la figure 10.28. Cette fiche est à la fois mâle et femelle, d'où la possibilité de brancher un autre appareil. On peut ainsi raccorder plusieurs appareils en parallèle à un même contrôleur.

Figure 10.28 Connecteur pour interface IEEE-488

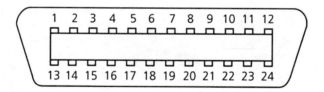

Cette technique permet deux genres de connexions: la connexion en feston ou chaînée (figure 10.29) et la connexion en étoile (figure 10.30).

Figure 10.29 Connexion en feston ou chaînée

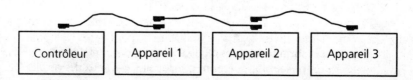

Figure 10.30
Connexion en étoile

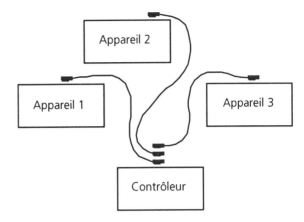

Le brochage est présenté à la figure 10.31

Figure 10.31 Signaux de l'inferface IEEE-488

1	DIO1	13	DIO5
2	DIO2	14	DIO6
3	DIO3	15	DIO7
4	DIO4	16	DIO8
5	EOI	17	REN
6	DAV	18	Masse enroulée autour de DAV
7	NRFD	19	Masse enroulée autour de NRFD
8	NDAC	20	Masse enroulée autour de NDAC
9	IFC	21	Masse enroulée autour de IFC
10	SRQ	22	Masse enroulée autour de SRQ
11	ATN	23	Masse enroulée autour de ATN
12	Blindage	24	Retour du signal (masse)

Le standard permet de relier jusqu'à 15 appareils, avec une longueur de câble totale ne dépassant pas 20 m. Pour un nombre moindre d'appareils, la longueur de câble est restreinte à un maximum de 2 m par appareil. Si ces contraintes sont respectées, on peut transmettre des données en parallèle à un rythme de 250 000 octets par seconde.

Chaque appareil relié au bus doit pouvoir remplir les trois fonctions suivantes :

1. Un écouteur, qui doit pouvoir recevoir les données d'autres appareils sous contrôle logiciel.
2. Un parleur, qui doit pouvoir transmettre des données.
3. Un contrôleur, qui active ou désactive les parleurs et les écouteurs sous contrôle logiciel. C'est lui qui réglemente toute activité sur le bus. Il peut être lui-même parleur ou écouteur suivant l'opération effectuée, mais il peut céder ce rôle à d'autres appareils reliés au bus pour leur permettre de communiquer entre eux.

Les niveaux logiques du bus IEEE-488 sont compatibles avec ceux des circuits TTL. Toutes les sorties sont des inverseurs à collecteur ouvert; les données du bus sont donc inversées logiquement, ainsi que l'illustre la figure 10.32.

Figure 10.32   Circuit de sortie du bus IEEE-488

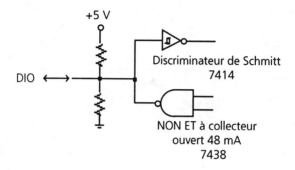

Tous les appareils étant connectés en parallèle sur ce bus, on effectue ce qu'on appelle un **OU câblé** : une ligne du bus ne pourra devenir haute (0) que si tous les collecteurs qui y sont reliés sont inactifs (0).

Le bus comprend :

- cinq lignes de contrôle utilisées pour la gestion du bus : IFC (*Interface Clear*), ATN (*Attention*), SRQ (*Service Request*), REN (*Remote Enable*) et EOI (*End Or Identify*). Quatre d'entre elles sont sous la gestion exclusive du contrôleur pour activer les autres appareils en tant que parleurs ou écouteurs. La cinquième SRQ est utilisée par un appareil qui interrompt le contrôleur lorsqu'il demande l'usage du bus;
- trois lignes d'établissement de liaison, pour garantir un transfert valide des données d'un appareil à l'autre: DAV (*Data Valid*), NRFD (*Not Ready For Data*) et NDAC (*Not Data Accepted*). Elles assurent également le transfert valide des commandes provenant du contrôleur;
- huit lignes de données bidirectionnelles, utilisées pour le transfert de données entre un parleur et ses écouteurs dans le mode DATA. Ce mode est caractérisé par le fait que ATN = 0. Quand ATN = 1, le mode COMMAND prévaut et les lignes de données sont alors utilisées pour transmettre les commandes du contrôleur à tous les autres appareils.

10.6   PROBLÈMES

1. On transmet le caractère *k* par une interface RS-232-C réglée sur sept bits, parité impaire et un bit d'arrêt. Dessinez la forme de la tension en fonction du temps.

2. *a)* Calculez la durée en microsecondes d'une cellule binaire d'une liaison série transmettant à 38 400 bauds.

   b) Le format de transmission est du type : 1 bit de départ, 8 bits de donnée, 1 bit de parité, 1 bit d'arrêt. Déterminez le nombre d'octets effectif transmis par seconde si on suppose que la ligne fonctionne de façon continue.

3. Une imprimante à laser peut imprimer au maximum dix pages à la minute. Chaque page comporte 60 lignes de texte et chaque ligne comporte 80 caractères. Chaque caractère est codé sur huit bits.

   a) Déterminez la vitesse minimale en bits par seconde de la communication entre l'ordinateur et cette imprimante pouvant assurer un fonctionnement continu de l'imprimante.

   b) La liaison RS-232-C convient-elle à une telle imprimante?

4. Soit deux liaisons série RS-232-C pouvant transmettre à une vitesse théorique de M bauds, et soit τ et $(\tau + \delta\tau)$ les largeurs respectives des deux cellules en secondes. τ désigne la largeur des cellules du transmetteur supposée exacte pour la vitesse théorique. $(\tau + \delta\tau)$ désigne la largeur des cellules du récepteur, qui diffère par $\delta\tau$ de la valeur théorique. Pour transmettre un caractère, la liaison nécessite *n* cellules. Établissez théoriquement la quantité $\dfrac{\tau}{\delta\tau}$ à partir de laquelle la désynchronisation se produit.

   On dit qu'il y a début de désynchronisation lorsque l'échantillonnage du récepteur atteint l'un des bords de la cellule initiale du transmetteur au niveau de la dernière (n^e) cellule.

   Faites un dessin montrant les cellules du transmetteur et du récepteur pour la réponse avec $\delta\tau < 0$. Le récepteur reçoit toujours le même signal que celui que transmet le transmetteur. Comme son horloge est décalée, les points d'échantillonnage sont également décalés. Calculez d'abord le décalage temporel entre l'instant où le récepteur doit échantillonner théoriquement et celui qui correspond à l'horloge décalée.

5. *a)* Quel est le rapport signal sur bruit minimal nécessaire pour pouvoir obtenir une capacité de transmission de 9600 bits/s sur une ligne téléphonique ayant une bande passante de 3000 Hz?

   b) Quelle est le nombre minimal de bits par signal nécessaire pour obtenir cette capacité de transmission?

11

STOCKAGE DE MASSE

11.1 ENREGISTREMENT MAGNÉTIQUE

11.1.1 Principe

L'**enregistrement magnétique** résulte de la magnétisation de petites régions d'un film constitué de matériau magnétique. Chacun des points où a lieu un changement de la direction de magnétisation est appelé **transition magnétique** ou **renversement de flux**. Le passage d'un courant dans le bobinage d'une tête d'écriture crée un champ magnétique qui dépasse l'entrefer et qui magnétise le film d'enregistrement. Lorsque la direction du courant dans le bobinage est renversée, la direction de magnétisation du film est aussi renversée, ce qui produit des transitions dans lesquelles la magnétisation change de 180°, comme le représente la figure 11.1.

Figure 11.1
Principe de l'enregistrement magnétique

Ces transitions magnétiques modifient la distribution de flux sur le support d'enregistrement. Les changements de direction et de densité de flux peuvent être détectés par une tête de lecture : quand le matériau magnétisé se déplace devant son entrefer, ces changements induisent une tension aux bornes du bobinage.

Les têtes de lecture-écriture sont habituellement faites de ferrite. Toutefois, on utilise de plus en plus des têtes fabriquées au moyen de films minces, sur lesquels tous les éléments magnétiques sont déposés par évaporation ou par plaquage sur un substrat passif.

11.1.2 Techniques d'enregistrement

Il importe de faire la distinction entre technique d'enregistrement et technique de codage. La plus ancienne technique d'enregistrement est le RZ (retour à zéro). En règle générale, le film magnétique est dans ce cas non magnétisé et des impulsions correspondant aux données sont enregistrées, dans un sens pour le 1 et dans l'autre pour le 0. Dans l'enregistrement NRZ (non-retour à zéro), il n'y a jamais absence de magnétisation. Dans l'enregistrement NRZI (non-retour à zéro inversé), un 1 est représenté par un changement de direction de flux, quelle que soit sa direction. Dans le cas des bandes magnétiques, on utilise aussi le mode Manchester, également appelé *Phase Encoding* (PE), que nous avons vu au chapitre 10. La figure 11.2 illustre l'allure du flux magnétique pour un message donné (1100011_2) selon les différentes techniques d'enregistrement.

Figure 11.2   Techniques d'enregistrement

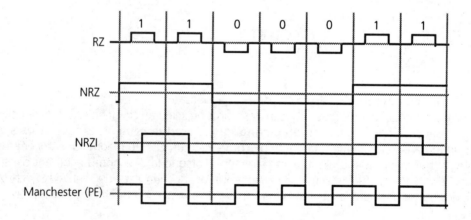

11.1.3 Techniques de codage

Dans le but d'assurer une plus grande intégrité et une plus grande densité de l'information, différents procédés de codage ou de magnétisation ont été mis au point. De fait, et plus particulièrement pour les disques, quatre procédés sont couramment employés et sont fondés sur la technique d'enregistrement NRZI dans laquelle un 1 est représenté par un renversement du flux magnétique.

Dans le codage FM (modulation de fréquence), une impulsion d'horloge (renversement de flux) est insérée au début de chaque cellule de bit (coïncidant avec le pointillé). Un 1 est représenté par une impulsion (renversement de flux) au milieu de la cellule de bit. Il n'y a pas de renversement de flux dans le cas d'un 0. Vers 1977, les techniques dites de «double densité» ont été introduites. Dans le **codage MFM** (modulation de fréquence modifiée), une impulsion d'horloge est insérée seulement s'il y a deux 0 consécutifs ou plus. Cette condition permet de réduire de moitié la durée de la cellule de bit sans augmenter le nombre de renversements de flux par unité de distance, d'où le nom de double densité. Le **codage M²FM** (modulation de fréquence doublement modifiée ou modifiée par Miller) place une impulsion d'horloge pour un 0 seulement si le bit précédent était 0 et s'il n'y avait pas d'impulsion d'horloge pour ce bit. Dans les trois procédés, le contrôleur de disque doit être bien synchronisé afin de faire la distinction entre une impulsion d'horloge et une donnée. La figure 11.3 représente ces techniques de codage.

Figure 11.3   Techniques de codage

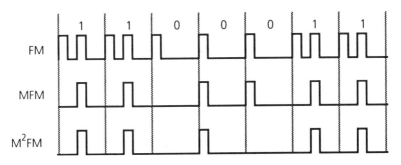

Une quatrième technique de codage, le **codage GCR** (*Group Coded Recording*), mise au point vers 1978, est également employée. Pour illustrer, mentionnons que la cellule de bit pour un disque de 5,25 po (130 mm) tournant à 300 tr/min est de 8 μs en FM, de 4 μs en MFM et en M²FM, et de 2,6 μs en GCR.

La combinaison d'une technique d'enregistrement et d'une technique de codage donne la représentation finale de l'information sur un disque illustrée à la figure 11.4.

Figure 11.4   Codage sur un disque

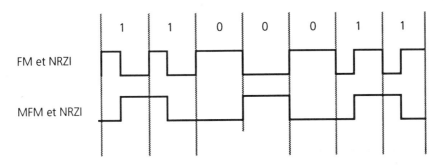

11.2 BANDES MAGNÉTIQUES

Les **bandes magnétiques** restent encore la méthode la plus économique pour stocker de grandes quantités d'information. Elles sont formées d'un ruban de matière plastique flexible dont l'une des faces est recouverte d'un matériau magnétique. Les largeurs standard du ruban sont de 0,5 et 1 po. Un seul caractère (*frame*) à la fois est enregistré pendant que la bande défile devant les têtes magnétiques. Le nombre de bits composant le caractère détermine le nombre de têtes utilisées. Les caractères ont habituellement six ou huit bits. Un bit supplémentaire étant ajouté pour la détection d'erreurs de lecture ou d'écriture (bit de parité), on a donc sept ou neuf têtes. La bande peut être divisée en sept ou neuf pistes, une piste par tête, comme l'indique la figure 11.5. La densité d'enregistrement varie de 800 à 6250 bits par pouce (*bits per inch* ou *bpi*).

Figure 11.5 Bande magnétique à neuf pistes

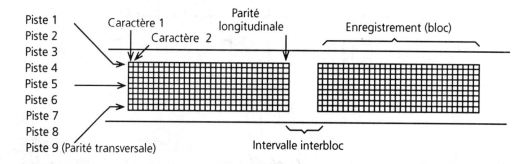

Les caractères sont groupés en **blocs physiques** qui sont séparés par un intervalle interbloc (*interrecord gap*) toujours d'égale longueur (généralement 0,75 po ou 1,9 cm). Cet intervalle permet à la bande d'atteindre sa vitesse normale après un départ entre deux enregistrements. On peut effectuer une vérification supplémentaire de la validité des données en ajoutant à la fin d'un bloc un bit de parité longitudinale pour chaque piste.

L'information est quant à elle divisée en **blocs logiques** ou **enregistrements logiques** dont la taille est déterminée par le programmeur selon la nature des entités à enregistrer. Un bloc physique peut contenir un ou plusieurs enregistrements logiques.

Une bande magnétique standard type présente les caractéristiques suivantes :

épaisseur : base : 20 à 100 μm, oxyde : 15 μm;
longueur : 1200 à 3600 pi sur bobine de 7 po de diamètre;
largeur : 0,5 ou 1 po;
nombre de pistes : 7 ou 9;
largeur des pistes : 0,048 po à l'écriture et 0,030 po à la lecture (7 pistes); 0,044 po à l'écriture et 0,040 po à la lecture (9 pistes);
intervalle interbloc : 0,75 po.

Tableau 11.1 Caractéristiques des bandes magnétiques

Vitesse (po/s)	Transmission (Koctets/s)	Densité (bits/po)	Technique d'enregistrement
18,75	15	800	NRZI
37,5	30	800	NRZI
75,0	15-120	200-1600	PE/NRZI
100,0	80-160	800-1600	PE/NRZI
112,5	90-180	800-1600	PE/NRZI
125,0	100-200	800-1600	PE/NRZI
200,0	111,2-320	558-1600	PE/NRZI
200,0	1250	6250	
250,0	800	3200	PE

En général, l'accès aux données stockées sur une bande est séquentiel, c'est-à-dire que les données sont lues dans l'ordre dans lequel elles ont été écrites; le lecteur doit donc lire tous les enregistrements qui précèdent l'enregistrement désiré afin de repérer ce dernier, ce qui rend les accès plutôt lents (plusieurs dizaines de secondes).

Cassettes de bande magnétique

On se sert peu de bandes magnétiques dans les petits appareils, les disques souples et les disques durs étant plus pratiques. Toutefois, pour effectuer des copies de sauvegarde, il peut être plus profitable d'utiliser des cassettes de bande magnétique d'une largeur de 0,25 po qui peuvent contenir quelques centaines de méga-octets. Des unités de sauvegarde ou dérouleurs de bandes (*streaming tape drives* ou *streamers*) d'un format de boîtier équivalent à celui des unités de disques de demi-hauteur de 5,25 po assurent une vitesse de défilement de la bande de 90 po/s.

Les cassettes standard 3M™ (4 po * 6 po) contiennent 300, 450, 600 ou 1020 pi de bande, soit 160, 240, 320 et 525 Mo respectivement. Il faudrait donc des centaines de disques souples pour stocker une telle quantité d'informations. La densité d'enregistrement de ces cassettes atteint 20 000 bits/po et leur format est de 4 ou 9 pistes. La vitesse d'enregistrement est de l'ordre de 6 Mo/min.

11.3 DISQUES SOUPLES

Le **disque souple** est le support de stockage externe le plus courant en micro-informatique. Le disque souple standard de 8 po (210 mm) de diamètre a été mis au point par IBM pour son système de saisie de données 3740. Toutefois, on se sert maintenant de plus en plus des disques de 5,25 po (130 mm), de 3,5 po (89 mm) et même de 3,25 po (82 mm).

La lecture et l'écriture sur un disque s'effectuent suivant le même principe que la lecture et l'écriture sur une bande. Il existe des disques double face (disques DS : *Double-Sided*) ayant une tête de lecture par face. Les techniques de codage utilisées sont FM pour les disques de simple densité (SD) et MFM ou M²FM pour les disques de double densité (DD). D'autres techniques, comme le codage GCR, la précompensation et la vitesse de rotation variable permettent d'augmenter la densité d'enregistrement.

Une technique consistant à enregistrer perpendiculairement à la surface du disque (**enregistrement transversal**) plutôt que parallèlement (**enregistrement longitudinal**) a récemment été mise au point. Une telle technique permet d'augmenter la densité d'enregistrement. La capacité des disques est ainsi multipliée par 10, comme le montre la figure 11.6.

Figure 11.6
Techniques d'enregistrement
longitudinal et transversal

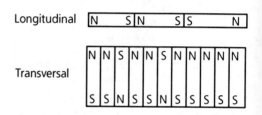

L'enregistrement sur un disque se fait le long de **pistes** concentriques (40 à 90 pistes par face). Ces pistes sont divisées en **secteurs** (8 à 16 secteurs par piste, 128 à 1024 octets par secteur), comme l'indique la figure 11.7. Suivant le système d'exploitation, ces secteurs peuvent être regroupés en blocs logiques de quelques secteurs lors de la lecture et de l'écriture.

Figure 11.7 Disque souple

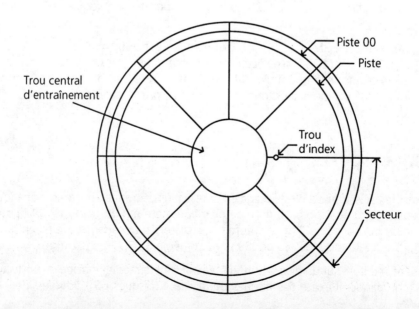

Il existe deux techniques de partage du disque en secteurs : la sectorisation matérielle et la sectorisation logicielle. La **sectorisation matérielle** (*hard sectorising*) utilise des trous «physiques» dans le disque lui-même pour indiquer le début de chaque secteur. La **sectorisation logicielle** (*soft sectorising*) requiert un seul trou (ou même aucun dans certains cas) pour délimiter le début de la piste; les secteurs suivants sont définis par l'utilisateur qui ajoute par logiciel des informations en tête du premier secteur, qui permettent de repérer le début de chacun des autres secteurs. La sectorisation matérielle offre une capacité de stockage plus grande comparativement à la sectorisation logicielle qui nécessite une grande quantité de caractères de service (*overhead*), c'est-à-dire d'informations destinées au repérage des différents secteurs. Toutefois, la plupart des disques utilisés par les micro-systèmes sont des disques sectorisés (formatés) par logiciel.

Chaque secteur est divisé en deux champs : le **champ d'identification** (*ID field*) et le **champ de données** (*data field*). Ces champs sont séparés par des **intervalles interchamps**. Chaque champ commence par une zone de synchronisation et par un octet de marque d'adresse et se termine par un **CRC** (contrôle de redondance cyclique) suivi d'un intervalle interchamp. Tous ces champs, sauf celui des données de l'utilisateur, sont inscrits sur le disque au moment du formatage.

L'intervalle interchamp sert de zone tampon entre deux champs qui peuvent être remplis séparément. La dimension de cet intervalle influence l'intégrité des enregistrements. Si l'intervalle est trop court, il y a risque que l'écriture dans un champ de données déborde dans le champ d'identification suivant si le disque tourne trop vite. En revanche, des intervalles interchamps trop longs diminuent la capacité du disque.

La zone de synchronisation permet au contrôleur de disque de régler la vitesse de rotation du disque avec précision et de distinguer entre des transitions d'horloge et des transitions de données (*voir la section 11.1.2*). Elle indique également au contrôleur quelle sorte d'information va se présenter : champ d'identification, champ de données, etc.

L'octet de marque d'adresse indique où commence un champ et confirme qu'une zone de synchronisation en est bien une et non pas une suite de données qui ressemblerait à une zone de synchronisation. Pour cette raison, l'octet de marque d'adresse est un octet spécial (certaines cellules ne contiennent pas de signal d'horloge). On utilise souvent cinq octets de marquage différents pour indiquer le début d'une piste, le début d'un champ d'identification, le début d'un champ de données, le début de chaque champ de données annulées et le début d'une mauvaise piste.

Le CRC est une technique algorithmique appliquée pour vérifier si les données d'un champ sont correctes. Deux octets CRC sont calculés par un circuit matériel au moment de l'écriture et sont écrits à la suite des données. À la lecture, les octets CRC des données lues sont calculés (également par un circuit matériel) et comparés à ceux du disque.

Il n'existe pas de standard pour les disques souples de 5,25 po. Selon le type de lecteur, le nombre de pistes peut varier de 35 à 40 par face en simple ou double densité, avec une densité de piste de 48 pistes par po (*tracks per inch* ou *tpi*). Les disques dits de quadruple densité contiennent 80 pistes par face et ont une densité de piste de l'ordre de 96 à 100 pistes/po. Selon la densité des pistes et la densité d'enregistrement linéaire, la capacité totale d'un disque souple de 5,25 po peut atteindre en principe 4 Mo sur un disque non formaté. Soulignons que la capacité totale d'un disque non formaté est une contrainte matérielle. En revanche, une fois formaté, sa capacité dépend en partie du logiciel utilisé. Par exemple, les disques de 5,25 po à double face et double densité (DD-DS) peuvent avoir une capacité de 320 à 1200 Ko selon le système d'exploitation utilisé (CP/M-80, CP/M-86, MS-DOS, etc.). Comme il y a un identificateur par secteur, plus les secteurs sont petits, moins la capacité du disque formaté sera grande.

La densité longitudinale d'enregistrement affecte également la vitesse de transfert des données. En simple densité, cette vitesse est de 125 Ko/s, alors qu'en double densité, elle est de 250 Ko/s à 300 tr/min.

Format PC d'IBM

La figure 11.8 présente le format d'une piste d'un disque de 5,25 po DD-DS d'un PC d'IBM.

Figure 11.8 Format d'un disque MS-DOS pour PC d'IBM

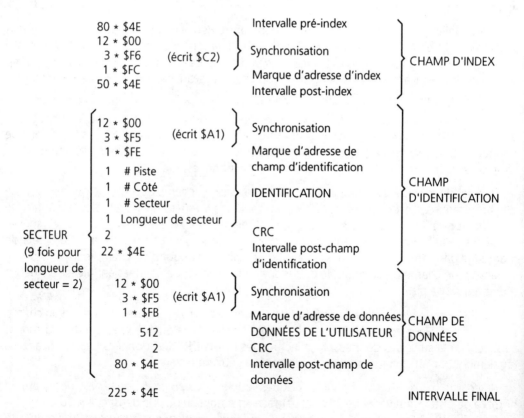

Le tableau 11.2 donne le nombre d'octets par secteur en fonction de la valeur du champ «Longueur de secteur».

Tableau 11.2
Nombre d'octets par secteur

Champ «Longueur de secteur»	Octets par secteur
1	256
2	512
3	1024
4	2048
5	4096
6	8192

Le tableau 11.3 donne les cinq octets de marquage pour un tel disque.

Tableau 11.3   Octets de marquage pour disque du PC d'IBM

	Horloge	Donnée
Marque d'adresse d'index (début de piste)	D7	FC
Marque d'adresse d'identification (début du champ d'identification)	C7	FE
Marque d'adresse de données	C7	FB
Marque d'adresse de données effacées (début de chaque champ de données annulées)	C7	F8
Marque d'adresse de mauvaise piste	C7	FE

Le tableau 11.4 résume les caractéristiques du disque souple de 5,25 po DD-DS de l'IBM-PC.

Tableau 11.4
Caractéristiques du disque de 5,25 po
du PC d'IBM

Disque 5,25 po, DD-DS	
Diamètre (po)	5,25
Nombre de pistes par face	40
Nombre de faces	2
Densité des pistes (pistes/po)	48
Secteurs/piste	9
Octets/secteur	512
Vitesse de rotation (tr/min)	300
Codage	MFM
Densité linéaire (bits/po)	6400
Vitesse de transfert (Kbits/s)	250
Capacité (Ko, disque formaté)	368
Capacité (Ko, disque non formaté)	500

Les mesures standard du lecteur de disque de 5,25 po sont 5,25 po * 3,25 po (146 mm * 82 mm). On trouve également des unités de demi-hauteur (1,625 po ou 41 mm) et d'autres plus minces encore (1,25 po ou 31 mm).

Autres dimensions de disques souples

Il n'existe pas de standard pour les disques de 3,5 po et 3,25 po. Le disque souple de 3,5 po, mis au point par Sony, a une densité de piste de 135 pistes/po. Par exemple, dans le cas du Macintosh™ qui fonctionne avec un tel disque, on obtient une augmentation de la capacité de stockage de l'ordre de 40 % en faisant varier la vitesse de rotation du disque en fonction de la position de la tête de lecture-écriture, c'est-à-dire que le nombre de secteurs par piste varie d'une piste à l'autre, comme l'indique le tableau 11.5. Un tel disque à double densité, utilisant le codage GCR, contient 80 pistes par face avec des secteurs de 512 octets et offre, une fois formaté, une capacité totale de 413 Ko par face.

Tableau 11.5
Nombre de secteurs par piste variable d'un disque du Macintosh

Piste	Secteurs par piste
0-15	12
16-31	11
32-47	10
48-63	9
64-79	8

Contrôleur de disque souple

La communication entre l'ordinateur et l'unité de disque souple est assurée par un contrôleur de disque souple tel que le WD-279X de Western Digital. La figure 11.9 présente l'organisation de ce circuit et les signaux qu'il utilise.

Les signaux d'échange entre le contrôleur et le processeur se définissent ainsi :

- les broches A0 et A1 déterminent le registre dans lequel les données D0-D7 seront lues ou écrites : registre d'état, registre de piste, registre de secteur, registre de donnée;
- CS représente la sélection de circuit (*Chip Select*);
- RE (*Read Enable*) commande que les données du registre choisi par A0 et A1 soient transmises sur le bus de données;
- WE (*Write Enable*) commande que les données du bus de données soient placées dans le registre choisi;
- MR (*Master Reset*) est la remise à zéro générale qui replace le circuit dans son état initial;
- DRQ (*Data Request*) indique si le registre de donnée contient des données avant une lecture par le processeur, ou s'il est vide avant une écriture par le processeur;
- INTRQ est un signal d'interruption envoyé au processeur pour l'avertir que l'opération en cours est terminée;
- CLK représente l'horloge.

Figure 11.9 Contrôleur de disque souple

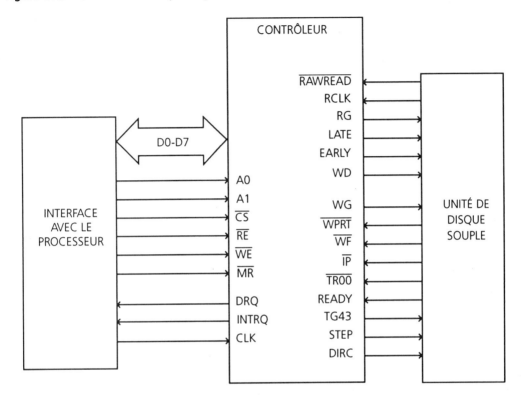

Les signaux d'échange entre le contrôleur et l'unité de disque se définissent comme suit :

- RAWREAD est le signal de sortie brut du disque;
- RG (*Read Gate*) indique qu'une série de 0 ou de 1 a été rencontrée; ce signal sert aussi à la synchronisation;
- WD (*Write Data*) transmet une impulsion de 250 ns (MFM) ou 500 ns (FM) par transition de flux désirée;
- RCLK (*Read Clock*) est un signal d'horloge dérivé des données lues sur le disque;
- STEP envoie une impulsion pour chaque pas désiré du moteur pas à pas de positionnement des têtes;
- DIRC (*Direction*) indique dans quelle direction les têtes doivent se déplacer lors d'un STEP;
- EARLY indique que les données d'écriture devraient être avancées aux fins de précompensation en écriture;
- LATE indique que les données d'écriture devraient être retardées;
- TG43 (*Track Greater than 43*) indique au mécanisme du disque que les têtes sont sur les pistes 44-79;
- WG (*Write Gate*) est actif quand on désire écrire sur le disque;
- READY indique que le disque est prêt. S'il n'est pas prêt au moment d'une commande d'écriture ou de lecture, un signal d'interruption est envoyé au processeur;

- WF (*Write Fault*) détecte les erreurs d'écriture en provenance du disque;
- TR00 (*Track 00*) indique au contrôleur que les têtes sont sur la piste 00;
- Quand IP (*Index Pulse*) est bas pour au moins 10 µs, le contrôleur sait que le lecteur a trouvé une marque d'index sur le disque;
- WPRT (*Write Protect*) indique au contrôleur que le disque est protégé contre l'écriture.

Commandes élémentaires

Quatre commandes élémentaires caractérisent le système.

Seek   Positionne la tête sur la piste spécifiée. Le contrôleur de disque détermine sa position actuelle, la position à atteindre, puis émet le nombre de pas nécessaires pour atteindre la piste spécifiée.

Format Track   Initialise une piste en écrivant les champs d'identification, les intervalles, les marques d'adresse des secteurs. La commande Seek doit précéder Format Track. Le formatage commence à partir de l'index physique.

Read Data   Le contrôleur charge la tête, attend un temps suffisant, puis lit les marques d'adresse des champs d'identification, puis les champs d'identification. Si le secteur est correct, les données sont transmises du disque au contrôleur, octet par octet. Le contrôleur vérifie ensuite les deux CRC et active les bits d'état appropriés s'il y a erreur.

Write Data   Le contrôleur charge la tête, attend le temps nécessaire, puis lit les champs d'identification. Lorsqu'il y a concordance, le processeur transmet vers le contrôleur lequel transmet vers le disque les données à écrire, octet par octet. Deux octets CRC sont calculés au fur et à mesure, puis écrits à la fin du champ de données. Le contrôleur vérifie ensuite les CRC de tous les secteurs et signale la présence d'une erreur.

Maintenance des mauvaises pistes

Généralement, la maintenance des mauvaises pistes doit être faite au niveau logiciel, à un niveau supérieur à celui du contrôleur de disque.

Supposons que lors de l'opération de formatage, on détecte que les pistes 16 et 31 sont mauvaises. Ces pistes seront notées $FF dans le champ ID. La piste 17 portera donc à l'avenir le numéro logique 16, et la piste 32, le numéro logique 30. Ces informations concernant les mauvaises pistes sont stockées sur la piste 0.

Par la suite, si l'on désire lire la piste 16, le programme doit lire les informations contenues sur la piste 0, puis commander une recherche (Seek) de la piste physique 17, ce qui permettra de lire la piste logique 16.

11.4   DISQUES DURS

Une unité de **disque dur** est physiquement composée de trois éléments :

- le **contrôleur de disque** qui est l'interface assurant les transferts et la synchronisation entre le disque et la mémoire principale, sous la supervision du processeur principal de l'ordinateur ou d'un processeur spécialisé;

- le **dispositif de commande du mouvement du disque**, contenant le servomoteur et le circuit de contrôle de son mouvement (départ, arrêt, etc.);
- la **pile de disques**, élément qui nous intéresse sur le plan du stockage de l'information.

La mémoire Ramac d'IBM, introduite en 1957, a été le premier disque dur industriel : il était formé d'une pile de 50 disques de 24 po (610 mm) de diamètre explorée par une seule paire de têtes et offrait une capacité de 5 Mo. Plus tard, la dimension des disques a été réduite : 14 po (360 mm) en 1963, 8 po (210 mm) en 1978, 5,25 po (130 mm) en 1980 et 3,5 po (89 mm) en 1983. Une unité de disque dur emmagasine aujourd'hui de 5 Mo à 2,5 Goctets dans une unité physique modulaire.

Une pile de disques d'un disque dur comprend maintenant de 1 à 20 plateaux. Chaque plateau comporte deux faces. À l'instar d'un disque souple, chaque face est découpée en pistes concentriques elles-mêmes divisées en plusieurs secteurs. Pour ce qui est de la lecture-écriture, la pile de disques peut présenter deux types d'organisation:

- elle peut être composée de disques à têtes fixes, ayant une tête par piste, système performant mais très dispendieux;
- elle peut être composée de disques à têtes mobiles, ayant une tête par face de disque. Ce système est le plus courant.

Nous examinerons l'unité de disque à têtes mobiles (figure 11.10). Chaque position des bras supportant les têtes de lecture-écriture définit un **cylindre** dont les différentes pistes sont accessibles sans mouvement des bras.

Figure 11.10 Pile de disques d'un disque dur

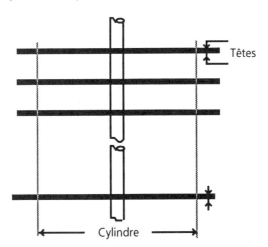

Chacun des disques à têtes mobiles utilisés en pile est muni d'une paire de têtes de lecture-écriture, soit une pour chaque face. Le déplacement radial des têtes permet d'accéder rapidement aux différentes pistes (ou cylindres).

La figure 11.11 présente une tête de lecture-écriture de disque dur :

Figure 11.11
Tête de lecture-écriture d'un disque dur

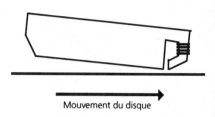

Mouvement du disque

L'adressage de l'information requiert le numéro de face, le numéro de piste et le numéro de secteur. Une opération de lecture ou d'écriture commence au début d'un secteur. L'information qui peut remplir un secteur s'appelle un **bloc disque**. Les blocs sont stockés successivement dans les secteurs d'une piste, ensuite sur les pistes d'un cylindre et, finalement, à partir du cylindre zéro vers le dernier cylindre du disque. En règle générale, une ou plusieurs pistes contiennent des informations permanentes afin de fournir les impulsions de séquencement (**pistes d'horloge**).

Il faut mentionner deux éléments concernant le **temps d'accès disque** dans une unité à têtes mobiles :

- le **temps de recherche**, nécessaire pour déplacer la tête sur la bonne piste (valeur typique de 30 ms);
- le **temps de positionnement**, c'est-à-dire le temps qui s'écoule entre le moment où la tête a été positionnée sur la bonne piste et celui où le début du secteur adressé parvient sous la tête (en moyenne une demi-rotation du disque).

Le contrôleur de disque doit pouvoir gérer les informations d'adressage et celles de taille des blocs, ainsi que lancer des commandes. À chaque échange, il faut préciser :

- l'adresse mémoire principale du premier bloc à transférer;
- l'adresse du secteur disque, spécifiant le début du bloc de mots concerné;
- le nombre de mots à transférer.

En 1973, IBM mettait sur le marché le produit 3340 qui, entre autres innovations, se caractérisait par les traits suivants :

- tête légère à faible pression (20 g), obtenue à partir de ferrite magnétique;
- disque lubrifié;
- décollage et pose automatiques de la tête par mise en rotation et arrêt du disque;
- ensemble disque–tête–moyeu–chariot–porte-tête placé dans un module hermétique.

Ce disque, appelé Winchester, dont le module était amovible, a été suivi d'un autre, le 3350, avec module scellé fixe, conçu d'après la même technologie.

De nombreux produits concurrents de divers diamètres ont été ensuite commercialisés, chacun mettant en œuvre toutes ou quelques-unes seulement de ces approches techniques. Le format le plus courant à l'heure actuelle est le Winchester de 5,25 po, dans un boîtier de même dimension que celui du disque souple de 5,25 po. Il existe aussi des unités de demi-hauteur. Le disque dur de 3,5 po est de plus en plus répandu. La figure 11.12 montre une coupe d'une unité de disque dur de type Winchester.

Figure 11.12 Coupe d'un disque dur Winchester

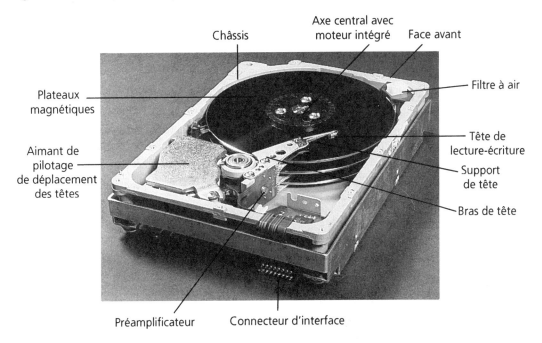

Les disques de la pile tournent à une très grande vitesse. Un coussin d'air permet aux têtes de lecture-écriture de flotter à environ 0,25 μm de la surface magnétisable, ce qui empêche l'usure. La surface doit donc être usinée avec précision. Le boîtier est hermétique, les disques devant être protégés de la poussière; l'utilisateur ne peut donc pas les toucher ni les manier. Il existe toutefois des modèles, dits disques amovibles, dans lesquels la pile de disques est renfermée dans une cartouche étanche amovible (cartouches de 5 à 20 Mo), ce qui permet d'enlever ou de remplacer la pile.

Grâce à la grande vitesse de rotation des disques durs, la vitesse de transfert des données est très élevée et peut atteindre 8 Mo/s. Une telle vitesse empêche toute intervention du processeur; la lecture ou l'écriture s'effectue par conséquent directement dans la mémoire par DMA (*voir la section 10.1.3*).

Interfaces de communication pour disques durs

Les interfaces de communication pour disques durs les plus courantes actuellement sont les suivantes :

- Interface SMD, proposée en 1970 par Control Data Corp. Elle domine encore une partie du marché des disques durs de 16 et 8 po.

- Interface SASI (*Shugart Associates Systems Interface*). Cette interface possède des commandes de haut niveau. Elle a été proposée au comité X3T9.2 de l'ANSI (American National Standards Institute) pour normalisation. Ce dernier présenta un IPI (*Intelligent Peripheral Interface*) qui domine actuellement le marché des 5,25 po. Le standard a été renommé SCSI (*Small Computer Standard Interface*) en 1982 et permet beaucoup plus d'usages qu'une simple interface de disque dur.
- *Seagate Technology*, qui est un standard dans les faits, mais non officiel, avec son ST506 bien connu. Cette interface possède des commandes de haut niveau identiques à celles qui existent sur les contrôleurs de disques souples.

On trouve aussi un grand nombre d'interfaces maison.

Le tableau 11.6 présente une comparaison des caractéristiques d'un disque souple et d'un disque dur de type Winchester de 5,25 po (130 mm) présentement sur le marché (enregistrement longitudinal) :

Tableau 11.6   Caractéristiques comparées des disques souple et dur

	Souple	Winchester
Densité linéaire (bits/po)	6 400	16 000
Densité radiale (pistes/po)	96	980
Vitesse de rotation (tr/min)	300	3 600
Nombre de faces	2	8
Temps d'accès moyen (ms)	90	30
Temps d'accès piste à piste (ms)	3	8
Temps d'accès maximum (ms)	»	60
Vitesse de transfert (Mbits/s)	0,50	10
Capacité (non formaté, Mo)	2	400

11.5   ENREGISTREMENT OPTIQUE

On trouve maintenant sur le marché à prix abordable des lecteurs de disques optiques numériques semblables aux lecteurs à laser pour disques numériques utilisés pour stocker les sons (*Compact Disk*). Un faisceau laser infrarouge généré par une diode laser est plus ou moins réfléchi par le disque suivant l'information qui y est stockée. On stocke à l'heure actuelle plus de 600 Mo par face sur un disque de 4,72 po (12 cm), 1 Goctet par face sur un disque de 8 po et 2 Goctets par face sur un disque de 11 po.

Le disque, appelé disque compact à mémoire morte (CD-ROM), consiste en un long sillon (d'une longueur de près de 5 km!) en spirale, découpé en 270 000 secteurs de 2 Ko. Le pas de cette spirale est de 1,6 µm (soit 16 000 pistes/po, pour un total par face d'environ 18 000 pistes) et la densité longitudinale d'enregistrement est de 16 000 bits/po. La vitesse de rotation du disque varie entre 200 et 500 tr/min. Le temps d'accès piste à piste est de 1 ms, le temps d'accès moyen est de 500 ms et le temps d'accès maximum est de 1 s. Le taux de transfert est de 150 Ko/s. Le grand avantage de cette technologie est que le disque est aussi facile à changer qu'un disque souple, tout en ayant une durée de vie pratiquement infinie puisqu'il n'y a pas de contact entre la tête de lecture et le disque. Les risques de détérioration et de destruction qui touchent les disques durs sont éliminés, car la surface est recouverte d'une couche protectrice transparente de matière plastique.

Figure 11.13   Fonctionnement d'un lecteur de disque optique

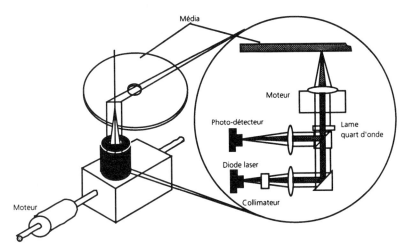

L'inconvénient que présentent ces disques pour l'instant est qu'en général il est impossible de les effacer; ils sont donc gravés une fois pour toutes. Ils servent surtout à l'archivage ou pour conserver de grandes bases de données qui ne requièrent pas de mises à jour fréquentes, par exemple un dictionnaire ou une banque d'images.

On trouve aussi des disques effaçables, mais ils sont encore assez coûteux; toutefois leur prix devrait baisser rapidement. Il est possible qu'ils remplacent un jour les disques durs à enregistrement magnétique.

Le tableau 11.7 montre les différentes densités selon les méthodes d'enregistrement sur disque.

Tableau 11.7   Densité des différentes technologies d'enregistrement

Méthode	Densité tangentielle (bits/po)	Densité radiale (pistes/po)	Densité (bits/po^2)
Magnétique longitudinal	25 000	1 200	30 * 10^6
Magnétique transversal	100 000	1 200	120 * 10^6
Optique	15 000	15 000	225 * 10^6

11.6   ORGANISATION DE L'ESPACE DISQUE

11.6.1   Relation entre enregistrements physiques et logiques

Enregistrement

Un **enregistrement** (*record*) est un contenu mémorisé sur un support quelconque (magnétique ou autre). Ce contenu peut être un ou plusieurs mots, un ou plusieurs nombres, une matrice, un tableau, une structure de données particulière, etc.

Les enregistrements peuvent être :

- de même longueur (enregistrements de longueur fixe);
- de longueur différente (enregistrements de longueur variable).

Exemple 11.1

La figure 11.14 présente l'organisation d'un fichier constitué d'enregistrements de longueur fixe, ici de 1000 octets chacun.

Figure 11.14   Enregistrements de longueur fixe

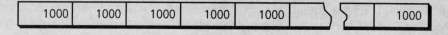

Exemple 11.2

La figure 11.15 représente un enregistrement de longueur variable, constitué d'une suite de caractères suivie d'un caractère spécial indiquant la fin de l'enregistrement.

Figure 11.15   Enregistrement de longueur variable

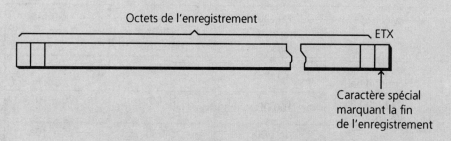

Octets de l'enregistrement

ETX

Caractère spécial
marquant la fin
de l'enregistrement

Les enregistrements logiques se succèdent, indépendamment du mode d'accès ou de la répartition réelle des enregistrements sur le support. Vus par un programmeur, tous les enregistrements sont logiques.

Accès séquentiel

Au niveau du système d'exploitation, dans le cas d'un **accès séquentiel**, l'instruction virtuelle d'accès doit spécifier :

- le nom du fichier à lire;
- l'adresse en mémoire pour ranger les enregistrements.

Il n'est pas nécessaire de spécifier une adresse ou un pointeur quelconque sur le fichier. Le fichier sera lu entièrement du début jusqu'à la fin. Les enregistrements seront mis dans les tampons de lecture, les uns après les autres, selon l'ordre logique.

L'accès séquentiel, si facile à concevoir et à comprendre, se révèle inadapté dans la manipulation de très gros fichiers de données. Par exemple, si un nom commence par Z, la recherche de ce nom dans un fichier séquentiel sera longue, car il faut lire presque tout le fichier.

Néanmoins, l'accès séquentiel est souvent imposé par la nature même de certaines transactions informatiques telles :

- la lecture de cartes ou de bandes perforées;
- la lecture des bandes magnétiques (en général);
- certaines opérations d'entrée-sortie telles que l'impression.

Accès sélectif

L'**accès sélectif** (*random access*) représente une autre possibilité d'accès. Dans ce mode d'accès, le programme considère le fichier comme un ensemble d'enregistrements logiques. Il peut cependant accéder directement à un enregistrement logique déterminé sans devoir procéder de façon séquentielle. L'instruction d'accès sélectif doit alors comprendre :

- le nom du fichier dans lequel le programme veut lire ou écrire;
- la zone mémoire où l'enregistrement doit être rangé une fois lu (ou doit être copié sur disque dans la procédure inverse);
- la position de l'enregistrement logique.

Une variante de l'accès sélectif est l'**accès par clés**. Une clé désigne le contenu de certains champs de l'enregistrement. Pour que l'accès sélectif soit vraiment efficace, il est important que les clés soient gérées par un fichier à part. L'implantation de clés épargne au programmeur la tâche de gérer lui-même les numéros logiques des enregistrements.

Accès direct

L'**accès direct** est un mode d'accès peu commun qu'il importe de ne pas confondre avec l'accès sélectif, bien que les sens soient assez proches. Dans ce mode, l'utilisateur fournit les adresses physiques des enregistrements auxquels il veut accéder. Cette méthode nécessite une gestion de l'espace disque et le maintien du répertoire et des tables d'allocations par le programmeur lui-même. Ce mode d'accès intéresse au plus haut point les concepteurs de logiciels de base ou de bases de données, ou encore ceux qui doivent élaborer des logiciels de gestion par clés.

11.6.2   Modes d'implantation physique des fichiers sur disque

Une **unité d'allocation** (U.A.) est une caractéristique liée au matériel. C'est en quelque sorte l'atome, une donnée de base dans le mécanisme d'accès aux disques. L'unité d'allocation peut être :

- un cylindre;
- une piste;
- un secteur.

L'enregistrement logique vu par un programmeur peut être différent de l'unité d'allocation. C'est d'ailleurs généralement le cas.

Un enregistrement logique peut être plus petit qu'une unité d'allocation, et alors plusieurs enregistrements se trouvent sur une même unité d'allocation; il peut être plus grand, et alors un enregistrement occupe plusieurs unités d'allocation. Dans ce dernier cas, on s'aperçoit qu'un enregistrement logique est contigu dans l'esprit d'un programmeur, alors que son implantation physique ne l'est pas nécessairement. Ce fait est généralement transparent au programmeur.

Plusieurs enregistrements contigus forment un **segment physique** (différent du «segment» associé à la gestion de la mémoire centrale).

Sur le plan physique, un **fichier** est constitué d'un ensemble de segments comprenant plusieurs unités d'allocation contiguës, répartis de façon aléatoire à travers tout le disque.

Lorsque le programmeur demande un enregistrement logique, le programme du système d'exploitation effectue une recherche pour déterminer l'emplacement physque de cet enregistrement, ce qui se fait à la fois par une recherche dans un index de fichier et par calcul.

Emploi d'un index de fichier

Pour gérer l'accès aux enregistrements logiques d'un fichier qui peuvent être éparpillés parmi les unités d'allocation du disque, on a recours à diverses techniques. L'une d'entre elles consiste à utiliser un **index de fichier**. Il s'agit d'un tableau qui contient, pour un fichier donné, le numéro de chaque piste renfermant un segment physique appartenant au fichier, le numéro d'U.A. de la piste où commence le segment et le nombre d'U.A. du fichier dans le segment. Le tableau possède une rangée par segment physique.

Exemple 11.3

À l'aide de l'index de fichier donné au tableau 11.8, on veut trouver l'enregistrement logique n° 42 en supposant que le premier enregistrement porte le numéro logique 1. On suppose que l'U.A. est un secteur de 128 octets et que les enregistrements sont de 92 octets occupant chacun une unité d'allocation complète, c'est-à-dire que les octets restants ne sont pas utilisés.

Exemple 11.3 (suite)

Tableau 11.8   Exemple d'index de fichier

N° piste	N° d'U.A. commençante	Nb. d'U.A. du segment
3	19	8
4	1	26
8	12	4
12.	3	16
.	.	.
.	.	.

Recherche de l'enregistrement logique n° 42 :

$$8 < 42$$
$$8 + 26 = 34 < 42$$
$$34 + 4 = 38 < 42$$
$$38 + 16 = 54 > 42$$

Donc l'enregistrement se trouve sur la piste n° 12.

Recherche du numéro d'unité d'allocation :

$$42 - 38 = 4$$

Comme l'unité d'allocation commençante débute à l'adresse n° 3, l'enregistrement se trouve sur l'unité d'allocation n° 6 (4 + 3 − 1).

Réponse du système : Enregistrement logique n° 42 :

Piste 12, unité d'allocation n° 6.

Emploi d'une liste enchaînée (*linked list*)

Certains systèmes d'exploitation gèrent l'espace disque au moyen d'une liste enchaînée. Dans cette méthode, chaque U.A. contient l'adresse physique de l'unité suivante. Cette méthode équivaut en fait à disperser l'index de fichier à travers l'ensemble du fichier. Ce procédé présente un inconvénient majeur : la lecture physique elle-même doit être séquentielle.

Emploi d'une table des allocations

Les unités d'allocation d'un fichier sont rarement consécutives sur disque. Si un système était conçu ainsi, en effet, on devrait avoir recours à des «recopies» lors d'ajouts ou de mises à jour des fichiers, ce qui alourdirait le mode de gestion et empiéterait sur le temps machine.

Pour allouer l'espace disque aux nouveaux fichiers, le système d'exploitation doit tenir à jour une liste des «trous» ou des segments libres. La table ainsi constituée est appelée **table des allocations** et est contenue sur des pistes réservées.

Cette table peut présenter deux formes :

- la première forme ressemble à l'index de fichier présenté précédemment;
- la deuxième forme (figure 11.16) est une table de bits (*bit map*).

Figure 11.16 Exemple de table de bits

```
                                  Unité d'allocation
              1 2 3 4 5 . . . .
                                                  . . . . . . . . . . . . . . . . . . . . 26
Piste    0 | 0 0 0 0 0 . . . . . .
         1 | 0 1 1 1 1 0 0 . . . .
         2 | 0 0 0 0 1 1 1 . . . .
           | . . . .
           |                                                      0 = libre
           |                                                      1 = occupée
```

Il va de soi que chaque fois qu'un fichier est alloué ou supprimé, la table des allocations doit être remise à jour.

Dimension des U.A.

Peu de fichiers occupent exactement un nombre entier d'U.A., d'où une perte d'espace égale en moyenne à la moitié des U.A.

Si les U.A. sont grandes, la place perdue le sera aussi. Si les U.A. sont de dimension trop faible, il faudra maintenir une table d'index volumineuse. Comme cette table est consultée à chaque accès au fichier, ce choix peut être désavantageux. D'autre part, si les segments sont très éparpillés, il faut ajouter le temps de positionnement des têtes, ce qui ralentit le système.

Il est à noter que certains systèmes d'exploitation possèdent des commandes qui permettent de réorganiser les fichiers pour améliorer le temps d'accès.

Emploi d'un bloc de gestion de fichiers (FCB)

Pour gérer un fichier, le système d'exploitation doit importer un FCB (*File Control Block*) ou un FAB (*File Access Block*) en mémoire centrale. Chacun de ces blocs comprend, entre autres choses :

- le type de fichier;
- les protections et les priorités;
- les paramètres physiques concernant son implantation, en particulier les adresses physiques des segments.

Une fois le bloc en mémoire centrale, le système d'exploitation peut effectuer tout accès en lecture. Pour effectuer une écriture, il fait une remise à jour du FCB qui sera ensuite copié sur le disque lorsque l'utilisateur fermera son fichier.

Pour gérer l'ensemble du répertoire disque, le système d'exploitation met constamment à jour son fichier répertoire implanté sur les premières pistes du disque. La table des allocations fait partie de ce répertoire.

11.6.3 Organisation d'un disque MS-DOS

À titre d'exemple, nous étudierons la façon dont est géré l'espace sur les disques souples d'un système utilisant un PC-DOS ou un MS-DOS (Microsoft Corp.).

La figure 11.17 présente le contenu des premières pistes d'un disque souple MS-DOS simple face ayant huit secteurs par piste.

Figure 11.17 Premières pistes d'un disque souple MS-DOS

	0	1	2	3	4	5	6	7
Piste 0	BOOT	FAT	FAT	DIR	DIR	DIR	DIR	BIO

	8	9	10	11	12	13	14	15
Piste 1	BIO	BIO	BIO	DOS	DOS	DOS	DOS	DOS

	16	17	18	19	20	21	22	23
Piste 2	DOS	DOS	DOS	DOS	DOS	DOS	DOS	DOS

	24	25	26	27	28	29	30	31
Piste 3	COM	COM	COM	COM	COM	COM	COM	COM1

	24	25	26	27	28	29	30	31
Piste 4	COM1	COM1	DAT	DAT	DAT	DAT	DAT	DAT

(Si le disque ne contient pas de DOS, les secteurs DAT commencent au secteur 7). MS-DOS reconnaît aussi des disques simple face à neuf secteurs par piste et des disques double face à huit ou neuf secteurs par piste. Les dimensions de la table d'accès de fichier et du répertoire sont alors modifiées en conséquence.

Le premier secteur du disque est le secteur d'amorce ou de démarrage (*boot block*). Le **répertoire** (*directory*) occupe 4 secteurs de 512 octets. Il comprend une entrée de 32 octets pour chaque fichier du disque. Le disque peut donc contenir 64 fichiers. En théorie, la longueur maximale d'un fichier est de 4 Goctets puisque le champ de «taille du fichier» est de 4 octets ou 32 bits, mais en pratique elle est limitée par la capacité physique du disque et la taille de la table d'accès de fichier.

L'unité d'allocation est une grappe (*cluster*) de un secteur sur les disques simple face et de deux secteurs contigus sur les disques double face.

La figure 11.18 donne le format du contenu de chaque entrée du répertoire.

Figure 11.18 Entrée de répertoire d'un disque souple MS-DOS

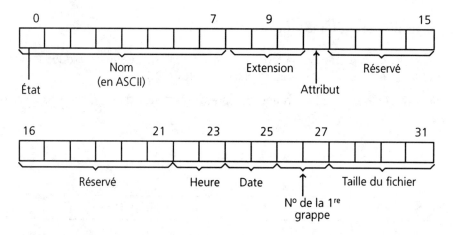

L'octet «état» contient habituellement le premier caractère du nom du fichier. Lorsque le fichier est effacé, le DOS y écrit la valeur $E5. L'octet «attribut» renferme l'information sur les attributs de stockage du fichier, tels que fichier caché, fichier lecture seulement, etc.

Le disque comprend aussi une **table d'accès de fichier** (FAT : *File Access Table*) qui contient une entrée de 12 bits (1,5 octet) pour chaque grappe allouable du disque (16 bits pour DOS 3.0 à 3.3 et 32 bits pour DOS 4.0 et 5.0). L'adresse disque d'une donnée est donc son numéro de grappe. Comme un disque simple face de 8 secteurs par piste contient 320 secteurs (40 pistes de 8 secteurs) pour une capacité totale de 160 Ko, le nombre de grappes allouables est de 320 − 7 = 313. En effet, les secteurs d'amorce, ainsi que ceux de la table d'accès de fichier et du répertoire, ne sont pas allouables. Avec les versions de DOS antérieures à 3.0, la FAT est donc contenue dans un seul secteur: 313 * 1,5 < 512, puisque 12 bits = 1,5 octet et qu'il y a 12 bits par grappe allouable. Le second secteur de la FAT est une copie du premier pour des raisons d'intégrité, car si la FAT est perdue, il est impossible de récupérer les fichiers. Pour les disques de capacité plus grande, la longueur de la FAT est augmentée en conséquence. Avec 12 bits, la capacité d'adressage est de 4096 grappes, soit 2 Mo pour des grappes contenant un seul secteur. Ici encore, c'est la capacité physique du disque qui impose la véritable limite, sauf dans le cas des disques durs.

Soulignons qu'avec les processeurs Intel, un nombre en précision multiple est écrit dans les champs numériques du répertoire avec l'octet le plus significatif à l'adresse haute. Ainsi, le nombre 00001234_{16} s'écrira 34120000_{16} en mémoire. Cette remarque s'applique également aux champs date et heure :

- L'heure est codée sur 16 bits comme suit :
  bits 0-4 : incréments de 2 s, 0 à 29;
  bits 5-A : minutes, 0 à 59;
  bits B-F : heure, 0 à 23.

- La date est codée sur 16 bits comme suit :
  bits 0-4 : jour, 1 à 31;
  bits 5-8 : mois, 1 à 12;
  bits 9-F : année courante – 1980, 0 à 119.

Exemple 11.4

L'heure 10 h 30 min 30 s sera codée sous la forme 01010 011110 01111 et sera écrite sur disque sous la forme $CF53.

La figure 11.19 représente le début de la table d'accès de fichier (FAT) :

Figure 11.19 Début de la table d'accès de fichier d'un disque souple MS-DOS

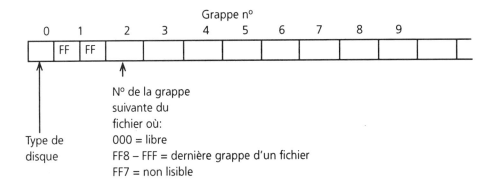

La grappe n° 2 correspond à la première grappe allouable du disque, soit le secteur 7 pour un disque simple face, le secteur 11 pour un disque double face.

Les premiers secteurs de chaque disque ne sont pas des grappes allouables : ils contiennent le secteur de démarrage, la FAT et le répertoire. L'utilisateur ne peut donc y avoir accès.

Le système d'exploitation gère les opérations disques au moyen d'un bloc de gestion de fichiers (FCB) construit en mémoire à partir des informations contenues dans le répertoire disque. Le FCB ne renferme pas d'information concernant l'emplacement d'un fichier sur le disque et n'est jamais copié sur disque. Cette information est rangée dans le répertoire disque et dans la table d'accès de fichier. Le FCB peut être normal ou étendu si le fichier possède un attribut spécial (octets −7 à −1), comme le montre la figure 11.20.

Figure 11.20   Bloc de gestion de fichiers de MS-DOS

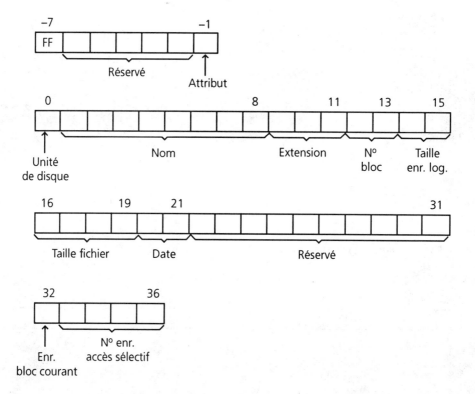

Le système MS-DOS présente des inconvénients : ainsi, dans le cas d'un disque dur, la taille de la FAT devient considérable. Pour une plus grande rapidité, la FAT est généralement gardée en mémoire. Dans le cas d'un disque dur de 64 Mo ayant 2 secteurs de 512 octets par grappe, la FAT aurait une taille de 128 Ko (64 * 1024 entrées de 16 octets; pour un disque de 70 Mo, on aurait 70 * 1024 entrées de 32 octets = 280 Ko). Si la FAT n'est pas conservée en mémoire, se déplacer à la position 32 000 d'un fichier peut nécessiter de 1 à 33 lectures dans la FAT du disque pour suivre la chaîne! Nous verrons plus loin comment le système Unix contourne cette difficulté.

Les fichiers MS-DOS sont constitués de groupes contenant exactement 128 enregistrements. Les enregistrements contiennent de 1 à 32 767 octets (128 par défaut). La figure 11.21 illustre la structure d'un fichier MS-DOS.

Figure 11.21 Structure d'un fichier MS-DOS

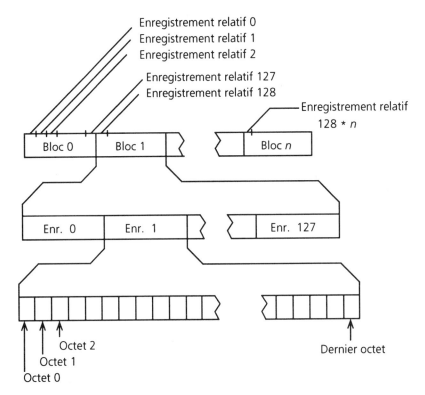

Caractéristiques des disques souples MS-DOS

Le tableau 11.9 présente les caractéristiques des disques souples MS-DOS.

Tableau 11.9 Caractéristiques des disques souples MS-DOS

Version MS-DOS	1.0	1.1	2.0	2.1	3.0	3.2	3.3
Taille (po)	5,25	5,25	5,25	5,25	5,25	3,5	3,5
Octet de format	FFE	FFF	FFC	FFD	FF9	FF9	FF0
Face	1	2	1	2	2	2	2
Pistes par face	40	40	40	40	80	80	80
Secteurs / piste	8	8	9	9	15	9	18
Octets par secteur	512	512	512	512	512	512	512
Secteurs / grappe	1	2	1	2	1	2	1

Tableau 11.9   Caractéristiques des disques souples MS-DOS (suite)

Version MS-DOS	1.0	1.1	2.0	2.1	3.0	3.2	3.3
Secteurs d'amorce	1	1	1	1	1	1	1
Secteurs par FAT	1	1	2	2	7	3	9
Nombre de FAT	2	2	2	2	2	2	2
Secteurs répertoire racine	4	7	4	7	14	7	14
Entrées répertoire racine	64	112	64	112	224	112	224
Total secteurs	320	640	360	720	2400	1440	2880
Secteurs de données	313	630	351	708	2371	1426	2857
Total grappes	313	315	351	354	2371	713	2857
Capacité totale	160 Ko	320 Ko	180 Ko	360 Ko	1,2 Mo	720 Ko	1,44 Mo
Capacité de données	156,5 Ko	315 Ko	175,5 Ko	354 Ko	1,1855 Mo	713 Ko	1,4285 Mo

11.6.4   Organisation d'un disque Unix

La première version du système d'exploitation Unix a été réalisée par Bell Laboratories au début des années 70, par Ken Thompson et Dennis Ritchie. Ce système d'exploitation a, dans un premier temps, été mis en service successivement sur les mini-ordinateurs PDP-7, 9 et 11. D'abord écrit en langage machine, il fut récrit en langage C en 1975, après la mise au point de ce langage par Thompson et Ritchie. En 1979, une septième édition, la mieux connue, est mise au point. Cette dernière a alors été implantée sur VAX 11/780 sous le nom d'Unix 32V. Elle a ensuite été réalisée séparément et distribuée par l'université de Californie à Berkeley.

La version actuelle d'Unix distribuée par At&T porte le nom d'Unix System V et la version compétitive est la version University of California, Berkeley release 4.2.

Le système Unix est considéré de nos jours comme un système d'exploitation standard et a été implanté sur presque tous les genres d'ordinateurs et de micro-ordinateurs.

Fichiers sous Unix

Sous Unix, un fichier est une séquence linéaire de mots de 8 bits, de 1 octet à 1000 méga-octets. L'utilisateur perçoit le fichier comme une séquence linéaire et peut atteindre n'importe quel octet du fichier soit de façon absolue, soit en spécifiant une position relative par rapport à la position courante ou par rapport à la fin du fichier.

À partir d'une position quelconque, il est possible de lire un nombre quelconque d'octets.

L'unité d'allocation varie selon les versions d'Unix : de 512 octets à l'origine, elle est de 1024 octets pour le System V et le système 4.1 de Berkeley, et de 4096 octets pour la version 4.2.

À chaque fichier (y compris les répertoires, qui sont également des fichiers, et les périphériques qu'Unix considère comme des fichiers spéciaux) est associé un **nœud-i** (*i-node* ou *index-node*) dans lequel se trouve les informations suivantes :

- le propriétaire (*user ID, group ID*);
- les protections (code de 16 bits);
- les dates (création, dernière modification);
- les liens vers d'autres nœuds-i (nombre de répertoires qui contiennent ce fichier);
- le type de fichier (données, répertoire, périphérique);
- les adresses-disques des blocs de données (13);
- la longueur du fichier en octets.

La taille d'un nœud-i est de 64 octets. Tous les nœuds-i sont rangés séquentiellement depuis le début du disque, ce qui facilite la recherche. Par convention, le nœud-i n° 2 correspond au **répertoire racine** (*root directory*). Dans chaque nœud-i, on trouve 13 adresses-disques déterminées par des numéros de blocs.

Les dix premières adresses d'un nœud-i permettent d'atteindre un espace données de : 10 * 512 octets = 5120 octets.

La 11e adresse-disque pointe vers un autre bloc de 512 octets qui contient 128 adresses-disques (4 octets par adresse), soit 128 * 512 octets = 65 536 octets.

La 12e adresse-disque pointe vers 128 blocs indirects (indirection d'ordre 2) qui pointent à leur tour chacun vers 128 adresses-disques et qui contiennent : 128 * 128 * 512 octets = 8 388 608 octets.

La 13e adresse-disque est une indirection d'ordre 3, ce qui permet aux fichiers Unix d'atteindre des tailles de l'ordre de 128 * 128 * 128 * 512 octets = 1 073 741 824 octets.

La taille maximale d'un fichier Unix sera donc : 1 073 741 824 + 8 388 608 + 65 536 + 5120 = 1 082 201 088 octets ≈ 1 giga-octet.

Cette implantation privilégie, pour ce qui est de l'accès, les fichiers de petite taille. À l'ouverture, le premier descripteur de fichier (nœud-i) est copié en mémoire. Lorsque la limite de 5120 octets est franchie, le système d'exploitation copie le premier bloc indirect, et ainsi de suite.

Les blocs libres sont tenus à jour au moyen d'une longue liste enchaînée. Chaque fois que le système d'exploitation a besoin d'un bloc, il l'extrait de la liste, de sorte que les blocs d'un fichier sont «éparpillés» de façon aléatoire à travers tout le disque. La taille de cette liste dépend de celle du disque et diminue à mesure que les blocs du disque sont occupés. Le nombre de bits par entrée de cette liste est de 16 si le nombre maximal de blocs allouables sur le disque est inférieur à 65 536, sinon il est de 32 bits.

Structure du répertoire sous Unix

Le répertoire sous Unix est organisé de façon hiérarchique pour faciliter les opérations de maintenance (figure 11.22).

Figure 11.22 Répertoire Unix

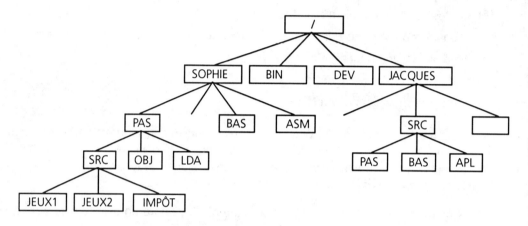

On demande par exemple le fichier JEUX1 en écrivant :

/SOPHIE/PAS/SRC/JEUX1

Pour accéder au fichier, le système d'exploitation cherche d'abord SOPHIE dans le répertoire racine afin de trouver l'emplacement du nœud-i correspondant à SOPHIE. Il lit ensuite le fichier relatif à SOPHIE, qui est dans ce cas un fichier répertoire. Ce fichier répertoire dirige la recherche vers un autre répertoire, et ainsi de suite jusqu'à ce qu'il atteigne les données finales. À chaque phase, il y a branchement vers la table des nœuds-i jusqu'à ce que le système arrive au dernier nœud-i.

Contenu d'un élément de répertoire

Chaque entrée d'un répertoire Unix comporte 16 octets : 2 octets pour un numéro de nœud-i et 14 octets pour le nom du fichier. La figure 11.23 schématise une telle entrée :

Figure 11.23 Entrée de répertoire Unix

| Octets | 2 | 14 |

| | Nom du fichier |

N° de nœud-i ↑

Puisqu'un numéro de nœud-i nécessite 2 octets, le disque contiendra au plus 65 535 fichiers.

La figure 11.24 illustre le contenu d'un répertoire dont le nœud-i (puisqu'un répertoire est également un fichier) porterait le n° 3 et qui serait situé directement sous le répertoire racine (nœud-i = 2).

Figure 11.24   Exemple de répertoire Unix

i	Entrée	
3	•	← Pointeur vers lui-même
2	••	← Pointeur vers son parent
4	Nom du fichier 1	
7	Nom du fichier 2	
23	Nom du fichier 3	
...	...	
...	...	

Chaque répertoire ne peut avoir qu'un parent. Le répertoire racine n'a pas de parent et son pointeur «parent» se contient lui-même, c'est-à-dire le n° 2.

11.7   MÉMOIRES À BULLES MAGNÉTIQUES

La **mémoire à bulles magnétiques** est un moyen de stockage particulièrement avantageux lorsqu'un rendement élevé est requis, par exemple pour les applications militaires et le contrôle industriel. Les bulles magnétiques sont de petits cylindres magnétiques de 2 à 30 μm de diamètre qui se forment dans une couche de certains matériaux quand un champ magnétique perpendiculaire est appliqué.

Ces bulles sont utilisées pour représenter l'information, car elles peuvent se propager dans une couche d'un matériau magnétisable possédant des «structures de guidage». Les bulles se déplacent sous l'effet de changements de direction dans un champ magnétique appliqué dans un plan parallèle à la couche. La présence ou l'absence d'une bulle dans une position déterminée exprime un 1 ou un 0. Un champ magnétique constant appliqué au moyen d'aimants permanents assure la non-volatilité des données en l'absence d'alimentation.

Les capacités des mémoires à bulles atteignent présentement 4 Mbits et leur temps d'accès moyen est de l'ordre de la milliseconde.

11.8   AUTRES SUPPORTS DE STOCKAGE EXTERNE

Il existe d'autres supports de stockage externe. À titre d'exemple, mentionnons les cartes perforées et les bandes de papier perforé. Ces supports nécessitent habituellement un équipement coûteux, volumineux, lourd et bruyant et sont de moins en moins utilisés.

11.9   PROBLÈMES

1.   Sur la notice d'un constructeur de disques durs, on lit les spécifications suivantes :

   vitesse de rotation : 3600 tours/min;
   nombre de plateaux : 5;
   nombre de faces actives : 9;
   nombre de cylindres : 1123;
   vitesse de transfert de l'interface: 1,86 Mo/s.

   a) Calculez le temps que met le disque pour effectuer un tour complet.
   b) Déduisez la capacité linéaire brute par piste, c'est-à-dire le nombre d'octets pouvant être emmagasinés sur chaque piste avant le formatage.
   c) Déduisez la capacité totale du disque non formaté.

2.   Un constructeur de disques durs donne les informations suivantes :

   nombre de disques : 2;
   nombre de surfaces : 4;
   nombre de têtes : 4;
   nombre de cylindres : 612;
   vitesse de rotation : 3367 tours/min;
   nombre d'octets par piste : 8192.

   a) Déterminez la vitesse de transfert des données en octets par seconde.
   b) Calculez la capacité brute du disque non formaté.
   c) Lors du formatage, les cylindres de 0 à 7 sont réservés pour la gestion du disque et, dans la zone de données, on évalue la perte due aux intervalles et aux identifications diverses à 24 % de la capacité brute. Déterminez le nombre de secteurs de données de 512 octets qui restent, sachant que chaque piste doit contenir un nombre entier de secteurs.

3.   Un disque dur est utilisé avec MS-DOS 3.3. La table d'accès de fichier (FAT) contient une entrée de 16 bits pour chaque grappe et est de la forme suivante :

0	1	2	3	
FFF0	FFFF	0003	.0004	etc.

Chaque grappe contient 1 secteur de 512 octets.

a) Combien de grappes la FAT occupera-t-elle si on désire avoir 20 Mo allouables?

b) Quelle serait la capacité maximale allouable avec une FAT de ce type?

4. Le répertoire d'un disque souple MS-DOS 1.0 contient l'entrée suivante :

54	50	33	20	20	20	20	20	54	58	54	01	00	00	00	00
00	00	00	00	00	00	C7	B4	78	13	05	00	AB	01	00	00

Donnez toutes les informations sur ce fichier que vous pouvez dégager.

5. Un disque souple double face, double densité, comporte 9 secteurs de 512 octets. Le nombre de pistes s'élève à 42. La convention de numérotation physique est la suivante (les majuscules désignent les valeurs maximales des variables) :

$$s : 1 \text{ à } 9 \ (S : 9)$$
$$p : 0 \text{ à } 41 \ (P : 41)$$
$$f : 0 \text{ à } 1 \ (F : 1)$$
$$B : 512 \text{ octets/secteur.}$$

a) Déterminez la capacité totale C du disque en fonction des valeurs maximales.

b) Soit *n* désignant le secteur logique et variant entre 0 et N. Donnez la valeur de N.

c) Exprimez les variables *p*, *f* et *s* en fonction de *n* si *n* = 319. Il est possible d'employer les fonctions DIV ou MOD qui fournissent le quotient et le reste de la division entière.

On réserve:
– les secteurs *s* 0 et 1 pour placer les identifications du disque et le programme de démarrage du système d'exploitation disque;
– les secteurs *s* 2, 3 et 4 pour placer la table des allocations du disque;
– les secteurs *s* 5, 6 et 7 pour conserver une copie de la table des allocations;
– les secteurs *s* 8 à 14 inclusivement pour ranger les entrées de répertoire. Chaque entrée de répertoire occupe 32 octets.

Les secteurs à partir de 15 jusqu'à la fin du disque servent à stocker les données de l'utilisateur.

d) Déterminez le nombre maximal de fichiers qu'on peut créer sous le répertoire principal.

e) Sachant qu'on se sert de 2 octets dans la table des allocations pour repérer un secteur de données sur disque (les secteurs de gestion de *n* : 0 à *n* : 14 ne sont pas répertoriés dans la table des allocations et le mécanisme exact de repérage n'est pas précisé); la taille de la table des allocations est-elle suffisante pour gérer le disque en entier?

f) L'unité d'allocation est égale à un secteur. Quelle est la perte moyenne d'espace sur le disque?

6. On veut mettre au point un système d'exploitation possédant une organisation disque semblable à celle d'Unix. Les données du problème sont :

> capacité du disque formaté : 320 Mo;
> taille d'un secteur : 1024 octets;
> taille d'une unité d'allocation : 2048 octets;
> taille d'une entrée de répertoire : 32 octets;
> taille d'un nœud-i : 128 octets;
> taille d'une adresse-disque : 4 octets;
> nombre d'adresses-disques à accès direct sans indirection : 20;
> nombre d'indirections : 2 (au lieu de 3 dans Unix).

On rappelle que l'unité d'allocation dans la zone des données est de 2048 octets et non un secteur physique, et que les adresses-disques renvoient aux U.A. et non aux secteurs. Chaque fichier possède une entrée de répertoire, un nœud-i et un ensemble d'U.A. de données propres et de données-répertoire.

a) Calculez la taille maximale d'un fichier sans indirection.

b) Calculez la taille maximale d'un fichier avec l'indirection 1.

c) Calculez la taille maximale d'un fichier avec l'indirection 2.

d) Calculez la position du 8 millionième octet. Le résultat doit être présenté comme suit :

> Indirection : 0, 1 ou 2
>
> Numéro de la ramification au niveau 1 :
> Numéro de la ramification au niveau 2 :
> Décalage de l'octet cherché dans la dernière U.A. :

7. Peut-on effectuer un accès séquentiel sur un disque (support à caractère sélectif) et peut-on effectuer un accès sélectif sur une bande magnétique (support à caractère séquentiel)? Si oui, commentez brièvement les méthodes possibles d'organisation pour accéder aux données dans les deux cas.

12

PÉRIPHÉRIQUES
D'ENTRÉE-SORTIE

12.1 CLAVIERS

Le **clavier** est le dispositif d'entrée le plus courant. Il se compose essentiellement d'un ensemble de touches auxquelles est relié un encodeur. L'encodeur détermine quelle touche a été enfoncée et transmet un signal de sortie correspondant à cette touche. Les claviers les plus sophistiqués comportent des encodeurs à microprocesseur, ce qui permet à l'utilisateur de changer les codes ou la fonction de certaines touches en modifiant le programme du microprocesseur.

Pour évaluer et comparer les différents claviers, on doit examiner quatre caractéristiques importantes : la technologie du clavier, la réaction lors de la frappe simultanée de plusieurs caractères, la façon de répéter un caractère et la rétroaction tactile et auditive. Les utilisateurs francophones doivent vérifier si le clavier offre la possibilité d'écrire les accents et autres caractères spéciaux tels que ç, œ, etc.

Il faut en premier lieu faire la distinction entre le clavier bon marché de type calculatrice et le clavier plus onéreux de type machine à écrire.

12.1.1 Technologie des claviers

Les claviers se distinguent par au moins cinq technologies : les claviers à touches mécaniques, les claviers à touches à relais, les claviers à touches à capacité, les claviers à effet Hall et les claviers à tore de ferrite. Tous ces claviers sont offerts sur le marché et présentent des caractéristiques différentes quant au prix, à la fiabilité et au mode d'utilisation.

Les touches mécaniques sont les plus simples et les plus économiques. Un contact métal sur métal assure la connexion. Ces touches ont une résistance variant de 5 à 10 millions de contacts.

Les touches à relais établissent un contact physique direct entre deux relais de métal. Ces relais sont placés à l'intérieur d'une enveloppe scellée et hermétique, ce qui élimine les problèmes de fonctionnement causés par l'environnement (oxydation, etc.) et permet d'obtenir une résistance de l'ordre de 50 à 100 millions de contacts.

La touche à capacité est un mécanisme sans contact dans lequel le mouvement relatif de surfaces produit un changement de capacité dans un conducteur. Le signal résultant est alors amplifié et encodé.

L'effet Hall produit une tension en présence d'un champ magnétique, ici engendré par l'approche d'un aimant en bout de touche. Cette tension très faible est amplifiée et encodée.

Les tores de ferrite fonctionnent aussi sous l'effet du changement de position d'un aimant placé en bout de touche. Quand l'aimant se trouve plus près du tore, et tant que la touche n'est pas relâchée, le flux magnétique de l'aimant sature le tore. Une réponse se produit dès que l'on appuie sur la touche, et une réponse inverse dès qu'on la relâche.

12.1.2 Frappe simultanée de plusieurs caractères

Le concept de frappe simultanée concerne la manière dont le clavier interprète deux ou plusieurs touches frappées en même temps. Une telle situation demande un dispositif de mémorisation supplémentaire et une logique incorporée au clavier, ce qui en augmente le prix.

Le clavier à deux touches simultanées (two-key rollover) est un clavier qui identifie et mémorise les deux touches pressées en même temps et qui, suivant une règle courante, définit la touche relâchée en premier comme celle devant être transmise en premier. Il existe cependant d'autres conventions.

Le clavier à n touches simultanées (n-key rollover) est une généralisation du clavier à deux touches simultanées à un nombre arbitraire n, où $n > 2$. La possibilité de frapper deux ou plusieurs touches simultanément sans perte d'information est intéressante pour les personnes qui dactylographient à vitesse élevée.

12.1.3 Répétition de caractères

La répétition automatique d'un caractère est une possibilité intéressante. Lorsqu'une touche est maintenue pressée, elle est répétée à une certaine cadence jusqu'à ce qu'elle soit relâchée. Cette propriété peut s'appliquer à une, plusieurs ou même à toutes les touches d'un clavier.

12.1.4 Caractères spéciaux

La possibilité de représenter des caractères spéciaux tels que les accents, les lettres grecques, les caractères APL, etc. est une propriété conjointe du clavier et de l'écran auquel il est relié. En effet, la conversion d'un code ASCII donné en un caractère spécial relève de la logique d'affichage.

12.1.5 Claviers programmables

Un clavier programmable inclut un microprocesseur qui permet de définir ou de redéfinir tout code de huit bits pour n'importe quelle touche. On peut ainsi, par exemple, passer facilement d'un clavier QWERTY à un clavier AZERTY[1], etc. Certains claviers possèdent des touches programmables (ou touches de fonction), c'est-à-dire des touches qui transmettent une séquence de caractères définie par l'utilisateur.

12.2 ÉCRANS ET TERMINAUX

Le visuel (ou écran) est le dispositif d'affichage le plus utilisé en micro-informatique. À l'origine, cet affichage était plutôt simple, puisque seuls des caractères étaient affichés. Aujourd'hui, en raison de l'avènement des interfaces graphiques et de la nécessité d'afficher des images avec plusieurs teintes de gris ou encore des images en couleurs, les visuels sont devenus passablement plus compliqués.

12.2.1 Écran cathodique

L'**écran cathodique** reste encore le mode d'affichage le plus répandu sur le marché. Il ressemble à un téléviseur ordinaire, sauf qu'il n'a pas besoin de syntoniseur. Les écrans cathodiques de terminaux et de moniteurs ont une définition de plusieurs centaines de lignes horizontales et une fréquence de 50 à 70 balayages à la seconde. Un faisceau d'électrons part du coin supérieur gauche de l'écran et balaie les lignes de gauche à droite; parvenu au bout d'une ligne, le faisceau revient très rapidement à gauche. Un circuit diminue son intensité pendant ce retour. Chaque balayage horizontal se fait légèrement plus bas que le précédent jusqu'à ce que le coin inférieur droit de l'écran soit atteint. Le faisceau effectue alors un retour très rapide au coin supérieur gauche de l'écran, de nouveau avec brillance diminuée, et un nouveau balayage, vertical cette fois, commence. La figure 12.1 illustre le parcours du faisceau d'électrons sur un écran cathodique. Les variations d'intensité du faisceau au cours de chaque balayage créent l'image qu'on veut représenter.

Figure 12.1 Balayage d'un écran par le faisceau d'électrons

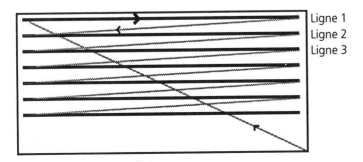

---

1. Type de clavier utilisé en France.

Un tel balayage complet s'appelle une **trame** (*raster*). La plus petite surface que peut afficher un écran est un **pixel** (*picture element*). Nous verrons ultérieurement comment il est possible de générer des caractères au moyen de patrons (ou matrices) de pixels.

À titre d'exemple, considérons un affichage typique d'un écran d'ordinateur formé de 342 lignes contenant chacune 512 pixels, à une fréquence de 60 balayages à la seconde. Un tel écran peut afficher un total de 342 * 512 = 175 104 pixels, 60 fois à la seconde, ce qui suppose des signaux d'une fréquence de l'ordre de 60 * 175 000 ≈ 10 MHz. Cela explique pourquoi les téléviseurs ordinaires ne font pas de bons écrans : leur bande passante étant limitée à 2 MHz, ils ne peuvent habituellement afficher que de 32 à 40 caractères par ligne, tandis qu'un bon écran est capable d'en afficher de 80 à plus de 132.

Normalement, un pixel est allumé ou éteint, mais les écrans modernes permettent une variation de l'intensité des pixels comme un téléviseur monochrome ordinaire. On parle alors de niveaux de gris. Ces niveaux sont codés au moyen de quelques bits par pixel. Par exemple, avec 8 bits par pixel, 256 niveaux de gris sont possibles.

L'écran doit être balayé le plus souvent possible pour empêcher le scintillement, fatigant pour la vue. Les appareils moins dispendieux, afin de réduire la fréquence de balayage nécessitée par un rafraîchissement à 60 Hz, par exemple, procèdent par un **balayage entrelacé**. C'est d'ailleurs le cas des téléviseurs du marché nord-américain, qui effectuent une trame complète en deux balayages successifs, contenant chacun deux fois moins de lignes que la trame. Les lignes du premier balayage s'intercalent entre celles du second, d'où le nom de balayage entrelacé. Le balayage des demi-trames s'accomplit à 60 Hz, mais on n'obtient une trame complète que 30 fois par seconde.

Un écran peut être soit **monochrome**, soit **polychrome** (plus simplement, couleur). L'affichage sur un écran monochrome se fait habituellement en blanc, en vert ou en ambre. La figure 12.2 présente une coupe d'un tube à rayons cathodiques monochrome.

Figure 12.2 Tube à rayons cathodiques monochrome

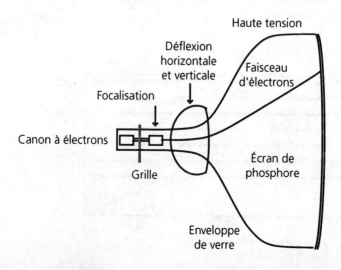

La figure 12.3 montre une coupe d'un tube à rayons cathodiques couleur. Un tel tube possède généralement trois canons d'électrons, et chacun des trois faisceaux d'électrons est dirigé vers des granules de phosphore d'une des trois couleurs fondamentales, soit rouge, vert et bleu. Pour réaliser cette focalisation, des masques en métal sont placés immédiatement derrière le phosphore de l'écran.

L'intensité relative des trois faisceaux permet de reproduire tout l'éventail des couleurs visibles. Les figures 12.4 et 12.5 illustrent les deux sortes de masques les plus utilisés pour focaliser chaque faisceau sur les phosphores de la bonne couleur.

Figure 12.3 Tube à rayons cathodiques couleur

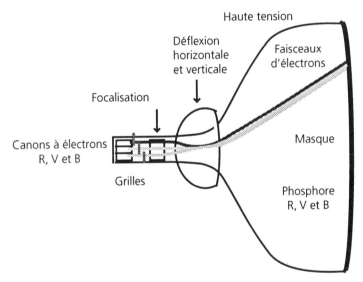

Figure 12.4 Écran à masque avec trous circulaires

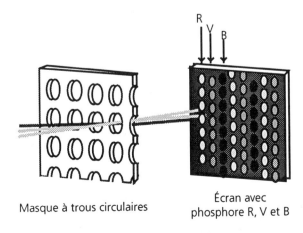

Masque à trous circulaires

Écran avec phosphore R, V et B

Figure 12.5
Écran à masque avec trous rectangulaires

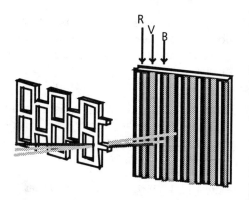

La représentation interne des couleurs dans l'ordinateur s'effectue au moyen de plusieurs bits par pixel. Ainsi, 8 bits par pixel permettent 256 couleurs. Les appareils récents utilisent jusqu'à 32 bits par pixel, ce qui représente une possibilité de 4 294 967 356 couleurs.

Un écran seul, auquel l'ordinateur doit constamment fournir un signal vidéo consistant en une impulsion par pixel et en impulsions de synchronisation pour les balayages horizontal et vertical, s'appelle un moniteur. En Amérique du Nord, au Japon et dans une grande partie de l'hémisphère occidental, on utilise, pour les moniteurs monochromes, un signal standard RS-170, sous-ensemble du système NTSC (National Television System Committee). En Europe, on utilise le signal CCIR (Comité consultatif international, radio). Dans le cas d'un moniteur couleur, l'ordinateur doit transmettre des signaux supplémentaires pour la couleur (signal chroma).

Il existe plusieurs façons d'envoyer ces signaux au moniteur. Le système RGB utilise quatre fils, soit un par couleur fondamentale plus un pour la synchronisation (la synchronisation est parfois ajoutée au signal vert, et alors seulement trois fils sont nécessaires); un autre système accepte la forme d'onde composite d'un signal vidéo couleur conventionnel NTSC[2] transmis au moyen d'un seul fil; un autre nécessite deux fils, un pour le signal luminance (intensité) et l'autre pour le signal chroma (couleur), etc. Il faut donc s'assurer que le système convient à l'ordinateur dont on se sert.

Les moniteurs RGB modernes dits «multisync» peuvent s'adapter à plusieurs types d'ordinateurs. Leur fréquence de balayage vertical va de 30 à 90 images/s, tandis que leur fréquence de balayage horizontal couvre la gamme de 15 kHz à 50 kHz. Leur résolution est également excellente, avec des valeurs typiques telles que 1024 * 768 pixels.

Un **terminal**, par contre, est un moniteur muni d'un clavier et de circuits d'entrées-sorties. L'ordinateur communique avec un terminal au moyen de signaux numériques codés en ASCII, habituellement par une interface RS-232-C. Un terminal doit donc posséder une mémoire d'affichage puisque l'information n'est transmise qu'une fois. Certains terminaux dits «intelligents» font plus qu'afficher seulement des caractères; ils possèdent en effet une mémoire

---

2. En France et dans les pays de l'Est, on utilise plutôt le système SECAM (Système électronique couleur avec mémoire), tandis qu'en Allemagne, le système PAL (*Phase Alternation Line*) est utilisé.

autre que la mémoire d'affichage et offrent des possibilités graphiques (commandes d'exécution de rectangles, cercles, lignes droites ou courbes, etc.), plusieurs jeux de caractères, la possibilité de contrôler une imprimante, etc.

La figure 12.6 présente un schéma simplifié d'un terminal utilisant un contrôleur de tube à rayons cathodiques (CRTC : *Cathode Ray Tube Controller*).

Figure 12.6 Schéma d'un terminal

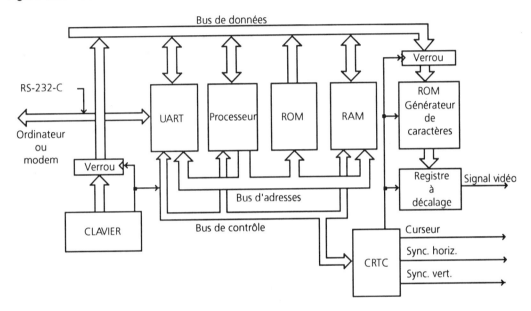

Selon le mode de transmission bidirectionnelle, simultanée ou non simultané, le parcours suivi par les données du terminal et de l'ordinateur ou du modem auquel il est relié varie, tel que le représente la figure 12.7.

Figure 12.7 Différents trajets de l'information dans un terminal

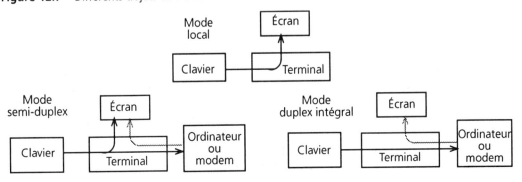

12.2.2 Génération des caractères

Les caractères affichés à l'écran sont souvent générés au moyen de patrons (ou matrices) de points (ou de pixels) contenus dans des mémoires ROM spéciales appelées **générateurs de caractères**. La figure 12.8 donne un exemple d'une matrice de 5 * 7 pixels.

Figure 12.8
Génération de caractères au moyen de matrices de points

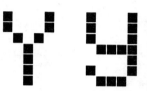

   Certains générateurs de caractères permettent de décaler les minuscules vers le bas de quelques pixels. La configuration 5 * 7 est minimale, et pour une meilleure qualité d'affichage, on utilise des matrices de 5 * 9, de 7 * 9, ou davantage. Des matrices plus considérables permettent le soulignement ainsi que l'affichage des accents, et ce même sur les majuscules.

   Avec les interfaces graphiques modernes, on ne peut utiliser de générateur de caractères. En effet, ces interfaces assurent l'affichage des caractères dans une multitude de «polices» ou jeux de caractères, avec des attributs multiples tels que caractères gras, italiques, etc. De plus, les caractères n'ont pas besoin d'être disposés sur une ligne horizontale. Ils sont alors générés par logiciel et il faut gérer directement les pixels de l'écran. C'est le rôle du **gestionnaire de jeux de caractères** (*font manager*) du système d'exploitation que de rendre cette opération transparente à l'utilisateur et même au programmeur. Les langages graphiques tels que Postscript ont été mis au point pour effectuer la gestion d'écrans et d'imprimantes graphiques.

12.2.3 Affichages plats

En raison de l'encombrement et de la consommation de puissance qu'entraîne l'affichage sur écran cathodique, on cherche de plus en plus à le remplacer par des affichages plats. Pour l'instant, trois technologies semblent prometteuses : l'écran à cristaux liquides, l'écran à plasma gazeux et l'affichage électroluminescent. Dans tous les cas, l'affichage se fait par matrices de points.

Écran à cristaux liquides

Certains ordinateurs portatifs, telles les calculatrices de poche, sont munis d'un écran à cristaux liquides (LCD : *Liquid Crystal Display*). On les trouve en formats de 1 à 25 lignes de 26 à 80 caractères par ligne. Ces écrans présentent l'avantage de dissiper très peu d'énergie, mais n'émettent pas de lumière et l'angle de visionnement est généralement assez critique. On trouve même sur le marché des téléviseurs couleur de deux pouces avec affichage LCD, de sorte qu'on peut s'attendre à un progrès rapide de cette technologie dont le principe est illustré à la figure 12.9.

Figure 12.9 Affichage à cristaux liquides

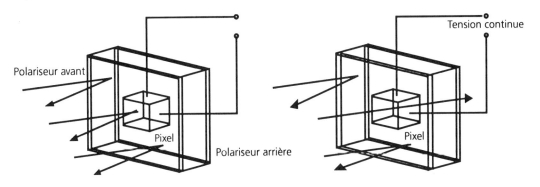

Le principe de fonctionnement est le suivant : sans tension appliquée, le pixel réfléchit la lumière incidente, ce qui lui donne l'apparence d'un point blanc. Quand une tension continue lui est appliquée, l'angle de polarisation du matériau tourne de 90°, ce qui rend le pixel opaque à cause du polariseur qui le précède. Il a alors l'apparence d'un point noir.

Affichage à plasma gazeux

Le principe de fonctionnement des écrans à plasma repose sur l'émission de photons par un gaz ionisé (néon ou mélange néon et argon) lorsqu'il se recombine avec des électrons pour redevenir neutre. Un affichage de 25 lignes de 80 colonnes dissipe typiquement 30 W, ce qui est trop élevé pour un ordinateur portatif. Cependant, la luminosité est excellente et une bonne palette de niveaux de gris est disponible. Cette technologie laisse entrevoir la possibilité d'affichage couleur.

Figure 12.10 Affichage à plasma gazeux

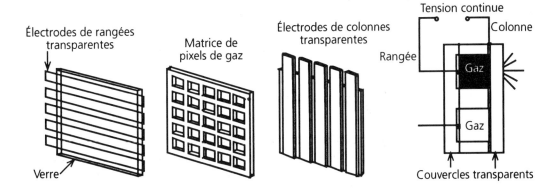

Affichage électroluminescent

Le principe de fonctionnement des panneaux à affichage électroluminescent (LED : *Light Emitting Diode*) est l'émission de photons par un dopant (Mn) dans un substrat phosphorescent (ZnS) lorsque ce dernier est placé dans un champ électrique. La luminosité est deux fois moindre que celle des écrans à plasma gazeux, mais la dissipation de puissance est aussi deux fois plus faible. La palette de niveaux de gris est également excellente et ici aussi on entrevoit la possibilité d'affichage en couleurs.

Figure 12.11   Affichage électroluminescent

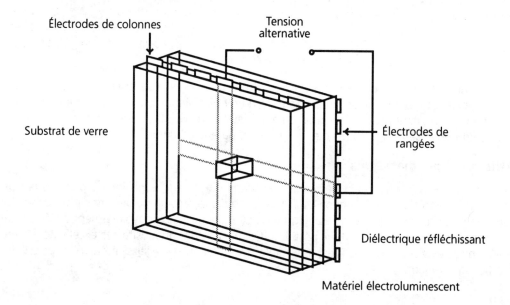

Électrodes de colonnes

Tension alternative

Substrat de verre

Électrodes de rangées

Diélectrique réfléchissant

Matériel électroluminescent

12.3   IMPRIMANTES

L'imprimante est une unité périphérique de sortie qui permet d'imprimer les informations d'un fichier. Il existe différents types d'imprimantes qui se répartissent en deux grandes familles : les **imprimantes à impact** et les **imprimantes sans impact**.

12.3.1   Imprimantes à impact

On peut subdiviser les imprimantes à impact en quatre catégories : par caractères, à chaîne, à tambour et par points. Par opposition aux imprimantes sans impact, elles se prêtent bien à l'impression de documents à copies multiples tels que les formulaires.

Imprimantes caractère par caractère

Le système d'impression de l'imprimante par caractère est constitué d'un ensemble de caractères disposés sur une marguerite ou sur une boule qu'il est possible de remplacer pour changer de jeu de caractères. L'avantage de ce type d'imprimante est sa grande qualité d'impression. En revanche, ces imprimantes sont relativement lentes (45 car./s) et bruyantes.

Imprimantes à chaîne et à tambour

Les imprimantes à chaîne et à tambour sont conçues au moyen d'un ensemble de caractères montés sur l'un de ces deux dispositifs et permettent d'imprimer à grande vitesse (on parle ici de lignes/s plutôt que de caractères/s). Leur qualité d'impression est moindre, ce qui rend ces systèmes inutilisables pour l'impression de textes demandant une présentation parfaite, d'autant plus que le jeu de caractères ne comporte habituellement que les majuscules. Elles sont par surcroît volumineuses, coûteuses et très bruyantes. En outre, elles tombent souvent en panne en raison du grand nombre de pièces mécaniques mobiles.

Figure 12.12   Mécanisme d'une imprimante à chaîne

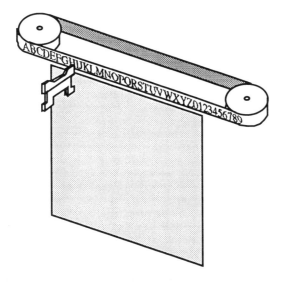

Imprimantes par points

Le système d'impression des imprimantes par points, aussi appelées imprimantes matricielles, consiste en un ensemble de 7 à 24 aiguilles commandées par des solénoïdes électroniques. Ces imprimantes permettent de créer des jeux de caractères différents par logiciel; elles sont économiques, relativement rapides (300 car./s) et donnent une impression de textes et de graphiques de bonne qualité. Elles sont relativement fiables puisqu'elles comportent peu de pièces mécaniques mobiles.

12.3.2 Imprimantes sans impact

Imprimantes à jet d'encre

Dans les imprimantes à jet d'encre, une matrice de capillaires contenant de l'encre est placée à proximité du papier. L'encre est vaporisée par des transducteurs ultrasoniques piézo-électriques au voisinage de l'orifice. Des micro-gouttelettes d'encre forment ainsi chaque élément de la matrice de caractères. Dans certains cas, les gouttelettes peuvent être défléchies par des champs électrostatiques. Les imprimantes à jet d'encre sont rapides (jusqu'à 10 pages/min) et silencieuses et peuvent se prêter à l'impression couleur. Certaines imprimantes à jet d'encre rivalisent avec les imprimantes à laser quant à la qualité de leur impression. Elles sont par surcroît passablement moins coûteuses, moins volumineuses et moins lourdes que ces dernières.

Figure 12.13
Tête d'imprimante à jet d'encre

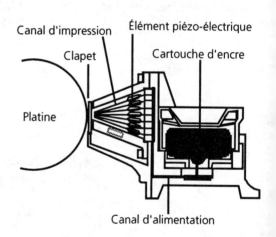

Canal d'impression   Élément piézo-électrique

Clapet   Cartouche d'encre

Platine

Canal d'alimentation

Imprimantes thermiques

Les imprimantes thermiques sont peu dispendieuses, rapides (180 car./s) et silencieuses, mais nécessitent un papier thermosensible spécial. L'impression se fait par la sensibilisation du papier au moyen d'une matrice de diodes photoémettrices ou LED infrarouges. La qualité d'impression est habituellement semblable à celle des imprimantes matricielles.

Imprimantes électrostatiques

Dans une imprimante électrostatique, le papier est recouvert d'une couche diélectrique non conductrice qui garde une charge électrique quand des tensions sont appliquées au moyen des têtes d'écriture. Ces têtes tracent des points lors du passage du papier. Le papier passe ensuite dans une encre en poudre dont les particules noires ont une charge opposée à celle qui a été appliquée par les têtes sur le papier et qui, par conséquent, collent aux endroits sensibilisés, formant ainsi des caractères. La vitesse d'impression est de l'ordre de 250 car./s.

Imprimantes à laser

Les imprimantes à laser sont munies d'un tambour photosensible semblable à celui d'un photocopieur, sauf qu'il est excité au moyen d'une diode laser photoémettrice. Le tambour accumule ensuite par attraction électrostatique un matériau noir (*toner*) seulement aux endroits où il a été sensibilisé, puis le dépose sur le papier. Ces imprimantes sont silencieuses, très rapides (les imprimantes à laser courantes atteignent 16 pages/min) et donnent la meilleure qualité d'impression en raison d'une résolution de l'ordre de 300 à 600 points au pouce; elles sont habituellement pourvues d'une très grande variété de jeux de caractères et se prêtent très bien au tracé de graphiques. On trouve également des imprimantes couleur à laser, mais elles sont encore quelque peu coûteuses; leur utilisation est également assez onéreuse.

Figure 12.14   Principe d'une imprimante à laser

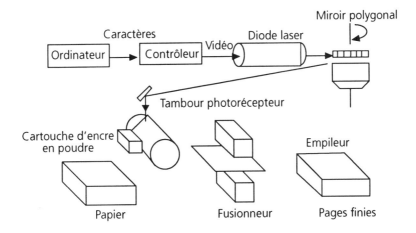

Figure 12.15   Mécanisme à cassette Canon

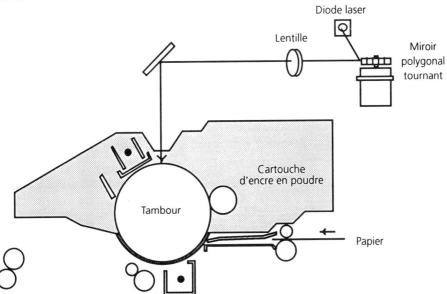

12.4 AUTRES DISPOSITIFS D'ENTRÉE-SORTIE

Il existe une très grande variété d'autres dispositifs d'entrée-sortie. Parmi les périphériques d'entrée, mentionnons la souris, le manche à balais (*joystick*), la tablette graphique, la plume photosensible, l'écran tactile, le numérisateur, la caméra vidéo, le lecteur de code à barres, le lecteur de code magnétique (sur les chèques, par exemple) et le microphone. Il existe également des interfaces spécialisées pour lire des capteurs et faire de l'acquisition de données par ordinateur.

Outre le visuel et l'imprimante, mentionnons, parmi les périphériques de sortie, la table traçante, le haut-parleur, les interfaces de commande de relais électriques ou de moteurs.

Quelques périphériques peuvent être utilisés à la fois comme unités d'entrée et de sortie, par exemple le lecteur-perforateur de cartes perforées ou de rubans perforés.

12.5 PROBLÈMES

1. On veut réaliser une mémoire ROM générateur de caractères pour une imprimante par points. La matrice de base comporte 24 points en hauteur et 16 points en largeur. Les données en hauteur sont fournies en trois lectures successives par une ROM de huit bits. La ROM comporte 326 caractères différents.

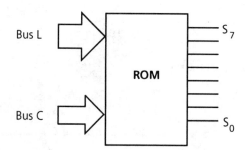

Le bus L permet de sélectionner un caractère parmi 326.
Le bus C permet de sélectionner la colonne de données à sortir.

a) Déterminez la capacité mémoire en bits nécessaire pour stocker toutes les informations sur le graphisme des caractères.

b) En admettant que le bus L forme la partie supérieure de l'adresse et que le bus C forme la partie la moins significative, donnez l'adresse de début et de fin du 116ᵉ caractère (caractère n° 115).

2. Un terminal monochrome possède un tube pouvant afficher 600 * 800 pixels.

a) Évaluez, en octets, la taille de la mémoire nécessaire pour stocker une image complète d'écran, sachant qu'un pixel équivaut à un bit en mémoire.

b) On désire améliorer ce terminal en offrant à l'utilisateur la possibilité de 16 échelles de gris pour chaque pixel. Quelle serait alors la quantité de mémoire nécessaire?

c) Si un tel terminal est en couleurs et que chacune des 3 couleurs fondamentales possède également 16 échelles d'intensité, évaluez la quantité de mémoire nécessaire pour stocker une image complète d'écran et évaluez la palette de couleurs obtenue (nombre de couleurs possibles).

3. On désire faire de l'animation avec un terminal graphique couleur connecté à un ordinateur hôte par une liaison à déterminer. Les caractéristiques du terminal sont :

> résolution : 300 * 400;
> nombre d'images par seconde : 30;
> balayage : entrelacé;
> palette de couleurs : 8.

On désire obtenir au moins cinq images différentes par seconde pour avoir une vitesse d'animation acceptable. Les images complètes sont calculées par l'ordinateur hôte et envoyées au terminal.

a) Déterminez la vitesse minimale de la liaison en bits par seconde pour répondre à ces exigences.

b) On s'aperçoit que les modifications entre les images ne représentent qu'environ un cinquantième des pixels. On adopte alors une autre stratégie qui consiste à ne transmettre que les pixels qui sont modifiés d'une image à l'autre en leur associant une adresse codée sur 18 bits, les informations sur les 8 couleurs associées à un pixel étant codées sur les 3 bits restants. La donnée complète pour chaque pixel entre à l'intérieur de 3 motifs de 7 bits (18 + 3 = 21 = 7 * 3).

Évaluez à nouveau la vitesse correspondante de la liaison entre le terminal et l'ordinateur hôte.

c) Une interface RS-232-C suffira-t-elle à assurer cette animation dans le contexte décrit à la question *b)*?

13

EXEMPLES D'ARCHITECTURE MONOPROCESSEUR

13.1 ARCHITECTURE D'UN COMPATIBLE IBM MUNI D'UN 80386

Dans ce chapitre, nous présentons l'architecture de deux micro-ordinateurs monoprocesseurs courants, ainsi que celle des microprocesseurs qui assurent leur fonctionnement.

Examinons, comme premier exemple d'architecture moderne de micro-ordinateur, l'architecture d'un ordinateur compatible avec le modèle 70 d'IBM. Ce micro-ordinateur est construit autour du microprocesseur 80386 d'Intel et utilise un bus de 16 bits appelé ISA. Les fréquences d'horloge sont de 16, 25, 33 ou 40 MHz. Le microprocesseur comporte sa propre unité de gestion de mémoire virtuelle. Les opérations sur des nombres exprimés en virgule flottante peuvent être effectuées par un coprocesseur 80387.

Ce micro-ordinateur est habituellement muni d'une carte adapteur écran Standard VGA (*Video Graphics Array*) qui permet, en haute résolution, un affichage de 640 * 480 pixels avec 16 couleurs et, en basse résolution un affichage de 320 * 240 avec 256 couleurs. De plus en plus de micro-ordinateurs de ce type sont munis d'une carte adapteur Super VGA qui permet, en haute résolution, un affichage de 1024 * 768 pixels avec 16 couleurs et, en basse résolution, un affichage de 800 * 600 pixels avec 256 couleurs. En outre, avec une mémoire d'affichage de 1Mo, on peut atteindre une résolution de 1024 * 768 pixels avec 256 couleurs ou de 640 * 480 pixels avec 32 768 couleurs.

Figure 13.1 Architecture d'un ordinateur compatible avec IBM

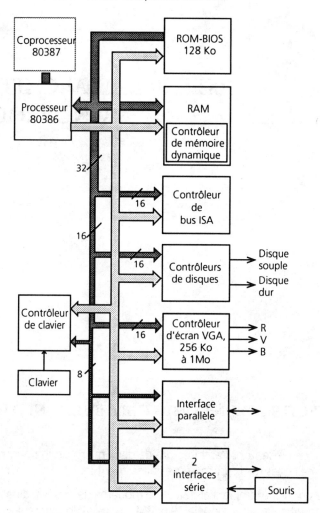

13.2 LE MICROPROCESSEUR 80386 D'INTEL

Le 80386 s'inscrit dans la lignée des microprocesseurs 4004, 8008, 8080, 8088, 8086, 80186, 80286, 80386 et 80486 d'Intel. Le 8088 est le microprocesseur utilisé dans le PC d'IBM. Le 80386 est un microprocesseur de 32 bits capable d'exécuter toutes les instructions du 8086 au 80286. Il possède également un circuit interne de gestion de mémoire virtuelle (MMU : *Memory Management Unit; voir le chapitre 8*) et les lignes d'interface pour le coprocesseur 80387.

Le 80386 se caractérise par deux modes de fonctionnement : le mode réel et le mode protégé.

Par défaut, le 80386 fonctionne en **mode réel** : pas de pagination, pas de protection. Les adresses logiques (adresses d'un programme) sont également les adresses physiques (comme dans le 8088 et le 8086). L'espace d'adressage est de 1 Mo et les segments sont de 64 Ko. Ce mode est compatible avec les processeurs 8086, 8088, 80186, 80188 et avec le mode réel du 80286.

En mode protégé, le 80386 peut exécuter le code du mode protégé du 80286. La mémoire virtuelle a alors une capacité de 4 Goctets. Les segments demeurent de 64 Ko et on dispose du jeu d'instructions de 16 bits du 80286.

Le **mode protégé** peut être configuré en «mode 8086 virtuel» qui permet au 80386 de créer l'illusion de processeurs 8086 multiples ayant chacun un espace mémoire.

Dans le mode protégé natif, toutes les fonctionnalités du 80386 sont déverrouillées. La capacité d'adressage linéaire est de 4 Goctets et permet l'exécution de programmes en mémoire virtuelle de taille pratiquement illimitée (64 téra-octets ou 2^{46} octets). Les registres d'adresses et de données ainsi que les accès à la mémoire sont alors de 32 bits. La restriction des segments à 64 Ko est éliminée et ils peuvent atteindre 4 Goctets. Ce mode permet l'utilisation d'instructions supplémentaires spécialement optimisées pour assurer le fonctionnement des systèmes d'exploitation multitâches.

Le 80386 peut être accompagné des coprocesseurs 80287 et 80387.

Gestion de la mémoire

Avec le 80386, la gestion de la mémoire virtuelle est réalisée au moyen de la segmentation. Cette technique fournit la base d'un système de protection de la mémoire. Elle permet de diviser les zones de l'espace mémoire selon des attributs qui leur sont communs en une ou plusieurs régions linéaires distinctes appelées segments. Par exemple, tout le code d'un programme donné pourrait être contenu dans un segment, ou une table de système d'exploitation pourrait résider dans un segment. Toute l'information à propos des segments est stockée dans une structure de données de huit octets appelée **descripteur** de segment. Tous les descripteurs d'un système sont contenus dans des tables reconnues par le matériel. Le 80386 possède en outre un cache pouvant contenir six descripteurs de segments.

La gestion de mémoire virtuelle du 80386 fait aussi appel à la pagination, indispensable pour la réalisation de systèmes d'exploitation multitâches (*voir le chapitre 8*). Un programme est alors divisé en pages de grandeur uniforme qui n'ont aucune relation directe avec la structure logique du programme. Le 80386 possède à cette fin un cache de huit ensembles de quatre blocs pour la traduction d'adresses.

Le 80386 est conçu selon une **architecture pipeline** à huit étages. Une telle architecture assure un fonctionnement plus rapide en permettant l'exécution en parallèle de plusieurs fonctions : recherche, décodage et exécution des instructions ainsi que gestion de la mémoire virtuelle, c'est-à-dire segmentation et pagination.

La figure 13.2 présente l'architecture du 80386.

Figure 13.2 Architecture du microprocesseur 80386

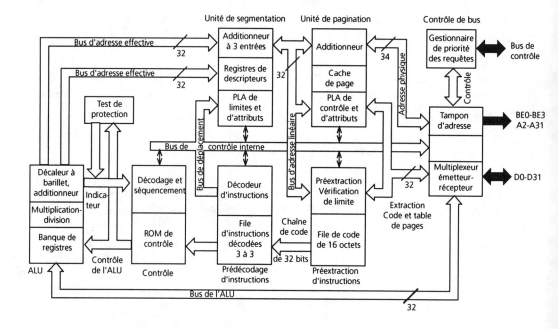

13.2.1 Brochage du 80386

Le 80386 est habituellement présenté en un seul boîtier (*pin grid array*) muni de 132 broches, illustré à la figure 13.3.

Figure 13.3
Boîtier du microprocesseur 80386

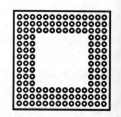

Le brochage fonctionnel est illustré à la figure 13.4.

Le bus d'adresses, constitué des lignes $\overline{BE0}$ à $\overline{BE3}$ et A2 à A31, est capable d'adresser 4 Goctets d'espace mémoire et 64 Ko d'espace d'E/S. Les lignes $\overline{BE0}$ à $\overline{BE3}$ indiquent quels octets du bus de données de 32 bits sont engagés dans le transfert en cours :

- $\overline{BE0}$ s'applique à D0-D7
- $\overline{BE1}$ s'applique à D8-D15
- $\overline{BE2}$ s'applique à D16-D23
- $\overline{BE3}$ s'applique à D24-D31

Figure 13.4 Brochage du microprocesseur 80386

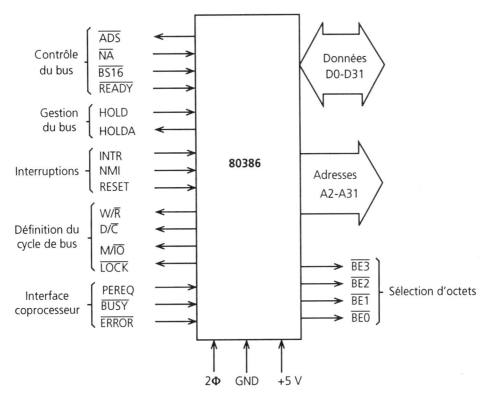

Les autres lignes se définissent comme suit :

- La sortie W/$\overline{\text{R}}$ indique si le transfert en cours est une lecture (R) ou une écriture (W).
- La sortie D/$\overline{\text{C}}$ indique s'il s'agit d'un cycle de données (D) ou d'un cycle de contrôle (C).
- La sortie M/$\overline{\text{IO}}$ distingue entre les cycles mémoire (M) et les cycles d'entrée-sortie (IO).
- La sortie $\overline{\text{LOCK}}$ distingue les cycles de bus verrouillés des cycles non verrouillés.
- La sortie $\overline{\text{ADS}}$ indique qu'une adresse valide est présente sur le bus d'adresses.
- L'entrée $\overline{\text{READY}}$ indique au processeur que le cycle de bus en cours est complet et que les octets actifs indiqués par $\overline{\text{BE0}}$-$\overline{\text{BE3}}$ ont été acceptés (écriture) ou fournis (lecture).
- L'entrée $\overline{\text{NA}}$ (*Next Address Request*) indique au processeur que le système est prêt à accepter de nouvelles valeurs de $\overline{\text{BE0}}$-$\overline{\text{BE3}}$, A2-A31, W/$\overline{\text{R}}$, D/$\overline{\text{C}}$ et M/$\overline{\text{IO}}$ de la part du 80386, même si la fin du cycle courant n'a pas encore été signalée par $\overline{\text{READY}}$. L'adresse suivante est fournie par le processeur si une requête interne de bus est en attente.
- $\overline{\text{BS16}}$ permet au 80386 d'être directement relié à des bus de données de 16 et 32 bits. Lorsque cette entrée est validée, le cycle de bus en cours n'utilise que la moitié la moins significative D0-D15 du bus d'adresse, qui correspond à $\overline{\text{BE0}}$ et $\overline{\text{BE1}}$. Si l'opérande est une valeur de 32 bits, le processeur effectuera automatiquement un second cycle de bus de 16 bits.

- L'entrée HOLD indique qu'un périphérique demande le contrôle du bus.
- La sortie HOLDA indique au périphérique que le processeur a abandonné le contrôle du bus en réponse à une requête HOLD. Les lignes D0-D31, $\overline{BE0}$-$\overline{BE3}$, A2-A31, W/$\overline{R}$, D/$\overline{C}$, M/$\overline{IO}$, $\overline{LOCK}$ et $\overline{ADS}$ sont dans un état de haute impédance de sorte que le nouveau maître du bus peut les contrôler.
- Les signaux PEREQ, $\overline{BUSY}$ et $\overline{ERROR}$ servent à l'établissement de la liaison (ou la «poignée de main» : *handshaking*) avec les coprocesseurs 80287 ou 80387.
- L'entrée INTR est une demande d'interruption masquable qui peut être masquée par le bit IF du registre d'état (*flag register*). Quand le 80386 détecte une entrée INTR, il effectue deux cycles de reconnaissance d'interruption et, à la fin du second, il verrouille un vecteur d'interruption de huit bits sur D0-D7 pour repérer la source de l'interruption.
- La requête d'interruption non masquable NMI indique la présence d'une interruption qui ne peut pas être masquée par logiciel. Cette requête est toujours traitée suivant le pointeur situé dans la case 2 de la table d'interruptions. Comme cette case est fixe, aucun cycle de reconnaissance d'interruption n'est effectué lors du traitement de NMI.
- Une fois que le traitement de NMI a commencé, aucun autre NMI n'est traité avant la prochaine instruction IRET (*Return from Interrupt*), qui indique la fin du sous-programme de traitement d'interruption. Si un NMI s'est produit entre temps, son traitement sera effectué après la fin de la prochaine instruction IRET.
- Le signal d'entrée RESET suspend toute opération en cours et place le 80386 dans un état connu. Toutes les autres broches d'entrée sont ignorées et toutes les autres lignes de bus sont placées dans des états prédéterminés. Le processeur exécute ensuite l'instruction située à l'adresse FFFFFFF0$_{16}$.

13.2.2   Organisation interne du 80386

Le 80386 contient 8 registres généraux de 32 bits utilisés pour effectuer des opérations arithmétiques (addition, soustraction, multiplication et division) ainsi que pour former des adresses de mémoire (figure 13.5).

Registres généraux

On peut accéder séparément au mot le moins significatif des registres généraux en laissant tomber la première lettre de leur nom. Par exemple, le nom AX renvoie aux 16 bits les moins significatifs du registre de 32 bits EAX. Les 8 registres de 16 bits AX, CX, DX, BX, SP, BP, SI et DI correspondent aux 8 registres de 16 bits de la famille 8086. Quand on accède à ces registres de 16 bits, les 16 bits les plus significatifs du registre étendu de 32 bits correspondant ne sont pas affectés.

On peut accéder séparément aux moitiés la plus significative et la moins significative des registres X, à savoir AX, BX, CX et DX comme registres de 8 bits si on remplace le X par H ou par L. Par exemple, AL représente les 8 bits les moins significatifs du registre de 16 bits AX et en même temps les 8 bits les moins significatifs du registre de 32 bits EAX. AH représente les 8 bits les plus significatifs du registre de 16 bits AX. Les autres bits de ces registres ne sont pas affectés lors d'un accès à un tel registre de huit bits.

Figure 13.5 Registres du 80386

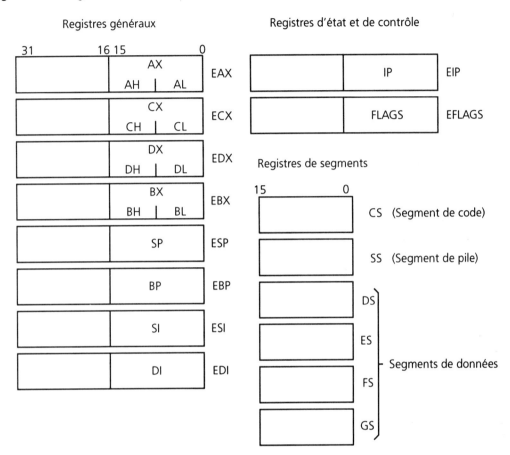

L'opérande d'une instruction peut contenir tout registre général pour la formation de l'adresse ou pour les opérations arithmétiques simples telles que l'addition et la soustraction. Certaines opérations plus complexes telles que les opérations sur les chaînes de caractères et la multiplication ou la division en double précision doivent prendre leurs opérandes dans des registres fixes. Par exemple, les registres ECX, ESI et EDI servent, dans les instructions de chaîne, à conserver respectivement la longueur de la chaîne, le pointeur de source et le pointeur de destination. Les registres EAX et EDX, quant à eux, reçoivent toujours le résultat d'une multiplication ou d'une division de double précision.

Deux registres contrôlent le fonctionnement du 80386 : le pointeur d'instruction EIP (*Instruction Pointer Register*) et le registre d'état EFLAGS.

Pointeur d'instruction

Le registre EIP pointe toujours la prochaine instruction à exécuter. Le registre de 16 bits IP est contenu dans les 16 bits les moins significatifs du registre EIP. Il contient le pointeur d'instruction de 16 bits pour l'exécution de code 8086 ou 80286.

Registre EFLAGS

Le registre de 32 bits EFLAGS contient :

- les indicateurs d'état où :
  - CF est la retenue,
  - PF est la parité,
  - AF est la retenue auxiliaire pour les opérations DCB,
  - ZF est le zéro,
  - SF est le signe,
  - OF est le bit de débordement;

- les bits de contrôle où :
  - TF est le bit d'autorisation des interruptions logicielles (*Trap Enable*),
  - IF est le bit d'autorisation des interruptions matérielles (*Interrupt Enable*),
  - DF est le bit de direction pour les opérations de chaînes de caractères,
  - IOPL sont les deux bits de niveau de privilège d'entrée-sortie (*I/O Privilege Level*),
  - NT est le bit de tâche emboîtée (*Nested Task*),
  - RF est le bit de redémarrage (*Restart*),
  - VM est le bit de mode virtuel du 8086.

Figure 13.6 Registre EFLAGS

```
31              23              15        11                      0
   ┌─────────────┬──────────────── V R│N IO│O D I T S Z  A   P   C
   │0 0 0 0 0 0 0 0│0 0 0 0 0 0 M F│0 T│PL│F F F F F F 0 F 0 F 1 F
   └─────────────┴────────────────────────────────────────────────
```

Registres de segments

Le 80386 possède six registres de segments qui adressent des segments mémoire. Deux d'entre eux, FS et GS, sont nouveaux. Pour atteindre des données dans un segment donné, le programme doit charger l'un des registres de segments avec une valeur spéciale appelée **sélecteur** qui identifie le segment désiré.

Comme nous l'avons mentionné précédemment (*voir le chapitre 8*), dans un système où l'espace mémoire est divisé en segments au moyen de la technique de segmentation, l'adresse logique comporte deux champs : le numéro de segment et le déplacement (*offset*) à l'intérieur du segment. Ainsi, si, dans un programme, un segment porte le nom DONNÉES et qu'une information se trouve au déplacement 1234 dans ce segment, son adresse est dénotée : DONNÉES:[1234]. Si le registre de segment ES contient le sélecteur du segment DONNÉES et si le registre général EAX contient la valeur du déplacement, soit 1234, alors la même adresse peut être exprimée par ES:[EAX]. Toute instruction qui utilise un opérande mémoire doit spécifier les deux parties de l'adresse.

À chaque registre de segment correspond un registre invisible, non accessible au programmeur, contenant un descripteur de segment (figure 13.7). Ce descripteur contient l'adresse de base du segment (32 bits), la taille maximale du segment (32 bits) ainsi que ses droits d'accès (4 bits).

Figure 13.7   Descripteur de segment

Adresse de base	Limite	Droits d'accès

Espace d'entrée-sortie

Les microprocesseurs de la famille Intel comportent une deuxième plage mémoire, soit un espace d'entrée-sortie non segmenté de 64 Ko (00000000_{16} à $0000FFFF_{16}$). Seules les instructions spéciales d'E/S telles que OUT, OUTS, IN, INS, etc. permettent d'y accéder. Cet espace est optimisé pour les périphériques d'entrée-sortie tels que les claviers, les disques, les écrans, les imprimantes, etc. Les adresses $80000F8_{16}$ à $800000FF_{16}$ de l'espace d'entrée-sortie sont réservées au coprocesseur. Il est également possible d'échanger des données avec des périphériques à topographie mémoire à l'aide d'instructions ordinaires.

13.3   ARCHITECTURE DU MACINTOSH IICI D'APPLE

Examinons, comme second exemple d'architecture récente de micro-ordinateur, l'architecture du Macintosh IICI d'Apple construit autour du microprocesseur MC68030 de Motorola (figure 13.8). Le bus utilisé est le bus de 32 bits Nubus. La fréquence d'horloge est de 25 MHz. Des fréquences d'horloge de 20 et 40 MHz sont également possibles dans d'autres modèles de Macintosh.

L'affichage d'origine consiste en un écran de 13 po avec 640 * 480 pixels pouvant afficher simultanément 256 couleurs parmi une palette de 16 777 216 couleurs.

13.4   LE MICROPROCESSEUR MC68030 DE MOTOROLA

Avant d'examiner les caractéristiques du microprocesseur MC68030, considérons rapidement celles des microprocesseurs de la famille MC68000, qui figurent parmi les plus puissants sur le marché. Le tableau suivant fournit un résumé de ces caractéristiques.

Tableau 13.1   Caractéristiques des processeurs de la famille MC68000

Processeur	Bus de données (bits)	Bus interne (bits)	Horloge (MHz)	Bits d'adresse	Espace adressage
68000	16	16	8 à 16	24	16 Mo
68008	8	8	8 à 16	20	1 Mo
68010	16	16	8 à 16	24	16 Mo
68020	32	32	16 à 25	32	4 Goctets
68030	32	32	25 à 50	32	4 Goctets
68040	32	32	25 et plus	32	4 Goctets

Figure 13.8   Architecture du Macintosh II d'Apple

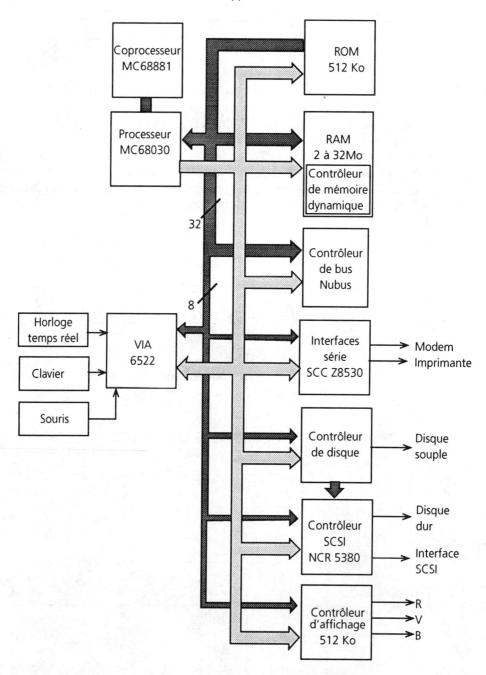

Figure 13.9 Architecture du microprocesseur MC 68030

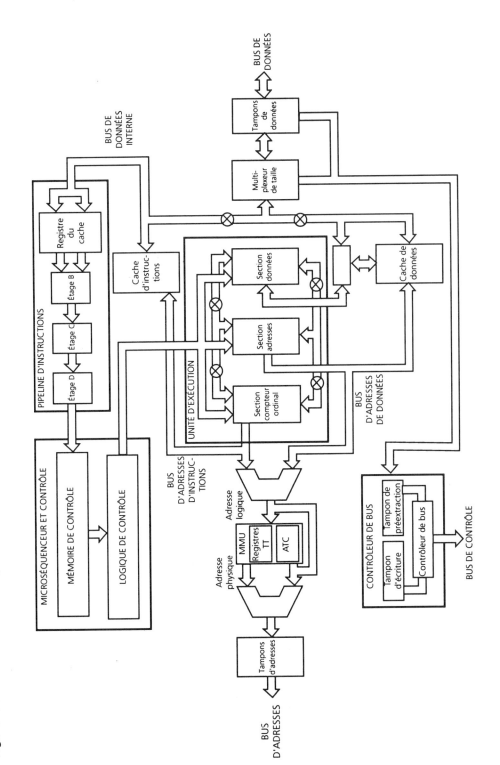

Le 68030, comme le 68010 et le 68040, comprend une unité de gestion de mémoire (MMU) qui lui donne des possibilités de mémoire virtuelle (*voir le chapitre 8*); il possède en outre une mémoire cache de données de 256 octets, un bus synchrone, et peut charger les caches (instructions et données) en mode «rafale» à très grande vitesse. Il comporte aussi, tout comme les processeurs 68020 et 68040, des modes d'adressage et de nombreuses instructions supplémentaires, un registre à décalage en «barillet» et une structure pipeline de pré-recherche des instructions. Le 68020 possède une mémoire cache d'instructions de 256 octets. Quant au 68040, il est muni, en plus, d'une unité arithmétique en virgule flottante intégrée sur la même puce; ses mémoires caches de données et d'instructions ont une capacité de 4 Ko chacune.

Cela dit, concentrons-nous sur le MC68030.

Ce microprocesseur dispose de 20 modes d'adressage et d'un jeu d'une centaine d'instructions, ce qui permet plusieurs milliers d'opérations internes différentes. Ces instructions peuvent être appliquées à des bits individuels, des demi-octets (nombres DCB), des octets, des mots de 16 bits, des longs mots de 32 bits et des champs de bits.

Le 68030 peut fonctionner dans deux modes : le **mode superviseur** (ou système) et le **mode utilisateur**. Certaines instructions sont privilégiées et ne peuvent être exécutées qu'en mode superviseur.

Le 68030 possède une logique extensive de traitement d'exceptions incluant un jeu complet d'interruptions externes ainsi que d'interruptions d'origine interne comme les erreurs de bus ou d'adresses, les instructions illégales ou privilégiées, les instructions TRAP, TRAPV, CHK et la division par 0.

Le 68030 est conçu selon une architecture pipeline qui permet d'accélérer l'exécution des instructions.

Finalement, le 68030 peut être accompagné des coprocesseurs MC68881 et MC68882.

La figure 13.9 présente l'architecture du MC68030.

13.4.1 Brochage du MC68030

Le microprocesseur 68030 est présenté en un seul boîtier (*pin-grid array*) muni de 114 broches (~ 1 3/8 po * 1 3/8 po), illustré à la figure 13.10.

Figure 13.10
Boîtier du microprocesseur MC68030

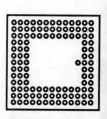

La figure 13.11 montre le brochage fonctionnel du 68030.

Figure 13.11   Brochage du microprocesseur MC68030

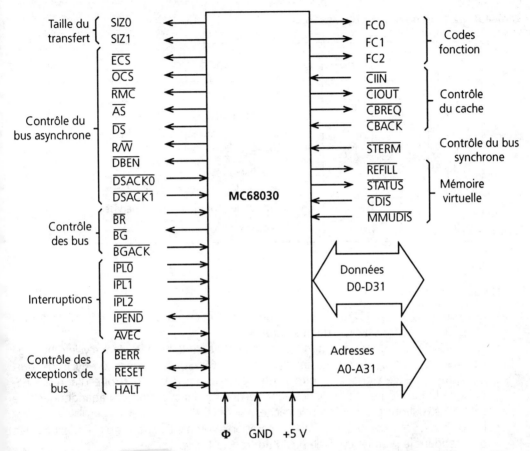

Contrairement aux microprocesseurs de la famille Intel, le MC68030 accède aux E/S en mode topographie mémoire et n'a pas d'instructions d'E/S.

Les accès à la mémoire du MC68030 se font de façon asynchrone. La mémoire peut être très lente. Quand les données requises sont valides, la mémoire doit activer des lignes $\overline{DSACK0}$ ou $\overline{DSACK1}$ et le processeur termine son cycle d'accès à la mémoire. Il en va de même lors d'une écriture. Une telle procédure d'échange d'information est nommée **établissement d'une liaison** ou «poignée de main».

Par exemple, lors de la lecture d'un long mot de 32 bits, si la mémoire répond que sa largeur est de 32 bits ($\overline{DSACK0} = \overline{DSACK1} = 0$), le processeur lit 32 bits de données et l'opération est terminée. Si elle répond qu'elle a une largeur de 16 bits ($\overline{DSACK0} = 1$ et $\overline{DSACK1} = 0$), le processeur lit 16 bits de données, puis effectue un autre cycle de lecture pour obtenir les 16 bits suivants. Une mémoire de huit bits ($\overline{DSACK0} = 0$ et $\overline{DSACK1} = 1$) est traitée de la même façon, mais en quatre cycles de lecture.

Les sorties FC0 à FC2 permettent de connaître l'état du processeur (mode superviseur ou utilisateur) et l'espace d'adressage du cycle de bus en cours d'exécution.

Tableau 13.2   Bits de contrôle du MC68030

FC2	FC1	FC0	Type de cycle
0	0	0	Réservé
0	0	1	Espace de données de l'utilisateur
0	1	0	Espace de programme de l'utilisateur
0	1	1	Réservé
1	0	0	Réservé
1	0	1	Espace de données du superviseur
1	1	0	Espace de programme du superviseur
1	1	1	Espace du processeur

Les autres lignes se définissent comme suit :

- Les sorties SIZ0 et SIZ1 indiquent le nombre d'octets d'un opérande qui restent à transférer pendant un cycle de bus donné.
- La sortie $\overline{ECS}$ (*External Cycle Start*) est validée pendant le premier demi-cycle d'horloge de chaque cycle de bus pour indiquer que le 68030 commence un cycle de bus. L'utilisation de ce signal doit être confirmée plus tard par un *strobe* d'adresse AS, puisque le 68030 peut commencer une recherche d'instruction et l'abandonner si le mot d'instruction se trouve dans le cache.
- La sortie $\overline{OCS}$ (*Operand Cycle Start*) se comporte comme $\overline{ECS}$ sauf qu'elle n'est validée que pendant le premier cycle de bus d'un transfert d'opérande.
- La sortie $\overline{RMC}$ (*Read-Modify-Write*) indique que l'opération courante du bus est une opération indivisible de lecture-modification-écriture. Ce signal est validé pour la durée de la séquence lecture-modification-écriture.
- La sortie $\overline{AS}$ (*Address Strobe*) indique aux circuits périphériques que le bus d'adresses contient une adresse valide.
- La sortie $\overline{DS}$ (*Data Strobe*) indique, lors d'un cycle de lecture, que le périphérique esclave doit contrôler le bus de données. Lors d'un cycle d'écriture, elle indique que le 68030 a placé des données valides sur le bus des données.
- La sortie R/$\overline{W}$ (*Read/Write*) définit la direction des transferts de données. Un état haut de R/$\overline{W}$ indique une lecture à partir d'un périphérique externe, un état bas indique une écriture.
- La sortie $\overline{DBEN}$ (*Data Buffer Enable*) fournit une validation aux tampons de données externes. Elle permet au signal R/$\overline{W}$ de changer sans créer de conflit entre les tampons externes.

- Les entrées $\overline{\text{DSACK0}}$ et $\overline{\text{DSACK1}}$ (*Data Size Acknowledge*) indiquent qu'un transfert de données est complet; elles indiquent aussi la dimension de la donnée que le périphérique externe a acceptée ou fournie, tel que le montre le tableau 13.3. Lors d'un cycle de lecture, quand le processeur reconnaît $\overline{\text{DSACKx}}$, il verrouille la donnée et termine le cycle de bus; lors d'un cycle d'écriture, le cycle de bus se termine quand le processeur reconnaît $\overline{\text{DSACKx}}$.

Tableau 13.3   Accès bus du MC68030

$\overline{\text{DSACK0}}$	$\overline{\text{DSACK1}}$	Résultat
Haut	Haut	Insérer états d'attente dans le cycle de bus courant
Haut	Bas	Cycle complété. Taille des données = 8 bits
Bas	Haut	Cycle complété. Taille des données = 16 bits
Bas	Bas	Cycle complété. Taille des données = 32 bits

- L'entrée $\overline{\text{CDIS}}$ (*Cache Disable*) désactive le cache d'instructions.
- Les trois entrées $\overline{\text{IPL}}$ servent à coder la priorité d'un circuit d'E/S qui réclame une interruption. Si le circuit a une priorité plus élevée que celle dont dispose momentanément le processeur, alors l'interruption a lieu; sinon, il doit attendre.
- La sortie $\overline{\text{IPEND}}$ (*Interrupt Pending*) indique que le niveau d'interruption actif sur les entrées $\overline{\text{IPL}}$ est plus haut que le niveau courant du masque d'interruption dans le registre d'état, ou qu'une interruption non masquable s'est produite.
- L'entrée $\overline{\text{AVEC}}$ (*AutoVector*) est utilisée pour demander la génération interne du numéro de vecteur lors d'un cycle de reconnaissance d'interruption.
- L'entrée $\overline{\text{BR}}$ (*Bus Request*) est activée par les circuits d'E/S qui désirent utiliser les bus. Le 68030 répond qu'il a effectivement abandonné le bus en activant la sortie $\overline{\text{BG}}$ (*Bus Grant*). Le circuit qui a demandé le bus doit ensuite activer $\overline{\text{BGACK}}$ (*Bus Grant Acknowledge*) tant qu'il a besoin du bus.
- L'entrée $\overline{\text{BERR}}$ (*Bus Error*) informe le 68030 qu'une erreur de bus s'est produite, par exemple, un périphérique qui ne répond pas. En effet, sans un tel signal, lors d'une tentative de lecture dans une adresse de mémoire inexistante, le 68030 attendrait indéfiniment la réponse. Le signal $\overline{\text{BERR}}$ est déclenché par un temporisateur externe si les signaux $\overline{\text{DSACKx}}$ ne sont pas apparus après un délai raisonnable.
- $\overline{\text{RESET}}$ est un signal bidirectionnel qui peut être utilisé pour réinitialiser le processeur, ou bien c'est ce dernier qui, lors de l'exécution de l'instruction RESET, réinitialise tous les périphériques.
- $\overline{\text{HALT}}$ est un signal bidirectionnel. En mode sortie, il indique que le processeur est inactif. En mode entrée, il provoque l'arrêt du processeur à la fin du cycle de bus courant. Il peut être employé pour le mode d'exécution pas à pas.

13.4.2 Organisation interne du MC68030

Le MC68030 possède un jeu de 16 registres généraux de 32 bits, un compteur programme (PC) de 32 bits et un registre d'état de 16 bits, dont 8 bits constituent le registre CCR (*Condition Code Register*). Les registres D0 à D7 sont utilisés comme registres de données pour des opérations de 8, 16 ou 32 bits. Les registres A0 à A6 et le pointeur de pile A7 peuvent servir de pointeurs de pile, de registres d'adresses de base ou de registres d'index. Ils peuvent de plus être utilisés pour des opérations de 16 et 32 bits. La figure 13.12 montre la structure interne du MC68030 en mode utilisateur.

Figure 13.12 Structure interne du MC68030 en mode utilisateur

Registres de données

31	D0	0
31	D1	0
31	D2	0
31	D3	0
31	D4	0
31	D5	0
31	D6	0
31	D7	0

Registres d'adresses

31	A0	0
31	A1	0
31	A2	0
31	A3	0
31	A4	0
31	A5	0
31	A6	0
31	USP } A7	0
31	SSP	0
31 24 23	PC	0
	7 CCR	0

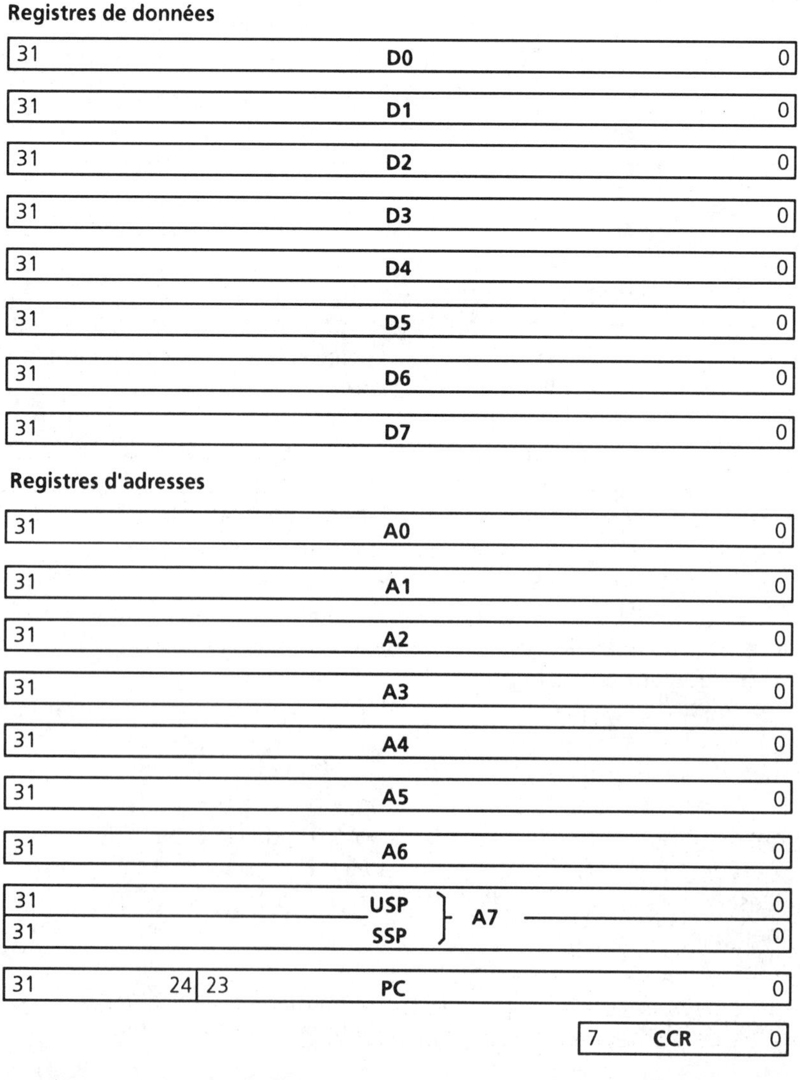

En mode superviseur, d'autres éléments sont ajoutés à la structure interne du MC68030, comme le montre la figure 13.13. Quand le processeur est en mode superviseur, A7 est le pointeur de pile superviseur (SSP). En mode utilisateur, A7 est le pointeur de pile ordinaire (USP).

Figure 13.13   Supplément de structure interne du MC68030 en mode superviseur

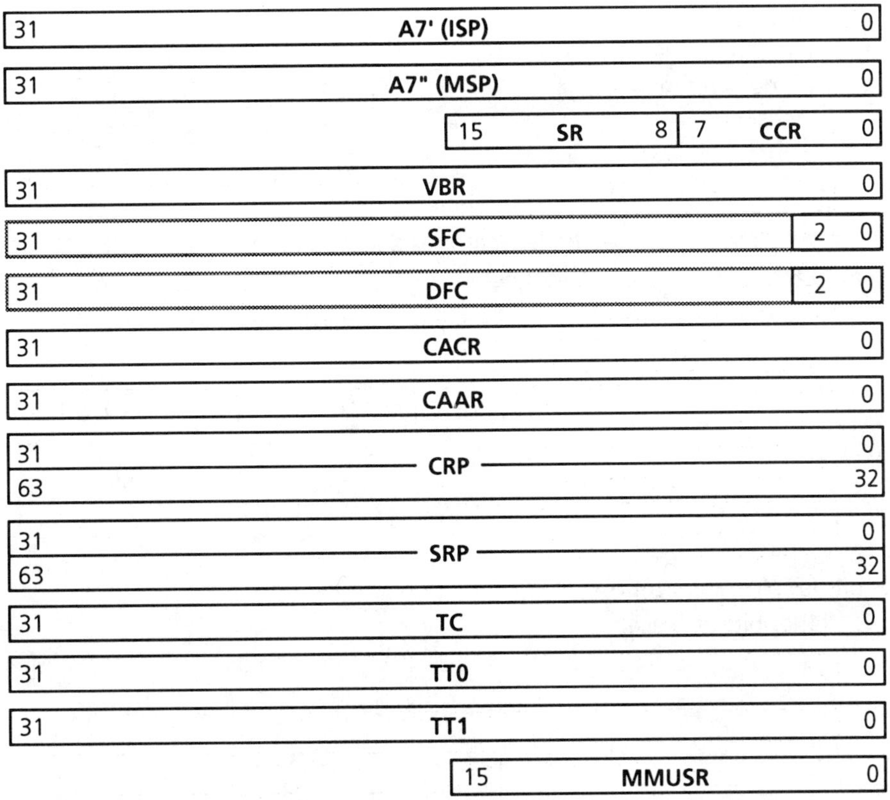

31		A7' (ISP)				0
31		A7" (MSP)				0
	15	SR	8	7	CCR	0
31		VBR				0
31		SFC			2	0
31		DFC			2	0
31		CACR				0
31		CAAR				0
31 / 63		CRP				0 / 32
31 / 63		SRP				0 / 32
31		TC				0
31		TT0				0
31		TT1				0
	15	MMUSR				0

Ce supplément comprend :
- le pointeur de pile d'interruption ISP;
- le pointeur de pile maître MSP;
- le registre d'état SR;
- le registre de vecteur de base VBR;
- le registre de code de fonction source SFC;
- le registre de code de fonction destination DFC;
- le registre de contrôle du cache CACR;
- le registre d'adresse du cache CAAR;
- le registre de pointeur racine pour les tables de mémoire virtuelle CRP;
- le registre de pointeur racine du superviseur SRP;

- le registre de contrôle de traduction d'adresses TC;
- le registre de traduction transparente 0, TT0;
- le registre de traduction transparente 1, TT1;
- le registre d'état de l'unité de mémoire virtuelle MMUSR.

Registre d'état SR

Le registre d'état (figure 13.14) contient les indications habituelles, soit :
- N, le bit négatif;
- Z, le bit zéro;
- V, le bit de débordement (*overflow*);
- C, le bit de la retenue (*carry*);
- X, l'extension.

Le registre d'état contient enfin les masques d'interruption I2, I1 et I0, qui constituent huit niveaux ayant des priorités différentes.

Figure 13.14
Registre d'état
du MC68030

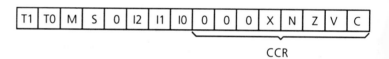

Les bits les plus significatifs sont constitués de :
- T0, T1, les bits de trace;

Tableau 13.4
Fonction des bits de trace

T1	T0	Fonction
0	0	Pas de trace
0	1	Trace lors de sauts ou branchements, etc.
1	0	Trace à chaque instruction
1	1	Réservé

- M, S, les bits de mode, où
  - 00 indiquent le mode utilisateur (S = 0),
  - 01 sont réservés,
  - 11 indiquent le mode superviseur-maître (pointeur de pile = MSP),
  - 10 indiquent le mode superviseur-interruption (pointeur de pile = ISP).

13.5   VERS L'AVENIR

Nous avons vu dans ce chapitre deux microprocesseurs de 32 bits, le 80386 d'Intel et le MC68030 de Motorola. Ces deux processeurs, qui sont les plus répandus des microprocesseurs à architecture CISC (*Complex Instruction Set Computer*), bien que possédant des architectures totalement différentes, fournissent des performances comparables. Les deux familles continuent d'évoluer rapidement. Des fréquences d'horloge plus élevées sont annoncées. Entre temps, le 80486, intégrant microprocesseur et coprocesseur dans un même boîtier, a fait son apparition sur le marché en 1991, et le 80586, encore plus performant, devrait entrer en fabrication vers la fin de 1992. Chez Motorola, le MC68040, renfermant lui aussi micro-processeur et coprocesseur sur une même puce, est disponible dans des micro-ordinateurs tels que les Macintosh Quadra. L'apparition du MC68050 est prévue pour le début de 1993. Seront-ils suivis d'un 80686 et d'un MC68060?

14

INTRODUCTION
À L'ARCHITECTURE
DES ORDINATEURS PARALLÈLES

14.1 CONSIDÉRATIONS GÉNÉRALES

Actuellement, l'architecture de la plupart des ordinateurs est de type von Neumann. Rappelons que cette architecture se caractérise par un seul processeur et un seul bloc de mémoire RAM auquel le processeur peut avoir accès. La mémoire conserve à la fois les programmes et les données. Durant l'exécution d'un programme, les instructions sont successivement lues et transférées dans le registre d'instruction. Par la suite, chaque instruction est décodée et, à l'aide d'un dispositif de commande câblée ou microprogrammée, les signaux de commande sont envoyés, ce qui permet l'exécution des instructions. Les informations (instructions et données) sont échangées entre la mémoire et le processeur par l'intermédiaire d'un bus unique.

Au fur et à mesure que l'informatique a évolué, tant sur le plan de la technologie que sur les plans de la conception et du logiciel, de nombreuses améliorations ont été apportées à cette architecture afin d'augmenter les performances des ordinateurs monoprocesseurs.

Dans le présent chapitre, nous donnons un aperçu général de l'évolution des ordinateurs qui ne respectent plus l'architecture de type von Neumann, donc qui ne respectent plus l'exécution séquentielle des instructions par un processeur unique. Dans ces types de machines, le traitement d'une instruction commence avant que l'instruction précédente ne soit complètement exécutée, ou encore, plusieurs instructions sont analysées et exécutées simultanément. On parle donc de **traitement parallèle** de l'information dans des **ordinateurs parallèles**. Dans un premier temps, nous présentons des mécanismes de **parallélisme fin** introduits à l'aide de supports matériels tels que les **processeurs pipelines** et les **processeurs vectoriels**. Dans un deuxième temps, nous présentons les **systèmes multiprocesseurs** de type **mémoire partagée** et ceux où chaque processeur dispose d'une **mémoire locale** et où les processeurs sont reliés par des **canaux de communication**. Nous insisterons, pour cette dernière catégorie d'ordinateurs, sur l'architecture particulière d'un système multiprocesseur dont l'élément de base est le **transputer**.

14.2   TECHNIQUE PIPELINE

14.2.1   Pipeline linéaire

Les étapes de traitement à l'intérieur d'un ordinateur monoprocesseur sont accomplies successivement. Par exemple, le cycle de recherche d'une instruction commence seulement si le cycle d'exécution de l'instruction précédente est achevé. Une technique susceptible d'accroître significativement les performances globales d'un ordinateur est celle du **traitement pipeline**.

Figure 14.1   Structure matérielle d'un pipeline linéaire

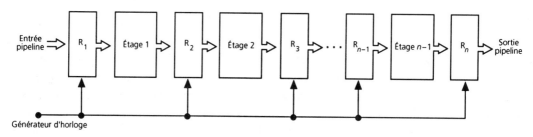

Pour appliquer le principe du traitement pipeline, on doit diviser une tâche T en une séquence de sous-tâches $\{T_1, T_2, ... , T_n\}$, où chaque sous-tâche peut être exécutée par une structure matérielle indépendante qui fonctionne conjointement avec d'autres structures matérielles se trouvant dans le pipeline. La structure matérielle, composant d'un pipeline, qui peut exécuter une sous-tâche s'appelle **étage**. Les étages sont séparés par des **registres tampons de haute vitesse**, réalisés habituellement à l'aide de bascules de type verrou (figure 14.1). Le traitement est assuré par le transfert de l'information d'un registre à l'autre, sous le contrôle d'un générateur d'horloge. Entre les sous-tâches qui composent une tâche T, il doit exister une **relation de priorité linéaire**. Cette relation impose de commencer le traitement de la sous-tâche T_j seulement lorsque la sous-tâche antérieure T_i a été complétée. Une collection d'étages qui effectuent le traitement d'une succession de sous-tâches d'après une relation de priorité linéaire constitue le plus simple pipeline, qu'on appelle **pipeline linéaire**. Idéalement, tous les étages d'un pipeline linéaire doivent avoir la même vitesse de traitement, mais cette condition n'est pas toujours réalisable. Par conséquent, la fréquence du générateur d'horloge sera choisie en fonction du temps d'exécution sur l'étage le plus lent.

Pour montrer la superposition des sous-tâches dans un pipeline linéaire, on a recours au **diagramme spatio-temporel** (figure 14.2). Chaque étage E_i est représenté sur l'axe de l'espace. Durant le traitement, les quatre tâches illustrées à la figure 14.2, décomposées en sous-tâches, traversent le pipeline sous le contrôle du générateur d'horloge.

Figure 14.2   Diagramme spatio-temporel d'un pipeline

Espace									
E_4				T_1	T_2	T_3	T_4	...	
E_3			T_1	T_2	T_3	T_4	...		
E_2		T_1	T_2	T_3	T_4	...			
E_1	T_1	T_2	T_3	T_4	...				
	t_1	t_2	t_3	t_4	t_5	t_6	t_7	t_8	Temps

Supposons que, pour l'étage E_i, le circuit combinatoire introduise un délai de τ_i. Supposons aussi qu'un registre tampon introduise un délai (écriture) de τ_r. La période τ du générateur d'horloge qui contrôle le pipeline sera choisie par la relation :

$$\tau = \max \{\tau_i\} + \tau_r = \tau_{max} + \tau_r . \tag{14.1}$$

Un pipeline linéaire qui contient k étages peut, idéalement, effectuer le traitement des n tâches dans :

$$T_k = k + (n-1) \tag{14.2}$$

impulsions d'horloge, où k impulsions sont utilisées pour remplir le pipeline pendant l'exécution de la première tâche et $(n-1)$ impulsions d'horloge sont utilisées pour exécuter les autres $(n-1)$ tâches. Le même nombre de n tâches a besoin de :

$$T_1 = n * k \tag{14.3}$$

impulsions d'horloge dans une structure matérielle classique qui n'est pas réalisée selon le concept pipeline. Par conséquent, le gain en vitesse d'une structure matérielle pipeline linéaire ayant k étages par rapport à une structure matérielle équivalente non pipeline est exprimée par la relation :

$$G_k = \frac{T_1}{T_k} = \frac{n*k}{k + (n-1)} . \tag{14.4}$$

Il est toutefois impossible d'atteindre cette valeur théorique dans un pipeline linéaire en raison de plusieurs facteurs qui influencent le traitement, entre autres :

- les branchements d'un programme;
- les interruptions;
- la dépendance entre l'exécution d'une instruction de test et la valeur d'une donnée.

Ces facteurs sont donc susceptibles de causer une perte d'impulsions d'horloge pendant les périodes d'inactivité imposées par les besoins de synchronisation.

14.2.2 Classification des pipelines

Les pipelines peuvent être classés suivant la fonction de traitement ou suivant leur configuration.

Si l'on considère la **fonction de traitement**, on trouve trois catégories de pipelines : arithmétiques, d'instructions et de processeurs, catégories décrites ci-dessous à l'aide d'exemples.

Les **pipelines arithmétiques** sont utilisés dans les structures des dispositifs arithmétiques et permettent d'exécuter des opérations complexes, particulièrement sur des nombres en virgule flottante. La figure 14.3 montre un pipeline arithmétique linéaire qui représente une solution possible d'un additionneur-soustracteur de nombres en virgule flottante. Pour simplifier le schéma, nous n'avons pas présenté les registres tampons ni les signaux d'horloge qui contrôlent le flot des données. Ce pipeline comporte cinq étages (*voir aussi la section 7.7.2*) :

- E_1 : comparaison des caractéristiques pour déterminer laquelle est la plus grande;
- E_2 : cadrage, donc le décalage à droite de la mantisse de l'opérande ayant la plus petite caractéristique et l'ajustement de la caractéristique de cet opérande pour le rendre égale à la caractéristique du deuxième opérande;
- E_3 : addition ou soustraction des mantisses;
- E_4 : compte des zéros précédents dans la mantisse du résultat;
- E_5 : normalisation du résultat.

Les **pipelines d'instructions** sont utilisés pour faire le traitement des différentes étapes d'une instruction (figure 14.4), plus précisément :

- RI, le cycle de recherche de l'instruction;
- DI, l'analyse et le décodage de l'instruction;
- RO, le cycle de recherche de l'opérande (au besoin);
- EX, l'exécution de l'instruction.

Figure 14.3   Pipeline arithmétique : additionneur-soustracteur en virgule flottante

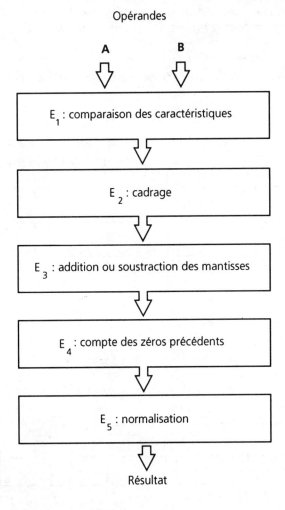

Opérandes

A   B

E_1 : comparaison des caractéristiques

E_2 : cadrage

E_3 : addition ou soustraction des mantisses

E_4 : compte des zéros précédents

E_5 : normalisation

Résultat

Figure 14.4   Pipeline pour le traitement d'une instruction

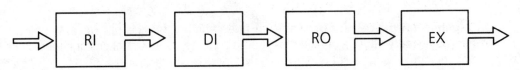

RI   DI   RO   EX

Comme le montre la figure 14.5, les étapes de traitement d'une instruction pipeline dans un pipeline d'instructions se chevauchent, contrairement à ce qui se passe dans une structure non pipeline où les étapes sont accomplies successivement (figure 14.6). Une organisation pipeline permet donc d'obtenir de hautes vitesses de traitement.

Figure 14.5 Diagramme spatio-temporel de l'exécution d'une succession d'instructions dans un processeur pipeline

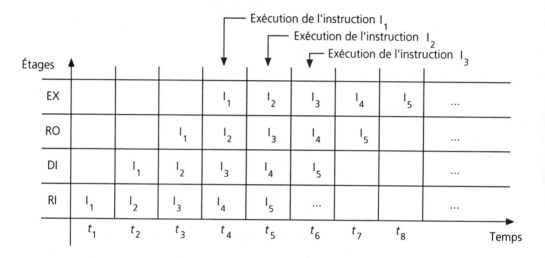

Figure 14.6 Diagramme spatio-temporel de l'exécution d'une succession d'instructions dans un processeur non pipeline

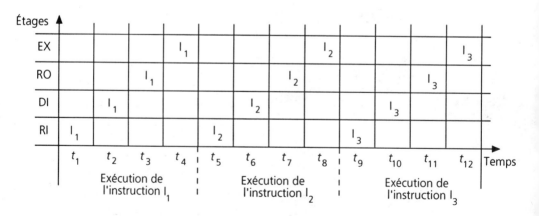

Un **pipeline de processeurs** consiste en une structure formée par un ensemble de processeurs où un même flot de données est soumis au traitement. Un tel pipeline représente un système multiprocesseur, sujet que nous analyserons dans la section 14.5.

On peut répartir les pipelines en trois groupes comparatifs suivant leur **configuration**. Un pipeline qui peut effectuer une seule opération est dit **pipeline unifonction**, tandis qu'un pipeline qui peut en effectuer plusieurs est un **pipeline multifonction**. Dans ce dernier cas, les différentes fonctions sont exécutées soit simultanément (structure plus complexe), soit successivement, selon les divers signaux de commande. Un **pipeline statique** ne peut accomplir qu'une opération à la fois. Par exemple, un pipeline pour l'addition-soustraction en virgule flottante peut exécuter seulement cette opération pour chaque paire de données aux entrées. Par contre, un **pipeline dynamique** permet de changer de configuration; il pourra alors exécuter différents types d'opérations à la fois. Habituellement, un pipeline dynamique est aussi multifonction. Un **pipeline scalaire** effectue le traitement d'une succession d'opérandes scalaires sous le contrôle d'une boucle; il est donc contrôlé par un programme. Quant au **pipeline vectoriel**, il effectue le traitement d'opérandes vectoriels sous le contrôle d'un dispositif de commande câblée ou microprogrammée.

L'architecture du processeur d'un ordinateur de modèle récent se caractérise par plusieurs structures de type pipeline. La figure 14.7 montre une des solutions possibles, soit un processeur à trois pipelines :

- un pipeline pour extraire et interpréter les instructions;
- un pipeline qui constitue une file d'attente des instructions qui se trouvent déjà dans le processeur;
- un ou plusieurs pipelines arithmétiques dans le dispositif arithmétique et logique.

Figure 14.7

Structure d'un processeur à plusieurs pipelines

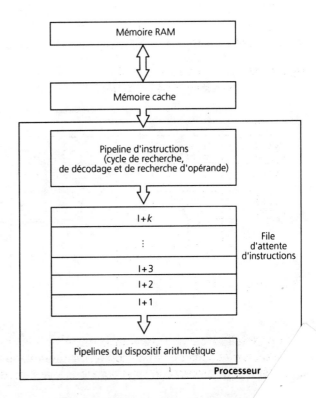

Ainsi, quand le premier pipeline extrait l'instruction $i+k+1$, la file d'attente contient les instructions $i+1$, $i+2$, ..., $i+k$, et le dispositif arithmétique exécute l'instruction i.

14.2.3 Structure générale d'un pipeline et table de réservation

Les pipelines linéaires n'ont pas de réactions. Dans un tel pipeline, le flot d'informations passe successivement d'un étage à l'autre, d'après leur position spatiale. Généralement, une structure pipeline peut inclure des **réactions** et traiter un **flot non linéaire** d'informations. Pour indiquer la succession des étages par lesquels passe le flot d'informations, on utilise une **table de réservation**. Une même structure matérielle peut avoir plusieurs tables de réservation, chacune spécifiant une fonction imposée au flot d'informations pendant le passage à travers le pipeline.

Considérons en guise d'exemple le schéma du pipeline avec réactions de la figure 14.8*a*, ainsi que les deux tables différentes de réservation qui lui sont associées. La première fonction (figure 14.8*b*) requiert six impulsions d'horloge, tandis que la deuxième (figure 14.8*c*) en requiert cinq. Si, à l'entrée d'un étage, des informations peuvent arriver de plusieurs sources, il faut introduire un multiplexeur. Précisons encore une fois que les deux tables sont associées à la même structure matérielle, mais que le passage de l'information à travers le pipeline est différent dans les deux cas. Il faut donc prévoir des signaux de commande qui peuvent opérer un choix entre les deux parcours.

Figure 14.8 Exemple d'un pipeline avec réactions et ses deux tables de réservation

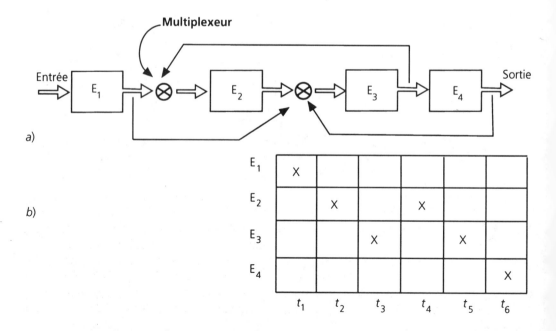

	t_1	t_2	t_3	t_4	t_5	t_6
E_1	X					
E_2		X		X		
E_3			X		X	
E_4						X

Figure 14.8 Exemple d'un pipeline avec réactions et ses deux tables de réservation (suite)

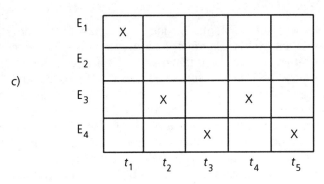

La figure 14.9 montre une table de réservation encore plus complexe pour une structure matérielle hypothétique. Dans cette table, plusieurs X sur une même ligne signifient que l'étage correspondant nécessite plusieurs impulsions d'horloge, tandis que plusieurs X dans une même colonne signifient que plusieurs étages sont en traitement durant la même impulsion d'horloge (étages parallèles).

Figure 14.9 Exemple d'une table de réservation complexe

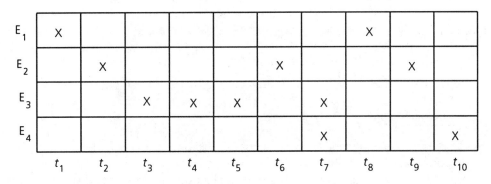

Le fonctionnement de chaque pipeline est géré par un **contrôleur de pipeline**. Durant l'initialisation, le contrôleur doit établir le nombre minimal d'impulsions d'horloge à omettre avant la prochaine initialisation. Dans le cas d'un pipeline linéaire, il est possible de faire une nouvelle initialisation à chaque impulsion d'horloge, ce que nous avons montré par quelques exemples simples. Mais cette initialisation n'est pas toujours possible dans un pipeline avec réactions. Si le contrôleur ne sépare pas deux initialisations avec le nombre minimal nécessaire d'impulsions d'horloge, il peut se produire une situation dans laquelle deux flots d'informations ont besoin au même instant du même étage, ce qui provoque une **collision**.

14.3   PROCESSEURS À ARCHITECTURE RISC

L'architecture des processeurs courants est une architecture **CICS** (*Complex Instruction Set Computer*). Ce nom témoigne du fait que les concepteurs des processeurs ont ajouté plus d'instructions au répertoire, instructions généralement complexes, au fur et à mesure que la technologie des semi-conducteurs progressait. Disposant de plus d'instructions, les programmes en langage machine deviennent plus courts et nécessitent moins d'accès à la mémoire. On retrouve ainsi des processeurs dont le répertoire renferme un grand nombre d'instructions en langage machine, instructions qui utilisent plusieurs types de formats ou plusieurs modes d'adressage. Cette hétérogénéité exige un nombre variable de cycles d'horloge pour l'exécution des instructions et complique la partie logique du dispositif de commande. Le résultat obtenu, c'est-à-dire une diminution de la vitesse de traitement, est souvent contraire à celui recherché. La plupart des processeurs CICS ont un dispositif de commande microprogrammée.

Des concepteurs, voulant éviter les inconvénients d'une architecture CICS, ont proposé une nouvelle architecture de processeurs, appelée architecture à **jeu d'instructions réduit** ou **RISC** (*Reduced Instruction Set Computer*). Un processeur RISC comporte un nombre réduit d'instructions en langage machine, évidemment les plus fréquemment utilisées, et simplifie ainsi la structure logique du dispositif de commande. Des considérations statistiques permettent de choisir les instructions qui composent le répertoire réduit. Par exemple, il a été montré que près de 30 % des instructions du répertoire d'un processeur CICS sont fréquemment utilisées et qu'elles nécessitent plus de 80 % du temps alloué à l'exécution d'un ensemble de programmes. Les instructions les plus souvent utilisées sont donc choisies pour former le répertoire d'un processeur RISC. Les autres opérations pour lesquelles un processeur CICS contient des instructions spécifiques sont exécutées dans un processeur RISC par des petites procédures (macro-instructions) contenant seulement les instructions du répertoire réduit. Un processeur RISC présente les caractéristiques suivantes :

- répertoire réduit d'instructions où un même format est utilisé pour toutes les instructions;
- nombre de modes d'adressage limité;
- exécution de la plupart des instructions dans un seul cycle d'horloge;
- organisation hiérarchique de la mémoire, qui inclut une mémoire cache et un nombre important de registres internes (mémoire immédiate);
- opérations élémentaires effectuées, pour la plupart, sur l'information stockée dans les registres internes;
- pipeline pour le traitement des instructions et pipelines arithmétiques;
- deux instructions seulement pour accéder à la mémoire cache, donc pour l'échange entre les registres internes et la mémoire cache : chargement (LOAD) et mémorisation (STORE);
- dispositif de commande de type câblé et non microprogrammé;
- file d'attente chargée avec des instructions lues préalablement.

Les **compilateurs** rattachés à un processeur RISC assurent l'optimisation du code machine généré, tant sur le plan de la taille de code que sur le plan du temps d'exécution, puisque le jeu d'instructions réduit facilite la mise au point d'un tel compilateur. Pour permettre cette optimisation, il faut tenir compte des caractéristiques de l'architecture RISC, plus particulièrement du tampon qui contient la file d'attente des instructions. Ainsi, pour éviter la lecture inutile d'instructions advenant un saut, un compilateur RISC utilise une technique dite **de saut différé**. Une autre technique dite **de chargement anticipé** permet de déplacer en temps les instructions de lecture ou d'écriture en amont dans le programme écrit en langage machine d'un nombre de cycles d'horloge égal à celui nécessaire à un accès mémoire.

Le microprocesseur SPARC (*Scalable Processor Architecture*), qui équipe l'ordinateur SUN, est un exemple classique de processeur RISC. Une de ses caractéristiques permet l'utilisation de plusieurs fenêtres de registres. Ainsi, dans un instant donné du traitement, un programme en exécution peut accéder à 32 registres de 32 bits chacun, plus précisément à 8 registres globaux et à la fenêtre de travail formée de 24 registres (figure 14.10). Le premier groupe de

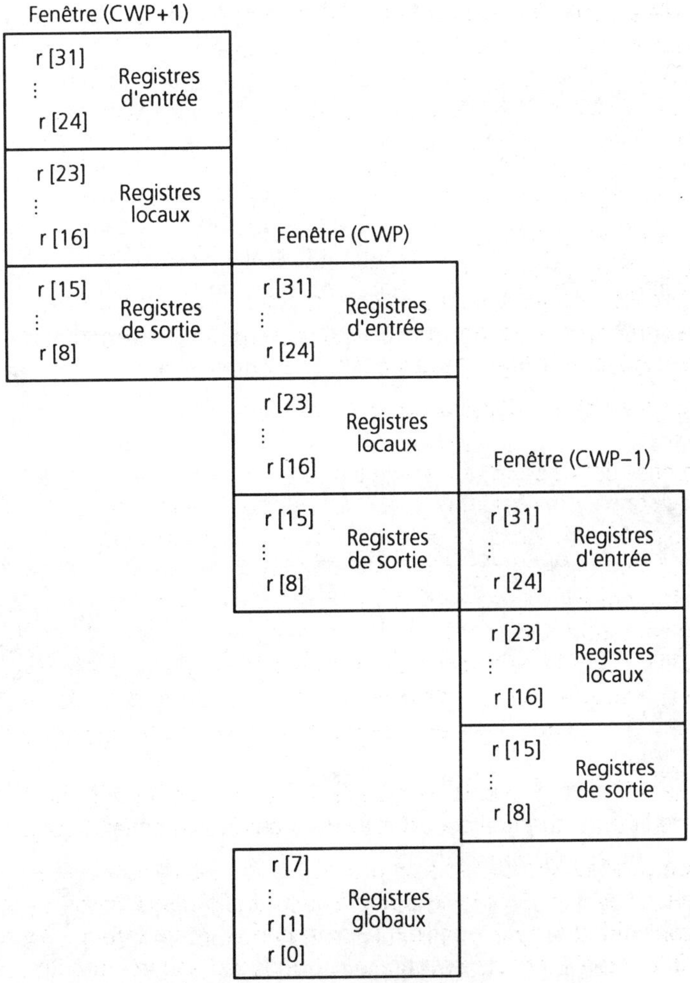

Figure 14.10   Fenêtres de registres dans le microprocesseur SPARC

huit registres d'une fenêtre contient les registres d'entrée, où sont conservés les arguments à l'appel d'une procédure. Le groupe suivant de huit registres est formé des registres locaux utilisés pour le traitement général. Finalement, le dernier groupe de huit registres d'une fenêtre se compose des registres de sortie utilisés pour transférer les arguments au programme appelant. Quand une procédure appelle une autre procédure, un pointeur interne, nommé CWP (*Current Workspace Pointer*), est décrémenté, ce qui provoque un glissement à une autre fenêtre de registres. Ainsi, le groupe de sortie de la fenêtre (CWP+1) devient le groupe d'entrée de la fenêtre (CWP). Il faut noter que, grâce à cette technique, seule la valeur d'un pointeur est changée sans qu'il soit nécessaire de sauvegarder les paramètres dans la pile, ce qui augmente la vitesse du traitement. Cependant, la technique de glissement de fenêtres est limitée par le nombre total de registres disponibles qui est de 119 dans la première version du microprocesseur SPARC.

14.4   ORDINATEURS VECTORIELS

14.4.1   Concepts de base

Les **ordinateurs vectoriels** sont des **machines parallèles** qui travaillent sur des opérandes vectoriels et qui sont équipées de plusieurs unités de traitement. Un opérande vectoriel contient un groupe ordonné de n éléments, où n représente la longueur du vecteur. Chaque élément d'un vecteur constitue une quantité scalaire qui, du point de vue du traitement, peut être un nombre entier, un nombre flottant, une constante logique ou un caractère.

Si V représente un opérande de type vecteur, et S un opérande scalaire, les instructions vectorielles peuvent conduire aux transformations suivantes :

$$F_1(V_1) \rightarrow V_2, \tag{14.5}$$

$$F_2(V_1) \rightarrow S, \tag{14.6}$$

qui expriment des opérations sur un seul opérande vectoriel, ou bien aux transformations suivantes :

$$F_3(V_1 \times V_2) \rightarrow V_3, \tag{14.7}$$

$$F_4(V_1 \times S) \rightarrow V_2, \tag{14.8}$$

qui expriment des opérations sur deux opérandes.

Lors de l'étude du pipeline, nous avons parlé des caractéristiques qui optimisent une telle structure, dont les principales sont :

- la répétition d'une succession d'opérations identiques;
- la possibilité de maintenir au plus bas le nombre des étages et celui de signaux de commande qui contrôlent le pipeline.

Ces caractéristiques sont celles-là mêmes des opérations vectorielles. Par conséquent, les ordinateurs vectoriels intègrent des structures pipelines arithmétiques. La figure 14.11 présente les configurations simplifiées des pipelines arithmétiques pour les quatre types d'opérations vectorielles.

Figure 14.11   Pipelines pour les quatre types d'opérations vectorielles

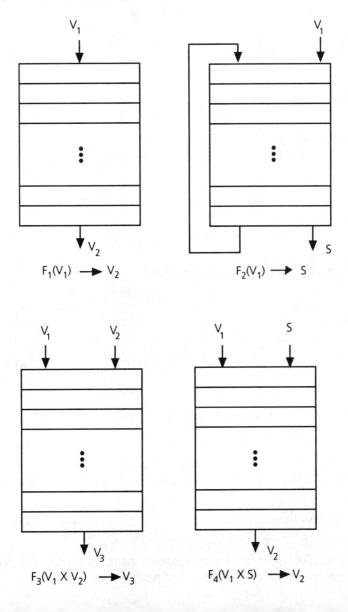

Selon l'emplacement des opérandes vectoriels engagés dans une opération, on distingue deux types d'architectures d'ordinateurs vectoriels. Dans l'**architecture mémoire-mémoire**, les opérandes sources ainsi que les résultats intermédiaires et finals sont cherchés pendant le traitement directement à partir de la mémoire principale. Par exemple, l'architecture des ordinateurs vectoriels CDC STAR-100 et Cyber-205 est de type mémoire-mémoire. D'autre part, dans l'**architecture registre-registre**, les opérandes sources, les résultats intermédiaires et les résultats finals sont cherchés pendant le traitement dans les blocs de registres qui se trouvent à l'intérieur du processeur. Les ordinateurs vectoriels de la famille Cray et ceux de la famille Fujitsu présentent une architecture de type registre-registre. Avec ce deuxième type d'architecture, les seules opérations possibles sur la mémoire sont la lecture et l'écriture.

Puisqu'une instruction vectorielle en langage machine renferme une grande quantité d'informations, elle contient plus de champs qu'une instruction semblable dans un ordinateur monoprocesseur. Les éléments d'information supplémentaire qu'une telle instruction renferme permettent de :

- spécifier l'unité de traitement ou comment changer la configuration d'une unité de traitement multifonction;
- spécifier les registres de base pour les opérandes vecteurs et le vecteur résultat;
- spécifier les longueurs des vecteurs pour déterminer la fin de l'exécution d'une instruction.

Afin d'accroître l'efficacité des ordinateurs vectoriels, différentes améliorations matérielles et logicielles ont été apportées. Parmi celles-ci mentionnons :

- l'enrichissement du nombre d'instructions vectorielles pour réduire le nombre d'accès mémoire;
- l'utilisation d'un pipeline distinct pour les opérations scalaires;
- l'utilisation d'un compilateur vectoriel qui, à partir d'un programme écrit dans un langage séquentiel, transforme un bloc de code en instructions vectorielles, ce qu'on appelle **vectorisation**; le problème le plus difficile reste l'élaboration d'un langage de programmation parallèle efficace.

La figure 14.12 illustre la structure générale d'un ordinateur vectoriel à pipelines multiples.

La tâche de chaque bloc fonctionnel peut être résumée ainsi :

- le processeur d'instructions effectue la recherche et le décodage des instructions scalaires et vectorielles;
- les instructions vectorielles sont exécutées dans le processeur vectoriel qui contient habituellement plusieurs unités fonctionnelles de type pipeline;
- le contrôleur d'accès vectoriel effectue la recherche des opérandes vectoriels dans la mémoire.

Selon l'ordre dans lequel les éléments d'un vecteur sont engagés dans le traitement, il existe trois méthodes pour effectuer les opérations vectorielles :

- le **traitement horizontal**, dans lequel les éléments d'un vecteur sont considérés successivement de gauche à droite, ligne par ligne;

- le **traitement vertical**, dans lequel les éléments d'un vecteur sont considérés successivement de haut en bas, colonne par colonne;
- le **bouclage vectoriel**, dans lequel on effectue le traitement par une boucle, en considérant un segment du vecteur et en combinant pour ce segment le traitement horizontal et vertical.

Figure 14.12   Structure générale d'un ordinateur vectoriel à pipelines multiples

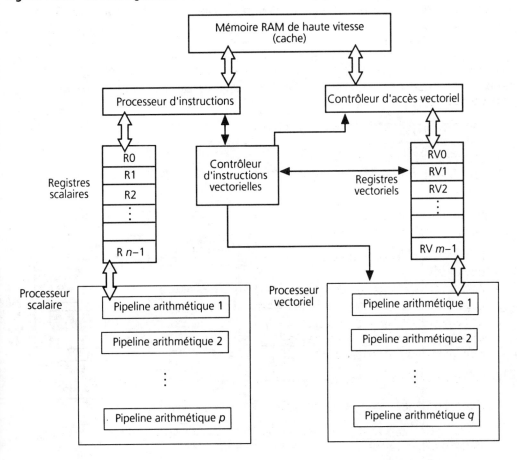

14.4.2   Exemple d'ordinateur vectoriel : le Cray X-MP/4

Différentes branches des sciences fondamentales ou des sciences expérimentales ont besoin pour l'avancement de leur champ d'activité de ce qu'on appelle des **super-ordinateurs**. Un super-ordinateur est un ordinateur vectoriel d'une haute puissance de calcul doté d'une mémoire principale d'une grande capacité. La famille des ordinateurs Cray se compose de super-ordinateurs vectoriels de très hautes performances.

Habituellement, un ordinateur Cray est pourvu de plusieurs blocs multiprocesseurs (virgule fixe, virgule flottante, vectoriel), nommés **unités de traitement**, et d'une **mémoire partagée**. Nous examinerons un des ordinateurs récents de la famille Cray, plus précisément le Cray X-MP/4, qui contient quatre unités de traitement, chacune renfermant plusieurs processeurs spécialisés nommés **unités fonctionnelles**. Chaque unité de traitement est connectée à la mémoire partagée par quatre *ports* dont trois sont dédiés aux échanges de données entre la mémoire principale et l'unité de traitement, particulièrement aux données de type vecteur (deux *ports* destinés à la lecture de vecteurs et un à l'écriture de vecteurs), et un est dédié aux échanges entre la mémoire et le module d'entrée-sortie. Le schéma simplifié d'un super-ordinateur X-MP/4 est présenté à la figure 14.13. Dans ce schéma, nous mettons en évidence la structure détaillée d'une seule unité de traitement.

Figure 14.13 Schéma simplifié d'un super-ordinateur Cray X-MP/4

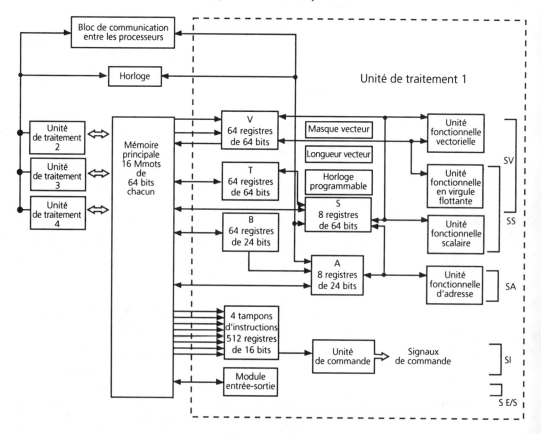

Les adresses sont de 24 bits; la capacité de la mémoire adressable est donc de 16 Mmots. Chaque mot a une taille de 64 bits d'information et de 8 bits de parité. Le cycle d'horloge est de 8,5 ns et l'accès à la mémoire nécessite quatre cycles d'horloge. La mémoire est constituée de bancs entrelacés et est partagée entre différentes unités de traitement. Ainsi, l'accès à des adresses consécutives peut être effectué à chaque cycle d'horloge.

L'architecture du super-ordinateur Cray X-MP/4 est de type registre-registre. Cette architecture comporte deux types de registres : primaires et secondaires. Les registres primaires contiennent les opérandes qui sont nécessaires au traitement. Les registres secondaires jouent le rôle de mémoire cache. Examinons maintenant en détail une seule unité de traitement; son architecture est partagée en plusieurs sections.

La **section d'instructions SI** contient 4 tampons instructions de 512 registres à 16 bits chacun. Les instructions sont lues dans les tampons avant de passer successivement dans l'unité de commande. Une fois le décodage achevé, les signaux de commande sont envoyés aux unités fonctionnelles. Précisons qu'une unité de traitement comprend plusieurs unités fonctionnelles, chacune étant destinée à l'exécution d'un certain type d'instructions. Précisons aussi que plusieurs instructions requérant des unités fonctionnelles différentes pourront être exécutées en parallèle.

La **section d'adressage SA** contient un groupe A de 8 registres primaires et un groupe B de 64 registres secondaires, chacun de 24 bits. Cette section comprend de plus une unité fonctionnelle d'adresses qui effectue des opérations arithmétiques (addition-soustraction ou multiplication) sur les opérandes de type adresse et retourne le résultat dans un autre registre d'adresse.

La **section scalaire SS** contient un groupe S de 8 registres primaires et un groupe T de 64 registres secondaires, chacun de 64 bits. La section scalaire travaille avec deux unités fonctionnelles. L'unité fonctionnelle scalaire peut effectuer des opérations sur des opérandes scalaires en virgule fixe, plus précisément :

- addition ou soustraction;
- opérations logiques;
- décalages (décalages d'une information contenue dans un registre S de 64 bits ou d'une information de 128 bits obtenue par la concaténation de deux registres S);
- population/zéro (compter le nombre de bits 1 ou le nombre de bits 0 dans un opérande).

La section scalaire utilise également l'unité fonctionnelle en virgule flottante qui peut effectuer des opérations d'addition-soustraction, de multiplication et d'approximation réciproque.

La **section vectorielle SV** effectue des opérations sur les vecteurs provenant d'un des huit registres vectoriels du groupe V. Précisons qu'un registre vectoriel contient 64 registres scalaire de 64 bits chacun. Une opération vectorielle est exécutée d'une manière itérative sur les éléments d'un vecteur. L'opération vectorielle est répétée plusieurs fois, le nombre de répétitions étant indiqué par un registre qui spécifie la longueur du vecteur. Les vecteurs qui ont une longueur de plus de 64 éléments sont traités sous le contrôle du programme par tranches de 64 éléments. La section vectorielle peut recourir à l'unité fonctionnelle vectorielle qui permet les opérations vectorielles d'addition-soustraction, de logique booléenne et de décalage sur un vecteur, ainsi qu'à l'unité fonctionnelle en virgule flottante qui a été mention-née ci-dessus. Il faut remarquer qu'il n'existe pas de pipeline spécialisé pour l'opération de division (scalaire ou vectorielle). La division est remplacée par la multiplication de la valeur réciproque du diviseur avec le dividende. Chaque unité fonctionnelle est de type pipeline et contient un ou plusieurs étages. Le traitement d'un étage demande une seule impulsion d'horloge. Comme nous l'avons déjà précisé, plusieurs unités fonctionnelles peuvent travailler simultanément s'il n'y a pas de conflit entre les registres utilisés.

L'architecture de la famille des ordinateurs Cray est remarquable aussi du point de vue de sa réalisation technologique. Afin que les signaux empruntent le plus court chemin possible, une forme cylindrique a été adoptée pour l'ordinateur. Seulement quatre types de circuits logiques élémentaires à haute vitesse ont été employés dans la conception des blocs fonctionnels. Une technique spéciale de refroidissement permet de résoudre le problème de la dissipation de la chaleur produite par la grande densité des composants.

14.5 SYSTÈMES MULTIPROCESSEURS

14.5.1 Architecture des ordinateurs multiprocesseurs

On appelle **système multiprocesseur** un ordinateur pourvu de plusieurs processeurs identiques, processeurs qui communiquent entre eux et coopèrent durant l'exécution des programmes. Comme il s'agit d'un seul ordinateur, un seul système d'exploitation contrôle son fonctionnement. Il faut éviter la confusion entre un système multiprocesseur et un système distribué dans lequel plusieurs ordinateurs (chacun étant contrôlé par son propre système d'exploitation) communiquent à travers un réseau. Les systèmes multiprocesseurs se répartissent en deux grandes catégories, suivant le type d'interconnexion entre les processeurs et leur mode d'accès à la mémoire. Plus précisément, les processeurs peuvent partager une mémoire unique et être interconnectés entre eux par l'intermédiaire d'un réseau, ou encore ils peuvent avoir des liaisons dédiées et des mémoires privées.

Dans un **système multiprocesseur à mémoire partagée** (figure 14.14), tous les processeurs ont accès à une mémoire principale unique. Habituellement, les dispositifs d'entrée-sortie sont également partageables. L'accès à la mémoire unique s'effectue soit par un réseau d'interconnexions, soit en parallèle s'il s'agit d'une mémoire à accès multiples. Le système d'exploitation se charge des situations qui demandent l'accès simultané à la mémoire.

Dans un **système multiprocesseur à mémoire privée** (figure 14.15), l'échange de l'information, qu'on appelle transfert de messages, se fait par des canaux de communication. La synchronisation permet à cet échange d'avoir lieu au moment opportun. Chaque processeur possède sa propre mémoire où sont conservés les programmes et les données qui leur sont associées. Les processeurs sont munis de tampons pour stocker temporairement les messages échangés durant le traitement.

Comme dans le cas des autres ordinateurs parallèles, l'objectif principal justifiant l'utilisation d'un système multiprocesseur est le gain en vitesse d'exécution. L'atteinte de cet objectif est mesurée à partir du rapport entre le temps d'exécution du programme parallèle par n processeurs et le temps d'exécution du programme séquentiel correspondant par un seul

Figure 14.14 Système multiprocesseur à mémoire partagée

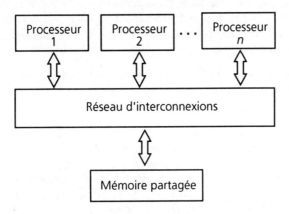

Figure 14.15 Système multiprocesseur à mémoire privée

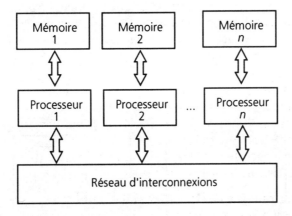

processeur. Une remarque s'impose : si le programme séquentiel nécessite p unités de temps, le temps d'exécution du meilleur programme parallèle ne peut pas être plus petit que q unités de temps, où la valeur du paramètre q ($q \leq 0$) ne dépend pas du nombre de processeurs. Cette limitation découle du fait qu'un programme parallèle peut contenir une fraction importante de calculs séquentiels. Amdahl a établi la loi qui restreint les performances d'un programme parallèle . Ainsi, si, pour un programme, f est la partie qui doit rester séquentielle ($0 \leq f \leq 1$) et qu'on veuille l'exécuter en parallèle sur n processeurs, le gain en vitesse d'exécution ne peut pas dépasser la limite donnée par :

$$G \leq \frac{1}{f + \frac{(1-f)}{n}} \, . \tag{14.9}$$

Par exemple, si 20 % d'un programme parallèle nécessite toujours un traitement séquentiel, le gain en vitesse d'exécution ne peut pas dépasser la valeur de 5, même si on utilise des milliers de processeurs. Par conséquent, le traitement parallèle dans les systèmes multiprocesseurs n'est recommandé que pour des problèmes où la plus grande partie de l'algorithme peut être traitée en parallèle.

14.5.2 Systèmes multitransputers

Le **transputer** est un circuit VLSI à haute intégration, spécialement conçu pour créer des systèmes multiprocesseurs à mémoire partagée. Il existe différents circuits de type transputer; nous présentons à la figure 14.16, en guise d'exemple, le composant T800. Le T800 est un circuit VLSI dont l'élément principal est un processeur RISC en virgule fixe et qui intègre sur le même circuit un processeur en virgule flottante ainsi que quatre processeurs de communication et 4 Ko de mémoire RAM. Le circuit offre également le support matériel pour assurer la synchronisation de bas niveau. Le mécanisme qui assure ce type de synchronisation est celui dit du **rendez-vous**. Les canaux de communication permettent à deux **processus** (programmes en exécution) de communiquer entre eux durant le traitement. Il existe des canaux logiques et des canaux physiques qu'il importe de distinguer. Plus précisément, un canal logique permet la communication entre deux processus situés sur le même transputer, tandis qu'un canal physique permet la communication entre deux processus situés sur des transputers différents.

Figure 14.16 Architecture du transputer T800

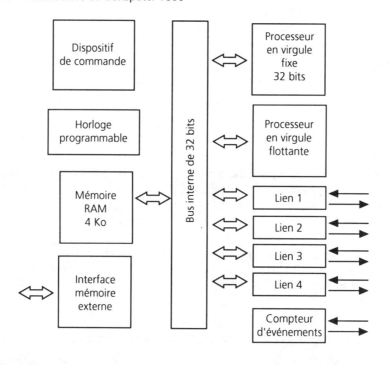

Une façon facile d'exploiter le parallélisme est d'employer le langage OCCAM, spécialement élaboré pour les systèmes multitransputers. Notre intention n'est pas de présenter ici ce langage de programmation (le lecteur trouvera une liste de quelques-uns des meilleurs ouvrages sur l'OCCAM dans la bibliographie). Mentionnons quand même qu'un programme OCCAM se compose de processus qui peuvent être exécutés soit en séquence, soit en parallèle. Il est donc possible de contrôler le transfert de données durant l'exécution, ce qui fait de l'OCCAM un langage distinct des autres langages de programmation.

Pour élaborer des programmes parallèles, nous avons fait appel à un **système quadputer** (figure 14.17) rattaché à un ordinateur IBM PS/2 et avons utilisé le langage OCCAM. Le quadputer contient quatre transputers T800, chacun d'une capacité de mémoire externe RAM de 1 Mo. L'ordinateur hôte, soit l'IBM PS/2, est relié à un seul transputer, qu'on appelle le **transputer maître**. Les autres, les **transputers esclaves**, sont reliés au maître et entre eux. Étant donné que seul le transputer maître peut accéder à l'ordinateur hôte, les échanges entrée-sortie requis par un transputer esclave doivent passer par le transputer maître. Un programme d'application est exécuté dans l'ensemble des quatre transputers en parallèle avec un programme spécial (transparent à l'utilisateur) exécuté dans l'ordinateur hôte.

Figure 14.17   Système quadputer

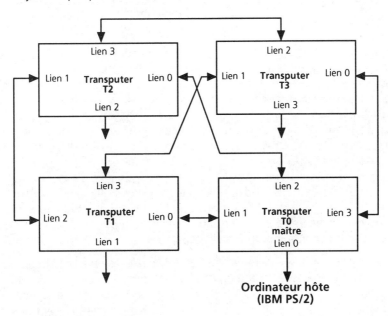

Pour mettre en œuvre un algorithme dans un système multitransputer, trois modèles de parallélisme ont été proposés :

* **parallélisme de l'algorithme**, où différentes parties de l'algorithme peuvent être exécutées en concurrence et où, par conséquent, chaque processus couvre une partie de

l'algorithme; ce modèle correspond à une structure de type pipeline de processeurs, où le même flot de données traverse les processeurs durant le traitement (*voir la section 14.2.2*);

- **parallélisme géométrique**, où des opérations identiques sont effectuées sur des blocs de données différents et où il existe des interactions entre les processeurs voisins en fonction de la géométrie du problème;
- **parallélisme de type processeur fermier**, où des opérations identiques sont effectuées sur des blocs de données différents sans interaction entre les processeurs et où un seul transputer (le fermier) contrôle le flot des données.

Avec le langage OCCAM, la synchronisation de bas niveau par le mécanisme de rendez-vous est faite au niveau matériel. Cependant, ce mécanisme ne suffit pas toujours à assurer une synchronisation complète des processus. Le contrôle du flot des données et la synchronisation de haut niveau doivent être effectués par logiciel, ce qui complique l'élaboration de programmes parallèles efficaces. Pour atteindre cet objectif, il faut tenir compte d'autres éléments. Ainsi :

- les mêmes données peuvent être transmises de plusieurs façons entre deux transputers (par exemple, les composants d'une matrice peuvent être transférés élément par élément, ligne par ligne ou bien dans un seul bloc de données);
- un transfert de données peut être effectué en parallèle avec d'autres opérations, puisqu'un transputer est muni de plusieurs processeurs (virgule fixe, virgule flottante, de communication) qui, à leur tour, peuvent travailler en concurrence.

Par conséquent, pour un algorithme monoprocesseur connu et une architecture matérielle donnée, on peut écrire plusieurs algorithmes parallèles en fonction du choix de la communication et des solutions retenues pour la synchronisation de haut niveau. Cette synchronisation de haut niveau nécessite l'introduction d'une partie logicielle spéciale, qu'on appelle **contrôleur de synchronisation**. Sans entrer dans les détails, précisons qu'on peut concevoir un tel contrôleur en ajoutant une partie logicielle spéciale, par exemple un contrôleur de type producteur-consommateur; on peut aussi utiliser des structures spéciales de programmation qu'on trouve en langage OCCAM. Une conclusion importante se dégage. La conception d'un programme parallèle efficace dans un système multitransputer, et d'une façon générale dans un système multiprocesseur, dépend de l'architecture du système et de l'architecture du processeur placé au cœur du système. Autrement dit, il devient beaucoup plus difficile d'écrire des logiciels indépendants de l'architecture du système, ce qu'on souhaite et ce qu'on réalise souvent dans un environnement monoprocesseur.

Pour démontrer comment différents algorithmes parallèles peuvent être élaborés à partir d'un algorithme monoprocesseur connu, nous avons étudié plusieurs problèmes de parallélisme de type processeur fermier. Nous résumons ici le problème de la multiplication de matrices. Nous avons toujours considéré que les matrices initiales étaient rangées dans la mémoire privée du transputer maître (le fermier). Si $A = [a_{ik}]$ et $B = [b_{kj}]$ sont deux matrices de dimension n sur n, leur multiplication produit la matrice $C = [c_{ij}]$ de même dimension, où chaque élément de la matrice produit est donné par :

$$c_{ij} \sum_{k=1}^{n} a_{ik} * b_{ik}, \text{ pour } 1 \le i \le n \text{ et } 1 \le j \le n. \tag{14.10}$$

Comme première solution, nous avons proposé un algorithme systolique, c'est-à-dire de type pipeline en plusieurs directions. Un algorithme systolique n'est pas efficace dans un environnement multitransputer de type quadputer, à cause du grand nombre de contrôleurs de synchronisation qu'on doit introduire et qui consomment beaucoup de temps d'exécution.

Dans le premier algorithme parallèle non systolique (figure 14.18), un processus d'émission placé sur le transputer maître envoie vers les transputers esclaves la sous-matrice A correspondante (la sous-matrice équivaut à un quart de la matrice A) et la matrice B_t qui est la matrice transposée de B, la transposition ayant été effectuée au préalable sur le transputer maître. Chaque envoi met en œuvre un seul mécanisme de rendez-vous. Comme toutes les données doivent être reçues avant que commence la multiplication proprement dite, l'exécution du programme sur le transputer maître et celle des programmes sur les transputers esclaves se font séquentiellement.

Figure 14.18 Diagramme de flot pour le premier algorithme parallèle de multiplication de matrices

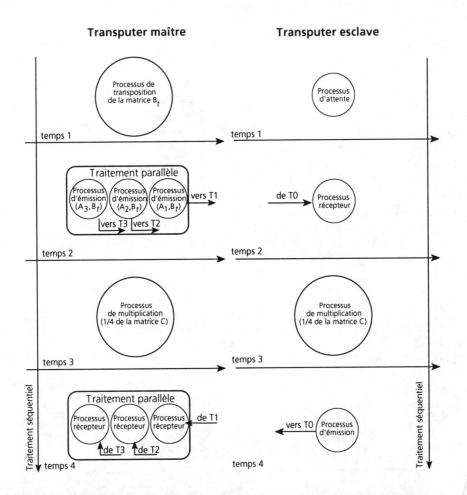

La coordination des processus a été changée dans le deuxième algorithme non systolique (figure 14.19). Dans ce cas, l'envoi des sous-matrices A s'accomplit en parallèle avec le processus de transposition de la matrice B sur le transputer maître. Ensuite, l'envoi de la matrice transposée B_t s'effectue ligne par ligne, toujours en parallèle avec le processus de transposition qui se poursuit. Puisqu'il faut coordonner la transposition et l'envoi des lignes, on utilise sur le transputer maître un contrôleur de synchronisation de type producteur-consommateur. Sur un transputer esclave, il est impossible de commencer la multiplication avant la réception de la sous-matrice A et de la première ligne de la matrice transposée B_t. Par conséquent, un contrôleur de synchronisation producteur-consommateur doit être placé sur chacun des transputers esclaves. En exploitant le parallélisme entre les divers processus qui utilisent différents processeurs internes d'un transputer, nous avons réalisé un gain en temps total d'exécution. Sans entrer dans les détails, mentionnons que ce dernier algorithme a été lui aussi amélioré grâce à l'élaboration d'autres algorithmes parallèles de multiplication de matrices plus efficaces destinés au même système physique, soit le système quadputer.

Figure 14.19   Diagramme de flot pour le deuxième algorithme parallèle de multiplication de matrices

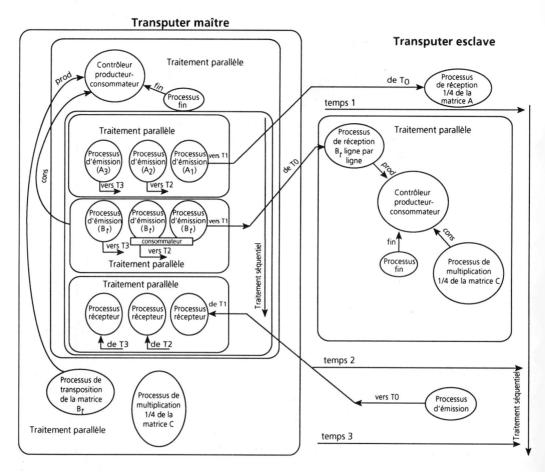

14.6 PROBLÈMES

1. Donnez les caractérisques d'un pipeline linéaire et celles d'un pipeline avec réactions.

2. Soit le pipeline arithmétique de type additionneur-soustracteur des nombres en virgule flottante de la figure 14.3. Le générateur d'horloge qui contrôle le pipeline a une période de 10 ns. Quel est le temps nécessaire pour effectuer l'addition successive de 20 éléments d'un vecteur A, soit $A_1 + A_2 + ... + A_{20}$, en supposant que la sortie du pipeline qui exprime le résultat d'une seule addition soit reliée à la deuxième entrée du même pipeline.

3. Soit la table de réservation de la figure 14.9. Nommez deux pipelines différents qui peuvent être associés à cette table.

4. Donnez les caractéristiques principales d'un processeur RISC.

5. Quels sont les quatre types d'opérations vectorielles pouvant être effectuées par les ordinateurs vectoriels? Présentez la structure du pipeline pour chacune des opérations.

6. Quels sont les modèles de parallélisme dans un système multitransputer?

7. Élaborez un diagramme de flot qui exprime un troisième algorithme parallèle de multiplication de matrices dans un système quadputer.

TRAVAUX PRATIQUES

PRÉSENTATION DE L'APPAREIL ET1000

Cette annexe comprend six travaux pratiques simples qui peuvent aider le lecteur à approfondir les notions théoriques. Pour effectuer les montages, nous avons choisi l'appareil didactique HEATH-ET1000 (figure A1) qui comporte :

- un bloc de connexions;
- des blocs d'alimentation (signaux de +5 V et de mise à la terre);
- huit interrupteurs binaires qu'on peut utiliser pour générer des variables logiques (*binary data*);
- deux interrupteurs à ressort qu'on peut utiliser pour générer des variables de type impulsion (*logic switches*);
- un générateur d'impulsions de fréquence modifiable;
- un élément de vérification (*logic probe*) permettant de tester une variable logique.

Pour faire un montage, il faut procéder selon les étapes suivantes :

1. Insérer les circuits intégrés de sorte que le signe d'identification de chacun se trouve à gauche. Lorsqu'on met le circuit en place, il faut s'assurer que chaque broche est placée sur une colonne différente.

Figure A1   Appareil didactique ET1000

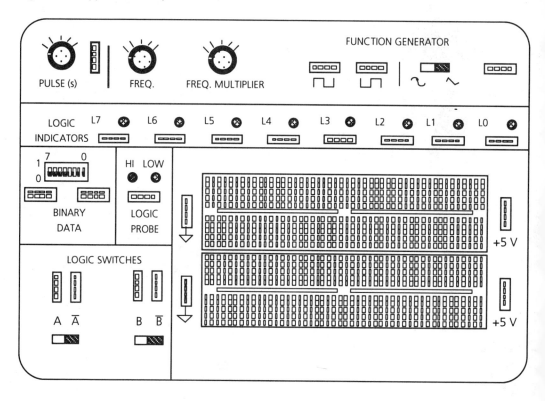

2. La position de la broche 1 est alors en bas à gauche. On monte de numéro en allant vers la droite, et ce jusqu'au bout; le prochain numéro est la broche en haut à droite. Les circuits utilisés ont 14 et 16 broches.

3. Un circuit intégré a besoin d'être alimenté pour fonctionner. Il faut connecter deux fils, l'un mis à la terre et l'autre au +5 V. À chaque montage, on commence par le branchement de l'alimentation de tous les circuits intégrés, en vérifiant dans le catalogue quelles sont les broches d'alimentation.

4. Pour mettre en action les variables d'entrées, on utilise soit des interrupteurs binaires, soit des interrupteurs d'impulsions, soit le générateur d'impulsion.

5. On utilise des diodes électroluminescentes (LED) pour indiquer l'état d'une sortie ou d'une entrée. Une LED allumée signifie une valeur logique 1 et une LED éteinte signifie une valeur logique 0.

6. Si, durant la vérification du montage, on n'obtient pas les résultats attendus, on peut alors se servir de l'élément de vérification (*logic probe*) pour tester les valeurs logiques des entrées et celles des sorties. Si les deux lumières s'allument sur cet élément, il est possible qu'un signal ne soit ni à la valeur logique 1 ni à la valeur logique 0, mais entre les deux. Si aucune lumière ne s'allume, le circuit est interrompu.

7. Lorsqu'on enlève le circuit intégré, il faut utiliser une plume, afin de ne pas plier les broches du circuit.

TRAVAIL PRATIQUE Nº 1 : ÉTUDE DES CIRCUITS INTÉGRÉS SSI

OBJECTIFS

- Vérifier le fonctionnement de circuits intégrés SSI de type porte (NON-ET, NON-OU et OU EXCLUSIF).
- Utiliser les circuits SSI de type porte pour réaliser les montages des fonctions logiques de base.

CIRCUITS

SN 7400, SN 7402, SN 7410, SN 7486.

DÉROULEMENT DU TRAVAIL

1. La porte NON-ET représente le principal élément de la famille des circuits intégrés TTL. Rappelons que la sortie d'une porte NON-ET prend la valeur logique 0 seulement si toutes ses entrées sont mises au signal logique 1. Vérifiez le fonctionnement d'une porte NON-ET de deux entrées (circuit SN 7400) en utilisant le schéma de la figure A1.1. N'oubliez pas de connecter la broche 7 au potentiel de 0 V et la broche 14 au potentiel de +5 V. Inscrivez le résultat dans la table de vérité.

Figure A1.1   Porte NON-ET de deux entrées

A	B	L
0	0	1
0	1	1
1	0	1
1	1	0

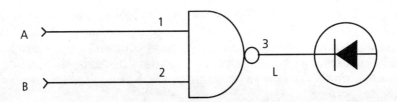

2. Une porte NON-ET de n entrées peut réaliser la fonction NON-ET définie pour m < n variables si les entrées inutilisées sont connectées au signal logique 1 (+5 V) par une résistance de quelques kohms, ou bien à l'une des entrées déjà utilisées. La figure A1.2 présente deux solutions d'une porte NON-ET de trois entrées (SN 7410) dont deux sont actives et l'autre est inutilisée. Faites les montages de ces circuits et complétez les tables de vérité correspondantes. Les mêmes résultats seraient-ils obtenus si les entrées inutilisées étaient reliées au signal logique 0? Pourquoi?

Figure A1.2   Porte NON-ET de trois entrées utilisée pour réaliser une fonction logique NON-ET de deux variables

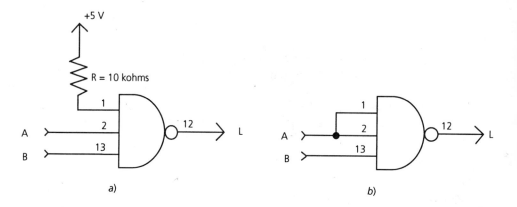

3. En prenant comme modèle la question 1, vérifiez le fonctionnement d'une porte NON-OU de deux entrées d'un circuit SN 7402. Élaborez le schéma et la table de vérité. (Attention, les positions des entrées et de la sortie ne correspondent pas à celles de la figure A1.1.)

4. En prenant comme modèle la question 1, vérifiez le fonctionnement d'une porte OU EXCLUSIF de deux entrées d'un circuit SN 7486. Élaborez le schéma et la table de vérité. Les entrées et la sortie sont aux mêmes positions que celles de la figure A1.1.

5. Rappelons qu'une porte NON-ET constitue un opérateur complet, puisqu'il est possible de l'utiliser pour réaliser les trois fonctions logiques de base ET, OU, NON et, par conséquent, toutes les autres structures logiques combinatoires. Utilisez des portes NON-ET de deux entrées pour faire les montages des schémas de la figure A1.3. Vérifiez leur fonctionnement, complétez les tables de vérité et écrivez l'équation de sortie de chacune des portes NON-ET.

Figure A1.3   Fonctions logiques NON, ET et OU réalisées à l'aide des portes NON-ET

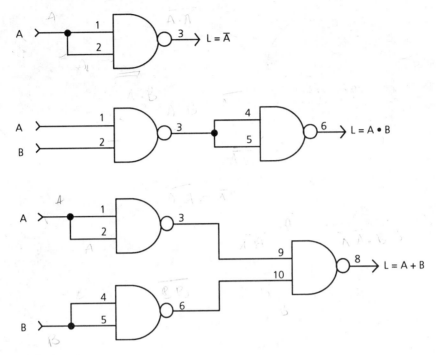

6. Faites le montage de la figure A1.4. Vérifiez le fonctionnement de ce circuit et notez les résultats obtenus dans une table de vérité. À partir de ces résultats, déterminez l'équation de sortie du circuit. Déterminez aussi l'équation de sortie de chacune des portes et vérifiez si l'équation finale correspond aux résultats obtenus en pratique.

Figure A1.4   Fonction logique OU EXCLUSIF réalisée à l'aide des portes NON-ET

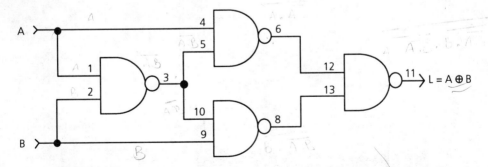

7. Dessinez des schémas semblables à ceux de la question 5 pour les fonctions logiques de base NON, ET, OU en utilisant des portes NON-OU de deux entrées (circuit SN 7402); écrivez les équations de sortie, faites les montages et vérifiez leur fonctionnement.

TRAVAIL PRATIQUE N° 2 : SIMPLIFICATION DES FONCTIONS COMBINATOIRES

OBJECTIFS

- Comprendre l'avantage pratique de la simplification.
- Réaliser une même structure combinatoire selon deux solutions, soit avant et après la simplification.

CIRCUITS

SN 7404, SN 7410, SN 7430.

DÉROULEMENT DU TRAVAIL

1. La méthode la plus connue de simplification est celle des diagrammes de Karnaugh. Considérons la fonction combinatoire de trois variables définie à l'aide de la table de vérité de la figure A2.1.

Figure A2.1   Table de vérité d'une fonction de trois variables

A	B	C	L
0	0	0	0
0	0	1	1
0	1	0	1
0	1	1	1
1	0	0	1
1	0	1	1
1	1	0	0
1	1	1	1

À partir de cette table, nous pouvons écrire la forme canonique P de la fonction :

$$L = \overline{A} \bullet \overline{B} \bullet C + \overline{A} \bullet B \bullet \overline{C} + \overline{A} \bullet B \bullet C + A \bullet \overline{B} \bullet \overline{C} + A \bullet \overline{B} \bullet C + A \bullet B \bullet C . \quad (A2.1)$$

En considérant l'égalité connue (théorème de De Morgan) :

$$\overline{X \bullet Y \bullet \overline{Z} \bullet W} = X \bullet Y + Z \bullet W , \quad (A2.2)$$

nous obtenons :

$$L = \overline{\overline{\overline{A} \bullet \overline{B} \bullet C} \bullet \overline{\overline{A} \bullet B \bullet \overline{C}} \bullet \overline{\overline{A} \bullet B \bullet C} \bullet \overline{A \bullet \overline{B} \bullet \overline{C}} \bullet \overline{A \bullet \overline{B} \bullet C} \bullet \overline{A \bullet B \bullet C}} \qquad (A2.3)$$

équation qui a été matérialisée par le schéma de la figure A2.2.

Faites le montage de ce circuit et vérifiez son fonctionnement.

Figure A2.2 Schéma du circuit combinatoire défini par l'équation logique (A2.3)

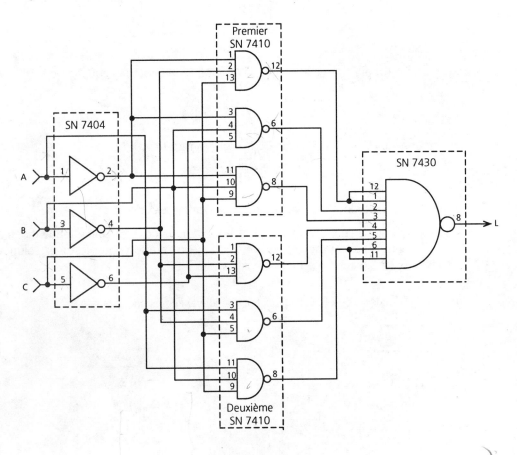

2.   À l'aide d'un diagramme de Karnaugh (figure A2.3),

Figure A2.3   Diagramme de Karnaugh pour la simplification de la fonction logique (A2.1) de trois variables

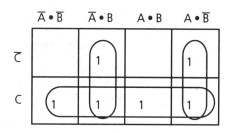

nous pouvons simplifier l'équation (A2.1) et obtenir une nouvelle équation de sortie :

$$L = C + A \bullet \overline{B} + \overline{A} \bullet B ,$$ (A2.4)

d'où, en appliquant le théorème de De Morgan, il résulte :

$$L = \overline{\overline{C} \bullet \overline{A \bullet \overline{B}} \bullet \overline{\overline{A} \bullet B}} ,$$ (A2.5)

équation qui correspond au schéma présenté à la figure A2.4.

Faites le montage de ce circuit et vérifiez son fonctionnement qui doit être identique au fonctionnement du circuit de la figure A2.2. La comparaison entre les deux solutions nous révèle le grand avantage de la simplification.

Figure A2.4   Schéma du circuit combinatoire défini par l'équation logique (A2.5)

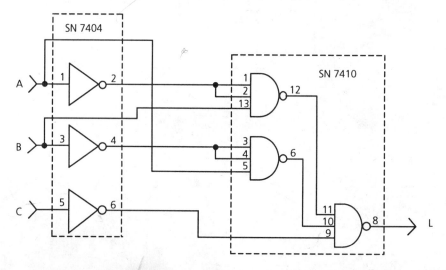

3. Soit la fonction combinatoire de trois variables définie par la table de vérité de la figure A2.5. Écrivez la forme canonique P de cette fonction et la forme exprimée à l'aide de l'opérateur NON-ET. Établissez le schéma du circuit, faites-en le montage et vérifiez son fonctionnement.

Figure A2.5 Table de vérité d'une deuxième fonction de trois variables

A	B	C	L
0	0	0	1
0	0	1	0
0	1	0	1
0	1	1	1
1	0	0	0
1	0	1	0
1	1	0	1
1	1	1	1

4. Simplifiez la fonction définie à la question 3 à l'aide d'un diagramme de Karnaugh. Exprimez la fonction simplifiée à l'aide des portes NON-ET, faites le montage du circuit et vérifiez son fonctionnement.

TRAVAIL PRATIQUE N° 3 : CIRCUITS COMBINATOIRES

OBJECTIF

- Connaître le fonctionnement des circuits combinatoires de type décodeur, multiplexeur et comparateur.

CIRCUITS

SN 7400(3), SN 7404, SN 7410, SN 7442.

DÉROULEMENT DU TRAVAIL

1. Effectuez le montage d'un décodeur 2 à 4 à l'aide des portes NON et NON-ET (figure A3.1). Vérifiez son fonctionnement en établissant sa table de vérité.

   Figure A3.1   Schéma d'un décodeur 2 à 4

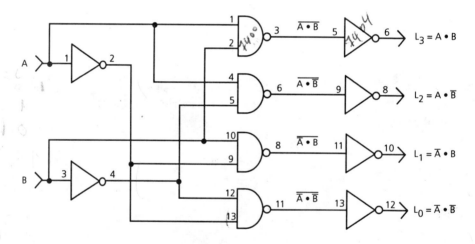

2. Le circuit MSI SN 7442 est un décodeur DCB en décimal. En utilisant le schéma donné dans le catalogue, vérifiez le fonctionnement de ce circuit et formez sa table de vérité. Mentionnons que l'entrée A représente le bit le moins significatif et que l'entrée D représente le bit le plus significatif. Les sorties du circuit SN 7442 sont actives avec le signal logique 0. Comme il n'y a pas dix indicateurs LED, il faut afficher les sorties en deux étapes : 0 à 4 et 5 à 9.

3. Un circuit multiplexeur de type 2 à 1 réalisé à l'aide des portes NON-ET est présenté à la figure A3.2. Écrivez l'équation de sortie L de ce circuit, établissez sa table de vérité, faites le montage et vérifiez son fonctionnement.

Figure A3.2   Schéma d'un multiplexeur 2 à 1

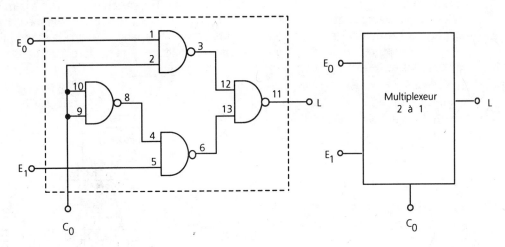

4. En utilisant le circuit de la figure A3.2 comme structure de base, nous avons conçu le multiplexeur arborescent 4 à 1 de la figure A3.3. Écrivez l'équation de sortie L_3 de ce circuit, établissez sa table de vérité, faites le montage et vérifiez son fonctionnement.

Figure A3.3   Multiplexeur arborescent 4 à 1

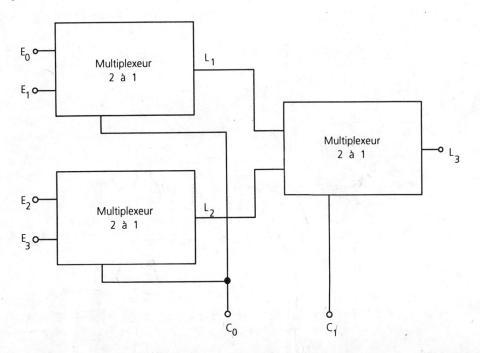

5. Le circuit SN 7442 peut être utilisé comme démultiplexeur 1 à 8 (figure A3.4). Si nous examinons sa table de vérité, nous constatons que la sortie sélectionnée se trouve à la même valeur logique que l'entrée D. Par conséquent, lorsque D est considérée comme l'entrée d'information et C, B et A comme des entrées de commande, le circuit accomplit la fonction d'un démultiplexeur 1 à 8. Vérifiez le fonctionnement du circuit dans cette perspective et écrivez les équations des sorties.

Figure A3.4

Démultiplexeur 1 à 8 réalisé
à l'aide d'un circuit SN 7442

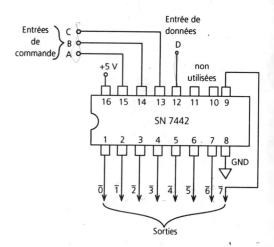

6. Le schéma de la figure A3.5 représente un comparateur de deux nombres binaires de deux bits chacun. Écrivez les équations des sorties ($A = B$, $A > B$, $A < B$), puis établissez la table de vérité, faites le montage et vérifiez le fonctionnement du circuit.

Figure A3.5 Comparateur de deux nombres binaires de deux bits chacun

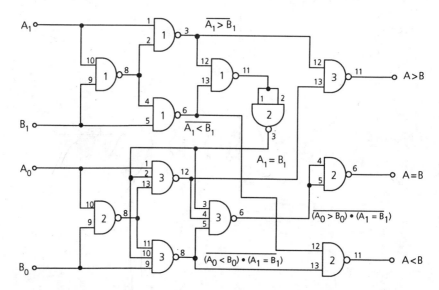

TRAVAIL PRATIQUE Nº 4 : BASCULES ET REGISTRES

OBJECTIFS

- Comprendre le fonctionnement et les applications de différents types de bascules.
- Comprendre le fonctionnement et les applications des registres.

CIRCUITS

SN 7404, SN 7476(2), SN 7495.

DÉROULEMENT DU TRAVAIL

I. Bascules

1. Le circuit SN 7476 contient deux bascules synchrones JK de type maître-esclave (figure A4.1). Vérifiez le fonctionnement logique d'une bascule JK et établissez sa table de vérité temporelle. Précisez le rôle des entrées PR et CLR et vérifiez leurs actions sur la bascule.

Figure A4.1
Bascule JK du circuit SN 7476

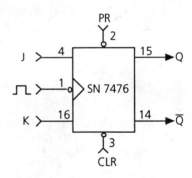

2. Le circuit SN 7476 peut être utilisé pour réaliser une bascule D (figure A4.2) ou une bascule T (figure A4.3). Faites le montage, vérifiez le fonctionnement logique et établissez la table de vérité temporelle de chacune des bascules.

Figure A4.2
Bascule D réalisée à l'aide d'une bascule JK

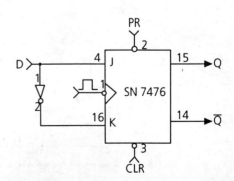

Figure A4.3
Bascule T réalisée à l'aide d'une bascule JK

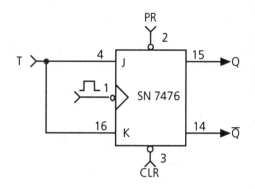

3. Une bascule T ayant la condition T = 1 représente un diviseur par 2. Utilisez le dernier schéma (figure A4.3) pour vérifier cette fonction à l'aide d'impulsions d'horloge envoyées à l'entrée de commutation.

II   Registres

4. Réalisez le montage d'un registre à décalage de quatre bits à l'aide des bascules JK de type maître-esclave, d'après le schéma de la figure A4.4. Les entrées de commutation sont liées ensemble à un commutateur pour l'impulsion positive (horloge). Les entrées CLR sont liées à un commutateur RAZ pour l'impulsion négative. D'abord, il faut actionner le commutateur RAZ pour remettre le registre à zéro (0000). Par la suite, l'entrée E doit recevoir l'information utile durant quatre impulsions d'horloge. Par exemple, pour introduire l'information 0001, il faut établir E = 1, puis appliquer une impulsion d'horloge. Ensuite, il faut établir E = 0 et envoyer la deuxième impulsion d'horloge, puis la troisième et la quatrième impulsion d'horloge sans changer l'information à l'entrée E. Répétez la succession des opérations pour deux autres exemples (quatre bits) et tracez les chronogrammes respectifs.

Figure A4.4   Registre à décalage de quatre bits

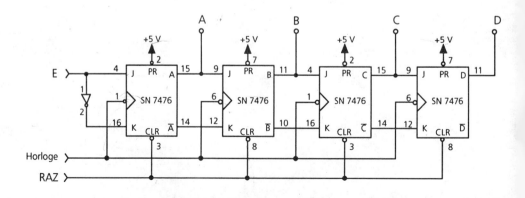

5. Le circuit MSI SN 7495 est un registre de quatre bits constitué de bascules RS de type maître-esclave et d'une partie combinatoire (figure A4.5). Les liaisons internes permettent d'introduire l'information en série ou en parallèle. Si le circuit se trouve dans le Mode 2 de fonctionnement (M = 1), les entrées parallèles sont validées à l'aide de l'impulsion d'horloge 2. D'autre part, le Mode 1 de fonctionnement (M = 0) effectue un décalage d'une position à droite à chaque impulsion d'horloge 1. Vérifiez les deux modes de fonctionnement du circuit.

Figure A4.5

Circuit SN 7495

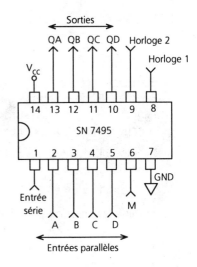

6. Lorsqu'une liaison est établie entre la sortie d'une bascule et l'entrée de la bascule antérieure, l'entrée D étant utilisée comme entrée série du circuit, le Mode 2 de fonctionnement conduit à l'opération de décalage à gauche (figure A4.6). Vérifiez ce mode de fonctionnement.

Figure A4.6

Circuit SN 7495 pour l'opération de décalage à gauche

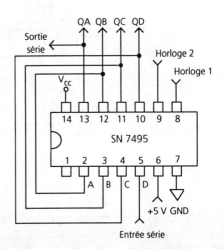

TRAVAIL PRATIQUE N° 5 : COMPTEURS

OBJECTIF

• Connaître le fonctionnement et les applications des compteurs.

CIRCUITS

SN 7400, SN 7476(2), SN 7490, SN 7493.

DÉROULEMENT DU TRAVAIL

1. Réalisez le montage d'un compteur binaire asynchrone direct de quatre bits à l'aide de bascules JK de type maître-esclave, d'après le schéma de la figure A5.1. L'entrée RAZ (signal actif avec la valeur logique 0) est utilisée pour effacer le compteur. Vérifiez le fonctionnement du circuit en envoyant les impulsions d'horloge :

   a) manuellement, c'est-à-dire en actionnant successivement le commutateur de type impulsion;

   b) automatiquement, à l'aide du générateur d'horloge.

   Établissez le chronogramme pour chacune des bascules (A, B, C et D).

Figure A5.1 Compteur binaire asynchrone direct de quatre bits (bascules JK)

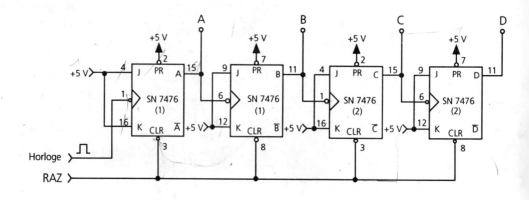

2. Établissez le schéma d'un compteur binaire asynchrone inverse de quatre bits à l'aide de bascules JK de type maître-esclave. Faites-en le montage et vérifiez son fonctionnement.

3. Le circuit MSI SN 7493 est un compteur binaire asynchrone direct, réalisé à l'aide de bascules JK de type maître-esclave. En réalité, il est constitué d'un compteur diviseur par 2 et d'un compteur diviseur par 8. Par conséquent, pour qu'il fonctionne comme un compteur diviseur par 16, il faut lier la sortie de la bascule A avec l'entrée d'impulsion de la bascule B (figure A5.2). Il est possible d'effacer le compteur en envoyant une impulsion active sur l'entrée $R_0(1)$. Vérifiez le fonctionnement du circuit.

Figure A5.2

Circuit MSI SN 7493

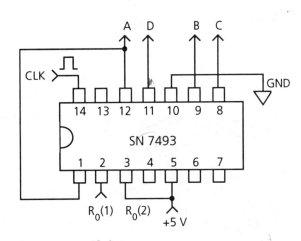

4. Le compteur SN 7493 peut être utilisé comme diviseur de $n < 16$ lorsque des liaisons de réaction sont établies entre les sorties des bascules et les entrées $R_0(1)$ et $R_0(2)$. Par exemple, la figure A5.3 donne les liaisons nécessaires pour un compteur modulo 9, et la figure A5.4 donne les liaisons nécessaires pour un compteur modulo 7. Faites le montage et vérifiez le fonctionnement de ces circuits. Puis établissez le schéma, faites le montage et vérifiez le fonctionnement d'un compteur modulo 12.

Figure A5.3

Compteur modulo 9
à l'aide d'un circuit SN 7493

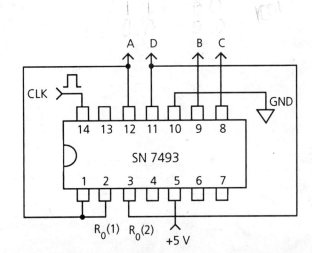

Figure A5.4

Compteur modulo 7
à l'aide d'un circuit SN 7493

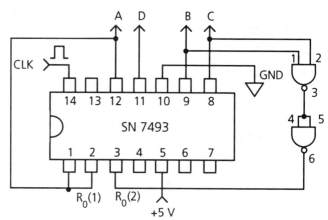

4. Simplifiez la fonction définie à la question 3 à l'aide d'un diagramme de Karnaugh. Exprimez la fonction simplifiée à l'aide des portes NON-ET, faites le montage du circuit et vérifiez son fonctionnement.

5. Le circuit SN 7490 est un compteur asynchrone d'une décade en code DCB (figure A5.5). En réalité, il est constitué d'un compteur diviseur par 2 et d'un compteur diviseur par 5. Par conséquent, pour compter une décade, il faut lier la sortie de la bascule A avec l'entrée d'impulsion de la bascule B. L'effacement du compteur s'effectue quand est envoyé simultanément le signal logique 1 aux entrées $R_0(1)$ et $R_0(2)$ et le signal logique 0 à l'une des entrées $R_9(1)$ ou $R_9(2)$. L'application simultanée du signal logique 1 aux entrées $R_9(1)$ et $R_9(2)$ force le passage du compteur à l'état 1001 (9 en décimal). Vérifiez le fonctionnement du circuit.

Figure A5.5   Circuit SN 7490

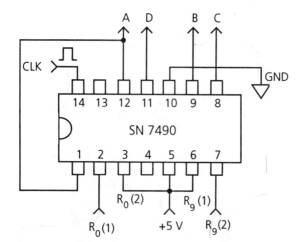

$R_0(1)$	$R_9(2)$	
0	0	compte
0	1	1001
1	0	0000
1	1	1001

6. Le compteur SN 7490 peut être utilisé comme diviseur de $n < 10$ lorsque les liaisons de réactions nécessaires sont établies. Par exemple, la figure A5.6 présente un compteur modulo 6. Faites le montage de ce compteur et vérifiez son fonctionnement. Établissez le schéma, faites le montage et vérifiez le fonctionnement d'un compteur modulo 9 réalisé à l'aide d'un circuit SN 7490.

Figure A5.6

Compteur modulo 6
à l'aide d'un circuit SN 7490

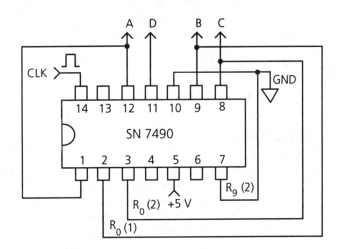

TRAVAIL PRATIQUE Nº 6 : BLOCS FONCTIONNELS D'UN ORDINATEUR

OBJECTIF

- Connaître la structure et le fonctionnement d'un additionneur-soustracteur et d'un circuit de mémoire RAM.

CIRCUITS

SN 7400, SN 7404, SN 7451(2), SN 7475, SN 7483, SN 7489.

DÉROULEMENT DU TRAVAIL

I. Additionneur

1. Le MSI SN 7483 est un additionneur binaire de quatre bits. Un exemple simple d'un dispositif qui peut effectuer l'addition et la soustraction de deux nombres non signés ou de deux nombres signés en complément à 2 (quatre bits chacun) est présenté à la figure A6.1. Pour effectuer l'addition, il faut envoyer au terminal Ad le signal logique 0 alors que, pour effectuer la soustraction, il faut envoyer au même terminal le signal logique 1. Réalisez le montage et vérifiez le fonctionnement de l'additionneur en prenant quatre exemples pour l'opération d'addition et quatre exemples pour l'opération de soustraction. Expliquez le rôle de la sortie T_4 après une opération d'addition et son rôle après une opération de soustraction (nombres non signés).

II. Mémoire RAM

2. Le MSI SN 7489 est un circuit de mémoire RAM statique de 16 mots de 4 bits chacun. Le décodeur d'adresse est intégré au circuit. Les entrées sont DI1, DI2, DI3 et DI4, les sorties sont DO1, DO2, DO3 et DO4, et les lignes d'adressage sont ADA, ADB, ADC et ADD. Il faut préciser que les sorties représentent le complément de l'information stockée. Le terminal $\overline{ME}$ sert à sélectionner le circuit, c'est-à-dire que lorsque $\overline{ME} = 0$, le circuit est actif et lorsque $\overline{ME} = 1$, ses sorties prennent toutes la valeur logique 1. Le terminal $\overline{WE}$ permet l'écriture dans la mémoire. Par conséquent, durant une opération d'écriture, $\overline{WE} = 0$.

Réalisez le montage du schéma de la figure A 6.2. Pour simplifier le montage, nous travaillons seulement avec une partie de la mémoire, précisément avec les premiers quatre mots (deux lignes d'adressage), ainsi qu'avec un mot de deux bits (deux lignes de données). Les lignes d'adressage sont reliées à deux interrupteurs afin de générer les adresses. Les entrées et les sorties sont reliées à des tampons (SN 7475) pour permettre une validation. $\overline{ME}$ doit être branché au potentiel 0 V pour rendre le circuit actif en tout temps. $\overline{WE}$ est lié à un interrupteur pour générer l'impulsion d'écriture. Au début, il faut choisir les valeurs des données (IN3 et IN4) qui sont validées à l'aide du commutateur IN5. Par la suite, il faut générer l'impulsion B pour introduire les données dans le tampon.

Figure A6.1 Additionneur-soustracteur de quatre bits

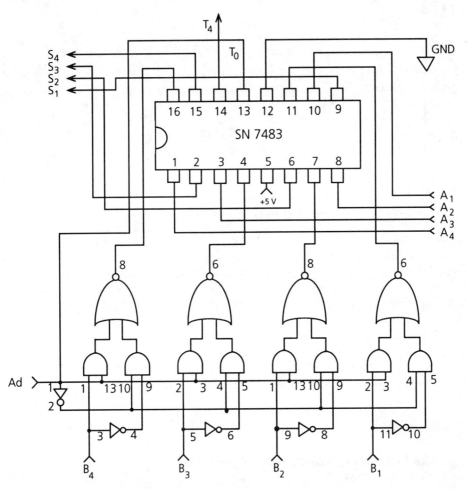

Nous utilisons les deux premières bascules (Q1 et Q2) comme tampon de sortie et les deux dernières bascules (Q3 et Q4) comme tampon d'entrée. Pour valider les sorties, il faut placer la valeur logique 1 sur IN6 et générer l'impulsion B. Toutes les actions possibles sont résumées dans la figure A6.3.

3. Écrivez dans la mémoire du dispositif de la figure A6.2 :
   a) comme premier mot des 0;
   b) comme deuxième mot des 1;
   c) comme troisième et quatrième mot le complément de l'adresse.

   Lisez ensuite le contenu de la mémoire.

4. Est-il possible de lire plusieurs fois le contenu d'un registre mémoire sans altérer le contenu de la mémoire?

Figure A6.2 Dispositif de mémoire RAM

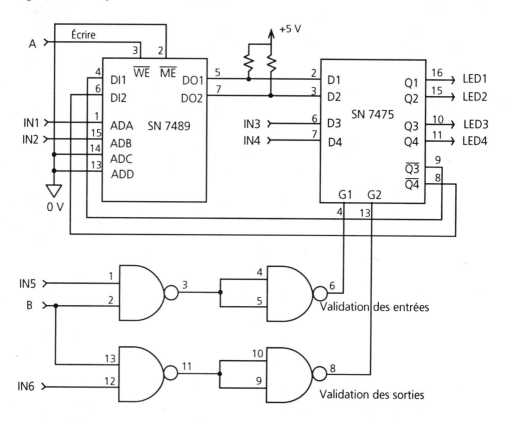

Figure A6.3 Actions possibles durant le fonctionnement du dispositif de la figure A6.2

ACTION	IN1-IN2	IN3-IN4	IN5	IN6	B	A
VALIDATION DES DONNÉES		DONNÉES	1	0	⊓	
ÉCRIRE DONNÉES	ADRESSE		0	0		⊔
LIRE DONNÉES	ADRESSE		0	1	⊓	

Lecture des interrupteurs

Lecture de la mémoire

LES JEUX D'INSTRUCTIONS EN LANGAGE D'ASSEMBLAGE POUR LES MICROPROCESSEURS 80386 D'INTEL ET 68030 DE MOTOROLA

INSTRUCTIONS POUR LE 80386 D'INTEL
(*par ordre alphabétique*)

Contrôle de programmes

- Contrôle d'itération

JCXZ	Saut si CX = 0
JECXZ	Saut court si ECX = 0
LOOP	Boucler
LOOPE/LOOPZ	Boucler si égal/zéro
LOOPNE/LOOPNZ	Boucler si pas égal/pas zéro

- Interruptions

CLI	Interdire les interruptions
INT	Interruption logicielle
INTO	Interruption logicielle si débordement
IRET	Retour d'interruption/tâche
STI	Autoriser les interruptions

- Protection

ARPL	Ajuster le niveau de privilège demandé
CLTS	Invalider l'indicateur de tâche échangée
LAR	Charger les droits d'accès
LGDT	Charger la table de descripteurs globaux
LIDT	Charger la table de descripteurs d'interruptions
LLDT	Charger la table de descripteurs locaux
LMSW	Charger le mot d'état du processeur

LSL	Charger la limite de segment
LTR	Charger le registre de tâche
SGDT	Enregistrer la table de descripteurs globaux
SIDT	Enregistrer la table de descripteurs d'interruptions
SLDT	Enregistrer la table de descripteurs locaux
SMSW	Enregistrer le mot d'état du processeur
STR	Enregistrer le registre de tâche
VERR/VERW	Vérifier le segment pour lecture ou écriture

• Sauts conditionnels

JA/JNBE	Saut si supérieur/pas inférieur ou égal
JAE/JNB	Saut si supérieur ou égal/pas inférieur
JB/JNAE	Saut si inférieur/pas supérieur ou égal
JBE/JNA	Saut si inférieur ou égal/pas supérieur
JC/JNC	Saut si retenue/pas de retenue
JE/JZ	Saut si égal/si zéro
JG/JNLE	Saut si plus grand/pas plus petit ou égal
JGE/JNL	Saut si plus grand ou égal/pas plus petit
JL/JNGE	Saut si plut petit/pas plus grand ou égal
JLE/JNG	Saut si plus petit ou égal/pas plus grand
JNE/JNZ	Saut si pas égal/pas zéro
JNO	Saut si pas de débordement
JNP/JPO	Saut si parité paire/impaire
JNS	Saut si signe $\neq 1$
JO	Saut si débordement
JP/JPE	Saut si parité = 1/parité paire
JS	Saut si signe = 1

• Sauts inconditionnels

CALL	Appeler la procédure ou la tâche
JMP	Saut
RET	Retour de procédure

Contrôle du processeur

ESC	Donne le contrôle au processeur
HLT	Halte
LOCK	Verrouiller le préfixe d'instructions
MOV	Déplacer de... vers le registre de contrôle
NOP	Pas d'opération
WAIT	Attendre la négation de la ligne BUSY

Manipulation de bits

BSF	Balayage de bit
BSR	Balayage de bit à rebours
BT	Test d'un bit
BTC	Test et complément d'un bit
BTR	Test et mise à zéro d'un bit
BTS	Test et positionnement d'un bit

Manipulation de chaînes de caractères

CMPS	Comparer la chaîne, l'octet, le mot ou le double-mot
INS	Lire la chaîne provenant de l'espace d'E/S
LODS	Charger la chaîne, l'octet, le mot ou le double-mot
MOVS	Déplacer une chaîne, un octet, un mot ou un double-mot
OUTS	Écrire la chaîne dans l'espace d'E/S
RENE/REPNZ	Répéter tant que pas égal/pas zéro
REP	Répéter le préfixe
REPE/REPZ	Répéter tant que égal/zéro
SCAS	Balayage d'une chaîne, d'un octet, d'un mot ou d'un double-mot
STOS	Stocker la chaîne, l'octet, le mot ou le double-mot
XLAT	Traduire la chaîne

Mouvements de données

* Adresses et segments

LDS	Charger le pointeur dans le registre de segment D
LEA	Charger l'adresse effective
LES	Charger le pointeur dans le registre de segment E
LFS	Charger le pointeur dans le registre de segment F
LGS	Charger le pointeur dans le registre de segment G
LSS	Charger le pointeur dans le registre de segment S (pile)

* Conversion

CBW	Convertir un octet en un mot dans AX
CDQ	Convertir un double mot en quadruple mot dans EDX, EAX
CWD	Convertir un mot en double mot dans DX, AX
CWDE	Convertir un mot en double mot dans EAX
MOVSX	Déplacer un octet, un mot, un double mot, une extension de signe
MOVZX	Déplacer un octet, un mot, double un mot, une extension zéro

* Entrée-sortie

IN	Lire l'opérande de l'espace d'E/S
OUT	Écrire l'opérande dans l'espace d'E/S

* Instructions générales

MOV	Déplacer l'opérande
POP	Dépiler l'opérande de la pile système
POPA	Dépiler tous les registres
PUSH	Empiler l'opérande dans la pile système
PUSHA	Empiler tous les registres
XCHG	Échanger l'opérande avec un registre

- Manipulation des bits d'état

CLC	Mettre l'indicateur de retenue à zéro
CLD	Mettre l'indicateur de direction à zéro
CMC	Complémenter l'indicateur de retenue
LAHF	Placer le registre d'état FLAGS dans le registre A
POPF	Dépiler le registre d'état FLAGS
POPFD	Dépiler le registre d'état étendu EFLAGS
PUSHF	Empiler le registre d'état FLAGS
PUSHFD	Empiler le registre d'état étendu EFLAGS
SAHF	Stocker le registre A dans le registre d'état FLAGS
STC	Positionner l'indicateur de retenue
STD	Positionner l'indicateur de direction

Opérations arithmétiques

- Addition

AAA	Ajustement DCB-binaire pour l'addition
ADC	Additionner avec retenue
ADD	Additionner les opérandes
DAA	Ajustement binaire-DCB pour l'addition
INC	Incrémenter de 1

- Division

AAD	Ajustement DCB-binaire avant la division
DIV	Division non signée
IDIV	Division d'entiers

- Multiplication

AAM	Ajustement DCB-binaire après la multiplication
IMUL	Multiplication d'entiers
MUL	Multiplier en double ou simple précision

- Soustraction

AAS	Ajustement DCB-binaire pour la soustraction
CMP	Comparer les opérandes
DAS	Ajustement binaire-DCB pour la soustraction
DEC	Décrémenter de 1
NEG	Complément à 2
SBB	Soustraire avec emprunt
SUB	Soustraire les opérandes

Opérations logiques, décalages et rotations

- Décalages

SAL/SAR	Décalage arithmétique à gauche/à droite
SHL/SHR	Décalage logique à gauche/à droite
SHLD/SHRD	Décalage double à gauche/à droite

- Opérations logiques

AND	ET logique des opérandes
NOT	Complément logique (à 1) de l'opérande
OR	OU logique des opérandes
TEST	Tester l'opérande et positionner les indicateurs
XOR	OU EXCLUSIF des opérandes

- Rotations

RCL/RCR	Rotation avec retenue à gauche/à droite
ROL/ROR	Rotation à gauche/à droite

Support de langages de haut niveau

BOUND	Vérifier les limites d'un tableau
ENTER	Créer un bloc de paramètres pour procédure
LEAVE	Quitter la procédure
SETcc	Positionner un octet conditionnellement

INSTRUCTIONS POUR LE 68030 DE MOTOROLA
(*par ordre alphabétique*)

Champs de bits

BFCHG	Complémenter un champ de bits
BFCLR	Mettre un champ de bits à 0
BFEXTS	Extraction signée d'un champ de bits
BFEXTU	Extraction non signée d'un champ de bits
BFFFO	Trouver le premier bit non nul d'un champ de bits
BFINS	Insérer un champ de bits
BFSET	Positionner un champ de bits
BFTST	Tester un champ de bits

Contrôle de programmes

- Branchements conditionnels

Bcc	Branchement conditionnel

- Branchements/sauts inconditionnels

BRA	Branchement inconditionnel
BSR	Appel de sous-programme
JMP	Saut inconditionnel
JSR	Saut dans un sous-programme
RTD	Retour de sous-programme avec nettoyage de la pile
RTE	Retour d'exception (interruption)

RTR	Retour de sous-programme et dépilement des indicateurs
RTS	Retour de sous-programme

- Contrôle d'itérations

DBcc	Décrémentation de 1 et branchement conditionnel

Contrôle du processeur

BKPT	Insérer un point d'arrêt
ILLEGAL	Exécuter une interruption d'instruction illégale
NOP	Aucune opération
STOP	Arrêt

Gestion de système d'exploitation

CALLM	Appel d'un module
CAS/CAS2	Comparaison et échange indivisibles
MOVEC	Transfert de... vers un registre de contrôle
MOVES	Transfert d'espace d'adresse
RTM	Quitter un module
TAS	Test et positionnement indivisibles

Interruptions

TRAP	Interruption
TRAPcc	Interruption si condition
TRAPV	Interruption si débordement

Manipulation de bits

BCHG	Complémenter un bit
BCLR	Mettre un bit à zéro
BSET	Positionner un bit
BTST	Tester un bit

Mémoire virtuelle

PFLUSH	Invalider les entrées de la table de traduction d'adresses
PLOAD	Charger une entrée dans la table de traduction d'adresses
PMOVE	Transférer un opérande avec registres MMU
PTEST	Tester une adresse logique

Mouvements de données

- Adresses

LEA	Charger l'adresse effective
PEA	Empiler l'adresse effective

- Instructions générales

EXG	Échanger deux registres
MOVE	Transférer un opérande

MOVEA	Transférer vers un registre d'adresse
MOVEM	Transfert de plusieurs registres
MOVEP	Transfert vers... de périphérique
MOVEQ	Mettre la donnée immédiate de 8 bits dans un registre
SWAP	Échanger deux moitiés d'un registre

Opérations arithmétiques

- Addition

ADCB	Addition DCB
ADD	Additionner les opérandes
ADDA	Additionner à un registre d'adresse
ADDI	Additionner la donnée immédiate
ADDQ	Incrémenter avec la donnée de 4 bits
ADDX	Additionner avec extension

- Autres

CMP	Comparer les opérandes
CMPA	Comparer avec le registre d'adresse
CMPI	Comparer avec la donnée immédiate
CMPM	Comparer avec la mémoire
NDCB	Complément à 10 ou complément à 9
NEG/NEGX	Complément à 2/avec extension

- Conversions

EXT, EXTB	Extension de signe
PACK	Conversion ASCII-DCB
UNPK	Conversion DCB-ASCII

- Division

DIVS/DIVSL	Division signée/longue
DIVU/DIVUL	Division non-signée/longue

- Multiplication

MULS	Multiplication signée
MULU	Multiplication non signée

- Soustraction

SDCB	Soustraction DCB
SUB	Soustraire les opérandes
SUBA	Soustraire d'un registre d'adresse
SUBI	Soustraire la donnée immédiate
SUBQ	Décrémenter avec la donnée de 4 bits
SUBX	Soustraire avec extension

Opérations logiques, décalages, rotations

- Décalages

ASL/ASR	Décalage arithmétique à gauche/à droite
LSL/LSR	Décalage logique à gauche/à droite

- Opérations logiques

AND/ANDI	ET logique/avec donnée immédiate
CLR	Mise à zéro
EOR/EORI	OU EXCLUSIF/avec donnée immédiate
NOT	Complément logique (à 1)
OR/ORI	OU logique/avec donnée immédiate
TST	Test

- Rotations

ROL/ROR	Rotation à gauche/à droite
ROXL, ROXR	Rotation avec extension à gauche/à droite

Support de langages de haut niveau

CHK, CHK2	Vérifier par rapport aux limites d'un tableau
CMP2	Comparer par rapport aux limites d'un tableau
LINK	Créer un bloc de paramètres pour procédure
Scc	Positionnement conditionnel d'un octet
UNLK	Quitter la procédure

APERÇU GÉNÉRAL
DU LANGAGE ABEL-HDL

Au stade actuel de la technologie des ordinateurs, la conception de différents blocs fonction-nels s'effectue à l'aide de logiciels spécialisés. Un tel logiciel est maintenant offert pour les micro-ordinateurs. Nous présentons comme exemple un logiciel qui permet de faire la synthèse des circuits combinatoires et des circuits séquentiels, ainsi que la programmation automatique des différentes familles de circuits PLA. Pour permettre cette synthèse, un langage de type HDL (*Hardware Description Language*) est utilisé.

Nous avons choisi le logiciel ABEL-HDL, mis au point par la compagnie DATA I/O, parce qu'il nous offre deux possibilités:

- créer des structures qui sont indépendantes de l'architecture d'un circuit cible;
- créer des structures qui sont liées aux circuits cibles tels que PLA ou mémoire PROM, par la production de fichiers de données utilisés par les dispositifs de programmation de ces circuits.

Le logiciel ABEL contient plusieurs modules destinés à l'interprétation du programme écrit en ABEL-HDL; il effectue ensuite une ou plusieurs tâches, entre autres :

- vérifier la description logique d'une structure (combinatoire ou séquentielle);
- effectuer la synthèse, incluant l'étape de simplification à l'aide de l'algorithme EXPRESSO;
- simuler, au moyen des vecteurs de test, le comportement de la structure créée;
- générer des fichiers de données utilisés par les dispositifs de programmation automa-tique d'un grand nombre de circuits PLA et PROM;
- produire la documentation de la structure.

Notre intention n'est pas de présenter le langage de programmation ABEL-HDL. Nous nous limiterons à donner la structure générale d'un tel programme, ainsi qu'un aperçu du langage. À l'aide d'exemples simples, nous voulons mettre en évidence l'avantage majeur d'un tel logiciel dans le processus de conception.

La structure générale d'un programme source en langage ABEL-HDL est la suivante:

SECTION EN-TÊTE	•	module
	•	options
	•	*title*
SECTION DÉCLARATIONS	•	*device*
	•	variables associées aux broches
	•	constantes
	•	états
SECTION DIRECTIVES	•	commandes de traitement
SECTION DESCRIPTION LOGIQUE	•	équations logiques
	•	tables de vérité
	•	tables (diagrammes) de transitions
SECTION VECTEURS DE TEST	•	vecteurs
SECTION FIN	•	*end*

La **section en-tête** définit le module de programme (**module**), précise comment on doit contrôler le fichier source durant le traitement (**options**) et donne une brève description du programme par une ou plusieurs lignes de commentaires (***title***).

La **section déclarations** associe les noms des variables, qui représentent les entrées et les sorties, aux broches du circuit (***pin***). S'il s'agit d'une structure indépendante d'un circuit cible, on doit employer le mot *pin* sans spécifier la ou les broches. Au contraire, s'il s'agit d'une structure dédiée à un circuit cible, il faut introduire le numéro correct de chaque broche qui exprime une variable, en précisant à l'aide du catalogue, le rôle de chaque broche du circuit cible. Dans ce cas, il faut également spécifier le nom du circuit cible par la déclaration ***device***. Pour un circuit séquentiel, la section déclarations peut contenir la définition des états.

La **section directives** permet d'utiliser des commandes de haut niveau qui spécifient différents modes de traitement du fichier source. Par exemple, la directive **@***dcset* indique au module qui effectue la simplification de considérer les combinaisons redondantes dans le processus de simplification.

Dans la **section description logique,** on utilise des tables de vérité, des tables de transitions et des équations logiques pour décrire le comportement de la structure à réaliser.

La **section vecteurs de test** indique le nombre de vecteurs dont on se servira pour vérifier le fonctionnement de la structure. Ces vecteurs expriment les relations d'entrées-sorties durant le **processus de simulation**. Finalement, chaque programme source doit contenir, sur sa dernière ligne, l'instruction **end** pour marquer la fin du module.

Un programme simple ne requiert ni toutes les sections ni tous leurs éléments. Par ailleurs, la section déclarations est considérée comme implicite et n'a donc pas besoin de contenir le mot réservé *déclarations*.

Exemple C1

Soit un circuit combinatoire ayant des sorties multiples, plus précisément le convertisseur de code DCB en sept segments défini à la section 5.8 par la table de vérité de la figure 5.36. Le module de programme source en langage ABEL-HDL (figure C1) suppose une architecture indépendante.

Figure C1 Programme source en langage ABEL-HDL pour un convertisseur de code DCB en sept segments (indépendant de l'architecture)

```
module bcd7a
title 'convertisseur de code DCB en sept segments'

        D,C,B,A   pin;
        a,b,c,d,e,f,g  pin istype 'com';
@dcset
truth_table  ([D,C,B,A] -> [a,b,c,d,e,f,g])
             [0,0,0,0] -> [1,1,1,1,1,1,0];
             [0,0,0,1] -> [0,1,1,0,0,0,0];
             [0,0,1,0] -> [1,1,0,1,1,0,1];
             [0,0,1,1] -> [1,1,1,1,0,0,1];
             [0,1,0,0] -> [0,1,1,0,0,1,1];
             [0,1,0,1] -> [1,0,1,1,0,1,1];
             [0,1,1,0] -> [0,0,1,1,1,1,1];
             [0,1,1,1] -> [1,1,1,0,0,0,0];
             [1,0,0,0] -> [1,1,1,1,1,1,1];
             [1,0,0,1] -> [1,1,1,0,0,1,1];

end
```

Exemple C1 (suite)

Dans la section déclarations, les variables qui représentent des entrées (D, C, B, A) et celles qui représentent des sorties (*a, b, c, d, e, f, g*) ont été déclarées de type *pin* (broche) sans que leur numéro physique ait été précisé. Le mot réservé (*istype*) est utilisé pour indiquer que les sorties sont liées aux entrées par des équations combinatoires (attribut '*com*').

La section directives contient la commande *@dcset* qui prend en compte, durant le processus de simplification, les combinaisons redondantes.

La section description logique exprime les relations d'entrées-sorties à l'aide d'une table de vérité (entrées et sorties en binaire), donc exactement la table de vérité de la figure 5.36.

Après le processus de compilation (évidemment, une fois faite la correction des erreurs de syntaxe), la structure du circuit combinatoire est vérifiée. En choisissant l'option *Optimized Equations*, on obtient le listage de la figure C2 qui contient deux groupes d'équations simplifiées. Dans le premier groupe (*Equations*), les sorties ayant le signal logique 0 sont considérées comme actives, alors que, dans le deuxième groupe (*Reverse-polarity Equations*), celles ayant le signal logique 1 sont considérées comme actives. Ce dernier groupe exprime le système d'équations (5.29), soit le système obtenu par la méthode de simplification habituelle (dans l'équation de la sortie *g*, le terme produit $C \cdot \overline{A}$ est remplacé par le terme produit $B \cdot \overline{A}$, puisqu'il existe deux solutions simplifiées pour cette sortie). Il est à noter que le signe ! exprime l'opérateur logique NON, le signe # représente l'opérateur logique OU et le signe & représente l'opérateur logique ET.

Figure C2   Équations simplifiées pour le convertisseur de code DCB en sept segments (indépendant de l'architecture)

```
Product Term Usage:

          Set 1      Set 2     Signal
          -----      -----     ------
            2          4         !g
            3          4         !f
            2          2         !e
            3          4         !d
            1          3         !c
            2          3         !b
            2          4         !a

Total:       15         24

Best Total:      15       (Totals assume no product term sharing)
Equations:

!g = (C & B & A
     # !D & !C & !B);

!f = (B & A
     # !D & !C & A
     # !C & B);
```

Exemple C1 (suite)

Figure C2   Équations simplifiées pour le convertisseur de code DCB en sept segments
(indépendant de l'architecture) [suite]

```
!e = (A
      # C & !B);

!d = (C & B & A
      # C & !B & !A
      # !C & !B & A);

!c = (!C & B & !A);

!b = (C & B & !A
      # C & !B & A);

!a = (!D & !C & !B & A
      # C & !A);


Reverse-polarity Equations:

g = (!C & B
     # C & !B
     # B & !A
     # D);

f = (C & !B
     # C & !A
     # D
     # !B & !A);

e = (B & !A
     # !C & !A);

d = (!C & B
     # C & !B & A
     # B & !A
     # !C & !A);

c = (A
     # !B
     # C);

b = (B & A
     # !B & !A
     # !C);


a = (B & A
     # D
     # !C & !A
     # C & A);
```

Exemple C2

Considérons un deuxième programme pour le même convertisseur de code DCB en sept segments. Cette fois, nous avons choisi un circuit cible, le PLA nommé P16P8; sur lequel on veut créer le circuit. Le programme source en langage ABEL-HDL (figure C3) suppose donc une architecture cible.

Figure C3 Programme source en langage ABEL-HDL pour un convertisseur de code DCB en sept segments (architecture cible)

```
module  bcd7b
title 'convertisseur de code DCB en sept segments'

        bcd7 device  'P16P8';

        D,C,B,A      pin 2,3,4,5;
        a,b,c,d,e,f,g   pin 13,14,15,16,17,18,19 istype 'com';

        bcd     = [D,C,B,A];
        led     = [a,b,c,d,e,f,g];

        ON,OFF = 0,1;            " 0 caracterise la sortie active
        L,H,X,Z = 0,1,.X.,.Z.;
@dcset
truth_table (bcd -> [ a ,   b ,   c ,   d ,   e ,   f ,   g ])
            0  -> [ ON,  ON,  ON,  ON,  ON,  ON, OFF];
            1  -> [OFF,  ON,  ON, OFF, OFF, OFF, OFF];
            2  -> [ ON,  ON, OFF,  ON,  ON, OFF,  ON];
            3  -> [ ON,  ON,  ON,  ON, OFF, OFF,  ON];
            4  -> [OFF,  ON,  ON, OFF, OFF,  ON,  ON];
            5  -> [ ON, OFF,  ON,  ON, OFF,  ON,  ON];
            6  -> [OFF, OFF,  ON,  ON,  ON,  ON,  ON];
            7  -> [ ON,  ON,  ON, OFF, OFF, OFF, OFF];
            8  -> [ ON,  ON,  ON,  ON,  ON,  ON,  ON];
            9  -> [ ON,  ON,  ON, OFF, OFF,  ON,  ON];

test_vectors (bcd -> [ a ,   b ,   c ,   d ,   e ,   f ,   g ])
            0  -> [ ON,  ON,  ON,  ON,  ON,  ON, OFF];
            4  -> [OFF,  ON,  ON, OFF, OFF,  ON,  ON];
            9  -> [ ON,  ON,  ON, OFF, OFF,  ON,  ON];
           12  -> [ X ,   X ,   X ,   X ,   X ,   X ,   X ];
end
```

Remarquez que dans la section déclarations nous avons spécifié par *device* le circuit PLA cible, c'est-à-dire le P16P8. Remarquez également que le numéro correct de chaque broche pour les variables d'entrées et de sorties a été inscrit. Toujours dans la section déclarations, nous avons remplacé l'écriture des constantes binaires 0,1 par ON, OFF, en précisant que

Exemple C2 (suite)

ON, qui correspond à la valeur logique 0, caractérise la sortie active. En changeant aussi les entrées binaires par les entrées décimales, nous avons facilité la compréhension de la table de vérité. Le programme source contient en outre la section vecteurs de test où sont précisés les quatre vecteurs qui serviront à vérifier le fonctionnement du circuit.

La figure C4 montre les deux groupes d'équations obtenus à l'aide de l'option *Optimized Equations*. Notez que, comparativement aux résultats précédents, les deux groupes sont inversés parce que cette fois-ci nous avons déclaré que la valeur logique 0 caractérisait la sortie active.

Figure C4 Équations simplifiées pour le convertisseur de code DCB en sept segments (architecture cible)

```
Product Term Usage:

              Set 1     Set 2     Signal
              ___       ___
                4         2        !g
                4         3        !f
                2         2        !e
                4         3        !d
                3         1        !c
                3         2        !b
                4         2        !a

Total:         24        15

Best Total:    15        (Totals assume no product term sharing)

Equations:

!g = (B & !A
     # D
     # !C & B
     # C & !B);

!f = (D
     # C & !B
     # C & !A
     # !B & !A);

!e = (B & !A
     # !C & !A);

!d = (B & !A
     # !C & B
     # !C & !A
     # C & !B & A);
```

Exemple C2 (suite)

Figure C4 Équations simplifiées pour le convertisseur de code DCB en sept segments
(architecture cible) [suite]

```
!c = (!B
      # A
      # C);

!b = (!B & !A
      # B & A
      # !C);

!a = (D
      # !C & !A
      # B & A
      # C & A);


Reverse-polarity Equations:

g = (C & B & A
     # !D & !C & !B);

f = (!C & B
     # B & A
     # !D & !C & A);

e = (C & !B
     # A);

d = (C & B & A
     # C & !B & !A
     # !C & !B & A);

c = (!C & B & !A);
b = (C & !B & A
     # C & B & !A);

a = (C & !A
     # !D & !C & !B & A);
```

À l'aide de l'option *Simulate Equations*, nous obtenons la figure C5 qui nous indique comment les quatre vecteurs de test ont vérifié le fonctionnement du circuit.

Exemple C2 (suite)

Figure C5   Simulation du fonctionnement du convertisseur de code DCB en sept segments
(architecture cible)

```
Simulate ABEL 4.00  Date Wed Dec  4 10:55:23 1991

Fuse file: 'bcd7b.tt1'  Vector file: 'bcd7b.tmv'  Part: 'PLA'

convertisseur de code DCB en sept segments

        D C B A   a b c d e f g

V0001   0 0 0 0   L L L L L L H
V0002   0 1 0 0   H L L H H L L
V0003   1 0 0 1   L L L H H L L
V0004   1 1 0 0   H H H H H H H
4 out of 4 vectors passed.
```

Finalement, à l'aide de l'option *PLD map*, nous obtenons le fichier de documentation présenté à la figure C6. Ce fichier fournit de nombreuses informations sur le processus de conception.

Figure C6   Fichier de documentation pour le convertisseur de code DCB en sept segments
(architecture cible)

```
Page 1
ABEL 4.00  -  Device Utilization Chart       Wed Dec  4 10:58:00 1991

convertisseur de code DCB en sept segments

    ==== P16P8 Programmed Logic ====

g    = ( C & B & A
       #   !D & !C & !B );
f    = ( !C & B
       #   B & A
       #   !D & !C & A );
e    = !( B & !A
       #   !C & !A );
d    = ( C & B & A
       #   C & !B & !A
       #   !C & !B & A );
c    = ( !C & B & !A );
b    = ( C & !B & A
       #   C & B & !A );
a    = ( C & !A
       #   !D & !C & !B & A );
```

Exemple C2 (suite)

Figure C6 Fichier de documentation pour le convertisseur de code DCB en sept segments
(architecture cible) [suite]

```
Page 2
ABEL 4.00  -  Device Utilization Chart          Wed Dec  4 10:58:01 1991

convertisseur de code DCB en sept segments

              ==== P16P8 Chip Diagram ====
```

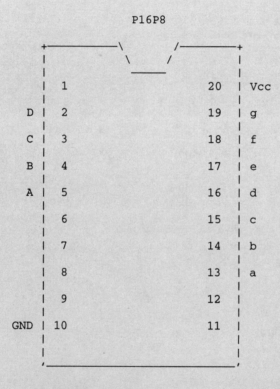

```
SIGNATURE: N/A
```

Exemple C2 (suite)

Figure C6 Fichier de documentation pour le convertisseur de code DCB en sept segments (architecture cible) [suite]

```
Page 3
ABEL 4.00  -  Device Utilization Chart          Wed Dec  4 10:58:01 1991

convertisseur de code DCB en sept segments

             ==== P16P8 Resource Allocations ====


          Device    | Resource  |   Design     |    Part
|      Resources    | Available | Requirement  | Utilization
|  Unused
====================|===========|==============|==============
|==============
                    |           |              |
|
Dedicated input pins |    10    |      4       |    4
|     6 ( 60 %)
Combinatorial inputs |    10    |      4       |    4
|     6 ( 60 %)
Registered inputs    |     -    |      0       |    -
|     -
                    |           |              |
|
Dedicated output pins |    2    |      7       |    1
|     1 ( 50 %)
Bidirectional pins   |     6    |      0       |    6
|     0 (  0 %)
Combinatorial outputs |    8    |      7       |    7
|     1 ( 12 %)
Registered outputs   |     -    |      0       |    -
|     -
Two-input XOR        |     -    |      0       |    -
|     -
                    |           |              |
|
Buried nodes         |     -    |      0       |    -
|     -
Buried registers     |     -    |      0       |    -
|     -
Buried combinatorials |    -    |      0       |    -
|     -
```

Exemple C2 (suite)

Figure C6 Fichier de documentation pour le convertisseur de code DCB en sept segments
(architecture cible) [suite]

```
Page 4
ABEL 4.00  -  Device Utilization Chart              Wed Dec  4 10:58:01 1991

convertisseur de code DCB en sept segments

              ==== P16P8 Product Terms Distribution ====


                 Signal      |   Pin    | Terms | Terms | Terms
                 Name        | Assigned | Used  |  Max  | Unused
=============================|==========|=======|=======|=======
g                            |    19    |   2   |   7   |   5
f                            |    18    |   3   |   7   |   4
e                            |    17    |   2   |   7   |   5
d                            |    16    |   3   |   7   |   4
c                            |    15    |   1   |   7   |   6
b                            |    14    |   2   |   7   |   5
a                            |    13    |   2   |   7   |   5


         ==== List of Inputs/Feedbacks ====

Signal Name                    |   Pin    | Pin Type
===============================|==========|=========
D                              |    2     | INPUT
C                              |    3     | INPUT
B                              |    4     | INPUT
A                              |    5     | INPUT


Page 5
ABEL 4.00  -  Device Utilization Chart              Wed Dec  4 10:58:01 1991

convertisseur de code DCB en sept segments

      ==== P16P8 Unused Resources ====


  Pin    |  Pin    |  Product    | Flip-flop
Number   |  Type   |   Terms     |   Type
=======|=========|=============|==========
     1 |  INPUT  |     -       |    -
     6 |  INPUT  |     -       |    -
     7 |  INPUT  |     -       |    -
     8 |  INPUT  |     -       |    -
     9 |  INPUT  |     -       |    -
    11 |  INPUT  |     -       |    -
    12 | OUTPUT  | NORMAL  7   |    -
```

Exemple C2 (suite)

Figure C6 Fichier de documentation pour le convertisseur de code DCB en sept segments
(architecture cible) [suite]

```
Page 6
ABEL 4.00  -  Device Utilization Chart          Wed Dec  4 10:58:01 1991

convertisseur de code DCB en sept segments

   ==== I/O Files ====


Module: 'bcd7b'


Input files
===========
ABEL PLA file: bcd7b.tt3
Vector file: bcd7b.tmv
Device library: P16P8.dev

Output files
============
Report file: bcd7b.doc
Programmer load file: bcd7.jed
```

Exemple C3

Considérons maintenant un circuit séquentiel synchrone, plus précisément, le compteur binaire direct de type spécial décrit par la table de transitions de la figure 6.66 (*voir l'exemple 6.16 à la section 6.7.3*). Le module de programme source en langage ABEL-HDL (figure C7) est indépendant de l'architecture.

Figure C7 Programme source en langage ABEL-HDL pour le compteur binaire direct de type spécial

```
module automateM
title 'Automate Mealy: compteur binaire de type special'

        horloge   pin;
        I         pin;
        Y         pin istype 'com';
        C,B,A     node istype 'buffer, reg_RS';

        m_reg     = [C,B,A];
        z0        = [0,0,0];
        z1        = [0,0,1];
        z2        = [0,1,0];
        z3        = [0,1,1];
```

Exemple C3 (suite)

Programme source en langage ABEL-HDL pour le compteur binaire direct
de type spécial (suite)

```
        z4        = [1,0,0];
        z5        = [1,0,1];
        z6        = [1,1,0];
        z7        = [1,1,1];
equations
      m_reg.clk = horloge;

state_diagram m_reg
        state z0:
            if I
              then z1 with Y = 0; endwith;
            else
              z0 with Y = 0; endwith;
        state z1:
            if I
              then z2 with Y = 0; endwith;
            else
              z1 with Y = 0; endwith;
        state z2:
            if I
              then z3 with Y = 0; endwith;
            else
              z2 with Y = 0; endwith;
        state z3:
            if I
              then z4 with Y = 0; endwith;
            else
              z3 with Y = 0; endwith;
        state z4:
            if I
              then z5 with Y = 1; endwith;
            else
              z4 with Y = 0; endwith;
        state z5:
            if I
              then z6 with Y = 1; endwith;
            else
              z5 with Y = 0; endwith;
        state z6:
            if I
              then z7 with Y = 1; endwith;
            else
              z6 with Y = 0; endwith;
        state z7:
            if I
              then z0 with Y = 1; endwith;
            else
              z7 with Y = 0; endwith;
end
```

Exemple C3 (suite)

Dans la section déclarations, les variables d'entrée (I), de sortie (Y) et d'horloge (horloge) sont précisées. Également, l'ensemble de trois bascules C, B, et A est déclaré comme un registre RS (*reg_RS*) avec des sorties non inversées (*buffer*). Dans la même section, les huit états du compteur, soit de z0 à z7, sont définis.

La section description logique contient deux éléments :

- l'équation d'horloge qui précise que toutes les bascules du compteur sont synchronisées par la même impulsion;
- la table de transitions de la figure 6.66 (*state_diagram*) qui exprime le comportement du circuit (chaque fragment de code qui indique le passage d'un état à l'autre est assez facile à repérer).

Après le processus de compilation, la structure du circuit séquentiel est vérifiée. À l'aide de l'option *Optimized Equations*, le listage de la figure C8, qui contient deux groupes d'équations simplifiées, a été produit. Dans le premier groupe (*Equations*), les sorties ayant le signal logique 1 sont considérées comme actives. Ce groupe exprime exactement le système d'équations (6.17), donc le système obtenu par la méthode de simplification habituelle.

Figure C8 Équations simplifiées pour le compteur binaire direct de type spécial

```
Product Term Usage:

          Set 1      Set 2     Signal
          ─────      ─────     ──────
            1          1        C.C
            1          1        B.C
            1          1        A.C
            1          2        Y
            1          2        A.S
            1          2        A.R
            1          3        B.S
            1          3        B.R
            1          4        C.S
            1          4        C.R

Total:      10         23

Best Total:    10      (Totals assume no product term sharing)

Equations:

C.C = (horloge);

B.C = (horloge);

A.C = (horloge);
```

Exemple C3 (suite)

Figure C8 Équations simplifiées pour le compteur binaire direct de type spécial (suite)

```
Y = (I & C.Q);
A.S = (I & !A.Q);
A.R = (I & A.Q);
B.S = (I & A.Q & !B.Q);
B.R = (I & A.Q & B.Q);
C.S = (I & A.Q & B.Q & !C.Q);
C.R = (I & A.Q & B.Q & C.Q);


Reverse-polarity Equations:

!C.C = (!horloge);
!B.C = (!horloge);
!A.C = (!horloge);
!Y = (!C.Q
    # !I);
!A.S = (!I
    # A.Q);
!A.R = (!I
    # !A.Q);
!B.S = (!I
    # !A.Q
    # B.Q);
!B.R = (!I
    # !A.Q
    # !B.Q);
!C.S = (!I
    # !A.Q
    # !B.Q
    # C.Q);
!C.R = (!C.Q
    # !I
    # !A.Q
    # !B.Q);
```

BIBLIOGRAPHIE

ABEL Design Software, DATA I\O Corporation, 1991.

ALEXANDRIDIS, N. A. *Microprocessor System Design Concept*, Rockville, Computer Science Press, 1984.

BALTON, M. *Digital Systems Design with Programmable Logic*, Don Mills, Addison-Wesley, 1990.

BARTEE, T. C. *Computer Architecture and Logic Design*, New York, McGraw-Hill, 1991.

BLAKESLEE, T. R. *Digital Design with Standard MSI and LSI*, Toronto, John Wiley & Sons, 1979.

BOOTH, T. L. *Introduction to Computer Engineering. Hardware and Software Design*, Toronto, John Wiley & Sons, 1984.

  Sequential Machines and Automata Theory, Toronto, John Wiley & Sons, 1967.

BRAYTON, R. K., G. D. HACHTEL, C. T. MCMULLEN et A. L. SAGIOVANNI-VICENTELLI. *Logic Minimization Algorithms for VLSI Synthesis*, Boston, Kluwer Academic Publishers, 1984.

BURNS, A. *Programming in OCCAM2*, Don Mills, Addison-Wesley, 1988.

CAMPBELL, J. *C Programmer's Guide to Serial Communications*, Scarborough, Howard W. Sams & Co., 1987.

CAVANAGH, J. F. *Digital Computer Arithmetic*, New York, McGraw-Hill, 1984.

COK, R. S. *Parallel Programs for the Transputer*, Toronto, Prentice-Hall, 1991.

CRAWFORD, J. H. et GELSINGER, P. P. *Programming the 80386*, San Francisco, Sybex, 1987.

DANCEA, I. *IBM-PC, la programmation en langage d'assemblage*, Boucherville, Gaëtan Morin Éditeur, 1989.

  Opérations arithmétiques dans les ordinateurs, Paris, Editest, 1984.

  «Optimal Parallel Programs for a Class of Monoprocessors Algorithms in a Multitransputer System», *Proceedings of the ISMM International Symposium Parallel Computing*, Trani, 1991, p. 280-283.

Dancea, I. et F. Jaulgey. «Algorithmes parallèles dans un environnement quadputer», *Compte rendu du Congrès canadien en génie électrique et informatique*, Montréal, vol. II, 1989, p. 1158-1163.

Digital Techniques, HEATH Company, 1983.

Friedman, A. D. *Fundamentals of Logic Design and Swithing Theory*, Rockville, Computer Science Press, 1986.

Green, D. *Modern Logic Design*, Don Mills, Addison-Wesley, 1986.

Halsal, F. *Data Communications, Computer Networks and OSI*, Don Mills, Addison-Wesley, 1988.

Hamacher, V. C., Z. G. Vranesic et S. G. Zaky. *Structure des ordinateurs*, New York, McGraw-Hill, 1985.

Hwang, K. *Computer Arithmetic-Principles, Architecture and Design*, Toronto, John Wiley & Sons, 1986.

Hwang, K. et F. A. Briggs. *Computer Architecture and Parallel Processing*, New York, McGraw-Hill, 1984.

Langholz, G., J. Francioni et A. Kandel. *Elements of Computer Organization*, Toronto, Prentice-Hall, 1989.

Lewin, M. H. *Logic Design and Computer Organization*, Don Mills, Addison-Wesley, 1983.

Mange, D. *Analyse et synthèse des systèmes logiques*, Paris, Dunot, 1981.

Mano, M. M. *Digital Logic and Computer Design*, Toronto, Prentice-Hall, 1979.

McCluskey, E. J. *Logic Design Principles*, Toronto, Prentice-Hall, 1986.

MC68020 32-Bit Microprocessor User's Manual, Toronto, Prentice-Hall, 1984.

Mowle, F. *A Systematic Approach to Digital Logic Design*, Don Mills, Addison-Wesley, 1976.

Peatman, J. B. *Digital Hardware Design*, New York, McGraw-Hill, 1980.

Pless, V. *Introduction to the Theory of Error-Correction Codes*, Toronto, John Wiley & Sons, 1982.

Poutain, D. et D. May. *A Tutorial Introduction to OCCAM Programming*, Oxford, INMOS, 1987.

Quinn, M. J. *Designing Efficient Algorithms for Parallel Computers*, New York, McGraw-Hill, 1987.

Silberschatz, A. et J. L. Peterson. *Operating System Concept*, Don Mills, Addison-Wesley, 1988.

SPARCompiler Optimization Technology Technical White Paper, Sun Microsystems Inc., 1990.

Stone, H. S. *High-Performance Computer Architecture*, Don Mills, Addison-Wesley, 1990.

The CRAY X-MP Series of Computer Systems, Cray Research Inc., 1986.

The TTL Data Book for Design Engineers, Texas Instruments, 1981.

The Waite Group's MS-DOS Developer's Guide, Scarborough, Howard W. Sams & Co., 1989.

Van de Goor, A. J. *Computer Architecture and Design*, Don Mills, Addison-Wesley, 1989.

Ward, S.A. et R. M. Halstead. *Computation Structures*, New York, McGraw-Hill, 1990.

INDEX